本书已列入伏牛山文化圈研究丛书

晚清

河南巡抚研究

陈德鹏 著

中国社会科学出版社

图书在版编目（CIP）数据

晚清河南巡抚研究/陈德鹏著 . —北京：中国社会科学出版社，2017.8
ISBN 978 – 7 – 5203 – 1142 – 7

Ⅰ.①晚…　Ⅱ.①陈…　Ⅲ.①巡抚—人物研究—河南—清后期
Ⅳ.①K827 = 52

中国版本图书馆 CIP 数据核字（2017）第 240478 号

出　版　人　赵剑英
责任编辑　张　潜
责任校对　石春梅
责任印制　王　超

出　　　版　中国社会科学出版社
社　　　址　北京鼓楼西大街甲 158 号
邮　　　编　100720
网　　　址　http://www.csspw.cn
发　行　部　010 – 84083685
门　市　部　010 – 84029450
经　　　销　新华书店及其他书店

印　　　刷　北京君升印刷有限公司
装　　　订　廊坊市广阳区广增装订厂
版　　　次　2017 年 8 月第 1 版
印　　　次　2017 年 8 月第 1 次印刷

开　　　本　710 × 1000　1/16
印　　　张　24.25
插　　　页　2
字　　　数　373 千字
定　　　价　99.00 元

自　序

　　大凡学历史的人，或多或少都有些司马迁"究天人之际，通古今之变"的情结，再加上职称晋升、完成科研任务等压力，便不得不挖空心思做起"学问"来。

　　本科毕业时，我像许多年轻人一样，总是想解决大问题。20 世纪八九十年代，中国古代史的周期问题曾引起一些学者的关注，我也不自量力地投入其中，花了五六年的工夫，提出了战国至清代中国封建社会的八百年周期说。针对人们常说的王朝兴替周期律，我认为它并不能反映中国古代社会矛盾的复杂性，并且王朝兴替不过是其中的一个小周期，而更大的周期则包括若干王朝的更替和一长一短两个分裂时期。这种宏大的问题自然不是我这样的无名小辈所能解决的，最终因能力的限制，所写论文没能在公开刊物上发表，直到有了网络期刊数据库，那篇论文的后半截才在中国知网上呈现给读者。

　　我的另一个兴趣点是同学间的玩笑引起的。1987 年暑假到舞钢去玩，遇到同年毕业的河大校友。正所谓"文人相轻"。这位校友是学数学的，于是就极力证明历史学是伪科学。他举例说，像洪秀全那样的人算什么"革命领袖"，他要是科举成功了还会造反吗？我虽然作了辩解，但心中也产生了疑惑：按照老师在学校传授给我的逻辑，"革命者"都是根红苗正的，洪秀全怎么会想当"反革命"当不成才当"革命者"呢？他又是怎么从"反革命"转变成"革命者"的？这些问题困扰了我很长时间。后来看了一些新的史学方法，知道了年鉴学派、长时段、短时段、计量史学、心态史学等，不仅让我大开眼界，也使我找到了尝试解决心中困惑的钥匙，于是就有了关于洪秀全的两篇论文。后来我才知道，第一篇文章是内地人首次使用心态史学方法研究太平天国史，更重要的是，它让我用自己的方式"理解"了历史人物是怎么从一个王朝的极力拥护者转变成反叛者的。

但是，我心中仍然有困惑，那就是一个掌握着全国政治、经济、军事和文化大权的王朝怎么可能被一群"蟊贼"推翻？2006年，我有幸考到中国人民大学清史研究所读博士。在导师陈桦先生的指导、督促和帮助下，我完成了《近代初期的平庸封疆——晚清河南巡抚研究》的博士论文。论文本身虽主要是写河南的，但在此过程中，我也了解了整个晚清地方督抚的大致情况。令人惊奇的是，从太平天国到辛亥革命，地方督抚对清朝的向心力发生了一百八十度的转变：太平军攻下城池无数，但那些地方督抚，无论是才华出众者还是平庸之辈，也无论是贪官污吏还是清正廉洁者，以及他们与中央、他们相互之间有怎样的矛盾与纠葛，他们都能围绕一个目标，历经千难万险，最终将太平军镇压下去；而到了辛亥革命，起义军只是攻占了武汉三镇，各地督抚就纷纷宣布"独立"，肢解了大清王朝。因此，就直观上来说，清朝不是亡于武昌起义，而是亡于自己任命的地方督抚。

列宁曾经说过，当我们对复杂纷繁的现象看不清时，就可以问一下"对谁有利"。当王朝的创立者打着"真龙天子"的大旗横扫天下时，前朝的官员、百姓大多都会归顺。这并不是他们真的认为那些打天下者是"真龙天子"，而是为了实际利益所做出的选择。一方面，当反抗已经不太可能成功时，绝大多数人都不愿意再为了对前朝"忠诚"而做出无谓的牺牲；另一方面，新王朝为了笼络人心，也会格外"施恩"。所以，当秦王嬴政采纳尉缭之策，以三十万金贿赂六国权臣而一统天下；当司马迁以犀利的笔触写下"天下熙熙皆为利来，天下攘攘皆为利往"；当宋朝皇帝以赤裸裸的"千钟粟""黄金屋""颜如玉"引诱天下英雄入其彀中，便已经说明驱动臣民"忠诚"的引擎是什么。然而，具有讽刺意味的是，当新王朝稳固之后，统治者们便祭出道德的大旗，要求天下臣民"忠贞不贰"，乾隆皇帝甚至不惜对清初归顺的明朝官员进行政治清算，专门令人编写了《贰臣传》。于是，滑稽的历史画面就经常呈现在我们面前：皇帝自己视天下为私产，却要求天下臣民克己奉公乃至公而忘私；皇帝自己享尽人间富贵荣华，却要臣民们"安贫乐道"；皇帝自己原本就是前朝的"逆贼"或"逆贼"之后，却要臣民们"不事二主"。在"真龙天子"们的典型示范下，那些所谓的"道德"也就成了人们趋利避害乃至追名逐利的工具，而一旦这些"道德"失去其工具性，新一轮的选择就开始了。

这样，从一个历史人物到一个官僚阶层，再到一个王朝的灭亡，直至整个中国古代政局演变的周期性，我自己大体完成了对历史认知的一个周期，似乎是"功德圆满"了。然而，这不仅没有让我"通古今之变"，反而感觉离它越来越远了。

记得曾经在电视上看过一部纪录片，内容是嘉陵江边一个小岛上的猴群更换猴王。当老猴王还能够控制局面时，只有可能在未来成为新猴王者敢于不时挑战其地位。至于猴群中的其他猴子，除了个别老猴王的拥护者外，绝大多数则只是旁观者或是老猴王的"顺民"而已。直到有一天，挑战者的力量占了上风，那些"顺民"便立即"揭竿而起"，与挑战者一起向老猴王发起攻击，直至将其置于死地而后快。问题在于，新猴王不过是老猴王的翻版，那些"顺民"们的地位并没有什么改变；或者从另一个方面看，它们在这场变故中至少保证了自己原有的地位没有下降或沦为牺牲品。对于新猴王的百般欺压，它们仍然毫无办法，只能等待下一次的猴王轮替。将"万物之灵长"的人类与猴子相比，肯定不免失之刻薄，然而，我们真有足够的自信说，在这一点上我们人类比猴子强吗？每当想起《阿房宫赋》中的那句名言"秦人不暇自哀，而后人哀之；后人哀之而不鉴之，亦使后人而复哀后人也"，我都为人类的聪明而感到震撼，寥寥数语，竟将数千年的历史演变概括得那么精准！每当查阅中国古代浩瀚的历史典籍，我又陷入无尽的悲哀，无数血淋淋的教训，怎么就不能让我们把自己的聪明从文字变成行动，跳出历史的"轮回"？

这真的令人十分沮丧！或许，历史对于个人来说太过复杂，任何一劳永逸的企图都不过是另一个"宇宙方程"罢了。又或许，从来中国文人的"通古今之变"只是自己对历史产生的单相思，最终落得"多情却被无情恼"，绝对没有年鉴学派的一些大家那样的自信，敢公然宣称历史是历史学家创造的。

一本小书，不值得麻烦别人作序，在颈椎病和过敏性鼻炎等亲密伙伴的日夜伴随下，写几句替古人担忧的感慨，权以为序。

目　　录

绪　　论

　　关于晚清督抚的研究，学术界已有很多成果，但也存在一些不足。

　　在制度研究方面，台湾学者傅宗懋的《清代总督巡抚制度之研究》①是到目前为止唯一的一部清代督抚制度研究专著，从制度层面比较系统地梳理了清代督抚制度的建立和演变、督抚的主要职权及其在晚清的加重、督抚与清朝中央之间的权力互动等，称得上是具有开拓意义的研究成果。朱沛莲编著的小册子《清代之总督与巡抚》②除了对清代督抚制度进行简明扼要的归纳，使读者易于从宏观上了解清代督抚制度的概貌外，其独特之处在于介绍了督抚衙门的组成及其新设机构，指出清代督抚并不像《清会典》和《皇朝通典》记载的那样是"独任官"，而是拥有幕友、六科、胥吏和中军副将或参将、文武巡捕、戈什哈（随从副官）、各种委员以及晚清新设的各类独立机构和诸多差委、督办等"实非外省任何官厅所可比拟"的庞大衙门体系。③联系后来史学界的督抚幕府研究热和晚近对各省新设机构的研究来看，作者此论不无慧眼。

　　大陆学者编著的诸多政治制度史也涉及了清代督抚制度研究。比较重要的如人民出版社1996年版、由白钢主编的多卷本《中国政治制度通史》，其中的明代卷（杜婉言、方志远著）和清代卷（郭松义、李新达、杨珍著）在直省行政体制中，对督抚制度的建立、沿革、机构、

---

　　①　台湾"国立"政治大学1963年版。该书的印刷似乎有问题，封面书名是《清代督抚制度》，而正文内书眉的书名则是《清代总督巡抚制度之研究》，内地学者引用时，两个书名都有。本书若出现这两个书名，也是指同一本书。

　　②　台北文行出版社1979年版。

　　③　同上，第39—46页。

职权等做了简要论述。刘子扬的《清代地方官制考》^①一书，比较详细地罗列了清代督抚制度的建立、各地督抚的置废以及督抚衙门的机构，其对清末官制改革中各省新设机构的介绍也比朱沛莲的小册子详细。张德泽的《清代国家机关考略》^②也用少量篇幅对各省督抚衙门、漕运总督和河道总督衙门进行了简要介绍。李霞的博士学位论文《清前期督抚制度研究》^③对清前期督抚的设置与沿革、督抚的职权、考核与监察制度等方面作了综合论述，是对以往研究的一个总结。

还有许多学术论文对清代督抚制度的不同侧面进行了专题研究。关于明清督抚制度沿革，主要有赵希鼎的《清代总督与巡抚》^④、王跃生的《关于明清督抚制度的几个问题》^⑤和《清代督抚体制特征探析》^⑥、史云贵的《承袭与变异：明清督抚制度述论》^⑦、徐春峰的《清代督抚制度的确立》^⑧、林良吉的《清代闽浙台督抚建置沿革之研究》^⑨。关于人事甄选，主要有王雪华的《关于清代督抚甄选的考察》^⑩、盖博坚的《清代皇权与督抚选任》^⑪、刘凤云的《从康雍乾三帝对督抚的简用谈清代的专制皇权》^⑫。关于督抚职权，主要有傅宗懋的《清代督抚职权演变之研析》^⑬、刘凤云的《清代督抚与地方官的选用》^⑭、王志明的《清代督抚保题绿营武官的人事权》^⑮等。

---

① 紫禁城出版社 1988 年版。

② 修订本，学苑出版社 2004 年版。

③ 中央民族大学 2006 年博士学位论文。

④ 《历史教学》1963 年第 10 期。

⑤ 《历史教学》1987 年第 9 期。

⑥ 《社会科学集刊》1993 年第 4 期。

⑦ 《中国矿业大学学报》（社会科学版）2006 年第 2 期。

⑧ 《历史档案》2006 年第 1 期。

⑨ 《史汇》，第 2 辑，1997 年第 6 期。

⑩ 《武汉大学学报》（社会科学版）1989 年第 6 期。

⑪ Frederick P. Brandauer and Chun – chieh Huang eds. , *Imperial Rulership and Cultural Change in Traditional China.* Seattle：University of Washington Press，1994，pp. 248 – 280. 1994：2。

⑫ 《河南大学学报》（社会科学版）2004 年第 3 期。

⑬ 《"国立"政治大学学报》1962 年第 6 辑。

⑭ 《明清史》1996 年第 6 期。

⑮ 《安徽史学》2005 年第 5 期。

关于晚清督抚权力研究的著述，主要有罗尔纲的《湘军兵志》[①] 和《绿营兵志》[②] 及其论文《清季兵为将有的起源》[③]、贾熟村的论文《试论咸同时期清政府的应变力》[④]、刘伟的论文《甲午前四十年间督抚权力的演变》[⑤] 及其专著《晚清督抚政治：中央与地方关系研究》[⑥]、刘广京的论文《晚清督抚权力问题商榷》[⑦] 等。这些研究从不同时段、角度对晚清督抚的权力扩大现象进行了研究，其中也存在一些分歧。例如，罗尔纲先生在其《绿营兵志·题记》中说，由于晚清"兵为将所自招，饷为将所自筹"，当这些带兵之将成为督抚后，就造成了地方督抚专政的局面。刘广京则认为，地方督抚权力只是比以前有所增加，但还没有增加到中央不能控制的程度，因而地方督抚"断不能有'专权'或'自治'之地位"。刘伟研究的结论大体也是如此。

关于晚清督抚人物的研究，大体可以分为两类：

1. 关于晚清督抚群体的研究。傅宗懋的《清代总督巡抚制度之研究》根据《清史稿》和《清史列传》对历朝的 517 位督抚人物的出身、族别、任职前后官职、卒于任者等进行了量化分析，开清代督抚群体计量研究之先河。魏秀梅的《从量的观察探讨清季督抚的人事嬗递》[⑧] 一文，在简要归纳了清代督抚制度的设立、督抚属僚、督抚职权、总督与巡抚之间关系之后，对嘉庆到光绪朝督抚的出身、籍贯或旗籍、任期和任职地、离职原因等进行了计量统计分析，指出：尽管清廷在督抚人员甄选上偏向旗人，汉人督抚所占的比例仍明显高于旗人；而督抚过于频繁的调动则对地方吏治影响巨大，"贤者难以发挥其长，不屑者反可自匿其短，清季吏治之不振，此亦一主因"。刘伟的专著《晚清督抚政治：中央与地方关系研究》力求把晚清督抚作为一个群体来研究，并在第二章专门对晚清督抚群体构成的变化、行为特征以及督抚与幕府进

①　中华书局 1984 年版。
②　同上。
③　《中国社会经济史集刊》第 5 卷，1937 年。
④　《近代史研究》1989 年第 3 期。
⑤　《近代史研究》1998 年第 2 期。
⑥　湖北教育出版社 2003 年版。
⑦　《中国近代现代史论集》第 6 编，台湾商务印书馆 1985 年版。
⑧　《中央研究院近代史研究所集刊》（台北）第四期上册，1974 年。

行了较为详细的探讨。楚双志的《晚清中央与地方关系演变史纲》① 则以时间为线索，探讨了晚清朝廷与地方督抚之间关系的演变过程。这些研究对进一步探讨晚清督抚有重要启发意义。

2. 晚清督抚人物的个案研究。这方面的成果非常丰富，林则徐、曾国藩、左宗棠、李鸿章、张之洞、刘坤一、沈葆桢、刘铭传、袁世凯、徐世昌等著名督抚的传记和其他研究专著都在两部以上，个别的甚至达到十几部。唐景崧、翁同书、薛允升、梁章钜、周馥、端方等也相继有专著问世。② 由此可见，学界研究的对象主要集中在反侵略、洋务、新政、文化等方面成就较为突出的督抚上。

也有学者独辟蹊径，对个别省份或区域出生或任职的督抚群体进行研究。李寰在《清代川籍宰府正卿督抚考略》③ 中梳理了清前期川籍督抚人物，别具特色。李洵的《清前期广东督抚及其对地区发展的影响》④ 一文，对作为沿海重要省份——广东省的清前期督抚在执行政策、政策观念、处理内外事务的识见和能力及其对广东地区的发展所产生的历史性后果等作了探讨，突出了督抚的地方特性。贾小叶的博士学位论文《晚清总督与近代文化——以东南及直隶总督为例》⑤，专门讨论了晚清东南、直隶督抚在近代文化发展中扮演的角色。这些研究，都有一定的参考价值。

如果说上述研究的不足，最主要的就是对晚清督抚研究的不平衡。

1. 人物研究的不平衡性。学术界对诸如曾国藩、李鸿章、左宗棠、张之洞、袁世凯等著名晚清督抚的研究可谓汗牛充栋，但是，在1820年至1911年的约600名督抚（含署理和护理）中，著名督抚只占其中很少一部分。2007年6月，笔者曾检索期刊网和中国人民大学图书馆、

① 中央党校出版社2006年版。

② 重卿编著：《民族英雄唐景崧传》，广西政府编译委员会1940年版；谢俊美：《翁同书传》，华东师范大学出版社1998年版；华友根：《薛允升的古律研究与改革：中国近代修订新律的先导》，上海社会科学出版社1999年版；王军伟：《传统与近代之间：梁章钜学术与文学思想研究》，齐鲁书社2004年版；汪志国：《周馥与晚清社会》，合肥工业大学出版社2004年版；张海林：《端方与清末新政》，南京大学出版社2007年版。

③ 《四川文献》1968年第71辑。

④ 《东北师范大学学报》（哲学社会科学版）1988年第1期。

⑤ 北京师范大学2002年博士学位论文。

国家图书馆馆藏图书资料，得出的结果是：有专题研究的晚清督抚是180人。其中，有研究专著的不到40人，只有一篇研究论文的有60人，而曾国藩、左宗棠、李鸿章、张之洞等著名督抚的研究论文分别都达到数百篇。尽管这个统计并不全面，却也说明一个问题：绝大多数晚清督抚在当今学术界的相关研究中只当配角，甚至连配角都不是。研究刘坤一的崔运武先生曾经提出，要注重对"平淡型"督抚的研究①，殊不知，与大多数督抚相比，刘坤一的"平淡"已经够得上是相当"伟大"了！在晚清的大变革中，那些走在时代前列、为挽救国家危亡、推动近代化的起步与发展的督抚固然值得详细研究，但那些保守、平淡乃至平庸的督抚也是考察晚清经济、政治、军事、社会的一个维度，没有对他们的研究，我们对晚清督抚以及整个晚清的认识无疑都是一个缺憾。

2. 领域研究的不平衡。现有的研究主要集中在反对外国侵略、镇压农民起义、督抚制度、近代化、中央与地方的关系、督抚幕府等方面，督抚在日常行政方面的作为则较少见诸论述。

3. 督抚层次研究的不平衡。现有的研究主要集中在督抚中的总督层面，各省巡抚的研究很少，尤其是像河南这样比较落后的省份的巡抚，几乎无人问津。

基于以上，本书选择晚清河南巡抚作为研究对象。其一，河南地处中原，属于内陆省份，可以作为近代化初期内陆省份的代表。勺海居主人订的《筹豫近言·序》说：中原既是历代战争中的兵家"必争之地"，又"居堂奥之间，距海疆门户甚远，民生不见外事，不知农、工、商战为何术"。② 对于晚清而言，作者只说对了一半，尽管晚清的河南既不是内战的主战场，也没有直接受到列强的军事侵略，但其多灾多难却并不见得比其他省份少，鸦片战争、洋务运动、戊戌维新等，都与其有关而影响有限。尽管刘树堂在光绪二十三年（1897）奏请创建河南机器局，但直到清末新政，河南省才真正有了近代化起步的味道。

---

① 崔运武：《论中国早期近代化中平淡型地方当政者的研究价值》，《江苏社会科学》1999年第3期。

② 台湾成文出版社1968年版，第2页。

这样，整个晚清，河南的发展都相当缓慢，由清代前中期的"钱粮大省"变成了清末的"地瘠民贫"。究其成因，除了地理位置之外，作为河南最高行政长官的河南巡抚及其在行政作为上的平淡乃至平庸是最主要的原因。也正因为如此，晚清河南巡抚以及他们治理下的河南社会便在当时的整个中国有了一定的代表性、典型性，由此可以透视整个晚清社会发展缓慢的某种奥妙。其二，晚清河南巡抚在对内镇压起义、对外反抗侵略以及近代化等方面，都没有出现太著名的人物，可以作为平淡乃至平庸督抚的典型。

第一章　堂奥封疆

河南地处中州，自明代设立巡抚。清沿明制，于顺治元年（1644）七月设立巡抚，虽亦设有总督，但时断时续，且时间很短，而巡抚则除了少数时候暂时废除外一直存在。豫抚与中央的关系在清前中期比较密切，中央的控制亦严，但到了晚清，湘系、淮系势力及外国传教士插手河南，豫抚亦以地方不靖为借口与朝廷讨价还价，朝廷的权威受到挑战。

第一节　物产与官缺

河南是古代中国的政治、经济中心之一，物产丰富，战略地位重要，即使到了清朝前中期，河南仍为钱粮大省。豫抚虽低于总督，然兼提督衔，实集民事、军权于一身，故从官缺之设可以窥见豫抚职权的梗概。

一　从豫州到豫省

河南，上古为九州之一的豫州，为三代的政治、经济中心。登封的王城岗，曾为夏代王城；郑州商城、安阳、商丘等地，曾是商代都邑。至西周而周公建洛邑，是为成周；平王东迁洛邑而称东周，畿内有郑、宋、陈、蔡、许、虢等四十国。战国为韩、魏、楚、赵之疆。

秦罢分封，置郡县，分天下为三十六郡，河南有其八，即三川、颍川、东郡、南阳、砀、邯郸、南郡、九江。汉兴，惩秦之弊，复建诸侯，分河南为二，即梁国和淮阳国；又设河南、颍川、陈留、汝南、南阳、沛、魏、东郡、河内、江夏，与弘农之东境，共十一郡，分领于司隶及冀、兖、豫、荆四州部刺史；东汉都洛阳，置司隶校尉，与部刺史分领郡如故。曹魏都邺（今属河北临漳县），一如汉制。

西晋分置司州和豫州，统郡国二十一。及永嘉之乱，豫州没于刘、石、苻、姚。至晋末，刘宋有其南境，置豫州，以郡县杂隶于他州。自永初（420—422）至元嘉（424—453）、大明（457—464）之间，虽乍有离合，而分立居多。后魏都洛阳，东魏徙于邺（在今河南安阳市东北），置豫、郑、洛、陕等十九州，以统各郡。北齐、后周皆因之。

隋初罢郡，以州统县。大业（605—618）初，复置河南、荥阳、梁、汝南、颍川、谯、淮阳、淮安、淯阳、弘农、襄城、南阳、淅阳等二十一郡，以豫州等刺史纠察之。唐分天下为十道，于此置河南道。开元（713—741）中，置都畿、河南、河北三道采访处置使，都畿道治东都，河南道治陈留，河北道治魏郡。宋都汴，置开封、河南、颍昌、淮宁四府，郑、孟、汝、滑、蔡五州，属京西北路；又置应天府，卫、浚、怀三州，属京西路；拱、亳二州，属淮南东路；相、磁二州，属河北路；隆德府，属河东路；陕、虢二州，属陕西路；邓、唐二州，属京西南路；光州，属淮南西路。唯开封置尹，余皆置安抚使以领之。金主珣徙都于汴，为南京，分置河北、河东、京兆三路，以治开封等四府，邓、蔡、卫、怀四州。元因金旧，以汴梁等五路、归德等三府，置河南、江北等处行中书省统之，又置河南江北道廉访使司以查之。

明洪武（1368—1398）初，改河南、江北等处行中书省为河南等处承宣布政使司，领开封、彰德、卫辉、怀庆、河南、南阳、汝宁七府，州十二，县八十二；改河南江北道肃政廉访使司为河南等处提刑按察使司，领河南、河北二道，后增大梁、汝南二道，分按七府；并置河南都指挥使司，领宣武、陈州、睢阳、彰德、怀庆、河南、弘农、南阳、信阳、颍川、洛阳中、南阳中十二卫指挥使司，并颍上守御千户所，而三司并建于开封府。成化（1465—1487）中，改南阳府属之汝州直隶布政使司。嘉靖二十四年（1545），升归德州为府。至此，河南共领府八、州十二、县九十六。

清沿明制，府州因之，而卫所俱裁。顺治十六年（1659），以南阳府南召县并入南阳县，雍正十二年（1734）复故。雍正二年（1724），升陈、许、禹、郑、陕、光六州，直隶布政使司。三年（1725），以直隶大名府内黄县改入彰德府（治今河南安阳市）属，以直隶大名府浚县、滑县改入卫辉府（治今河南卫辉市）属。四年（1726），以彰德府所属磁州改属直隶广平府（治在今河北邯郸市东北）。五年（1727），以卫辉府胙城县并入延津县。① 十二年（1734），升陈、许为府，郑、禹仍属州。乾隆九年（1744），许复直隶。光绪（1875—1908）末，郑复直隶。宣统（1909—1911）初，淅川厅直隶。至清末，河南省领府九、直隶州五、直隶厅一、州五、县九十六。② 全省东西最广处一千二百二十里、南北最长处一千二百九十里，面积约五十四万四千三百余方里。③ 宣统三年（1911），编户四百六十六万一千五百六十六，口二千六百八十九万四千九百四十五。④

二 丰饶物产

河南地处中原，"嵩室磐于巩洛，天中贯乎九丘；太行北峙，崤函西拱；黄河淮济，擅四渎之三；汴洛两京，扼都会之要"⑤。地域辽阔，物产丰富。

河南的粮食作物主要有稻、麦、豆、粟。稻有籼稻、杭稻、糯稻，俗呼籼为早稻、杭为晚稻，汝宁府（治今河南汝南县）所种最多，其余府州亦皆有之，而以出郑州者佳；糯稻性黏，主要用于做米酒、年糕。蔬菜多为北方诸省常见。白菜主要产于淮河以北府州，一名菘，又有黄芽、白箭、杆白之分；菠菜、芥菜、大芥、苋菜、芹菜、莙荙、茼蒿、莴苣、蔓菁、葱、蒜、韭、芫芋，各府县皆有，乃北方最普遍之蔬菜；笋有竹萌、蒲蒻，但豫产紫茎竹、斑竹、凤尾竹、淡竹等比较细，笋小，故竹笋不多有；萝卜有红、白两种，各地皆有，而豫南产者名水

① 田文镜：《河南通志》卷一九，《景印文渊阁四库全书》，台湾商务印书馆1986年影印。

② 赵尔巽：《清史稿》（缩印本）第1册《地理志九》，中华书局1997年版，第577页。《河南新志》上册为一百零八县，中州古籍出版社1988年版，第305页。

③ 《河南新志》上册，第20页。

④ 赵尔巽：《清史稿》（缩印本）第1册《地理志九》，第577页。

⑤ 贾汉复：《河南通志·序》，近卫本，第2页。

萝卜。蘑菇，各府州多有之，归德（治今河南商丘市）最著；木耳，出鲁山者多，分为椿、槐、榆、桺、桑五类，唯桑木耳可入药。瓜果以西瓜、甜瓜、菜瓜、桃、梨、李最常见，而李以洛阳金丝李最著；杏、奈、梅，开封、南阳、汝宁、许、光（治今河南潢川县）、陕（治在今河南三门峡市西）等府州间有；石榴，出孟县者佳，河阴（在今河南荥阳市东北）产者亦佳；枣，各府州多有，卫辉（治今河南卫辉市）最著，而"豫省例贡永枣"①。柿，各府州多有，唯巩（今河南巩义市）、洛间最胜，有黄柿、朱柿、火球柿，炙干者谓之乌柿，日干者谓之白柿；又一种差小，谓之软枣，味甚甘，又名牛乳柿。花、石、藤杖等则有作贡品者，如百合。道光二十九年（1849）十月，"谕军机大臣等：朕于各省贡物，裁汰大半，惟河南地方向产百合，清润可食，着潘铎选择四五桶，解京备用。嗣后每年均着按期呈进，即照此次之数，无庸加多"②。有为历代文人墨客所追捧者。如牡丹，各府州皆有，宋欧阳修《花品序》云：牡丹出洛阳者，为天下第一。芙蕖，出陈（治今河南淮阳县）、许陂泽间，各府州亦有之。《尔雅》曰：荷芙蕖，其茎茄，其叶蕸，其本蔤，其花菡萏，其实莲，其根藕，其中的的中薏。《古今注》：一名水芝，一名水花，又名芙蓉，即荷花。菊，有数十种。其他还有菖蒲，出嵩山五渡水中，一名尧韭，一名昌阳。《神仙传》曰：汉武帝登嵩山，见仙人长二丈，耳垂肩。帝礼而问之，仙人曰：吾九疑人也，闻中岳有石上菖蒲，一寸九节，食之可以长生，故来采之。言讫遂不见。王鲔，出孟县，宋景文笔记：河阳（今河南孟州市）出王鲔鱼。鸲，出新安青要山，状如凫首，朱目赤尾，《山海经》云：食之宜子。钟乳石，出登封少室山岩穴阴处，《图经》：溜山液而成，空中相通，如鹅翎，碎之如爪甲，以光明者为佳。天坛藤杖，出济源。叶少蕴《避暑录》云：天台杖柔韧而轻，坚如束筋，余往得天坛藤杖数十，外图实与此不类，而中相若。矿产、瓷器、纺织等后面仍要谈及，不赘述。其余见物产表。

---

① 河南巡抚庆廉：《奏为本年永枣不能成熟请来岁再进事》，咸丰十年十月二十七日，录副奏折，档号 03－4177－116。

② 《清宣宗实录》（七）卷四七三，道光二十九年十月癸未，中华书局 1986 年版，第948 页。

表 1－1　　　　　　　　　清前期河南省主要物产表

种类	名称
粮食作物	籼稻、秔稻、糯稻、大麦、小麦、黍、稷、粟谷、高粱、黄豆、青豆、绿豆、黑豆、扁豆、豌豆、豇豆、刀豆、小豆、蚕豆、鸡虱豆、龙爪豆、天鹅蛋豆、芝麻等。
蔬菜	白菜、菠菜、芥菜、大芥、苋菜、芹菜、莙荙、茼蒿、莴苣、蔓菁、葱、蒜、韭、芫荽、芋、笋、萝卜、山药、蘑菇、金针菜、荠、蕨、蘘荷、茭白、茴香、木耳、冬瓜、南瓜、北瓜、王瓜、丝瓜、苦瓜、葫芦、瓠子、茄子等。
瓜果	西瓜、甜瓜、菜瓜、苹果、林檎、桃、李、杏、柰、梅、石榴、葡萄、梨、枣、柿、樱桃、核桃、白菜、无花果、文官果、枇杷、柑、香橙、羊枣、羊桃、栗子、榛子、松子、藕、莲子、菱、芡、茨菰、荸荠、木瓜等。
花卉	牡丹、芍药、玉兰、辛夷、海棠、芙蕖、芙蓉、菊、兰、蕙、蔷薇、木槿、丁香、梅花、碧桃、金丝桃、紫薇、紫荆、唐棣、山茶、宝相、千叶榴、火石榴、凌霄、素馨、鸡冠、金盏、绣球、蔷薇、瑞香、荼蘼、玫瑰、木香、石竹、秋海棠、夹竹桃、月季、蜀葵、凤仙、紫茉莉、玉簪、剪罗、剪红罗、紫蝴蝶、十样锦、黄葵、向日葵、木芙蓉、十姊妹、丽春、夜合、山丹、莺粟、水仙、龙爪、僧鞋菊、天竹、芭蕉等。
树木竹子	松、栢、桐、杨柳、槐、榆、椿、桧、桑、柘、梓、楮、樗、楸、楝、棠、栗、冬青、杉、枫、黄杨、白杨、檀、柞、樟、石楠、皂荚、栒、橡、紫荆竹、斑竹、凤尾竹、淡竹等。
药材	地黄、麻黄、甘菊、枸杞、香附、兔丝、蛇床、艾叶、防风、黄蓍、柴胡、杏仁、黄芩、桔梗、白芍、紫菀、苍术、栢仁、瓜蒌、葛根、益母、车前、丹参、苦参、百合、杜仲、连翘、黄精、菖蒲、石斛、茱萸、麦门冬、天门冬、紫苏、荆芥、牵牛、元参、半夏、射干、牛蒡子、何首乌、威灵仙、酸枣仁、刘寄奴、仙灵脾、桑寄生、款冬花、葶苈、班猫、全蝎、皂角、知母、牛膝、草薢、山楂、远志、茯苓、葫芦巴、木贼、贯众、牛黄、仙茅、通草、芎藭、赤箭、鹿茸、栀子、五倍子、白花蛇、飞生急灵皮、羊蹄根、鹤虱等。
水产	鲤、鲂、鲫、鲇、鲢、鳟、鳑、鳝、鳙、鳅、白鱼、沙鱼、黄姑、马郎、黄颊、金鱼、银鱼、鲚花、鲜、龟、鳖、蟹、虾、螺蛳、蚌、蛤蜊、蚬、鼋、绿毛龟等。
禽鸟	鸡、鸭、鹅、雁、雉、鸽、鹌、鸠、喜鹊、乌鸦、鹰、鹧、燕、莺、麻雀、鸲、练鹊、啄木、杜鹃、布谷、鹁鸪、百舌、竹鸡、白头翁、画眉、鹤、鹭鸶、鸳鸯、鸂鶒、鸥、凫、鸬鹚、淘河、鹳、鹈鹕、驾鹅、鸱鸮、长鸣鸡、鸹、刺猬等。
家畜兽类	马、牛、骡、驴、犬、猪、羊、猫、獾、狸、狐、貉、鹿、麋、麂、兔、虎、豹、狼、豺、熊、猴、山猪、山羊、麢羊、麝等。
蛇虫	蚕、蜂、蝉、蝇、蚊、蛾、萤、蚓、蚁、虾蟆、蜈蜉、蝇虎、螳螂、蜻蜓、蝴蝶、蟋蟀、蜥蜴、蜘蛛、蟊、蚰蜒、蝼蝈、蛴螬、蜗牛、蚱蜢、蝎、蛇、蜈蚣等。
织物	丝、绵、缣、绫、绸、绵绸、羊绒、棉花、布、葛布、苎、苘麻等。
矿物	铜、铁、铅、锡、矿石、自然铜、硝、矾红、胆矾、石灰等。
其他	石青、滑石、云母石、花汝石、苍珉石、碾石、钟乳石、礜石、紫石英、桐栢石、碁子石、青瓷、钧瓷、官粉、胡粉、木炭、蜡、菜油、麻油、蜜、红花、靛、漆、桑皮纸、石砚、茶、郏酒、熊胆、麝香、弓等。

　　资料来源：田文镜等《河南通志》（《景印文渊阁四库全书》，台湾商务印书馆 1986 年影印），分类略有变动。

三 钱粮大省

清代河南田赋，分丁、地二项。人丁一项，贾汉复《河南通志》卷一一《户口》：明嘉靖间（1522—1566），豫户赢六十余万、口赢五百余万。明末战乱，人口锐减。顺治十六年（1659），活丁九十九万三千一十八丁；康熙九年（1670），一百一十五万九千四百九十六丁，实在行差一百一十万二千九百五丁。①《嘉庆重修一统志·河南统部·户口》载：康熙五十二年（1713），原额人丁二百二十八万九千八百七十五，此后续滋人丁，永不加赋。雍正四年（1726），巡抚田文镜奏请以丁粮摊派于地粮之内，无论绅衿富户，不分等则，一体输将，以昭画一。次年，丁银与地合。

田亩一项，清初《赋役全书》以明朝万历年间（1573—1620）赋役为准，明定田亩与钱粮数目，即所谓"原额"。河南布政司所辖土地有二项：一为旧管民田原额熟荒地，一为旧管更名卫所原额熟荒地。贾汉复《河南通志》卷一二《田赋》：原额地九十五万四千一百七十九顷二十六亩零，除学田、籽粒、城壕、沙压、河占、筑堤并小亩，折去五万四千二百二十顷六十一亩零，实在原额地八十九万九千九百五十八顷六十五亩零。原额银三百七十九万一千二百二十八两零，内有归德府（治今河南商丘市）举人会试路费等银七百七十六两零。顺治十六年（1659），行粮熟地三十八万三千七顷一十二亩零，外除豁灵宝（今河南灵宝市东北）、巩县籽粒、河滩地五十一顷九十五亩零，共派银一百九十八万三千四百一两零。②《嘉庆重修一统志·河南统部·田赋》：田地七十七万五千四百九十一顷一十七亩，康熙五十二年（1713）原额人丁二百二十八万九千八百七十五；额征地丁正杂银三百四十七万九千十四两有奇，正兑、改兑米四万一千二百七十二石二斗有奇，麦三万八千九百一十石二斗有奇，豆九万七千七百四十八石三斗有奇，耗米九千四百五十九石五斗有奇，耗麦九千八十石有奇，耗豆二万三千七十四石四斗有奇。

---

① 贾汉复：《河南通志》卷一一。
② 贾汉复：《河南通志》卷一二。

田亩派赋，轻重不同，多者五分左右，少者三分左右。怀庆（治今河南沁阳市）、河南（治今河南洛阳市）二府最多：河内（今河南沁阳市）、济源上等田亩派银逾一钱，永宁（今河南洛宁县）之竹地则多至一钱五分六厘有奇，渑池之水地一钱四分三厘有奇。据河南财政厅报告："前清旧制一百八县中，纯收钱者开封等六十一县，银钱并征者鲁山等二十五县，纯收银者密县等二十二县而已。至银钱折合之法，自清乾隆时定尾数一厘准纳制钱一文之制，相沿为例，纳银一两，缴钱一千。驯至咸、同之际，每两增至三千数百文以上，著为定数矣。"①

故清代河南，向为钱粮大省，仅"开封府祥符一县，税额十万零，已逾贵州全省之数（共九万余）"②。清末，豫抚张人骏在家书中说："我到河南后寄京之款，络续万余金，此缺不为不优……设另调他缺或转京秩，不知何以过去。"③ 陈夔龙则说："汴藩夙称优缺，京僚获简，不啻登仙。"④ 如此，无论对于朝廷抑或地方官，河南都是块"肥肉"。

四 文武官缺

河南省地处中原，其治乱对国家政局影响极大，明末李自成起义在河南的复兴即证明此。故贾汉复所修之《河南通志》在序中几乎众口一词，强调河南对于全国的重要性："洛阳盛衰，天下治乱之候也"⑤。"夫河南，天下之枢也；河南之治，天下之治之始也。"⑥ 设立文武官缺，治理、镇守河南省，对于清朝自然关系重大。据《嘉庆重修一统志》和《河南新志》中册《清代官制》《清代兵制》，以及张德泽《清

---

① 《河南新志》上册，第305页。
② 陈夔龙：《梦蕉亭杂记》卷二，上海古籍书店1983年版，第14页。
③ 张守中编：《张人骏家书日记》，中国文史出版社1993年版，第70页。张氏是光绪三十二年正月二十五日由山西巡抚调任河南，此信是三十二年腊月初七日所写。腊月二十一日，他又在给儿子的信中说："姑将我到河南后所寄之款，开单寄去。汝等细算之，前后所寄已及一万八千金。"（《张人骏家书日记》，第75页）据光绪《大清会典事例》卷二六一，河南巡抚的养廉银每年是一万五千两（《续修四库全书》0802 史部·政书类，上海古籍出版社2002年版，第181页），张氏到任不及一年，所寄家之银已超过其养廉，再加上诸如幕友、馈赠等开销，其实际收入大大超过养廉银，证明豫抚确为肥缺。
④ 陈夔龙：《梦蕉亭杂记》卷一，第43页。
⑤ 贾汉复：《河南通志·贾序》，第3页。
⑥ 贾汉复：《河南通志·李序》，第2页。

代国家机关考略》①等，清代河南省文武官缺设置情形，大致如下：

河南文官官缺：

巡抚一员，兼理提督，统辖全省等处地方军务、粮饷，节制各镇并驻防满营官兵，督理河道，兼管屯田。设置变化情况见后。

学政一员，以京员兼差，非专职官缺。河南向系提学道，以按察司副使金事为之。康熙二十四年（1685）定，由京堂翰詹可到任者，为提督学政；由部郎任者，仍为按察司副金提学道。雍正时（1723—1735），由部郎任者加翰林衔，去道衔。

布政使一员。清初因明制，设左右布政使各一员，康熙六年（1667）裁左布政使。

按察使一员。清初，河南不设按察使，以大名巡道兼河南按察使衔。康熙六年（1667），设河南按察使，成定制。

分守开归陈许等处，督理全省盐法、水利、粮务道一员。清初有大梁守、巡二道，驿传道，粮储道。康熙元年（1662）裁大梁守、巡二道。五年（1666），裁驿传道，归并为盐驿开归道。七年（1668），复设大梁守、巡道。二十二年（1683），裁粮储道，归并为分守开归管粮驿道。

分巡开归陈许等处地方，兼理河务兵备道一员。清初有管河道，康熙五年（1666）裁，九年（1670）复设，乾隆时（1736—1795）改为此，成定制。

分守河北兵备道一员，管辖彰卫怀等处地方、黄河北岸堤工埽坝、约束汛弁兵夫、兼理水利。清初设守、巡二道，康熙六年（1667）俱裁，九年（1670）复设守道，二十五年（1686）裁，雍正五年（1727）再设，兼管河务。

分巡河陕汝等处地方兼水利道一员。清初设守、巡二道，康熙六年（1667）俱裁；雍正十三年（1735），复设分巡道。

分巡南汝光等处地方兵备道一员，兼管水利事务。清初设分、巡二道，康熙六年（1667）裁；九年（1670）复设守道，兼理巡道事。

此外，河东河道总督一员。咸丰五年（1855）六月，下北厅兰阳

---

① 张德泽：《清代国家机关考略》（修订本），学苑出版社 2001 年版。

铜瓦厢（在今河南兰考县西北）决口，黄河河道北徙。咸丰十一年（1861）四月，河东河道总督由山东济宁（治今山东济宁市）移驻开封府（治今河南开封市）。同治二年（1863），裁兰仪、仪睢、睢宁、商虞、曹考五同知、通判及所属十一汛州判、县丞、主簿、巡检等员缺。光绪二十八年（1902），裁河东河道总督，豫抚兼管河工事务。

表1-2　　　　　　　　清代河南省知府以下职官表

官职	数量	官职	数量	官职	数量	官职	数量	官职	数量	官职	数量
知府	9	同知	8	通判	12	直隶知州	4	知州	6	直隶州同	1
州同	1	直隶州判	3	州判	5	知县	96	库大使	1	布政司经历	1
司狱	1	府经历	8	照磨	1	州吏目	10	县丞	33	按察司经历	1
主簿	15	税课大使	1	教授	9	学正	10	教谕	98	粮道库大使	1
训导	105	典史	96	巡检	18	府司狱	1	驿丞	8		

资料来源：《河南新志》中册，中州古籍出版社1990年版，第844—846页。

河南武官官缺：

河南巡抚提督军务一员。抚标左右二营各设游击一员、守备一员、千总二员、把总四员。康熙三十四年（1695），裁游击一员，以游击一员兼管二营。雍正八年（1730），抚标中军改为参将，兼管两营。每年轮派千、把总三员，分防郑州、通许、尉氏。后各营又添设外委千总一员、委外把总二员。

满洲驻防：城守尉一员，康熙五十九年（1720）设置，乾隆二十一年（1756）归巡抚节制。笔帖式一员：初设二员，后裁一员。恩骑尉一员，前、后蒙古佐领各一员、防尉各一员、骁骑校各一员、八旗佐领八员、骁骑校八员。

镇守河北总兵一员。标下左右二营，管辖卫辉营、开封营、河南营、彰德营、嵩县营、王禄店营。雍正三年（1725），因陕州（治在今河南三门峡市西）地面面山负河，地方紧要，添设陕州营。

镇守南汝总兵官一员。标下左右二营，管辖邓州营、汝宁营、信阳营、归德营、襄城营、陈州营。

军兴以后，河南防务吃紧，据军机大臣彭蕴章等议定，朝廷于咸丰八年（1858）十二月对河南军事辖区进行调整："改河南选缺南汝光道为调缺，加兵备衔。升归德营为归德镇，设总兵官一员……拨原设归德营参将及弁兵驻商丘、永城适中之会亭驿，与考城营、陈州营，均隶新镇。……移河北镇之开封营，改隶抚标，并增新设各营俸饷、营房、马匹。"①

表 1 - 3　　　　　　　清代河南抚标、三镇下辖武官官缺表

标别	官缺	数量	官缺	数量	官缺	数量	官缺	数量	官缺	数量
抚标	参将	1	守备	1	千总	2	把总	5	外委	5
河北镇标	游击	1	千总	5	把总	10	外委	6	都司	4
	参将	2	守备	3						
南阳镇标	游击	1	千总	8	把总	11	外委	16	墩堡外委	42
	参将	1	副将	2	守备	4	都司	2		
归德镇标	游击	2	守备	2	千总	6	把总	9	外委	6
	参将	1	都司	2						

资料来源：《河南新志》，汝宁营的墩堡外委所载不详；骑都尉、云骑尉、恩骑尉世职不统计。

需要指出的是，清代河南省官缺变化比较复杂，武官官缺尤其如此，记载也不尽一致②，因非专题探讨，此处不一一详加列举。至于清末新政时期河南省官缺的变化，请参见第五章。

---

① 《清文宗实录》（四）卷二七一，咸丰八年十二月乙巳，中华书局 1986 年版，第 1195—1196 页。

② 本书上述武官官缺数量主要是根据《河南新志》的记载，其他史料则有不同。例如，关于河南巡抚兼提督直辖的抚标和开封营的武官官缺，光绪《钦定大清会典事例》卷五九一的记载是："河南巡抚兼提督一人，节制三镇……统辖本标左右二营，兼辖开封一营。左营兼中军参将一人、中军守备一人、千总二人、把总六人、外委五人、额外外委五人……右营守备一人、千总三人、把总五人、外委六人、额外外委五人……开封城守营游击一人……中军守备一人、千总二人、把总三人、外委六人、额外外委五人。"（《续修四库全书》0807 史部·政书类，第 248 页）

第二节　豫抚概况

清初，河南既有巡抚，亦有兼管或专设总督。自康熙八年（1669）之后，除了雍正五年至十三年（1727—1735）设总督而废巡抚外，河南只设巡抚。其人选前期以汉军为主，中期以满人为主，后期则以汉人为主；其任期，前期与后期较长，中期较短。

一　豫抚的设置及其兼衔

鉴于元朝行省的职权过于集中，明朝设承宣布政使、都指挥使、提刑按察使，各自设立一司，是为"三司"。"三司"把一省之权一分为三，虽达到了分权的目的，然一旦地方有缓急大事，却运转不灵，故督抚之出现，诚为不免。

关于明朝河南督抚的设置，田文镜《河南通志》有一段简明扼要的叙述："（河南）巡抚之设，始于宣德五年于谦巡抚河南、山西。景泰中，始专设。万历七年，兼管河道。八年，加提督军务。正德五年，设总制，寻罢。而嘉靖中，军事益棘，始定设总督，分辖巡抚。嗣后，或罢或设，或兼巡抚，或称督师、经略，或总理五省、七省，皆因事特设，不为常制。"[①] 这种设置未成定制，然已显出清初河南督抚废置的雏形：总督废置不定，巡抚则兼管河道、提督军务。

清沿明制，顺治四年（1647），调宣大总督马柱国任江南、江西、河南总督，为清代设置管理河南总督之始。六年（1649）八月，给事中姚文然奏称，"北直接壤山东、河北一带，盗贼日炽，商贾不前，耕桑失时"，建议将保定巡抚改为总督，"举直隶、山东及河南怀庆、卫辉、彰德三府悉归统辖，两省巡抚、总兵悉听节制"，以利于剿灭"盗贼"、绥靖地方。[②] 从之。于是，以张存仁总督直隶、山东、河南，巡抚保定等府，提督紫荆等关，兼理海防军务。十五年（1658），裁撤。十八年（1661），命各省分设总督，遂专置河南总督。康熙四年

---

① 田文镜：《河南通志》卷三一《职官二》。
② 《清世祖实录》卷四五，顺治六年八月丁酉，中华书局1985年版，第361页。

（1665），全国各省总督进行调整，除湖广、四川、福建、浙江外，其他省一律裁并，"直隶、山东、河南设一总督，总管三省事"①。八年（1669）七月，又裁撤三省总督。雍正五年（1727）七月，特旨："田文镜当加殊恩，以示嘉奖，着加兵部尚书衔，授为河南总督，总兵以下听其节制。此系特恩，不为豫省定例。"②次年五月，以田文镜任河南巡抚以来，"忠诚体国，公正廉明"，河南"吏治、民风之善，实为直省第一""因豫省官民受其化导抚绥，深切爱戴"，雍正帝不愿意让田氏到别处为官，于是又专设河东总督，管辖河南、山东两省，作为"因人设立之旷典，不为定例"③。田文镜休致后，王士俊继任。雍正十三年（1735），乾隆帝一反乃父所为，认为"河南地方自田文镜为巡抚、总督以来，苛刻搜求，以严厉相尚，而属吏又复承其意旨，剥削成风，豫民深受其困"，故裁撤河东总督缺，"河南仍照旧例，止设巡抚"。④自此以后，河南不设总督。

较之豫督之时置时废而最终废之，河南巡抚之设则变化不大。顺治元年（1644）七月，以罗绣锦为右副都御使巡抚河南，为清代设置河南巡抚之始。雍正五年（1727）七月，特授河南巡抚田文镜为河南总督，裁河南巡抚缺。九年（1731）四月初一日，田文镜病假，命浙江布政使张怀元署河南巡抚，恢复巡抚设置。十一年（1733）四月，王士俊为河东总督兼河南巡抚事。十三年（1735）十一月，裁河东总督缺，仍仅设河南巡抚，直到清亡。

关于清代巡抚的兼衔，《清史稿·职官三·外官》记载："初沿明制，督、抚系右都御史、右副都御史、右佥都御史衔……康熙元年，停巡抚提督军务，加工部衔；不置总督省分，兼辖副将以下等官。十二年，复故。"豫抚的大致情况是：顺治元年（1644）七月，以"内国史

---

① 《清圣祖实录》（一）卷一五，康熙四年五月丁未，中华书局1985年版，第229页。

② 《清世宗实录》（一）卷五九，雍正五年七月甲子，中华书局1985年版，第903页。关于田文镜授河南总督，钱实甫的《清代职官年表》（中华书局1980年版）遗漏，傅宗懋的《清代督抚制度》（台湾"国立"政治大学1963年版）也没有提到，二者列出的只有田文镜任河东总督（详见后）。

③ 《清世宗实录》（一）卷六九，雍正六年五月乙亥，第1047—1048页。

④ 《清高宗实录》（一）卷七，雍正十三年十一月丙辰，中华书局1986年版，第282页。

院学士罗绣锦为都察院右副都御史，巡抚河南"①。二年（1645）十一月，增加了提督军务、兼理河道："升河南布政使司参议吴景道为都察院右副都御史，巡抚河南等处地方，提督军务，兼理河道"②。顺治十四年（1657），任命贾汉复为河南巡抚时，则是同时加兵部左侍郎衔："改工部右侍郎贾汉复为兵部左侍郎，兼都察院右副都御史，巡抚河南，提督军务。"③ 十七年（1660）八月，"升山西左布政使彭有义，为都察院右副都御史，巡抚河南等处，提督军务，兼理河道"④。这样，河南巡抚由侍郎授者，即兼兵部侍郎、都察院右副都御史；由其他官员授者，则仅兼右副都御史衔；提督军务、兼理河道则同。十八年（1661），专设河南总督，故康熙元年（1662）张自德由陕抚调豫时，上谕没有提到其兼衔。⑤ 康熙四年（1665），河南总督裁缺，但巡抚兼衔未作特别说明。可以断定：自康熙元年起，河南巡抚的兼衔与其他省一致。至雍正元年（1723），定巡抚兼衔，其情形如《清史稿·职官三》所述：

> 由侍郎授者，改兵部右侍郎兼右副都御史衔；由学士、副都御史及卿员、布政使等官授者，俱为右副都御史；由左佥都御史或四品京堂、按察使等官授者，俱为右佥都御史。乾隆十四年，定巡抚不由侍郎授者，俱兼右副都御史；其兵部侍郎衔，疏请如总督。光绪三十二年，更名陆军部侍郎衔，宣统二年停。

与其他省巡抚兼衔一致，忽略了河南的特殊情况，故又不得不以其他兼衔、兼管形式加以弥补。一是河务问题。河督品级虽高于巡抚，却非管辖一省之封疆，没有地方督抚的支持，河工难办。有鉴于此，康熙

---

① 《清世祖实录》卷六，顺治年元年七月壬子，第72页。
② 《清世祖实录》卷二一，顺治二年十一月甲寅，第187页。
③ 《清世祖实录》卷一〇六，顺治十四年八月丙午，第872页。
④ 《清世祖实录》卷一三九，顺治十七年八月丁亥，第1071页。
⑤ 《清圣祖实录》（一）卷六，康熙元年二月庚申，第106页。

十七年（1678）定："河南巡抚管理河南（河道）岁修工程。"① 康熙四十九年（1710）复准，豫抚可因河务奏参地方官："河南堤工，系巡抚就近料理，如遇水长，即严饬管河等官，率领堡夫抢护；如怠玩贻误，将该地方官照黄河例议处，仍查明年限，着落赔修。"② 光绪二十八年（1902），河东河道总督裁撤，河南巡抚兼管河工事务。兼管河工虽说不上是兼衔，却是豫抚的一项重要日常事务，与豫省行政干系甚大。二是河南地处中州，虽不似边疆地区军务繁多，没有专设总督之必要，可是没有总督，满绿各军无所约束，营伍渐渐松弛，且豫省四通八达，"盗匪""教匪"迭出。于是，乾隆五年（1740），河南布政使朱定元奏请豫抚加提督衔③，获得俞允："豫省盗案繁多，营伍亦觉懈弛。该省止设河北、南阳二镇，与巡抚不相统属，诸事不能画一。着照山西之例，河南巡抚兼提督衔，以便节制稽察。"④ 嘉庆十二年（1807），又议定："河南巡抚加提督衔，节制驻防满营官兵。"⑤ 豫抚加提督衔遂成定例，弥补了无总督的不足。

此外，宣统三年（1911）武昌起义之后，安徽响应，安庆（治今安徽安庆市）光复，清廷不知皖抚朱家宝的下落，"皖北一带，盗贼蜂起，扰害闾阎，殊深悯念。所有皖北各属吏治、军务，均着河南巡抚齐耀琳管辖筹办"⑥，但时间很短，影响亦小。

二 清代豫抚若干事实校勘

关于清代河南巡抚的出身、籍贯或旗籍、任期、署或护的具体情

① 光绪《钦定大清会典事例》卷二三，《续修四库全书》0798 史部·政书类，第404 页。

② 光绪《钦定大清会典事例》卷一三七，《续修四库全书》0800 史部·政书类，第323 页。

③ 河南布政使朱定元：《奏请加抚臣提督衔事》，乾隆五年二月十八日，录副奏折，档号 03－0062－020。

④ 《钦定大清会典则例》卷六，文渊阁《钦定四库全书》。

⑤ 光绪《钦定大清会典事例》卷五一，《续修四库全书》0798 史部·政书类，第764 页。

⑥ 《清德宗实录》（九）附《宣统政纪》卷六六，宣统三年十月丙辰，中华书局 1987年版，第1229 页。

况，钱实甫的《清代职官年表》①（以下简称《钱表》）及其附录编写最为详细，但其中也存在一些错误和疏漏。台湾学者魏秀梅的《清季职官表·附人物录》（以下简称《魏表》）②对嘉庆朝（1796—1820）以后督抚的出身、籍贯、任期等做了梳理，纠正了钱表中的一些错误，但该表的附人物录本身仍有一些不足之处。下面仅就本书涉及的河南巡抚，作一些校勘和考证。

　　《钱表》存在的问题主要有三类。其一是河南巡抚的任命、署理、护理、病故出缺等时间错误。《钱表》的编写主要是根据《清实录》和《清史列传》《清史稿列传》等传记资料。③《清实录》虽有明确日期，但查寻麻烦，很容易出错，而传记的记载则未精确到日期，故督抚任职的时间错误较多。1. 吴景道（汉），顺治十年（1653）七月二十八日（辛酉）休，十三年（1656）死。④按：吴氏休致的时间是十年七月癸亥⑤，该月的朔日是甲午⑥，则癸亥应为七月三十日，而不是七月二十八日。2. 钱鼎铭，光绪元年（1875）五月二十九日（乙丑）死（敏肃），布政使刘齐衔署。⑦关于钱氏死亡的时间，魏秀梅根据《续碑传集》等认为是五月二十一日。⑧时任河南布政使的刘齐衔奏报也证实了这一点：钱"于五月二十一日子时出缺"⑨。故，钱氏死亡的时间应该是五月二十一日，钱实甫把《清实录》发布赐恤谕的时间定为钱氏死亡的时间是错的。另，据《清实录》，刘齐衔署理河南巡抚的时间是："光绪元年乙亥六月丙寅朔……以河南布政使刘齐衔署河南巡抚。"⑩上谕档："光绪元年六月初一日内阁奉上谕：李庆翱未到任以前，河南巡

　　①　钱实甫：《清代职官年表》，中华书局1980年版。
　　②　魏秀梅：《清季职官表·附人物录》，台湾"中央研究院"近代史研究所2002年版。
　　③　钱实甫：《清代职官年表·序言》，第2、3页。
　　④　钱实甫：《清代职官年表》第二册，第1524页。
　　⑤　《清世祖实录》卷七七，顺治十年七月癸亥，第610页。
　　⑥　同上，顺治十年七月甲午，第606页。
　　⑦　钱实甫：《清代职官年表》第二册，第1716页。
　　⑧　魏秀梅：《清季职官表·附人物录》，第884页。
　　⑨　河南布政使刘齐衔：《奏为巡抚钱鼎铭病故出缺请旨简放事》，光绪元年五月二十二日，录副奏折，档案号03-5098-094。
　　⑩　《清德宗实录》（一）卷一一，光绪元年六月丙寅，第205页。

抚着刘齐衔署理。钦此。"① 且钱氏在五月二十日请假一个月,"署中日行公事,饬委藩司代拆代行,遇有紧要事件",则仍由钱氏处理,得到俞允。② 故,若按巡抚出缺布政使自动代理抚篆或钱氏委托代理,刘齐衔代行抚篆应在五月二十日;若按照钱表以上谕发布时间为准,则刘氏署理河南巡抚的时间应为六月初一日。3. 胡宝瑔,乾隆二十八年(1763)正月二十四日死(恪靖)。③ 据《碑传集》中胡氏的《墓志铭》,"乾隆二十八年正月十八日,太子少傅、兵部侍郎兼都察院右副都御史、巡抚河南兼提督军务胡公卒于官"④。故胡宝瑔卒于正月十八日。4. 何煟死亡的时间,乾隆三十九年(1774)十月一日⑤,但暂署河南布政使荣柱的奏报是"于十月二十三日子时,在内黄寓所身故"⑥。5. 荣柱护理抚篆,乾隆四十三年(1778)正月二十四日⑦,但录副奏折中,荣柱奏报的是初七日的谕旨:"乾隆四十三年正月初十日,准兵部火票递到正月初七日内阁奉上谕:徐绩现在来京候旨,河南巡抚已令郑大进补授,其未到任之前,巡抚篆务著荣柱暂行护理。钦此。"⑧ 徐绩奏报的交卸日期是:"本年正月初十日,据布政使荣柱称,承准廷寄,钦奉谕旨:著荣柱护理河南巡抚印务,奴才进京候旨。奴才随将钦颁河南巡抚关防、王命旗牌、圣谕书籍及书吏文卷等项,即于初十日,差抚标中军参将五梅,送交布政使荣柱接管护理。"⑨ 二月二十日,郑

---

① 中国第一历史档案馆编:《光绪宣统两朝上谕档》第一册,光绪元年六月初一日,广西师范大学出版社1996年版,第147页。

② 河南巡抚钱鼎铭:《奏为病难迅愈请赏假调理事》,光绪元年五月二十日,录副奏折,档号03-5098-090。

③ 钱实甫:《清代职官年表》第二册,第1614页。

④ 《碑传集》卷七一,《清代传记丛刊》第110册,明文书局(台北)1985年版,第101页。

⑤ 钱实甫:《清代职官年表》第二册,第1625页。

⑥ 暂署河南布政使荣柱:《奏报何煟病故事》,乾隆三十九年十月二十三日,录副奏折,档号03-0140-044。

⑦ 钱实甫:《清代职官年表》第二册,第1629页。

⑧ 暂护河南巡抚荣柱:《奏谢暂行护理抚篆事》,乾隆四十三年正月十八日朱批,录副奏折,档号03-0168-026。

⑨ 徐绩:《奏报交印卸事日期事》,乾隆四十三年正月初十日,录副奏折,档号03-0168-010。

大进到任，荣柱交卸。① 随后，郑大进又于三月十八日出省城到彰、卫、怀三府考察；二十四日由安阳进京陛见，派员送抚篆到省。② 二十五日，荣柱接到巡抚印务，奉委暂护巡抚。③ 四月十三日，郑大进回到省城，荣柱再次交卸抚篆。④ 对于荣柱护理抚篆，《钱表》仅列出一次，且时间有误。

　　其二，《钱表》所列署、护、代巡抚之疏漏。列出督抚的署、护、代，对于我们了解清代督抚制度的全貌有很大帮助，但也是一项极其艰巨的工作。除了没有本任官的署理之外，要弄清清代所有的署、护、代督抚，几乎是不可能的，因为这种事情经常发生，而《清实录》所载只是其中的一部分。1. 乾隆八年（1743）五月二十四日，硕色由川抚改豫抚⑤，遗漏了署理巡抚阿里衮。《清高宗实录》乾隆八年六月，"又谕：河南巡抚雅尔图现已来京候旨，硕色未能即日到任。阿里衮湖南审理事竣，路经河南，着即赴开封，暂署巡抚事务，俟硕色到任后，再来京复命"⑥。这里没说阿里衮具体署理河南巡抚的日期，但阿里衮的奏报有大致时间，"兹于乾隆八年六月十二日至河南彰德府属亘沟驿地方，接到兵部公文，内开乾隆八年六月初七日内阁奉上谕……臣随于六月十四日起程，前赴开封府"⑦，可以作为阿里衮署理豫抚的参考时间。2. 在胡宝瑔死前，曾有旨令布政使辅德暂护，钱表未录。乾隆二十八年（1763）正月壬申（十四日），"谕军机大臣等：前据胡宝瑔奏称旧病复发，已遣医驰驿前往诊视，令其加意调摄……今据辅德奏到，看来尚未能计日痊可。所有河南巡抚印务，仍着交与辅德暂行护理，俾得专心调

　　① 河南布政使荣柱：《奏报交卸抚篆仍回藩司本任日期事》，乾隆四十三年二月二十七日，录副奏折，档号03-0169-004。
　　② 郑大进：《奏报交印起程赴阙请训日期事》，乾隆四十三年三月二十四日，录副奏折，档号03-0169-042。
　　③ 荣柱：《奏报护理巡抚印务日期事》，乾隆四十三年三月二十六日，录副奏折，档号03-0169-050。
　　④ 河南布政使荣柱：《奏报交卸抚篆日期事》，乾隆四十三年四月十三日，录副奏折，档号03-0169-066。
　　⑤ 钱实甫：《清代职官年表》第二册，第1595页。
　　⑥ 《清高宗实录》（三）卷一九四，乾隆八年六月戊午，第493页。
　　⑦ 钦差大臣阿里衮：《奏报湖南差竣并遵旨赴河南暂署巡抚日期事》，乾隆八年六月十四日，录副奏折，档号03-0071-058。

治，副朕廑念至意"①。胡氏本人的奏报有具体交印时间：抚篆"于正月十六日差委开封府知府张珽、臣标中军参将敦柱，交布政使辅德暂行护理"②。而《清实录》中的"仍"又表明此前辅德曾护理过，可惜不清楚具体日期，但辅德本人的奏报有交卸时间：乾隆二十七年（1762）十月十八日。③ 3．据《国朝耆献类征初编》记载，布政使何煟在乾隆三十四年（1769）九月、乾隆三十五年（1770）三月两次护理河南巡抚④，前者钱表未列入，具体护理时间是：九月二十八日接印，十二月十三日交卸。⑤ 对于后一次，钱表只列出了谕令发布日期是三月二十一日，在档案资料中也得到印证⑥，但钱表没有列出交卸时间：四月二十六日⑦。嘉庆十八年（1813）七月，方受畴调任豫抚，钱表遗漏高杞署：七月二十五日，"河南巡抚方受畴赏假回籍，以刑部左侍郎高杞署河南巡抚"⑧。高杞于八月十三日在河南延津途次接到抚篆⑨，等等。

此外，钱表说田文镜任河东总督时仍兼管豫抚⑩，事实并非如此。一则雍正擢田氏为总督时，并未提到令其兼管豫抚：五年（1727）七月甲子，"田文镜当加殊恩，以示嘉奖，着加兵部尚书衔，授为河南总督，总兵以下听其节制"⑪。六年（1728）五月乙亥，"以田文镜之精神力量，办理两省之事，绰然有余，着将田文镜授为河东总督，管理二省

---

① 《清高宗实录》（九）卷六七九，乾隆二十八年正月壬申，第592页。

② 胡宝瑔：《奏明因病巡抚印务暂交布政使护理事》，乾隆二十八年正月十七日，录副奏折，档号03-0108-007。

③ 河南布政使辅德：《奏报送交抚印日期事》，乾隆二十七年十月十八日，朱批奏折，档号04-01-12-0114-119。

④ 《国朝耆献类征初编》卷一七六《何煟传》，《清代传记丛刊》第155册，第39页。

⑤ 何煟：《奏为新任河南巡抚富尼汉到任恭报交送巡抚印务日期事》，乾隆三十四年十二月十二日，朱批奏折，档号04-01-12-0133-038。

⑥ 何煟：《奏报护理巡抚印务日期事》，乾隆三十五年四月初一日，朱批奏折，档号04-01-12-0136-115。

⑦ 何煟：《奏为新任河南巡抚永德到豫恭报交送巡抚印务日期事》，乾隆三十五年四月二十六日，朱批奏折，档号04-01-12-0136-120。

⑧ 《清仁宗实录》（四）卷二七二，嘉庆十八年七月己丑，中华书局1986年版，第684页。

⑨ 高杞：《奏报接署巡抚印务日期事》，嘉庆十八年八月十六日，录副奏折，档号03-1551-059。

⑩ 钱实甫：《清代职官年表》第二册，第1583页。

⑪ 《清世宗实录》（一）卷五九，雍正五年七月甲子，第903页。

事务，凡山东应行关会总督案件，俱照别省总督之例……"① 二则田氏任总督时，有巡抚关防被吏部收存的记载。雍正九年（1731）四月初一日，"河东总督田文镜因病乞休。得旨：田文镜着暂行来京调理……河东总督之衔，原为田文镜而设，今仍以巡抚衔，着浙江布政使张元怀署理。该部将从前河南巡抚关防查出送往，交与张元怀。其河东总督关防仍留豫省，俟田文镜病瘥回任之日，照旧管理"②。这就是说，田文镜在任河东总督之前的雍正五年七月已经擢为河南总督，钱表遗漏了；而田氏任河东总督时，巡抚关防已交到吏部，到九年田氏病假时，才由吏部交回河南，河南恢复巡抚。

其三，巡抚出身、旗籍的疏漏、错误。清代许多督抚没有传记，甚至没有留下正式的履历，而多数满、蒙旗员文化水平不高，留下的文字记载少，因而其出身、旗籍不详便不足为奇。

1. 罗绣锦，《钱表》为镶蓝旗汉军，佟大群考证应为镶红旗汉军。③

2. 雷兴，《钱表》第 3251 页：诸生。《清史稿》是诸生，但李桓的《国朝耆献类征初编》录国史馆本传："太祖高皇帝定辽东，兴以诸生选直文馆。太宗皇帝设科取士，兴中式举人，授秘书院副理事官。"④《钦定盛京通志》卷七七⑤、《钦定八旗通志》卷一九四的记载相同⑥。故雷兴是举人，《清史稿》和《钱表》均忽略了雷兴中举一节。

3. 亢得时，《钱表》第 3131 页是"晋太原"，无出身。觉罗石麟《山西通志》："满洲籍崞县人，少颖悟，十二岁成诸生。"⑦ 曾国荃《山西通志》卷一三二：隶汉军旗⑧。贾汉复《河南通志》卷一四⑨、

① 《清世宗实录》（一）卷七〇，雍正六年五月乙亥，第 1047—1048 页。

② 《清世宗实录》（二）卷一〇五，雍正九年七月癸巳，第 385 页。

③ 佟大群：《清代四川督抚旗籍考》，《历史档案》2008 年第 1 期。

④ 《国朝耆献类征初编》卷一四九《雷兴传》，《清代传记丛刊》第 152 册，第 235 页。

⑤ 《钦定盛京通志》卷七七，文渊阁《钦定四库全书》。

⑥ 《钦定八旗通志》卷一九四，文渊阁《钦定四库全书》。

⑦ 觉罗石麟：《山西通志》卷一二八，文渊阁《钦定四库全书》。

⑧ 曾国荃：《山西通志》卷一三二，《续修四库全书》。

⑨ 贾汉复：《河南通志》卷一四，第 68 页。

田文镜《河南通志》卷三五：满洲籍山西崞县人①。按照贾氏《河南通志》将清初豫抚原籍前加"满洲籍"表示隶属汉军之例，亢得时亦应为汉军，与曾氏《山西通志》直接写汉军实同，可惜不知隶属何旗。故亢得时为山西籍汉军诸生。②

4. 彭有义，《钱表》第3231页仅说是汉军，无出身。贾汉复《河南通志》为生员③，田文镜《河南通志》卷三五④、觉罗石麟《山西通志》卷八○⑤同；《钦定八旗通志》卷三四○：汉军正白旗⑥。故彭有义应为汉军正白旗生员。

5. 张自德，《钱表》第3209页仅说是汉军，无出身。贾汉复《河南通志》为贡士。⑦《碑传集》卷六二："由丁亥贡士授庆都令"⑧。李元度《大清畿辅先哲传》是："顺治四年成进士"⑨。《钦定八旗通志》作张自得，汉军正黄旗⑩。贡士是会试中式而未参加殿试，未经皇帝赐进士及第、进士出身或同进士出身者的称谓，故李元度的"进士"说不够准确，张自德应为汉军正黄旗贡士。

6. 郎廷相，《钱表》第3204页无出身。贾汉复《河南通志》为监生⑪，田文镜《河南通志》卷三五同。黄廷桂《四川通志》为荫生⑫。《钦定八旗通志》为监生⑬，《清史列传·郎廷相传》也是监生⑭。荫生是监生的一种，即荫监。故郎廷相应为监生。

7. 佟凤彩，《钱表》第3154页无出身。田文镜《河南通志》卷三

---

① 田文镜：《河南通志》卷三五。
② 郭剑化的《亢得时生平考略》（《清史研究》2004年第1期）亦为汉军诸生。
③ 贾汉复：《河南通志》卷一四，第68页。
④ 田文镜：《河南通志》卷三五。
⑤ 觉罗石麟：《山西通志》卷八○。
⑥ 《钦定八旗通志》卷三四○。
⑦ 贾汉复：《河南通志》卷一四，第68页。
⑧ 《碑传集》卷六二《张中丞公自德传》，《清代传记丛刊》第109册，第467页。
⑨ 《大清畿辅先哲传》卷三《张自德传》，《清代传记丛刊》第198册，第286页。
⑩ 《钦定八旗通志》卷三四○。
⑪ 贾汉复：《河南通志》卷一四，第68页。
⑫ 黄廷桂：《四川通志》卷三一《皇清职官》，文渊阁《钦定四库全书》。
⑬ 《钦定八旗通志》卷一九一。
⑭ 《清史列传》卷一○《郎廷相传》，《清代传记丛刊》第97册，第102页。

五为生员，鄂尔泰《贵州通志》卷一八①同；光绪《江西通志》卷十五页九"监生"②为孤证，不从。故佟凤彩为生员。

8. 董国兴，《钱表》第 3248 页为汉军，举人。《钦定八旗通志》卷三四〇是汉军镶白旗，无出身。田文镜《河南通志》卷三五：官监。《福建通志》《湖广通志》均无出身，周骏富《清代传记丛刊》无传，不知《钱表》举人之说何来。故董国兴为汉军镶白旗监生。

9. 阎兴邦，《钱表》第 3273 页无出身。《畿辅通志》卷六八：宣化府（治属今河北张家口市）前卫举人。田文镜《河南通志》卷三五《职官六》为贡士；《钦定八旗通志》卷一九一是举人，《大清畿辅先哲传》："康熙二年，举于乡"③，《贵州通志》卷一八、《国朝耆献类征初编》卷四④同。《河南通志》的贡士说为孤证，不采纳。故阎兴邦应为举人。

10. 李国亮，《钱表》第 3168 页为汉镶蓝，无出身。《大清一统志》为汉军镶黄旗，但《钦定盛京通志》为汉军镶红旗，《陕西通志》汉军镶红旗，《钦定八旗通志》镶红旗；《河南通志》为贡生，但《贵州通志》为举人，《碑传集》为康熙壬子（1672）举人⑤，《国朝耆献类征初编》亦为举人⑥。镶黄旗和贡生说为孤证，不采。故李国亮应为汉军镶红旗举人。

11. 赵弘燮，《钱表》第 3256 页作赵宏燮，无出身。岳濬《山东通志》卷二五（二）：陕西监生。田文镜《河南通志》卷三五作赵宏燮，陕西宁夏监生。纪昀《畿辅通志》卷六〇：赵宏燮，宁夏人，监生⑦。故赵弘燮是监生。

12. 石文焯，《钱表》第 3145 页无出身。李桓《国朝耆献类征初

① 鄂尔泰：《贵州通志》卷一八，文渊阁《钦定四库全书》。

② 《续修四库全书》0656 史部·地理类，第 360 页。

③ 《大清畿辅先哲传》卷四《阎兴邦传》，《清代传记丛刊》第 198 册，第 349—350 页。

④ 《国朝耆献类征初编》卷一六〇《阎兴邦传》，《清代传记丛刊》第 153 册，第 387 页。

⑤ 《碑传集》卷六七，《清代传记丛刊》第 109 册，第 720 页。

⑥ 《国朝耆献类征初编》卷一六一《李国亮传》，《清代传记丛刊》第 153 册，第 503 页。

⑦ 《畿辅通志》卷六〇，文渊阁《钦定四库全书》。

编》录国史馆本传：汉军正白旗监生。① 《钦定八旗通志》卷一九八：监生。《河南通志》卷三五、《江西通志》卷四八、《江南通志》卷一〇七同。故石文焯是监生。

13. 孙国玺，《钱表》第 3195 页无出身。李桓《国朝耆献类征初编》录国史馆本传：汉军正白旗人，康熙六十年（1721）进士。② 《清代河臣传》同。③ 《明清进士题名碑录索引》孙国玺，正白旗汉军，康熙六十年三甲 108 名进士。④ 田文镜《河南通志》的"镶白旗"进士说为孤证，不采。故孙国玺应为汉军正白旗进士。

14. 富德，亦作傅德，《钱表》第 3231 页有三个，没有任豫抚者；第 3228 页两个傅德，亦无任豫抚者。阿思哈《续河南通志》卷四四为满洲镶蓝旗进士。⑤ 富德的旗籍有其子的履历佐证："奴才富尔勤，系镶蓝旗满洲都统达春佐领下人……原任河南巡抚富德之子。"⑥ 但其进士出身却是孤证，《明清进士题名碑录索引》⑦《清朝进士题名录》⑧ 只有正黄旗满洲的富德，没有镶蓝旗满洲的富德。另，《钦定八旗通志》卷一〇五选举志四有康熙五十九年（1720）庚子科满洲镶蓝旗举人富德，《八旗通志初集》卷一二六选举表二同⑨，可能是《续河南通志》将举人误为进士。故富德为镶蓝旗满洲举人。

15. 雅尔图，《钱表》第 3238 页无出身。阿思哈《续河南通志》为监生。⑩

———————————

① 《国朝耆献类征初编》卷六五《石文焯传》，《清代传记丛刊》第 143 册，第 73 页。

② 《国朝耆献类征初编》卷一七〇《孙国玺传》，《清代传记丛刊》第 154 册，第 403 页。

③ 《清代河臣传》卷二《孙国玺传》，《清代传记丛刊》第 56 册，第 80 页。

④ 朱保炯、谢沛霖：《明清进士题名碑录索引》，上海古籍出版社 1980 年版，第 575 页。

⑤ 阿思哈：《续河南通志》卷四四，《四库存目丛书》史部，第 220 册，齐鲁书社 1996 年版，第 468 页。

⑥ 秦国经：《清代官员履历档案全编》第 16 册，华东师范大学出版社 1997 年版，第 342 页。

⑦ 朱保炯、谢沛霖：《明清进士题名碑录索引》，上海古籍出版社 1980 年版。

⑧ 蒋庆柏：《清朝进士题名录》，中华书局 2007 年版。

⑨ （清）鄂尔泰：《八旗通志初集》，东北师范大学出版社 1985 年版，第 3459 页。

⑩ 阿思哈：《续河南通志》卷四四，《四库存目丛书》史部，第 220 册，齐鲁书社 1996 年版，第 468 页。

16. 硕色，《钱表》第 3253 页无出身。阿思哈《续河南通志》为监生[①]。

17. 胡宝瑔，《钱表》第 3191 页无出身。阿思哈《续河南通志》卷四四为举人[②]。《清史稿列传》是雍正元年（1723）举人[③]，《清史列传》[④]《清朝先正事略》同[⑤]。

18. 常钧，《钱表》第 3216 页为满镶红旗，无出身。《钦定八旗通志》卷三四〇为满洲镶蓝旗人，但卷一〇七选举志六为满洲镶红旗翻译举人；阿思哈《续河南通志》为满洲镶红旗举人[⑥]，光绪《江西通志》卷一六是满洲镶红旗人翻译举人[⑦]，光绪《湖南通志》卷一二一同[⑧]，川陕总督庆复乾隆十年的奏折也说："现任安西道常钧，系镶红旗满洲人"[⑨]。故《钱表》对常钧旗籍的判断是对的，其翻译举人出身则遗漏。

19. 叶存仁，《钱表》第 3247 页无籍贯、出身。赵宏恩《江南通志》卷一〇七：江夏人，监生[⑩]；卷一〇八，同[⑪]。阿思哈《续河南通志》卷四四：湖北武昌（今湖北鄂州市）人，监生[⑫]。故叶存仁为湖北监生。

20. 阿思哈，《钱表》第 3183 页有二，其中的"满正黄。云督"者当是曾任河南巡抚的阿思哈，但没有出身。阿思哈《续河南通志》为满洲正红旗官学生[⑬]。梁章钜《枢垣记略》卷一五是满洲正白旗

① 阿思哈：《续河南通志》卷四四，《四库存目丛书》史部，第 220 册，第 468 页。
② 同上。
③ 《清史稿列传》卷三〇八《胡宝瑔传》，《清代传记丛刊》第 91 册，第 293 页。
④ 《清史列传》卷二三《胡宝瑔传》，《清代传记丛刊》第 98 册，第 585 页。
⑤ 《清朝先正事略》卷一八《胡恪靖公事略》，《清代传记丛刊》第 192 册，第 647 页。
⑥ 阿思哈：《续河南通志》卷四四，《四库存目丛书》史部，第 220 册，第 468 页。
⑦ 光绪《江西通志》卷一六，《续修四库全书》。
⑧ 光绪《湖南通志》卷一二一，《续修四库全书》。
⑨ 川陕总督庆复乾隆十年六月初八日折，朱批奏折，档号 04 - 01 - 16 - 0023 - 021。
⑩ 赵宏恩：《江南通志》卷一〇七，文渊阁《钦定四库全书》。
⑪ 赵宏恩：《江南通志》卷一〇八。
⑫ 阿思哈：《续河南通志》卷四四，《四库全存目丛书》史部，第 220 册，第 468 页。
⑬ 同上。

人①。光绪《江西通志》卷一六②《清史稿列传》③《清史列传》④ 同为满洲正黄旗官学生。阿思哈主持修撰的《续河南通志》将他本人旗籍搞错的可能性不大，且正白旗亦为上三旗，若阿思哈原本就是上三旗人，后面的抬旗即为多余。故在被抬之前，其旗籍应为下五旗中的正红旗，而被抬入上三旗中的正黄旗则是乾隆四十一年（1776）正月⑤。故阿思哈是正黄旗满洲官学生。

21．喀宁阿，《钱表》第 3229 页无出身。东方学会编《国史列传》喀宁阿是二品荫生⑥，李桓《国朝耆献类征初编》录国史馆本传亦为二品荫生⑦。

22．荣柱，《钱表》第 3253 页无出身。李桓《国朝耆献类征初编》录国史馆本传：满洲正白旗监生⑧。东方学会编《国史列传》：正白旗监生⑨。

23．雅德，《钱表》第 3238 页无出身。李桓《国朝耆献类征初编》录国史馆本传：正红旗满洲人，监生⑩。东方学会编《国史列传》同⑪。

24．觉罗伍拉纳，《钱表》第 3148 页为正黄旗人。《清史稿列传》为正黄旗⑫，但《钦定八旗通志》卷三三九为正红旗人，卷三四〇同；履历档："（眉批）乾隆五十四年二月内，用闽浙总督。革职。（正文）伍拉纳，正红旗满洲人。"⑬ 伍拉纳最后因福建亏空案被杀，不可能抬入正黄旗。故伍拉纳应为正红旗人。

25．庆廉，《钱表》第 3264 页是"满正白。豫抚"；《魏表》第

---

① 梁章钜：《枢垣记略》卷一五，《续修四库全书》。
② 光绪《江西通志》卷一六。
③ 《清史稿列传》卷三三七《阿思哈传》，《清代传记丛刊》第 91 册，第 752 页。
④ 《清史列传》卷二二《阿思哈传》，《清代传记丛刊》第 98 册，第 572 页。
⑤ 《清高宗实录》（十三）卷一〇〇〇，乾隆四十一年正月己卯，第 386 页。
⑥ 《国史列传》卷一二《喀宁阿传》，《清代传记丛刊》第 35 册，第 426 页。
⑦ 《国朝耆献类征初编》卷八四《喀宁阿传》，《清代传记丛刊》第 145 册，第 137 页。
⑧ 《国朝耆献类征初编》卷八三《荣柱传》，《清代传记丛刊》第 145 册，第 69 页。
⑨ 《国史列传》卷三〇《荣柱传》，《清代传记丛刊》第 36 册，第 124 页。
⑩ 《国朝耆献类征初编》卷一八三《雅德传》，《清代传记丛刊》第 155 册，第 625 页。
⑪ 《国史列传》卷一八《雅德传》，《清代传记丛刊》第 35 册，第 630 页。
⑫ 《清史稿列传》卷三三九《觉罗伍拉纳传》，《清代传记丛刊》第 91 册，第 783 页。
⑬ 秦国经：《清代官员履历档案全编》第 3 册，第 270 页。

883 页是"满正白，道十六进士"。担任河南巡抚的庆廉是监生，旗籍则是满洲镶蓝旗。

据《明清进士题名碑录索引》，正白旗庆廉是道光十六年（1836）三甲八十一名进士。① 但随后，因科场舞弊事发，庆廉又被革去进士出身。道光十六年（1836）五月，道光帝在礼部按惯例引见新科进士时，发现有"正白旗满洲进士庆廉一名，形同残废，步履甚艰"。由于清朝科举考试录用旗员，最重视弓马，八旗士子应试，必须首先考试骑射合格，方准入场，"此乃一定之例，不可废者也。庆廉既有残疾，岂能考试马步箭？"因而下令兵部查明派出监射之王大臣"如何定为合式，准其会试之处，秉公据实具奏"②。随后，道光帝又看了兵部呈送的《大清会典》和《中枢政考》，其中关于八旗子弟应试的规定，有"手疾"或"手拐"者可以免试弓马，但"庆廉形同残废，尚不止于手疾"，因此斥责监试弓马的王大臣"自系瞻徇情面，不肯认真"，将他们严加议处，但"庆廉，着仍照前旨归班铨选"。③ 至此，正白旗的庆廉仍是进士。但接下来，御史陈功奏参兵部司员办理考试蒙混，把庆廉得以应试的内幕查了出来。原来，庆廉在道光十一年（1831）就曾试图参加会试，被监射大臣核驳，未能考成；十六年（1836），其胞叔兵部员外郎容恩，为了侄子能参加考试，与人沟通作弊，蒙混过关，不料引见时被识破。道光帝十分震怒，奖励了上次驳回庆廉考试的监射大臣，并将此次监射者、容安及合同作弊的兵部司员伊龄安等革职。至于"庆廉会试，自系内场凭文取中，然非容恩等蒙混行文，该监射大臣等滥行咨送，岂能幸邀入场？且此次复试、殿试，俱名次在后，朝考又未经入选；即以文理而论，亦属平常，着革去进士，以为蒙混幸进者戒"④。至此，可以肯定正白旗的庆廉在道光十六年（1836）蒙混考中进士后又被革去，因而不是进士，魏秀梅的"进士"说不成立。

查录副奏折，当过河南巡抚的庆廉在奏折中提到自己的出身时，也

① 朱保炯、谢沛霖：《明清进士题名碑录索引》，第 59 页。
② 《清宣宗实录》（五）卷二八三，道光十六年五月戊子，中华书局 1985 年版，第 359 页。
③ 《清宣宗实录》（五）卷二八三，道光十六年五月辛卯，第 362 页。
④ 《清宣宗实录》（五）卷二八四，道光十六年六月庚申，第 384 页。

没有说是进士。咸丰元年（1851）正月二十三日，庆廉在《奏报接署臬篆日期事》中说，"奴才满洲世仆，一介庸愚，由监生考取内阁中书，题升侍读"①。因此，庆廉不是进士，而是监生出身。

关于河南巡抚庆廉的旗籍，由于他本人既没有传记，正式履历也缺失，因而找不到证据证明他是不是正白旗人，但庆廉之子恩麟有履历。履历档第三册："恩麟，镶蓝旗满洲人，年二十九岁，由监生遵筹饷事例，报捐双月知府。嗣据浙江巡抚何桂清奏称：'按察使升任布政使庆廉，在浙江捐输米石，请给予其子双月选用知府恩麟，以知府分发直隶，归筹饷新例补用。'于二月九日，经吏部带领引见。奉旨：'恩麟，着照例发往。'"②庆廉为其子恩麟捐米，事在咸丰六年（1856）十月。浙江巡抚何桂清的《奏请奖叙臬司庆廉之子恩麟捐输米石事》说："计该司（指庆廉）捐输粳正米八百二十三石、耗米八十二石三斗、水脚经费银一千六十九两九钱，请给予其子双月选用知府恩麟以知府分发直隶，归筹饷新例补用。等情。由捐米总局司道转准该司开送履历核明，详请具奏前来，随清册咨部。"③这表明庆廉曾为其子写过履历，并经浙江有司核查，而《清代官员履历档案全编》中恩麟的履历又是经过吏部审核的，不会搞错。因此，庆廉应该与其子恩麟一样，是满洲镶蓝旗人。

当然，镶蓝旗的庆廉若被抬旗，也可能成为正白旗人，但庆廉因在河南巡抚任内与布政使贾臻互参降调，任江西布政使，不久又因浙江布政使任内有失，勒令休致，不可能被抬旗。反之，满正白旗的庆廉既被削去进士出身，若再被降旗，仍然可能成为镶蓝旗监生。但这种可能也不存在。按照《清实录》的记载，正白旗的庆廉应该是章佳氏那彦成的后代。道光十九年（1839），那彦成的次子容照获咎，革子爵；长子容安"曾因贻误军机，问拟死罪"，不能世袭子爵；三子容恩"亦因私

① 署浙江按察使庆廉：《奏报接署臬篆日期事》，咸丰元年正月二十三日，录副奏折，档号03－4083－022。

② 秦国经：《清代官员履历档案全编》第3册，第562页。

③ 浙江巡抚何桂清：《奏请奖叙臬司庆廉之子恩麟捐输米石事》，咸丰六年十月十一日，录副奏折，档号03－4416－041。

改例文，获咎褫职"，也不能袭爵。① 此处的"私改例文"，当是指容恩与伊龄安为庆廉参加考试而"改换例文，通行八旗"②，而前面所引《清实录》又说庆廉是容安的胞侄。由此可以断定，作弊的容恩就是那彦成的第三个儿子容恩，正白旗的庆廉即是那彦成的孙子。《清代科举人物家传资料汇编》有："章佳氏庆廉……祖讳那彦成。"③ 那彦成本人及其儿子容安、容照等都曾获罪，遭重谴，但没有被降旗。《清实录》同治二年（1863）十一月载，"又谕：正白旗满洲奏，世爵病故无嗣，应否仍准承袭，开具家谱请旨一折。据称，'该旗所管三等子爵鄂素，病故无嗣。经该旗咨查吏部，当据覆称，应以那彦成长子容安之子孙承袭，惟容安前系获咎之员，鄂素所出子爵，应否停袭，抑或照吏部复文，将容安子孙带领引见'。等语。鄂素之曾祖那彦成，前于嘉庆年间，因亲督兵勇攻复滑县城池，勋劳懋著，奉旨赏给三等子爵，准予世袭。现在鄂素病故，袭次未完，所有此项三等子爵，着仍准其承袭，即由该旗将容安之子孙拣选带领引见。"④ 由此可知，那彦成的后代至少到同治年间（1862—1874）仍然隶属正白旗，因而道光十六年（1836）参加会试的正白旗庆廉不存在降旗问题。因此，任河南巡抚的庆廉与正白旗的庆廉不是同一人，是镶蓝旗监生。

三　籍贯、任期、出身的演变

清代自顺治元年（1644）设置河南巡抚至宣统三年（1911），共计268 年，出任豫抚（含未任，一人多次任计为一人，不计有本任官的署、护等）者，共 116 人，其人事铨选在族别或旗籍、任期、出身等方面，随着清兵入关、统一全国、统治的稳定和走向衰落的变化而变动。

———————

① 《清宣宗实录》（五）卷三二六，道光十九年九月丙午，第 1120—1121 页。
② 《清宣宗实录》（五）卷二八四，道光十六年六月己未，第 384 页。
③ 来新夏：《清代科举人物家传资料汇编》第 26 册，学苑出版社 2006 年版，第 83—89 页。
④ 《清穆宗实录》（二）卷八六，同治二年十一月戊辰，中华书局 1987 年版，第 811 页。另见中国第一历史档案馆编：《咸丰同治两朝上谕档》第十三册，同治二年十一月二十五日，广西师范大学出版社 1998 年版，第 580 页。

1. 旗人与汉人所占比例的变化

清初，"满洲大兵，惟驻形胜之地，相为声援"①。满八旗人数少，主要用在军事占领上，地方治理则主要靠汉八旗。康熙帝曾告诫汉军诸官："祖宗定鼎初，委任汉军诸官吏，与满洲一体，其间颇有宣猷效力。"②满人人数既少，又须以汉八旗来缓和满汉矛盾，故豫抚中汉八旗和汉人占大多数。到乾隆时（1736—1795），清朝政权业已巩固，地方督抚的人事铨选也随之变化。而道光（1821—1850）以降，满八旗腐败，汉军亦无力东山再起，汉人成为地方督抚的主角。故清代豫抚籍贯或旗籍变化的大体情况是：前期汉八旗为主，中期满八旗为主，后期则汉人为主。

从顺治朝（1644—1661）到雍正朝（1723—1735），汉八旗占主导。顺治朝有6位巡抚，全是汉军旗人。康熙朝（1662—1722）18位：汉八旗11人，汉人7人。雍正朝6人：满八旗1人，汉八旗3人，汉人2人。共计汉八旗19人，汉人9人，而满八旗只有1人。在八旗中，除一人旗籍不详外，上三旗（13人）是下五旗（7人）的近2倍。所以，清前期汉八旗对于汉人、满八旗都占有绝对优势。这是满族人少，在统一中国及平定三藩之乱中，清朝在很大程度上依赖汉八旗的反映。

乾隆朝（1736—1795）至嘉庆朝（1796—1820），清朝统治已经完全巩固，对汉八旗的依赖不复存在，乾隆帝令汉军出旗，甚至"秋后算账"，编修《二臣传》，大肆贬低汉军旗人。由此，豫抚中满八旗取得主导地位，汉八旗的地位则大大下降。具体来说，在乾隆朝的34人中，满八旗18人，蒙八旗1人，汉八旗2人，汉人13人；在嘉庆朝的14人中，满八旗6人，蒙八旗1人，汉八旗1人，汉人6人。共计满八旗24人，蒙八旗2人，汉八旗3人，汉人19人，满人超过汉人与汉军之和。在旗人中，上三旗（13人）则少于下五旗（16人）。

道光（1821—1850）以降，清朝的统治已明显呈衰败气象，尤其是太平天国的冲击和湘军、淮军的崛起，汉人地位明显上升，除了咸丰帝有意压制汉人督抚而使咸丰朝（1851—1861）豫抚中旗人略占优势

---

① 《清圣祖实录》（一）卷八一，康熙十八年六月己丑，第1041页。
② 赵尔巽：《清史稿》（缩印本）第3册《孟乔芳传》，第2444页。

外，其余各朝都是汉人占据多数。道光朝8人：满八旗2人，汉人6人。咸丰朝9人：满八旗2人，蒙八旗2人，汉八旗1人，汉人4人。同治朝（1862—1874）4人，均为汉人。光绪朝（1875—1908）15人：满八旗3人，蒙八旗1人，汉八旗1人，汉人10人。宣统朝（1909—1911）3人：蒙八旗1人，汉人2人。共计汉人25人，满八旗7人，蒙八旗4人，汉八旗2人，汉人将近是旗人的2倍，而旗人中的下五旗（8人）多于上三旗（5人）。同时，还应该注意的是，自光绪十六年（1890）开始，满人豫抚明显增加，体现出"同光中兴"时期清廷对汉人的利用，而其后的"守成"则归于满人，满汉畛域清晰可辨。

总计有清一代，在河南巡抚中，满八旗32人，蒙八旗6人，汉八旗25人，汉人53人，还是旗人居多，且满八旗比汉八旗、蒙八旗之和还多1人，但上三旗（31人）比下五旗（32人）少1人；在满八旗中，上三旗（11人）仅及下五旗（21）的二分之一略强，与清代川督中满上三旗多于下五旗①明显不同。

表 1-4　　　　　　　　清代河南巡抚基本情况表

朝	姓名	籍贯	出身	任期	姓名	籍贯	出身	任期	姓名	籍贯	出身	任期
顺治	罗绣锦	汉镶红	举人	1—3	吴景道	汉正黄		7—9	雷兴	汉正黄	举人	0—2
	亢得时	汉军	诸生	3—10	贾汉复	汉正蓝		2—10	彭有义	汉正白	生员	1—6
康熙	张自德	汉正黄	贡士	6—9	郎廷相	汉镶黄	监生	3—5	佟凤彩	汉正蓝	生员	6—0
	董国兴	汉镶白	监生	3—6	王日藻	江苏	进士	4—5	章钦文	直隶	贡生	1—6
	丁思孔	汉镶黄	进士	0—4	阎兴邦	汉镶黄	举人	4—6	顾汧	直隶	进士	2—4
	李辉祖	汉正黄	荫生	1—2	李国亮	汉镶红	举人	4—2	徐潮	浙江	进士	4—1
	赵弘燮	甘肃	监生	1—1	汪灏	山东	进士	3—9	鹿祐	江南	进士	5—3
	李锡	汉正黄	荫生	1—11	张圣佐	汉正蓝	贡生	1—4	杨宗义	汉正白	监生	4—8
雍正	嵇曾筠	江南	进士	0—1	石文焯	汉正白	监生	1—5	田文镜	汉正黄	监生	8—3
	孙国玺	汉正白	进士	0—5	王士俊	贵州	进士	2—7	富德	满镶蓝	举人	1—4

① 佟大群：《清代四川督抚旗籍考》。

续表

朝	姓名	籍贯	出身	任期	姓名	籍贯	出身	任期	姓名	籍贯	出身	任期
乾隆	尹会一	直隶	进士	2—7	雅尔图	蒙镶黄	监生	3—5	硕色	满正黄	监生	5—4
	鄂容安	满镶蓝	进士	2—11	舒辂	满正白		0—2	陈宏谋	广西	进士	0—5
	蒋炳	江苏	举人	3—2	图尔炳阿	满正白		2—0	胡宝瑔	江苏	举人	5—0
	吴达善	满正红	进士	0—4	常钧	满镶红	举人	0—4	叶存仁	湖北	监生	0—9
	阿思哈	满正红	官生	6—2	喀宁阿	满镶蓝	荫生	0—6	富尼汉	满正黄		0—5
	永德	满正蓝		1—1	何煟	浙江		3—5	徐绩	汉正蓝	举人	3—3
	郑大进	广东	进士	0—11	陈辉祖	湖南	荫生	0—1	荣柱	满正白	监生	0—4
	杨魁	汉正黄	监生	0—5	雅德	满正红	监生	0—5	富勒浑	满正蓝	举人	1—7
	李世杰	贵州		0—7	何裕城	浙江	贡生	1—10	毕沅	江苏	进士	3—2
	江兰	安徽	贡生	0—3	伍拉纳	满正红		0—6	梁肯堂	浙江	举人	1—1
	穆和蔺	满正黄	举人	4—8	福宁	满镶蓝		未任	阿精阿	满正黄	监生	0—6
	景安	满镶红	官生	2—10								
嘉庆	倭什布	满正红	监生	1—0	吴熊光	江苏	举人	2—1	颜检	广东	拔贡	1—0
	马慧裕	汉正黄	进士	5—8	清安泰	满镶黄	进士	1—4	恩长	满镶蓝	监生	1—1
	长龄	蒙正白	生员	2—2	方寿畴	安徽	监生	2—11	阮元	江苏	进士	0—4
	文宁	满正红	进士	1—2	和舜武	满镶蓝	官生	0—4	陈若霖	福建	进士	0—11
	琦善	满正黄	荫生	1—0	姚祖同	浙江	举人	2—3				
道光	程祖洛	安徽	进士	5—3	杨国桢	四川	举人	6—10	桂良	满正红	贡生	4—8
	朱澍	贵州	荫生	0—1	周天爵	山东	进士	0—2	牛鉴	甘肃	进士	2—3
	鄂顺安	满正红	生员	6—11	潘铎	江苏	进士	3—0				
咸丰	李僡	陕西	进士	0—6	柏贵	蒙正黄	举人	0—5	陆应穀	云南	进士	1—5
	英桂	满正蓝	举人	4—11	恒福	蒙镶黄	荫生	0—6	瑛棨	汉正白		1—0
	庆廉	满镶蓝	监生	0—10	严树森	四川	举人	1—2	郑元善	直隶	进士	0—10
同治	张之万	直隶	进士	2—5	吴昌寿	浙江	进士	0—10	李鹤年	奉天	进士	5—8
	钱鼎铭	江苏	举人	3—6								

续表

朝	姓名	籍贯	出身	任期	姓名	籍贯	出身	任期	姓名	籍贯	出身	任期
光绪	李庆翱	山东	进士	2—5	涂宗瀛	安徽	举人	3—9	李鹤年	奉天	进士	2—1
	鹿传霖	直隶	进士	2—0	边宝泉	汉镶红	进士	1—9	倪文蔚	安徽	进士	3—0
	裕宽	满正白	荫生	4—4	刘树堂	云南	监生	4—1	裕长	满镶白	监生	1—8
	于荫霖	吉林	进士	0—5	松寿	满正白	荫生	1—0	锡良	蒙镶蓝	进士	0—3
	张人骏	直隶	进士	2—4	陈夔龙	贵州	进士	2—10	林绍年	福建	进士	1—1
宣	吴重憙	山东	举人	1—7	宝棻	蒙正蓝	生员	1—7	齐耀琳	吉林	进士	0—2

资料来源：根据钱实甫《清代职官年表》《清实录》《清代传记丛刊》，贾汉复《河南通志》、田文镜《河南通志》、阿思哈《续河南通志》等统计，包括实授和无本任官的署任，其他不列；每年按 12 月计，零碎者 15 天加 1 月；"—"前的数字代表年数，后面的代表月数。

2. 历朝巡抚任期的变化

在君主专制制度下，地方大员在一地任职时间的长短，直接影响中央与地方的关系，是君权强弱的具体表现之一，也是国家政局的反映。河南处于腹地，巡抚任期的长短，更能体现这一点，其人均任期呈现前后高中间低的"凹"状。

从顺治（1644—1661）到雍正（1723—1735），豫抚任期最长。顺治朝共 17.33 年[①]，人均约 2.89 年；康熙朝（1662—1722）计 60.17 年，人均约 3.34 年；雍正朝约 14.08 年（含田文镜、王士俊任总督的时间），人均约 2.35 年，而田文镜一人任巡抚和总督的时间达 8 年 3 个月，占整个雍正朝 13 年的 61%强，且其本人也由下五旗抬入上三旗。合计三朝 96.92 年，人均任期 3.23 年。其中，汉军任期约 65.12 年，超过 67%；汉人 25.1 年，约占 25.9%。

乾嘉两朝（1736—1820），豫抚的人均任期是前、中、后三个时期中最短的。乾隆八年（1743）四月，监察御史陈大玠曾建言："督抚藩臬，宜久任以收察吏安民之效，无庸屡行调换。"乾隆帝却为自己辩解："久道化成，朕岂不知？但人之材具，有短长之不齐；而省分之大

①　为了避免把跨朝豫抚的任期分开，跨朝者的任期全部计算在任命朝，因此会出现每朝豫抚的总任期与各朝的实际时间有出入。

小，亦繁简之互异。若其人之宜其地，则未有不久任以徐观其治者，若张广泗之于黔、雅尔图之于豫，何尝不久？而张允随，则抚滇十数年矣！是屡行调换，岂朕所愿？此亦用人之苦衷耳！"①乾隆朝（1736—1795）约60.42年，人均1.78年；嘉庆朝（1796—1820）约23.25年，人均约1.66年。合计两朝83.67年，人均约1.74年。其中，满八旗任期36年，占43%；汉军9.33年，约占11.2%；汉人31.75年，占37.9%。

道光（1821—1850）到清末，时值王朝之末与东西冲突不期而遇，矛盾错综，多重危机同时爆发，各朝豫抚人均任期起伏很大。道光朝29.17年，人均任期约3.6年，为历朝最长，且汉人任期第一次超过旗人；咸丰朝（1851—1861）约11.58年，人均任期约1.29年，为历朝最短，且旗人任期超过汉人的2倍；同治朝（1862—1874）是清代唯一仅有汉人豫抚的一朝，约12.42年，人均约3.1年。光绪（1875—1908）、宣统（1909—1911）两朝约36.33年，人均约2.02年，旗人豫抚增加，但旗人豫抚任期仅10.58年，所占不足30%。五朝合计89.5年，其中汉人59.67年，占三分之二，是旗人豫抚任期的2倍。

整个清代豫抚任期的分布，满人67.16年，占24.9%；汉军77.2年，占28.6%；汉人116.53年，占43.2%，其余为蒙八旗豫抚任期。需要指出的是，豫抚人均任期的长短与满八旗任豫抚人数的多少恰恰相反：乾嘉时期（1736—1820）满人多，豫抚平均任期最短，此时皇权最强；咸丰年间（1851—1861），朝廷对汉人的疑忌增加，再加上太平天国和捻军的冲击，其豫抚任期短则是朝廷疆寄被削弱的反映。

3. 清代豫抚出身的变化

清代地方督抚的分工，"大致是以军事归总督，民事归巡抚"②，实际上并不是很明确，尤其是像豫抚这样兼提督衔的巡抚。但是，不论督抚有多大的兵权，他们还是属于文官之列，故其出身多为科举正途，且进士、举人逐渐增多。

顺治朝（1644—1661）6位豫抚，举人、生员和其他出身各占三分

---

① 《清高宗实录》（三）卷一八八，乾隆八年四月庚寅，第425页。
② 张德泽：《清代国家机关考略》（修订本），第208页。

之一。康熙朝（1662—1722），进士 7 人（含贡士 1 人），占 39%；举人 2 人，占 11%；贡、监、荫诸生 9 人，占 50%。雍正朝（1723—1735），进士 5 人，举人 1 人，监生占三分之一。乾隆朝（1736—1795），国家承平日久，豫抚首次出现满八旗进士、举人，只是该朝进士、举人所占比例有所下降：进士 6 人，占 17.6%；举人 7 人，约占 21%；贡、监、荫诸生 13 人，占 38%；其他 8 人，占 23.5%。嘉庆朝（1796—1820），进士 5 人，占 35.7%；举人 2 人，占 14.3%；贡、监、荫诸生 7 人，占 50%。道光朝（1821—1850），进士 4 人，占 50%；举人 1 人，占 12.5%；诸生 3 人，占 37.5%。咸丰朝（1851—1861），进士、举人各 3 人，各占三分之一；诸生 2 人，其他 1 人。同治朝（1862—1874）的 4 人，有 3 人为进士，1 人为举人，分别占四分之三和四分之一。光绪（1875—1908）、宣统（1909—1911）两朝，进士 11 人，占 61% 强；举人 2 人，约占 22%；诸生 5 人，约占 28%。合计，前期的 30 人中，进士、举人 15 人，贡、监、荫诸生 13 人，分别占约 50% 和 43%；中期的 48 人中，进士、举人 20 人（前者 11 人，后者 9 人），贡、监、荫诸生 20 人，分别约占 42%；后期的 39 人中，进士、举人 28 人（前者 21 人、后者 7 人），贡、监、荫诸生 10 人，分别约占 71.8% 和 25.6%。在全部 116 人中，进士 42 人（含贡士 1 人），约占 37%；举人 21 人，约占 17%；贡、监、荫诸生 43 人，约占 37%。这样，清朝中期皇权加强时，进士、举人所占的比例有所下降，是朝廷对旗人，尤其是满八旗弃武从文不甚满意的体现，但并未能改变豫抚的文官性质，科举正途出身者①在豫抚中占绝对多数。

综合上述，清沿明制，设置河南巡抚，并易为经制；顺治（1644—1661）末年专设豫督，河南巡抚提督军务、兼管河工之权废，至乾隆朝（1736—1795）恢复。另外，清代皇权分寄于督抚，豫抚的人事铨选、任期、出身与皇权之强弱明显相关：中期皇权加强，满人居多，但同时，豫抚的人均任期有缩短，进士、举人所占比例降低；前期和后期满人豫抚较少，分别由汉军和汉人占主，豫抚人均任期较长，进

---

① 学术界对于荫生是否属于正途尚有争议，参见艾永明《清代文官制度》，商务印书馆 2003 年版，第 16 页。

士、举人所占比例也较高。

第三节　与中央的关系

清代督抚制度赋予河南巡抚在君主专制体制中"承上启下"的枢纽作用。一方面，他们直辖于中央，不仅其行政、司法、军事诸权来源于专制君主，而且受制于大学士、六部九卿，科道言官亦可对其进行监督弹劾；另一方面，他们身负疆寄，代表皇帝统治地方，其权力分解给豫省两司、道、府、州、县以及三镇之总兵、千把、守备等，又对这些文武官员有保举、参劾、委署、考核等权力。

一　豫抚与皇帝

清朝皇帝是国家主权的所有者，"乾纲独断"，豫抚之任命权操于皇帝之手，其作为亦必须向皇帝奏明而行。皇帝为了控制豫抚，任免、赏罚是常用的手段。

皇帝对豫抚的任命。在人治绝对重于法治的专制体制下，清帝十分重视督抚人选。顺治帝说："天下吏治污隆、民生休戚，及钱谷、兵戎系封疆诸大务，皆委任总督、巡抚诸臣，必督抚得其人，乃足以宣达政教，使远迩乂安。"①　豫抚的铨选，有部臣开列具题与皇帝特简，但此种记载在典制、谕旨、档案乃至清国史馆传记中甚少，故究竟有多少是部臣开列具题，多少为皇帝特简，并不清楚。豫抚由皇帝特简而有记载者，唯《碑传集》中有康熙朝（1662—1722）三例：阎兴邦，康熙二十七年（1688），"会湖广叛卒夏逢龙构逆，上念中州与楚疆接壤，思得重臣填抚之，特用公"②；李辉祖，康熙三十三年（1694）十二月，"内擢太常寺卿。上重之，屡有'持重练达'之褒。未几，特简都察院右副都御史，巡抚河南"③；李国亮，康熙三十五年（1696），"上嘉公

---

① 《清世祖实录》卷一三二，顺治十七年二月戊戌，第 1019 页。
② 《碑传集》卷六六《光禄大夫巡抚贵州都察院右副都御史阎公兴邦墓志铭》，《清代传记丛刊》第 109 册，第 642 页。
③ 《碑传集》卷六七《光禄大夫刑部右侍郎前总督湖广等处地方军务兼理粮饷兵部右侍郎兼都察院右副都御史蒲阳李公辉祖神道碑》，《清代传记丛刊》第 109 册，第 702 页。

忠勤，特命以副都御史巡抚河南"①。虽然仅此三例，但从时间上看，九年之间即特简三人，可见豫抚不经部推而由皇帝直接任命的频率是相当高的。《清史稿·杨遇春传》附杨国桢传载有皇帝推恩一例："（杨）国桢，字海梁。以举人入赀为户部郎中，出任颍州知府，累擢河南布政使。洎回疆底定，宣宗推恩，就擢巡抚，疏请留其父部将训练河南兵。武臣父子同时膺疆寄，与赵良栋、岳钟琪两家比盛焉。"由于道光帝器重杨遇春，其子杨国桢得擢豫抚。《清实录》记载的简放豫抚，多为皇帝加恩，但并不清楚是不是特简。例如，因灾赈出力，加恩擢用江兰为豫抚："江兰上年查办灾赈，不辞劳瘁，奋勉可嘉，实系藩司中出力之员，资俸已深，是以加恩擢用。"②乾隆三十九年（1774），新任河南巡抚徐绩因在山东巡抚任内"失察邪教"，"命解任，责捕（王）伦余党，捕得伦弟柱、林等二十余人"。③乾隆帝认为，徐氏仅是失察，"尚非大过，念其平日办事颇能黾勉，着加恩补授河南巡抚，并管提督"④等。也有先解职后又留任的。例如，图勒炳阿（《清史稿》为图尔炳阿）革职发配后又改留任。图勒炳阿因讳灾被乾隆帝派人查实后革职，"发往乌里雅苏台军营，自备资斧效力赎罪"⑤，随后又因其查办"逆檄"立功。乾隆帝认为，"治图勒炳阿等之罪，原因讳灾，今经办出逆檄一事，是缉邪之功大，讳灾之罪小……图勒炳阿不必革职，着仍留河南巡抚之任"⑥。此外，对于部议革任的豫抚，皇帝可加恩免其革任。例如，乾隆五十六年（1791）八月，吏部议奏"地方官不能化导，致县民张景仲戕害多命之河南巡抚穆和蔺等，照例降调，无级可降，应行革任。得旨……穆和蔺着免其革任，仍注册"⑦。

　　皇帝对豫抚的直接罢黜。对督抚的罢黜是皇帝的专利，除了升迁、

①　《碑传集》卷六七《都察院右副都御史河南巡抚李公国亮墓志铭》，《清代传记丛刊》第109册，第722页。

②　《清高宗实录》（十六）卷一二五七，乾隆五十一年六月辛丑，第899页；另见《国朝耆献类征初编》卷九九《江兰传》，《清代传记丛刊》第146册，第602—603页。

③　赵尔巽：《清史稿》（缩印本）第3册《徐绩传》，第2818页。

④　《清高宗实录》（十二）卷九六九，乾隆三十九年十月丙午，第1228页。

⑤　《清高宗实录》（七）卷五三七，乾隆二十二年四月己卯，第776—777页。

⑥　《清高宗实录》（七）卷五三七，乾隆二十二年四月辛巳，第781页。

⑦　《清高宗实录》（十八）卷一三八四，乾隆五十六年八月戊申，第578页。

改调、正常休致、死亡外，不由臣工奏参或部议而被皇帝直接罢黜者：
乾隆八年（1743）五月，河南巡抚雅尔图在豫省停缓额赋谢恩折中称，
"水旱虽尧汤不免，殊恩实千载难逢。并陈办事认真，居常怍物。等
情。得旨：朕从不以地方偶有水旱，归过督抚，惟有令其加意抚绥，使
朕赤子不致冻馁耳。汝则不然，从不体朕此心，必欲以地方屡丰，为汝
政治之效！……且尧汤不免水旱，若视水旱为固有之常，而不知惧，此
则致乱之由……即如前次陛见，朕观汝高视阔步，昂然自得之意，已知
汝必有满招损之祸矣"①。结果，雅尔图被召京另用②。乾隆五十一年
（1786），豫抚江兰因伊阳县（今河南汝阳县）戕官首犯在陕西被获，
"上以秦国栋罪大恶极，今邻省捕获，究系豫省缉捕不力，降毕沅（由
湖广总督）仍回河南巡抚任，江兰仍回河南布政使任"③。有的则不清
楚是否属皇帝不经部议或参劾直接罢褫。例如，康熙三十四年
（1695），"谕大学士等：河南巡抚顾汧居官平常，着降二级调用"④。

皇帝对豫抚的赏罚方式很多。赏有：（1）赏世职。例如，顺治十
五年（1658）三月，以坛殿工成，授河南巡抚贾汉复云骑尉世职⑤；嘉
庆二年（1797），豫抚景安因擒剿淅川（今河南淅川县西南）、内乡
（今河南内乡县）"教匪"，晋封伯爵⑥；嘉庆五年（1800）七月，布政
使马慧裕赏骑都尉世职⑦；任巡抚后，又于八年（1803）八月赏二等轻
车都尉⑧。（2）加衔。例如，顺治六年（1649）五月，"以河工告竣，
加河道总督杨方兴兵部尚书，河南巡抚吴景道兵部右侍郎衔"⑨。次年，
又加吴景道为兵部尚书⑩；十六年（1659）十月，"加河南巡抚贾汉复

---

① 《清高宗实录》（三）卷二二一，乾隆八年五月辛亥，第484页。
② 赵尔巽：《清史稿》（缩印本）第3册《雅尔图传》，第2726页。
③ 《国朝耆献类征初编》卷九九《江兰传》，《清代传记丛刊》第146册，第603页。
④ 《清圣祖实录》（二）卷一六六，康熙三十四年四月乙卯，第811页。
⑤ 《清史列传》卷七八《贾汉复传》，《清代传记丛刊》第105册，第647页。
⑥ 《清仁宗实录》（一）卷一四，嘉庆二年二月辛巳，第202页。
⑦ 《清仁宗实录》（一）卷七一，嘉庆五年七月癸巳，第949页。
⑧ 《清仁宗实录》（二）卷一一九，嘉庆八年八月甲申，第593页。
⑨ 《清世祖实录》卷四四，顺治六年五月己巳，第349—350页。
⑩ 《清世祖实录》卷四八，顺治七年三月己卯，第385页。

太子少保"①。乾隆二十三年（1758）七月，加河南巡抚胡宝瑔太子少傅②；三十九年（1774）二月，加河南巡抚何煟兵部尚书衔③；光绪二十七年（1901）十一月，赏河南巡抚松寿尚书衔④等。（3）加级。例如，顺治四年（1647），"以黄河流通决口工成，加河道总督杨方兴、河南巡抚吴景道各一级，仍赏银有差"⑤。乾隆二十六年（1761）十二月，因办理阌乡县（在今河南灵宝市西北）聚众抗差案，河南巡抚胡宝瑔被议叙，奉旨加一级⑥；乾隆二十三年（1758）五月，因拿获犯人，河南巡抚胡宝瑔议叙，奉旨加一级⑦；道光二十四年（1844）三月，因办理河工，河南巡抚鄂顺安加二级⑧等。（4）赏赐金银、鹿肉、福字、御制文集、药锭、戴花翎、穿黄马褂等。例如，顺治九年（1652）七月，"以汴河决口工成，赐总河杨芳兴、河南巡抚吴景道白金有差"⑨。乾隆三十六年（1771）十月，赏河南巡抚何煟鹿肉⑩；乾隆五十五年（1790）十二月，赏河南巡抚穆和蔺福字等物⑪；嘉庆八年（1803）正月，赏河南巡抚马慧裕福字等物⑫；咸丰八年（1858）正月，赏河南巡抚英桂福字⑬；光绪二十九年（1903）正月，赏河南巡抚张人

①《清世祖实录》卷一二九，顺治十六年十月壬辰，第998页。
②《清高宗实录》（八）卷五六六，乾隆二十三年七月丙申，第183页。
③《清高宗实录》（十二）卷九五二，乾隆三十九年二月乙酉，第903页。
④《清德宗实录》（七）卷四八九，光绪二十七年十一月甲子，第466页。
⑤《清世祖实录》卷三五，顺治四年十二月癸未，第287页。
⑥河南巡抚胡宝瑔：《奏为奉旨加级谢恩事》，乾隆二十六年十二月初五日，朱批奏折，档号04-01-12-0110-051。
⑦河南巡抚胡宝瑔：《奏为奉旨加级奖叙谢恩事》，乾隆二十三年五月二十七日，朱批奏折，档号04-01-12-0090-022。
⑧《清宣宗实录》（七）卷四〇三，道光二十四年三月辛卯，第49页。
⑨《清世祖实录》卷六六，顺治九年七月丙子，第515页。
⑩河南巡抚何煟：《奏为恩赏鹿肉谢恩事》，乾隆三十六年十月初六日，朱批奏折，档号04-01-12-0145-027。
⑪河南巡抚穆和蔺：《奏为恩赏福字等物谢恩事》，乾隆五十五年十二月十四日，朱批奏折，档号04-01-12-0227-108。
⑫河南巡抚马慧裕：《奏为恩赏福字等物谢恩事》，嘉庆八年正月初九日，朱批奏折，档号04-01-12-0270-018。
⑬河南巡抚英桂：《奏为恩赏福字谢恩事》，咸丰八年正月十一日，朱批奏折，档号04-01-14-0068-049。

骏福寿字①；嘉庆二十三年（1818）四月，赏河南巡抚和舜武紫金锭药②；嘉庆十八年（1813）四月，赏河南巡抚长龄药锭③；道光九年（1829）四月，赏河南巡抚杨国桢药锭④；嘉庆二十四年（1819）三月，赏河南巡抚陈若霖御制文集⑤；道光三年十二月，赏河南巡抚程祖洛《大清会典》一部⑥；嘉庆十一年（1806）十月，赏河南巡抚马慧裕御制文集⑦；嘉庆十四年（1809）十月，赏河南巡抚恩长如意⑧；乾隆三十八年（1773）闰三月，赏迎驾河南巡抚何煟花翎、黄马褂等物⑨；乾隆五十六年（1791）六月，赏河南巡抚穆和蔺戴花翎⑩等。（5）荫子入国子监官学读书。例如，顺治十年（1653）九月，"加致仕巡抚河南兵部尚书吴景道一级，荫一子入监读书，以其抚豫有年劳绩茂著故也"⑪。乾隆八年（1743）正月，河南巡抚雅尔图之子永清照例入国子监官学读书⑫等。

与加赏相对应，皇帝的处罚有：（1）夺世职。例如，顺治十七年（1660）三月，吏部遵旨甄别督抚，河南巡抚贾汉复被削去太子少保并

---

① 河南巡抚张人骏：《奏为恩赏福寿字谢恩事》，光绪二十九年正月二十日，朱批奏折，档号04-01-12-0623-030。

② 河南巡抚和舜武：《奏为钦赏紫金锭药谢恩事》，嘉庆二十三年四月二十四日，朱批奏折，档号04-01-12-0329-062。

③ 河南巡抚长龄：《奏为御赐药锭一匣谢恩事》，嘉庆十八年四月十三日，朱批奏折，档号04-01-12-0302-005。

④ 河南巡抚杨国桢：《奏为恩赏药锭谢恩事》，道光九年四月十五日，朱批奏折，档号04-01-12-0407-038。

⑤ 河南巡抚陈若霖：《奏为捧到御制文集谢恩事》，嘉庆二十四年三月二十日，朱批奏折，档号04-01-12-0335-065。

⑥ 河南巡抚程祖洛：《奏为恩赏〈大清会典〉一部谢恩事》，道光三年十二月十二日，朱批奏折，档号04-01-12-0375-032。

⑦ 河南巡抚马慧裕：《奏为恩赏御制文初集谢恩事》，嘉庆十一年十月二十八日，朱批奏折，档号04-01-12-0275-014。

⑧ 河南巡抚恩长：《奏为恩赏如意谢恩事》，嘉庆十四年十月十三日，朱批奏折，档号04-01-12-0281-042。

⑨ 河南巡抚何煟：《奏为恭迎圣驾并恩赏花翎黄褂等物谢恩事》，乾隆三十八年闰三月十九日，朱批奏折，档号04-01-12-0157-007。

⑩ 《清高宗实录》（十八）卷一三八一，乾隆五十六年六月庚申，第527页。

⑪ 《清世祖实录》卷七八，顺治十年九月丙申，第615页。

⑫ 河南巡抚雅尔图：《奏为臣子永清奉旨入国子监读书谢恩事》，乾隆八年正月二十一日，朱批奏折，档号04-01-12-0032-065。

所加一级①，所为何事并不清楚。但随后，刑科给事中姚启圣劾奏，河南巡抚贾汉复贪婪成性，秽迹多端，下所司严议。② 吏部认为"难以悬议"，请将贾汉复解职，饬令河道总督和河南按察使严查具奏。③ 河督朱之弼④疏言："山东巡抚耿焞、河南巡抚贾汉复，以垦荒蒙赏，两省百姓即以赔熟受困，岁增数十万赋税，多得之于鞭笞敲剥、呼天抢地之孑遗，怨苦之气，积为沴厉。"⑤ 先是，贾汉复又曾"馈内监银，十八年事觉，部议复援赦降抵，仍罚银百两，革云骑尉世职"⑥。（2）削加衔、降级。例如，顺治十七年（1660）三月，"贾汉复，着削去太子少保并所加一级，照旧供职"⑦。宣统二年（1910）九月，河南巡抚宝棻因失察禁烟被部议降一级留任⑧等。（3）革职留任、拔花翎、革顶戴。例如，乾隆三十九年（1774），新任河南巡抚徐绩因在山东巡抚任内"失察邪教""尚非大过，念其平日办事颇能黾勉，着加恩补授河南巡抚，并管提督，仍革职留任，俟八年无过，方准开复；所有从前赏给孔雀翎，亦不准戴用，以示惩儆"⑨。乾隆五十九年（1794）十一月，因办理"邪教"案不力，河南巡抚穆和蔺被降旨拔去花翎⑩。嘉庆二十四年（1819）十一月，因河工疏防，河南巡抚琦善革去顶戴，暂留豫抚之任，戴罪图功⑪等。（4）罚养廉银。乾隆三十九年（1774），新任河南巡抚徐绩因在山东巡抚任内"失察邪教"，任豫抚时，仍带革职留任处罚，"但督抚遇有革职留任之案，虽例不食俸，仍得支食养廉。今徐绩以身获重谴之人，弃瑕录用，若复令坐享丰盈，实未足以示罚；但竟

---

① 《清世祖实录》卷一三二，顺治十七年三月甲戌，第1030—1031页。

② 《清世祖实录》卷一三七，顺治十七年六月庚子，第1057页。

③ 《清世祖实录》卷一三八，顺治十七年七月壬戌，第1065页。

④ 《清史列传》卷七八《贾汉复传》为"朱之锡"，《清代传记丛刊》第105册，第648页。

⑤ 《清史稿列传》卷二六三《朱之弼传》，《清代传记丛刊》第90册，第407页。

⑥ 《清史列传》卷七八《贾汉复传》，《清代传记丛刊》第105册，第648页。

⑦ 《清世祖实录》卷一三三，顺治十七年三月甲戌，第1031页。

⑧ 河南巡抚宝棻：《奏为失察禁烟降一级处分抵销谢恩事》，宣统二年九月二十五日，朱批奏折，档号04-01-12-0688-038。

⑨ 《清高宗实录》（十二）卷九六九，乾隆三十九年十月丙午，第1228页。

⑩ 《清高宗实录》（十九）卷一四六五，乾隆五十九年十一月甲辰，第570页。

⑪ 《清仁宗实录》（五）卷三六四，嘉庆二十四年十一月己未，第805页。

不支给，又恐难资办公，或致借口需索，转滋流弊。着将徐绩应得巡抚养廉，每年止准赏给五千两，俟八年无过开复后，再行全数给予，以示惩儆"①。五十一年（1786）十二月，毕沅、江兰因要犯未获，其"所有明年应得廉俸，准其支给一半，统俟获犯日，再降谕旨"②。五十七年（1792）七月，河南巡抚穆和蔺处分十案，每案罚养廉银半年③。五十九年（1794），穆和蔺又因办"邪教"案不力，"若复任其坐拥厚廉，不足示惩。穆和蔺，着罚养廉五年，实时完缴"④。（5）不准赴新任、陛见。例如，乾隆五十一年（1786），豫抚毕沅升迁湖督、藩司江兰升任巡抚，但因要犯未获，"降旨责成毕沅、江兰，专心查缉，若不能拏获，毕沅不准前赴湖广新任，江兰（已升任豫抚）亦不准遽卸藩篆，来京陛见……俟要犯拏获，方准来京陛见"⑤。（6）传旨申斥。此项处罚最多，例如，乾隆二十二年（1757），图勒炳阿讳灾后令其自查灾情上奏："朕于图勒炳阿临行时，面谕至为明晰，乃尚复存心回护，着传旨严行申饬。"⑥ 四十年（1775）正月，因奏事"胡涂错谬……徐绩着传旨申饬"⑦；同年五月，因"以僧人教习营兵，既属非体，且使人传为笑谈，徐绩何不晓事若此！着传谕申饬，并令将招致各僧即行遣回"⑧。四十二年（1777）九月，因报河南得雨迟缓，"尤太不晓事体。徐绩着传旨申饬"⑨。五十六年（1791）三月，乾隆帝认为豫抚穆和蔺参奏属员，"仅以参奏革职了事，所办殊属轻纵。穆和蔺着传旨申饬"⑩；七月，穆和蔺因"典庇姻亲，甚负委任，着先传旨严行申

① 《清高宗实录》（十二）卷九七一，乾隆三十九年十一月辛未，第1261页。
② 《清高宗实录》（十六）卷一二七一，乾隆五十一年十二月丁卯，第1143页。
③ 河南巡抚穆和蔺：《奏为奉旨每案处分罚养廉银半年予开复谢恩事》，乾隆五十七年八月二十一日，朱批奏折，档号04-01-12-0239-010。
④ 《清高宗实录》（十九）卷一四六四，乾隆五十九年十一月丙戌，第558页。
⑤ 《清高宗实录》（十六）卷一二六五，乾隆五十一年九月辛卯，第1051—1052页。
⑥ 《清高宗实录》（七）卷五三二，乾隆二十二年二月辛未，第710页。
⑦ 《清高宗实录》（十三）卷九七四，乾隆四十年正月壬子，第6页。
⑧ 《清高宗实录》（十三）卷九八三，乾隆十四年五月甲子，第122页。
⑨ 《清高宗实录》（十三）卷一〇四二，乾隆四十二年九月丁亥，第942页。
⑩ 《清高宗实录》（十八）卷二三七六，乾隆五十六年三月甲辰，第469页。

饬"①。同月，责穆和蔺断案糊涂，"着再传旨申饬"②；五十七年
（1792）四月，因奏河北镇总兵目疾"殊迟""穆和蔺着传旨申饬"③；
十二月，因地丁案件逾五年之限未清，责"河南一省何以独至迟逾，
殊属延缓！穆和蔺着传旨申饬"④。五十九年（1794）八月，因河水漫
口，未及时奏明，穆和蔺被"传旨严行申饬"⑤；九月，办理"邪教"
案件未协，巡抚穆和蔺、藩司吴璥被"传旨严行申饬"⑥。

　　总体上看，豫抚虽例兼一品提督衔，节制二、三镇，但巡抚本职是
二品，绝大多数是文人出身，只有咸丰朝（1851—1861）的英桂等个
别人曾督办过外省军务，在"国之大事，在祀与戎"的前提下，皇帝
对河南巡抚的赏赐品级较低，诸如公、侯、伯、子、男、轻车都尉、骑
都尉、云骑尉、恩骑尉等世职，只有极少数人。与此相应，除了个别被
革职、发配外，其处罚也就较轻。

二　豫抚与中央执行机关

　　皇帝之外，豫抚与中央的关系可以分为两层，即与王大臣、内阁、
军机处的关系和与九卿的关系。

　　1. 与王大臣、大学士、军机大臣的关系

　　清初的议政王大臣会议、诸大学士到雍正时期（1723—1735）成
立军机处，再到晚清的成立总理衙门、奕䜣为议政王等，国家大礼大
政，皆经其手，但他们并无直接向河南巡抚下达命令的权力，在制度
上，仅仅是皇帝与豫抚之间的"传话筒"。按台湾学者傅宗懋的研究⑦，
推及豫抚，上述中央大员所管事务与豫抚相关者有：（1）豫抚题本经
通政司转至内阁，由内阁侍读学士票拟，经大学士阅定，呈递皇帝；
（2）豫抚卒后赐谥号，由大学士拟后请旨定夺；（3）豫抚奏折奉朱批

---

① 《清高宗实录》（十八）卷一三八二，乾隆五十六年七月丙戌，第546页。
② 《清高宗实录》（十八）卷二三八三，乾隆五十六年七月庚子，568页。
③ 《清高宗实录》（十八）卷一四〇一，乾隆五十七年四月丙辰，第814—815页。
④ 《清高宗实录》（十八）卷一四一九，乾隆五十七年十二月丙戌，第1094页。
⑤ 《清高宗实录》（十九）卷一四五八，乾隆五十九年八月癸亥，第460页。
⑥ 《清高宗实录》（十九）卷一四六〇，乾隆五十九年九月壬辰，第503页。
⑦ 傅宗懋：《清代督抚制度》，第130页。

者，由军机大臣字寄；（4）皇帝降旨给豫抚，明发者由内阁寄发，密旨由军机大臣字寄；（5）豫抚出缺后，有旨令开列应补、应升人员时，由军机大臣开具清单，供皇帝铨选；（6）皇帝赏赐豫抚，由军机大臣开列清单，请旨定夺。

反之，河南巡抚凡办理与王大臣、大学士等及钦差所办事务相关之事件，在奏明皇帝的同时，须移咨该钦差；奉到朱批后，亦需再行咨明。例如，咸丰元年（1851），大学士赛尚阿为钦差大臣赴广西镇压太平军，河南巡抚李僡派兵赴广西咨赛尚阿：

> 《河南巡抚李僡为附奏河北镇董光甲遵旨派带官兵前赴广西军营出境日期事咨钦差大臣赛尚阿等》
>
> 咸丰元年九月二十八日
>
> 为移咨事。窃照云前，合先抄片咨送。为此合咨贵大臣、部、部堂、部院、镇、护镇，^请烦^为查照施行。计粘抄片稿一纸。
>
> 一咨钦差大臣大学士赛……
>
> 《河南巡抚李僡为附奏河北镇董光甲遵旨派带官兵前赴广西军营出境日期一片奉到朱批事咨钦差大臣赛尚阿等》
>
> 咸丰元年十月十三日
>
> 为恭录移咨事。窃照云前，相应恭录移咨。为此合咨贵大臣、部、部堂、部院、镇、护镇，^请烦^为钦遵查照施行。
>
> 一咨钦差大臣大学士赛……①

同时，"朝中无人不做官"，河南巡抚也需要王大臣、大学士、军机大臣等为奥援。乾隆（1736—1795）后期，和珅权倾朝野，任过河南巡抚的贪官陈辉祖、伍拉纳"其始皆和珅之党。迨罪状败露，和珅不能为力，则相率伏法"②。道光十四年至十九年（1834—1839），任河

---

① 河南大学档案馆藏：《河南巡抚李僡为附奏河北镇董光甲遵旨派带官兵前赴广西军营出境日期事咨钦差大臣赛尚阿等》，咸丰元年九月二十八日，《河南巡抚衙门档案》3 号，档号 0061；《河南巡抚李僡为附奏河北镇董光甲遵旨派带官兵前赴广西军营出境日期一片奉到朱批事咨钦差大臣赛尚阿等》，咸丰元年十月十三日，档号 0064。

② 傅宗懋：《清代督抚制度》，第 134 页。

南巡抚的桂良，后来成为恭亲王奕䜣的岳父；而奕䜣在辛酉政变之后成为议政王，重用汉人，同治朝（1862—1874）的河南巡抚全部为汉人。至于清末任过河南巡抚的陈夔龙，一则得到大学士、军机大臣荣禄的赏识，二则在庚子之役后与庆亲王奕劻一道办理议和、签订《辛丑条约》，据说其妻还认庆亲王为义父。①

2. 与九卿的关系

通政司、都察院、大理寺和吏、户、礼、兵、刑、工六部，虽堂官分设满汉，习惯上仍合称九卿②，其与直省是中央机关和地方政府的关系，只是与大学士、军机处等一样，要秉承皇帝旨意而行。初制，督抚奏事凡与诸部相关者，必具文该管部，由部臣请旨定夺。军机处设立之后，"诸臣陈奏，常事用疏，自通政司上，下内阁拟旨；要事用折，自奏事处上，下军机处拟旨，亲御朱笔批发"③。嘉庆四年（1799），命督抚奏事应直达御前，不许另有副封④，部臣对督抚的制约大为削弱，六部九卿与豫抚的关系受制于此。

通政司接收题本，审核是否符合规制，违制则可疏劾，无则校阅后送至内阁，逾期者则移文关系部议办。不过，清制"臣工封事皆许诣宫门，由奏事处直达御前"⑤，尤其是有了军机处之后，皇帝与督抚之间通过朱批下达旨意与密折奏事，通政司的作用大减，豫抚与它的关系也就不甚密切。

吏部执掌全国文职官员任免政令（包括太师、太傅、太保、太子太师、太子太傅、太子太保等兼衔），制定京内外各衙门文职官员名额，或由吏部铨选，或由地方官报部任用；按规制铨叙品秩，稽考功过

① 清史编委会：《清代人物传稿》下编第五卷《陈夔龙》，中华书局1984年版，第91—92页。

② 关于九卿，按刘子扬的说法，清代有"九卿"，指六部及理藩院尚书、都察院左都御史、大理寺卿；"小九卿"一般指宗人府府丞、詹事府詹事、翰林院学士、太常寺卿、光禄寺卿、太仆寺卿、鸿胪寺卿、通政司通政使及顺天府尹（参见《中国历史大辞典·清代上》，上海辞书出版社1992年版，第6、35页）。本书为叙述方便，仍按传统说法，将中央主要行政机关（不算与行省关系不大的理藩院尚书，加上通政司的通政使）的主官合称九卿。

③ 赵尔巽：《清史稿》（缩印本）第3册《张廷玉传》，第2635页。

④ 《清朝文献通考》卷一一八《职官四》，商务印书馆1936年版，第8774页。

⑤ 稽璜、刘墉等：《清朝通典》卷二七《职官》（五），商务印书馆1935年版，第2179页。

以定升降、赏罚。①（1）对于豫抚的任用，吏部有开列具题之权，唯此类具题记载极少，只有康熙五十六年（1717）因豫抚李锡苛派案，谕旨提到继任豫抚张圣佐包庇李锡，而"张圣佐亦系九卿所保"②，其中自然要经过吏部。（2）对豫抚的考核，包括定期举行的京察和平时甄别。例如，顺治十七年（1660）三月，吏部、都察院遵旨甄别督抚，得旨：河南巡抚贾汉复削去太子少保并所加一级，照旧供职。③康熙元年（1662），吏部、都察院遵旨甄别督抚，得旨：河南巡抚彭有义着休致。④皇帝要了解豫抚任职的情况，亦可问包括吏部在内的九卿。例如，康熙五十三年（1714）十月，大学士"遵旨以浙江巡抚王度昭、河南巡抚鹿佑问九卿。九卿金云……河南巡抚鹿佑，向来居官谨慎，此数年来，精力衰迈，处事不当"⑤。（3）依例对豫抚议处。顺治十七年（1660）七月，"吏部议覆刑科给事中姚启盛劾奏，河南巡抚贾汉复出身卑鄙、行政秽污各款，臣部难以悬议，应解汉复任，敕总河并该省按臣严查具奏以凭议处。得旨：是，依议严行"⑥。康熙三十九年（1700）九月，"吏部议，河南巡抚李国亮，将衰庸有病之卢氏县知县谢廷爵保举行取；及回奏，不据实认罪，乃摭虚词掩饰，应以溺职例革职。得旨：李国亮着以原品休致"⑦。乾隆二年（1737），郑州（今河南郑州市）郭元曾控告其妻被轮奸一案，吏部议覆，"巡抚富德，滥刑罗织于前，怙过渎奏于后，应革职。……得旨：富德，着革职"⑧。图勒炳阿革职，亦经吏部照例查议。⑨江兰"以伊阳县戕官首犯秦国栋及大名首犯段文经日久未获，命交部严加议处，并停其养廉"⑩。（4）对豫抚的议叙。例如，乾隆五年（1740）二月，河南巡抚"雅尔图到任不过两

① 张德泽：《清代国家机关考略》（修订本），第39页。
② 《清圣祖实录》（三）卷二七四，康熙五十六年十月癸卯，第690页。
③ 《清世祖实录》卷一三三，顺治十七年三月甲戌，第1031页。
④ 《清圣祖实录》（一）卷六，康熙元年二月辛亥，第105页。
⑤ 《清圣祖实录》（三）卷二六〇，康熙五十三年十月乙未，第568页。
⑥ 《清世祖实录》卷一三八，顺治十七年七月壬戌，第1065页。
⑦ 《清圣祖实录》（三）卷二〇一，康熙三十九年十月癸卯，第43页。
⑧ 《清高宗实录》（一）卷四一，乾隆二年四月甲申，第741页。
⑨ 《清高宗实录》（七）卷五三七，乾隆二十二年四月辛巳，第781页。
⑩ 《国朝耆献类征初编》卷九九《江兰传》，《清代传记丛刊》第146册，第603页。

月，即将豫省积盗多人，设法捕缉，不使漏网，具见经理有方，实心任事。从前尹会一之因循玩愒，于此益见。雅尔图着交部议叙，以示嘉奖"①。十三年（1748），进剿金川，军队过豫境，巡抚鄂容安"供亿完备"，交部议叙，"寻吏部议：河南巡抚鄂容安，军功加一级。从之"。②五十六年（1791）八月，因黄河"桃伏秋三汛黄河大溜，顺轨安流，河势并无迁改……李奉翰、穆和蔺，俱着交部议叙"③。五十七年（1792）八月，因河水安澜，穆和蔺等交部议叙④；五十八年（1793）七月，因河水安澜，工程巩固，穆和蔺等交部议叙。⑤（5）对豫抚的相关题本，吏部有议准、议驳之具奏权。此类例子甚多。例如，雍正三年（1725）七月，"吏部议覆河南巡抚田文镜疏参，年羹尧盐场遍置私人，私盐充斥；又以印票运茶，违废茶引，应将年羹尧二等公降为三等公。从之"⑥。光绪二十五年（1899）二月，河南巡抚裕长奏，查明上年前抚臣刘树堂任内拿获虞城县（今河南虞城县东北）"匪犯"出力文职人员，分为"尤为出力"与"其次出力"请奖，遭吏部议驳，"以上年剿办虞城县土匪一案，系属寻常劳绩，所请奖叙多与例章不符，奏请将全案驳回，另行改奖"⑦。（6）豫抚考核、褒奖河南文职人员，须咨吏部。例如，每届三年大计之期，豫抚对藩臬二司出具考语，以及因河工、"剿匪"等出力文职人员的请奖，须咨吏部。吏部该管有关河南之事，亦须咨豫抚。

户部，"掌天下之地政与其版籍""凡赋税征课之则、俸饷颁给之制、仓库出纳之数、川陆转运之宜，百司以达于部"⑧。凡河南绿营及驻防官员应支俸饷、马干等，须定期造册咨户部；解饷、兵马钱粮、河工备料银两、征收之地丁、耗羡银两等各项，或造册报部，或咨明户

①　《清高宗实录》（二）卷一一〇，乾隆五年二月壬申，第630页。
②　《清高宗实录》（五）卷三三一，乾隆十三年十二月庚子，第515页。
③　《清高宗实录》（十八）卷一三八五，乾隆五十六年八月己未，第584页。
④　《清高宗实录》（十八）卷一四一〇，乾隆五十七年八月乙亥，第961页。
⑤　《清高宗实录》（十九）卷一四三三，乾隆五十八年七月己未，第165页。
⑥　《清世宗实录》（一）卷三四，雍正三年七月庚申，第522页。
⑦　河南巡抚裕长：《奏为遵照部将拿获江豫交界虞城县匪首出力文职各员原请奖叙分别核减事》，道光二十五年九月初一日，朱批奏折，档号04-01-12-0591-024。
⑧　光绪《大清会典》卷一三，新文丰出版公司1976年影印版。

部，其办理程序一如咨吏部。如：

《河南巡抚潘铎为具奏遵旨拨发添办备防砖石料垛银两事咨户部等》

咸丰元年六月十四日

为移咨事。窃照云前，合先抄折咨送。为此合咨贵部、部堂，请烦查照施行。计粘抄折稿一纸。

一咨户部……

《河南巡抚潘铎为具奏遵旨拨发添办备防砖石料垛银两一折奉到朱批事咨户部等》

咸丰元年七月初一日

为移咨事。窃照云前，相应恭录移咨。为此合咨贵部、部堂，请烦钦遵查照施行。

一咨户部……①

对于豫抚奏、报、咨送与钱粮有关之事，户部奉旨议覆、议驳。例如，康熙七年（1668）九月，"河南巡抚张自德疏奏折解布花价值数目，得旨：改折布花，价值太过，恐致累民，应否减折，核议具奏。寻户部议：布花价值照每年时价折解，庶不累民。如有冒征侵蚀之弊，该抚指名题参。从之"②。康熙二十二年（1683）二月，"户部议覆：河南巡抚王日藻疏言，豫省漕粮二十五万余石，历来各州县，金差官役前赴大名府小滩地方，买米交兑。越境采办，囤户牙行任意腾贵，官民交困，请行改折。查豫省漕米，原系征银买米起运。康熙十五年，缘需用兵饷改折，后因各省漕米截留，京城米谷不敷，仍令买米起运。今既苦累小民，应仍令改折解部，其通省漕粮既不运京，粮道亦相应裁去。从

---

① 《河南巡抚潘铎为具奏遵旨拨发添办备防砖石料垛银两事咨户部等》，咸丰元年六月十四日，《河南巡抚衙门档案》3号，河南大学档案馆藏，档号0028；《河南巡抚潘铎为具奏遵旨拨发添办备防砖石料垛银两一折奉到朱批事咨户部等》，咸丰元年七月初一日，河南大学档案馆藏，档号0031。

② 《清圣祖实录》（一）卷二七，康熙七年九月辛丑，第371页。

之"①。

礼部，管理国家祀典、庆典、军礼、丧礼，接待外使及学校、科举等事。② 河南省的学校、学额、旌表、贡使过境等，都须在奏明皇帝的同时，咨明礼部。如：

《署河南巡抚为附奏暹罗国贡使过境日期一片咨户部等》
咸丰二年十二月二十七日

为移咨事。窃照云前，合先抄片咨送。为此合咨贵部、部院、部堂，请烦查照施行。计粘抄片稿一纸。

一咨户部、兵部、礼部、安徽巡抚部院、山东巡抚部院、直隶总督部堂。

〈此次因省改道一应毋得详细咨明，照另稿写〉。

咸丰二年十二月廿七日。兵房屈存忠承。

附奏暹罗国贡使过境日期一片。

署理河南巡抚部院兼提督军门陆。行。③

对于豫抚奏、咨相关事宜，礼部亦奉旨议覆。康熙四十二年（1703）三月，"礼部议覆：河南巡抚徐潮疏言，豫省考城、柘城、温县、登封四县，向因兵燹之余，应试寥寥，定为小学，取童生八名。今户口额赋已倍于前，人才渐盛，请改为中学，考取童生十二名，应如所请。从之"④。雍正五年（1727）闰三月，"礼部议覆：河南巡抚田文镜疏言，捐纳贡监，归并学臣，与生员一体约束，应如所请"⑤。乾隆五十九年（1794）五月，"礼部议准：河南巡抚穆和蔺咨称，增定科场监临覆试章程……"⑥ 由于河南向多水灾，祭河神是礼部管理的一项重要

① 《清圣祖实录》（二）卷一〇七，康熙二十二年二月乙酉，第92—93页。

② 张德泽：《清代国家机关考略》，第57页。

③ 《署河南巡抚为附奏暹罗国贡使过境日期一片咨户部等》，咸丰二年十二月二十七日，《河南巡抚衙门档案》3号，河南大学档案馆藏，档号0201。

④ 《清圣祖实录》（三）卷二一二，康熙四十二年三月戊辰，第146—147页。

⑤ 《清世宗实录》（一）卷五五，雍正五年闰三月丙寅，第833—834页。

⑥ 《清高宗实录》（十九）卷一四五二，乾隆五十九年五月丁亥，第352页。

事务。例如，雍正十三年（1735）十月，"礼部议覆：河东总督王士俊疏请，致祭河南开封府城河神庙，应令该督往祭。祭文香帛，部臣敬谨阅看，派员赍往；扁额字样，内阁撰进呈"①。

兵部，管理全国军事及武职的考核任免。河南巡抚除有抚标之外，例兼提督衔，节制全省军队，凡有关军事之事，其与兵部之文移往来，大体如前。如前引暹罗国贡使过境，须有兵护送，豫抚即咨送包括兵部在内的各部及邻省督抚。豫抚之奏请，亦由兵部奉旨议准、议驳。例如，嘉庆十年（1805）二月，河南巡抚马慧裕奏请添设营汛安置新兵，兼管兵部大学士保宁、兵部尚书明亮奏："……如恐新旧兵丁不能两相贴（帖）服，即另立两营、增设员弁，则川陕各省俱有乡勇入伍，情形亦属相同。若俱纷纷增设，亦觉难行。所有该抚请于抚标另立前后两营，并添都司、守备各一员，千总二员，把总四员之处，应毋庸议。"②次年十一月，马慧裕又因咨报军需前后不一，再被兵部议驳："……今该省安设塘站，自贰年闰六月起至玖年拾月止，共支销银至柒拾捌万余两之多，而节次册报登覆情形又复参差互异，难保无承办各员捏饰冒销之弊。相应请旨饬交该抚马慧裕"逐条据实查明③。

工部，"掌天下造作之政令与其经费"。凡河工、水利、城建、器物制作等，均由工部管理。河南巡抚除了一般督抚管理之工程项外，还兼管河工岁修工程，其与工部之关系，又较他省为密切。但其文移往来与上述基本相同，不复赘述。

刑部、都察院、大理寺合称三法司。清仍明旧制，凡诉讼在外由州县层递至于督抚，在内归总于三法司。然明制三法司，刑部受天下刑名，都察院纠察，大理寺驳正。清则外省刑案，统由刑部核覆。不会法者，院寺无由过问；应会法者，亦由刑部主稿。在京讼狱，无论奏咨，俱由刑部审理，而部权特重。④刑部除了掌管一般刑事案件外，遇到重

---

① 《清高宗实录》（一）卷五，雍正十三年十月丁亥，第244页。
② 大学士保宁、兵部尚书明亮等：《奏为议驳河南巡抚马慧裕奏新设营汛以安置新兵事》，嘉庆十年二月十二日，录副奏折，档号03-1648-001。
③ 兵部尚书明亮等：《奏为核驳河南军需不符之处并请饬该抚逐条查明事》，嘉庆十一年十一月二十日，录副奏折，档号03-1715-098。
④ 赵尔巽：《清史稿》（缩印本）第2册《刑法志三》，第1116页。

案，也可奉旨审理。例如，康熙五十六年（1717），查前任河南巡抚李锡苛派激起阌乡（在今河南灵宝市西北）民变案，刑部尚书张廷枢奉差河南审理得实，已改任工部右侍郎的李锡被革职。[①] 都察院既有参奏督抚之权，亦可参与审理涉及督抚的重大案件。例如，道光二年（1822）七月，河南巡抚姚祖同因仪封（在今河南兰考县东南）大工奏销不实案被解职，朝廷在调陕西巡抚程祖洛任河南巡抚的同时，任命左都御史王鼎暂署河南巡抚，与刑部左侍郎升任左都御史玉麟一起查办此案。尽管由于涉案的王之谦是王鼎的族弟等原因，此案像许多涉及地方大员的案件一样被大事化小，但姚祖同还是被罚赔款，降为四品京堂，接受馈赠路费的呢玛善也被交部议处。[②]

以上豫抚与大学士、军机大臣、九卿的关系，从所该管事务上，大学士、九卿各有分工，但每一事务涉及的往往并非某一衙门，大体以乾隆（1736—1795）初年为界，此前豫省事务皇帝多谕内阁大学士，由大学士传谕或咨九卿，亦常同时问大学士、九卿。例如，康熙四十二年（1703）三月，"上召大学士、九卿等谕曰：朕此番南巡，遍阅河工，大约已成功矣……又沿途谘访地方官，直隶巡抚李光地、河南巡抚徐潮，居官皆优"[③]。五十三年（1714）十月，"谕大学士等……河南巡抚鹿佑所奏事宜亦未得当，尔等传问九卿"[④]。自乾隆（1736—1795）中期，皇帝则常谕军机大臣与九卿，盖因军机处原为处理西北军务而设，而河南地处中州，军务甚少，且军机处取代内阁需要一个过程。反之，豫抚奏咨，也常送多个衙门。

除该管事务外，大学士、军机大臣、九卿亦有举察豫抚之责，唯专制体制之下，内外臣工常相维护，保举固可示好，参劾则多非所愿。康熙五十六年（1717）九月，"谕大学士等曰：从前曾谕九卿，各省官员内，有居官不好、声名不堪者，随闻随即缮折具奏。今李锡（已革豫抚——引注）居官甚劣，何竟无一人奏朕？各省官员贤否，九卿岂无

① 《清圣祖实录》（三）卷二七四，康熙五十六年九月癸酉，第687页。
② 《清宣宗实录》（一）卷三八，道光二年七月甲申；卷四一，九月壬午，第678、679、730—731页。
③ 《清圣祖实录》（三）卷二一一，康熙四十二年三月辛酉，第145页。
④ 《清圣祖实录》（三）卷二六〇，康熙五十三年十月壬辰，第568页。

所闻！……近阅九卿保举，以为好官而荐引者有之，以为劣员而纠参者，何并无一人？着传谕九卿"①。

第四节　晚清豫抚与中央的权力之争

鸦片战争以降，清朝中央的权威受到巨大挑战，从外国侵略到太平天国的打击，皇帝的权威不再是至高无上的，而地方督抚在帮助朝廷"剿灭"太平军、捻军的同时，不知不觉地也在挑战中央的权威。晚清河南没有诸如曾、左、李那样的著名督抚，但他们以自己的方式与中央讨价还价。

一　中央任免豫抚权的削弱

清代督抚简放是皇帝的特权，但这种特权在晚清受到挑战。从表面上看，每位豫抚仍由朝廷谕旨任命，但实际上却受到湘系、淮系的影响乃至外国传教士的干涉。

军兴以后，朝廷基于满汉畛域，先后任命英桂、恒福、瑛棨、庆廉四位旗人豫抚，甚至曾令英桂督办三省"会剿"事宜，但是，这几任豫抚似乎一任不如一任，随着庆廉与藩司贾臻互参案的发生，咸丰十年（1860）十月，第一位由湘系出身的豫抚出现，即严树森。严氏与胡林翼关系密切，且想效仿胡氏，可惜其刚愎不能容人，在河南与联捷、毛昶熙、胜保等人发生矛盾，调任湖北巡抚后又与官文不和，终被官文劾去，故史评其"效胡林翼而适得其反者也"②。曾国藩督办"剿捻"时，与豫抚吴昌寿有矛盾，即借故参奏③，吴氏被降级离任。其继任者李鹤年曾保举过曾国藩④，曾氏心存感激，在李鹤年筑濠墙不力而致其

---

① 《清圣祖实录》（三）卷二七四，康熙五十六年九月辛未，第685页。

② 赵尔巽：《清史稿》（缩印本）第4册《列传二一四·论曰》，第3146页。

③ 李瀚章编、李鸿章校：《曾国藩家书家训》，中国民族摄影艺术出版社2002年版，第410页。

④ 赵尔巽：《清史稿》（缩印本）第4册《李鹤年传》，第3216页。

"剿捻"功亏一篑的情况下仍为之求情，请朝廷不要处分李氏。① 尽管朝廷最终没有俞允曾氏之请，但也说明此时湘系势力已介入朝廷与豫抚的关系。

至李鸿章"剿捻"成功，淮系势力如日中天，钱鼎铭、涂宗瀛、倪文蔚等几位豫抚皆出自淮系，与李鸿章的关系极为密切。钱鼎铭在上海（今上海市）被太平军围困时，乘洋轮到安庆乞师，曾国藩遂令李鸿章带兵到上海，淮系由此而崛起，钱氏亦入李鸿章幕府，借淮系而发达。② 同治十年（1871）十一月，钱氏任豫抚；次年三月，其陛辞后特地"绕道津门，与督臣李鸿章面商直、豫两省练军事宜"③。涂宗瀛、倪文蔚都是安徽人，都曾入李鸿章幕府，即使后来出任封疆大吏，亦与李鸿章经常通信联系。光绪十三年（1887）五月，倪文蔚授河南巡抚④，在陛辞后做的第一件事也是绕道天津，"与直隶督臣李鸿章商办直豫交涉事宜"，然后才到豫接巡抚印⑤；而在办理郑州河工期间，凡救灾、河工倪氏无不向李鸿章求教、求助，后者也有求必应。⑥ 其他豫抚也有巴结淮系的倾向。例如，刘树堂出仕的籍贯是云南保山县（今云南保山市），亦因曾国藩、李鸿章先后保举而不断迁升，刘氏遂于光绪十九年（1893）将祖籍改为安徽宣城⑦，进一步向淮系靠拢。不幸的是，李鸿章很快就因为甲午战争之败而名誉扫地，刘氏又反戈一击，反对《马关条约》⑧，以图与淮系"划清界限"，后缘事在浙江巡抚任上

①　王定安：《求阙斋弟子记》。参见中国史学会主编《中国近代史资料丛刊·捻军》第一册，上海古籍出版社、上海人民出版社2000年版，第47页。

②　赵尔巽：《清史稿》（缩印本）第4册《钱鼎铭传》，第3137页。

③　钱鼎铭：《恭报接受河南抚篆折》，《钱敏肃公奏疏》，成文出版社1968年版，第119—120页。

④　《清史列传》卷五九《倪文蔚传》，《清代传记丛刊》第103册，第282—284页。

⑤　河南巡抚倪文蔚：《奏报到任接抚篆日期事》，光绪十三年七月初八日，录副奏折，档号03-5225-074。

⑥　倪文蔚：《郑工启事》。参见石光明等编《中华山水志丛刊·水志》第20册，线装书局2004年版，第489—551页。

⑦　安徽巡抚沈秉成：《奏为浙江布政使刘树堂呈请改归安徽宣城县祖籍事》，光绪十九年六月二十六日，录副奏折，档号03-5307-086。

⑧　收河南巡抚刘树堂电：《为陈己见事》，光绪二十一年四月初二日，电报档2-02-12-021-0525。

被朝廷免职。

庚子之役，清朝惨败，豫抚的去留又受到外国侵略势力的干预。先是光绪二十六年（1900）闰八月，河南巡抚裕长调任湖北巡抚，英国人出来干涉，"凡有交涉之缺，不得将其补放"①。朝廷虽认为此系中国主权，外人不应干预，但还是将裕长开缺。重病中的裕长受此打击，次日死去。② 接着，豫抚于荫霖调任湖北、广西都遭到英人反对③，于氏只得逗留河南南阳，直到客死该地。④ 其继任者锡良办理教案比较"得力"，朝廷将其调任热河都统时，又遭到法国人的反对⑤，虽未得逞，然豫抚之任免受到了外国侵略者的干预则是不容争辩的事实。

此后，袁世凯的北洋势力举足轻重，其亲家张人骏、亲信齐耀琳等先后任豫抚。张人骏思想保守，辛亥革命后也没有与袁世凯合作，但对同样锐意新政的袁世凯、锡良却态度不同。袁世凯的北洋势力为朝廷所忌，张人骏却认为："慰帅因改官制一事，颇犯众怒。兵权一撤，将来如何办事，难保无意外之事，深可虑。……礼乐征伐乃天子之事，非臣下所宜强预。慰帅正坐读书太少耳。"⑥ 对于朝廷较为信任的锡良，张氏毫无好感，说："锡清弼多疑好名，以义气用事，故动辄龃龉"⑦，锡良"掠美市恩，不知羞耻，乃知小人情状，竟有如此者"⑧。齐耀琳则是袁氏之亲信，袁氏利用手中之权将满抚宝棻排挤出豫，以齐氏代之，使河南成为袁氏稳固的势力范围，为其最终逼

---

① 收庆亲王奕劻等电：《为英使异议豫抚裕长调补鄂抚事》，光绪二十六年九月十八日，电报档 2 - 02 - 12 - 026 - 0015。

② 收河南布政使电：《为抚臣裕长因病出缺事》，光绪二十六年九月二十九日，电报档 2 - 02 - 12 - 026 - 0034。

③ 收庆亲王奕劻等电：《为英使不允河南巡抚于荫霖调回湖北原任事》，光绪二十七年正月二十七日，电报档 2 - 02 - 12 - 027 - 0082；《为英使不允荫霖调任广西并陈己见事》，光绪二十七年三月初二日，电报档 2 - 02 - 12 - 027 - 0248。

④ 赵尔巽：《清史稿》（缩印本）第 4 册《于荫霖传》，第 3210 页。

⑤ 收湖广总督张之洞电：《为法国主教闻有更调锡良事》，光绪二十八年五月二十九日，电报档 2 - 04 - 12 - 028 - 0513。

⑥ 张守中编：《张人骏家书日记》，第 66—67 页。

⑦ 同上书，第 35 页。

⑧ 同上书，第 174 页。

迫清帝退位增加了一大筹码。

由此观之，军兴以后，河南成为朝廷、地方乃至外国势力的角逐场，豫抚之去留几乎成为各种力量变化的晴雨表，朝廷的权威被削弱。

二 豫抚与朝廷的权力博弈

军兴以后，清廷无力控制地方，只好将许多原来归中央管理的事务转交督抚办理，后者由于事权的扩大而有了与清廷博弈的资本。河南地近京畿，是清廷严密控制的省份之一，然清廷只把河南军务交给豫抚，却不给钱，所调兵马亦多不敷用或不适用，豫抚只得自己解决一切，故而有意无意之间，亦与清廷"锱铢必较"起来。

1. "不敷布防"争军权

清朝惯例，凡有大的战事，"必特简经略大臣及参赞大臣驰往督办。继乃有佩钦差大臣关防，及号为会办、帮办者，皆王公亲要之臣，勋绩久著，呼应素灵。吏部助之用人，户部为拨巨饷，萃天下全力以经营之。总督、巡抚不过承号令、备策应而已"[①]。所以，军兴以后，豫抚与其他督抚一样，起初并不愿意承担镇压之责。于是，他们与清廷之间的军权博弈即由相互推诿开始。

咸丰三年（1853）三月，北伐太平军进攻河南前夕，豫抚陆应谷认为，最有效的镇压之策仍是由清廷"简派公忠体国之王公，假以便宜，俾之统帅，先发内帑以济急需，再由户部筹画归款，庶逆匪可期荡平"[②]。英桂也是如此，清廷令其督办三省"会剿"，但英桂迟迟不肯出省督剿，最后在严旨催促之下，他才说出自己的看法："非江、皖、豫三省督抚臣各清各界，设法严防，不能遏其窜越之路；非专有统兵大员驻扎亳州适中之地，随时击剿，不能绝其滋蔓之势。"[③] 结果，清廷固然不得不一再更换"剿捻"大员，河南亦不得不增加豫

① 薛福成：《叙疆臣建树之基》，《庸盦文编》第3册。参见沈云龙主编《近代中国史料丛刊》第九十五辑，文海出版社1973年版，第1397页。

② 《清史列传》卷四三《陆应谷传》，《清代传记丛刊》第101册，第276—277页。

③ 《河南巡抚英桂奏陈捻军肆扰江皖豫三省边界并历次办理未能得手等事折》，咸丰六年二月十六日，《河南巡抚衙门档案》8号，河南大学档案馆藏，档号0060。

省兵力以自保。咸丰十年（1860），豫抚庆廉奏请将部分练勇转成经制兵，即从南汝光道郑元善所募罗山、正阳练勇中挑取一千名填补抚标营额空缺，加以训练，"较临时雇募者，自属得力"，其口粮作正开销。但由于军饷所限，咸丰帝仅允其补齐省城调出之兵额。① 同治六年（1867）正月，豫抚李鹤年奏"请将豫省京、协各饷及历届漕折暂行停拨一年，为添兵剿贼之用"，获清廷俞允②，以此组建嵩武军、毅军，即所谓防军，使"豫省始有敢战之师"③。然而，对于河南来说，事情似乎向着相反的方向发展：豫军与湘军、淮军一样，一旦显示出作战能力，其作战范围便远远超出本省——除了"剿捻"之外，嵩、毅两军还先后西征陕甘、新疆，镇守山东、东北，直至参加甲午战争等。与湘军、淮军不同的是，湘、淮两军有江南膏腴之地、江海各海关等供应军饷，"惟有嵩、毅两军，十余年来，征防万里，仍全资（河南）一省刍粮"④，豫省背上了沉重的军饷负担而本境驻防却时虞不足。于是，豫抚便常以"不敷布防"为由，一边"遵旨"裁军，一边增加人马。

① 《清文宗实录》（五）卷三二〇，咸丰十年五月丙辰，第721页。
② 《清穆宗实录》（五）卷一九五，同治六年正月辛未，第487—488页。
③ 《清史列传》卷六三《李鹤年传》，《清代传记丛刊》第103册，第731页。
④ 河南巡抚边宝泉：《奏为豫省库储匮绌请旨将甘肃新饷等暂行停解事》，光绪十二年三月初九日，录副奏折，档号03-6101-017。关于两军的军饷，自光绪七年始，户部每月拨毅军军饷一万两，由河南应解京饷中直接划拨（河南巡抚边宝泉：《奏为光绪十二年份部库每月协解毅军饷银应照案仍在地丁京饷下划出事》，光绪十一年十二月二十九日片，朱批奏折，档号04-01-01-0954-017）。十三年，为缓解河南河工、赈灾之急，将次年毅军饷银二十九万三千两中，由海军衙门、户部各解六万两，河南解十二万两，天津支应局凑拨五万三千两，自十五年起仍由河南一省负担（直隶总督李鸿章：《奏为筹拨催解光绪十四年毅军饷项事》，光绪十四年二月十九日片，朱批奏折，档号04-01-01-0965-063）。嵩武军西征时期的军饷，山西河东道每月协饷驼干银五千两，后改由该省藩库拨解（《奏为筹解嵩武军月饷银两事》，同治十三年三月片，朱批奏折，档号04-01-01-0925-054），以致该省藩库、河东道积欠嵩武军驼干银达二十六万八千七百两，到光绪十九年还在还款（山西巡抚张煦：《奏为筹解银两作为本年十二月应还嵩武军驼干银事》，光绪十九年折，朱批奏折，档号04-01-03-0109-008）。嵩武军调山东后，其军饷仍由河南供应。光绪二十年，刘树堂奏请将驻扎山东的嵩武军十营军饷改由山东筹拨（护理河南巡抚刘树堂：《奏请截留新疆协饷并嵩武军月饷改由山东筹拨事》，光绪二十年十月二十八日折，朱批奏折，档号04-01-35-1025-025），未获允准。因此，嵩、毅两军总体上说是由河南供饷，协饷很少。

同治十二年（1873）四月，豫抚钱鼎铭仿照直隶练军，于河南三镇中，每镇抽练步兵一营、马兵一营，三镇共马、步六营；步兵每营五百名，马兵每营二百五十名，"各择冲要适中之地，挖濠筑墙，逐日训练，使知坐作、出入、进退之节，火器、刀矛讲求精熟，申严儆备，如临大敌，以联其涣散之心而作其果毅之气……一应军营积习，尽行革除"①。此外，又将抚标亲军二营改为练军。② 河南练军的饷章与直隶完全相同，高于其他省③，亦高于本省绿营③，战斗力较强。至此，豫省防军与练军为表里，前者征战于外，后者镇守于内，可以内外兼顾了，但豫抚仍试图削减防军，扩充本省驻防兵力。

光绪元年（1875），应豫抚钱鼎铭奏请，宋庆一军调回豫北驻扎，以便北拱畿疆、西联秦陇。豫抚将其裁去五营，留步队十营、马队一营。④ 次年六月，又将已升任四川提督的宋庆奏留豫省，仍旧统率毅军⑤，并移驻归德（治今河南商丘市）；十二月，奏请于南阳镇"再添马队两哨一百名，庶足以资周转而敷分布"⑥。三年（1877）九月，豫抚李庆翱再次奏请在河北镇添练步队一营，"以资分布弹压"⑦。六年（1880），宋庆部奉命调往天津、营口（治今辽宁营口市）等处驻防，清廷复令裁并勇营。豫抚涂宗瀛奏称："查三镇练军马、步统共十营，向资各路分防出哨。现因毅队远出，填扎之处愈多，是练军人数亦无可减"，拒绝裁汰。⑧ 不仅如此，涂氏又以"毅军远戍，腹地空虚"为由，于同年八月、十二月分别奏请各添募勇营

① 钱鼎铭：《豫省规划练军陈报大概情形折》，《钱敏肃公奏疏》，第360—361页。

② 钱鼎铭：《抚标亲军二营改照练军章程片》，《钱敏肃公奏疏》，第719页。

③ 皮明勇：《晚清练军研究》，《近代史研究》1988年第1期。

④ 河南巡抚李庆翱：《奏为遵旨酌筹毅军接统裁并事》，光绪二年二月初二日，录副奏折，档号03-5749-039。

⑤ 河南巡抚李庆翱：《奏为密陈遵旨预筹武备请留宋庆督率调度以备缓急事》，光绪二年六月十五日，录副奏折，档号03-5777-089。

⑥ 河南巡抚李庆翱：《奏为冬令布置练军并于南镇酌添马队两哨事》，光绪二年十二月二十三日，录副奏折，档号03-6010-003。

⑦ 《清德宗实录》（一）卷五七，光绪三年九月辛酉，第787页。

⑧ 河南巡抚涂宗瀛：《奏为遵旨复陈裁并豫省勇营事》，光绪六年二月二十八日，录副奏折，档号03-5751-011。

二营，以弥补毅军调出留下之空缺，并获俞允。① 这样，清廷与豫抚之间的军权博弈就围绕嵩武军、毅军展开。就清廷而言，为了节约饷糈，既想将两军调出防边，又不想让河南增加军队，以免影响京、协各饷及嵩、毅两军军饷的拨解；就豫抚而言，则恰恰相反，要么裁减嵩、毅两军并留本省布防，要么必须增加本省勇、练，以资弹压，而博弈的核心则是军饷问题。光绪（1875—1908）中期，豫抚的目的更为明朗。十七年（1891），裕宽奏请截留嵩武军裁撤饷银，添练勇队，"以资防务"②；次年七月，又以豫省防营不敷分布，请将驻防山东之嵩武军调回步队两营，以资控驭③；十一月，又请增募一营，以资冬防④。

甲午之败，赔款骤增，清廷对河南裁军不力甚为不满。光绪二十三年（1897）三月，上谕说："河南与山东毗连，同属腹地，现在山东兵勇业经李秉衡奏明大加裁减，豫省事同一律，自应仿照办理。综计该省勇、练多至二十余营，实属虚糜巨款。所有豫正、豫捷等营，着刘树堂克期裁汰，切实覆奏，节出饷项，以备归还洋款之用，毋得迁延搪塞。"⑤ 于是，刘树堂将本省防营及嵩武军分别裁减四营、三营，节饷还款⑥，但清廷并不满意，认为刘氏所做，不是"切实办法"，仍令继续赶办。⑦ 二十四年（1898）三月，刘氏按照部章，将制兵裁七留三⑧。五月，刘氏上奏裁减绿营官弁兵丁具体情形：

> 所拟万不能裁之处三：曰存城也，曰大道也，曰边要也。可
> 以议减之日（处）二：曰零星小汛也，曰同营冗散也。可以议减

---

① 河南巡抚涂宗瀛：《奏请添募步勇二营驻省训练以资弹压事》，光绪六年十月二十九日，录副奏折，档号03-6015-087。

② 《清德宗实录》（四）卷三〇四，光绪十七年十一月乙亥，第1017页。

③ 河南巡抚裕宽：《奏为豫省防营不敷分布拟请调回山东嵩武军步队两营以资控驭事》，光绪十八年七月二十二日，录副奏折，档号03-6045-006。

④ 《清德宗实录》（五）卷三一八，光绪十八年十一月癸巳，第117页。

⑤ 《清德宗实录》（六）卷四〇二，光绪二十三年三月癸巳，第252页。

⑥ 《清德宗实录》（六）卷四〇八，光绪二十三年八月庚申，第329页。

⑦ 《清德宗实录》（六）卷四一五，光绪二十四年二月己巳，第434页。

⑧ 《清德宗实录》（六）卷四一六，光绪二十四年三月丁未，第455页。

者三：曰各官弁兵丁以六个月为一期，分三期裁竣也；曰官弁见缺、还缺，并请大街借补小缺，以免向隅也；曰兵丁各于裁遣之日，另给两季遣饷，以资生计也。所虑于既裁之后者亦三：曰全裁之汛地，酌令未裁邻汛就近兼顾也；曰责成地方官捐廉自募勇队，以辅兵力之不及也；曰护送往来饷鞘、人犯，凡兵不敷用之处，并责成地方官酌派自募勇队迎送也。[1]

刘氏不仅向清廷声明豫省裁兵的原则、方法，亦强调了裁减之后本省兵力之不足，故有令官员"捐廉募勇"之说。无论"捐廉"抑或"募勇"，刘氏及其继任者都应奏明清廷请奖或俞允，但笔者未见到此类记载；从后来豫省裁军、练兵的情况看，也没见相关记载。换言之，刘氏裁减绿营很可能并不像他所奏的那样，而是有所保留。清廷见刘氏令豫省官员如此"克己奉公"，再无异词[2]。

清末编练常备军、新式陆军，因经费支绌，豫抚又把目标指向嵩、毅两军。光绪二十九年（1903）八月，陈夔龙与直隶总督袁世凯商议，拟拨毅军步队三营、马队一哨回豫驻防。[3] 次年四月，上述三营一哨尚未调回，陈氏又提出将河南供应毅军军饷十二万两、嵩武军军饷九万两截留，改由直、东拨给[4]，不见回音。毅军三营一哨调回后，陈氏复请将其余驻扎南苑（在今北京市东南）的毅军八营悉数调回，以期凑够豫省编练新式陆军一镇之数[5]，但总理练兵事务王大臣奕劻不同意，且令豫省仍按月供给军饷[6]，谕旨从之[7]。

豫抚既不能如愿，便仍坚持己见，不愿意裁减绿营防军以增编陆

① 河南巡抚刘树堂：《奏为遵旨裁撤豫省绿营官弁兵丁拟办详细情形事》，光绪二十四年五月二十八日，录副奏折，档号03-5761-049。

② 《清德宗实录》（六）卷四二一，光绪二十四年六月壬辰，第521页。

③ 陈夔龙：《调拨毅军营哨来豫填扎折》，《庸庵尚书奏议》，成文出版社1970年版，第247页。

④ 陈夔龙：《扩充常备军截留协饷以资添练折》，《庸庵尚书奏议》，第368—370页。

⑤ 陈夔龙：《调回毅军改编陆军一镇折》，《庸庵尚书奏议》，第522页。

⑥ 总理练兵事务王大臣奕劻等：《奏为议复陈夔龙奏请拨毅军回豫归并改编等折片事》，光绪三十一年四月二十九日，录副奏折，档号03-5764-020。

⑦ 《清德宗实录》（八）卷五四四，光绪三十一年四月乙巳，第224页。

军，并向清廷奏明自己的观点：其一，防营难裁，且反对清廷剥夺督抚对新军的调遣权。宣统二年（1910）十二月，宝棻奏称：军队"虽属国家威权作用，不应分隶督抚，然一省之大，往往当欧洲一国而有余。目前乡镇巡警尚未成立，巡防营队但备缉捕，尚苦不敷，固属暂难议裁；新军则督抚虽为督练大臣，每有调遣，亦须咨商处、部，并无完全统属之权，若竟并此夺之，一有警告，何以迅赴事机？夫国家以数千里之地方付之督抚，而复令其徒手以谋安谧，其可得乎？"① 其二，陆军不能替代防军。宝棻说："陆、防规划不同，防营专司巡缉山岭、水港，酷暑严寒，皆不畏避；陆军作息有时，进退有序，难胜跋涉胼胝之苦；防营可以分驻各村，陆军只能围扎城市……其人数、饷数，又复悬殊，减巡防二营，仅找陆军一营之饷；若添一标之兵，按国防计画，只能分驻一府，而减六七营防饷，必致一路数府州地面无一缉匪之人，于军事筹计，亦未完全。"② 由此观之，豫抚与清廷分歧的根本在于出发点不同：清廷试图削弱督抚军权以加强中央权威，扭转军兴以来"内轻外重"的局面，故要裁减豫省防营而编练陆军；豫抚则为本省治安计，需要有自己能够灵活调遣的军队，因而要求保留绿营防军，暂缓扩建地方无完全统属权的陆军。这种争执在一定程度上导致了"两败俱伤"：清廷规定的一镇陆军仅得其半，河南因受到清廷的限制而不能根据实际需要扩充绿营防军，本省防务被削弱，直到武昌首义后，宝棻才急忙招募防军十一营，却缺乏统兵之将③，很难起到实质性作用。

概而言之，自军兴直至清朝灭亡，豫抚与清廷之间的军权博弈一直存在。一方面，豫抚的军权有所增加，足以镇压本境之"盗匪"，因之，武昌起义后，河南成为直隶以南唯一没有独立的省份；另一方面，由于豫抚与清廷争执不下及库款支绌的制约，河南没有形成一支独立的军事力量，无力与北洋抑或湖北新军抗衡，于支撑清朝将倾之大厦无补。

① 河南巡抚宝棻：《奏为酌定外省官制敬陈管见事》，宣统二年十二月初一日，录副奏折，档号03-7474-057。

② 河南巡抚宝棻：《奏为遵查豫省捕务紧要原有绿防各营万难裁汰事》，宣统三年四月二十四日，录副奏折，档号03-7480-025。

③ 《清德宗实录》（九）附《宣统政纪》卷六二，宣统三年九月戊辰，第1133页。

2. "无可腾挪"争财权

河南属于近畿省份，"去京极近，银钱丝毫皆户部深知"[1]，又是"钱粮大省"，清廷对其财政控制綦严。譬如，军兴时期的饷票，河南原是仿照安徽庐州（治今安徽合肥市）军营的做法，但因河南是所谓"完善之区"，户部对饷票的折价一再限制。再如，清廷令各省奏报厘金收支数目，他省的奏报时有时无，河南巡抚则完全听从，让年终报即年终报，令半年一报即半年一报，并无拖延，等等。当然，这并不是说豫抚在财政上对清廷唯命是从，恰恰相反，他们经常叫苦连天，对清廷的拨饷、解饷谕令大打折扣。

早在军兴以前，河南已有长期拖欠应解款项之事。咸丰元年（1851）九月，户部奏：河南通省额征驿站银两，向有裁扣建、旷二款，计自嘉庆二十年至道光二十年（1815—1840），未完裁扣建、旷银二十九万二千余两；道光二十一年至二十九年（1841—1849），未完裁扣建、旷银四十万三千余两，皆例应入拨之款[2]，清廷谕令新任巡抚李僡尽数催追报部[3]。军兴以后，陆应谷是第一位与清廷算经济账的豫抚，甚至抱怨清廷拨给广西军费一千余万，给河南的则不过百余万，所占不及十分之一。[4] 此后清廷已经无款可拨，河南巡抚与清廷的博弈由争取拨款转变为协饷的多少，动辄以"无可腾挪"为由拒不解款，以致咸丰帝在谕旨中不得不一再强调，"不得以'无可腾那（挪）'为词，置饷需于不顾，自干咎戾"[5]，并将拨解京饷不力之豫抚恒福、英桂、瑛棨等分别议处乃至免职，但豫抚仍想尽一切办法拖延、折扣协饷，并为解饷不力之藩司辩护。例如，同治九年（1870）、十年（1871），河南先后奉到谕旨，令于积欠新疆协饷下拨解乌里雅苏台专饷十万两，拨解巴里坤（今新疆巴里坤哈萨克自治县）、哈密（今新疆哈密市）两城

---

① 李瀚章编，李鸿章校：《曾国藩家书家训》，第404页。曾国藩此处说的是山西，河南与山西同属近畿，情形亦同。

② 大学士兼管户部事务赛尚阿、齐寯藻等：《奏为河南省驿站积欠银两请饬巡抚分别追补完解事》，咸丰元年九月初三日，录副奏折，档号03－4444－044。

③ 《清文宗实录》（一）卷四三，咸丰元年九月乙卯，第591页。

④ 《陆应谷奏请饬部就近拨饷径解徐州粮台折》，第一历史档案馆编《清政府镇压太平天国档案史料》第八册，社会科学文献出版社1993年版，第383—384页。

⑤ 《清文宗实录》（三）卷一七三，咸丰五年七月己丑，第932页。

兵饷十万两，直到十一年（1872）五月，钱鼎铭才奏报在当年地丁项下拨银二万两解往①，不仅拖延一两年，且只解谕令数的十分之一。十一年（1872）四月，清廷令解乌城台站银二万五千两，也只实解一万两。② 六月，清廷令将报解西宁军饷不及二成的河南布政使刘齐衔交部议处，豫抚钱鼎铭辩解说豫省抚藩一直在竭尽全力筹措军饷，只因库款支绌，实在无法按时足解，故请清廷饬部"从权筹议，将各路专、协各饷，或暂行改拨，或量加减缓，一俟张（曜）、宋（庆）两军凯撤，本省无需军饷，每岁多此一百数十万两帑银，即可分拨各路饷需，应时措解。若以现在情形而论，实属无可勉筹，即使臣等重膺谴责，亦于军务无裨"③。钱氏此言甚重，一则嵩、毅两军经常征战在外，驻扎本省时间很少，若指望裁撤二军之后再按时足额解饷，实无可能；二则钱氏公然向清廷表明"抗旨"之决心，即使受清廷重谴亦在所不惜，实属"出言不逊"。然而，清廷对此竟无可如何，可见其对豫抚不遵谕旨已习以为常。

光绪（1875—1908）初年，豫省多灾，司库支绌，筹解军饷更加困难。鹿传霖任豫抚后，清理州县纳粮积弊，岁增三十余万④，清廷自然高兴，却令鹿氏的后继者叫苦不迭。光绪十二年（1886）三月，边宝泉上疏给清廷算了一笔账：（1）光绪八年（1882）至十年（1884），河南平均每年实解西征军饷银不及三十万两；十一年（1885），户部奏定《甘肃新饷章程》，豫省奉拨银六十一万两，"实解骤增过半"。（2）实解嵩、毅两军银六十一万两。（3）全省财政"经前抚臣鹿传麟竭力经营，奏定《征收交代章程》，裁减局费、勇粮等项，实已综核靡遗"。河南"每年共实收银三百三十一万五千余两，共实支银三百七十八万五千余两""自上年骤增新饷三十余万两，又加滇省协饷十二万两，库

① 钱鼎铭：《筹拨新疆各饷折》，《钱敏肃公奏疏》，第145—146页。
② 钱鼎铭：《拨解乌城台站银两片》，《钱敏肃公奏疏》，第153—154页。
③ 钱鼎铭：《豫省库储支绌专协各饷未能依时措解请旨饬部筹议折》，《钱敏肃公奏疏》，第187—188页。
④ 赵尔巽：《清史稿》（缩印本）第4册《鹿传霖传》，第3176页。

储奇绌"①。基于此，边氏请将甘肃新饷暂时停解；十二月，又请免解续云南新饷②，等等。

甲午战争之后，赔款激增，新政迭出，清廷与地方在财政上的争夺亦较以前更甚。在多数情况下，豫抚尚能按照清廷旨意办理，但亦非事事顺从，其办法仍是大倒苦水，以求清廷让步。光绪二十四年（1898）闰三月，河南接准户部咨抽提铺税、药牙，豫抚刘树堂奏：

> 窃以豫省虽居天下之中，并非水陆聚会、商贾辐辏之区。就豫言豫，市面繁盛，自以省城为最，然以视江浙、两湖、广东等省，地大物博，相去本觉悬殊。自咸丰、同治以来，先被捻匪蹂躏，（继）因水旱灾荒，民间元气大伤，地方更形凋敝。年来银价太贱，商民愈困，物力日益艰难，市面日益萧索，街市铺房，时多关闭，人所共见，非可饰言。外府州县，即城关地面，求其市厘栉比者，更不数见；简僻之处，不过零星杂货，小本经营。生理如是，赁价可知；城厢如是，四乡可知。今奉抽提铺税，则又散漫零星，无论由地方印官查收，或另派委员分收，皆非一手一足所能集事，势不能不假手于人。在定章，十成提一，似是轻而易举；而商民利折秋毫，锱铢必计。租价不无减漏，催收难免拖延；听之则效尤日多，急之则烦苛致怨。或谓按年完缴，似稍简易，然铺户开闭不常，租价有无不定，势必有所籍口，计惟月月催提，纷扰即恐不免，流弊亦复无穷。固知天下无无弊之法，宜求杜弊之人究之。言之甚易，当境则难，不必印委自甘不肖，而实有防不胜防之弊。③

好在此项税费在刘氏上奏之时，户部已议缓办，故与清廷无所争

———————

① 河南巡抚边宝泉：《奏为豫省库储匮绌请旨将甘肃新饷等暂行停解事》，光绪十二年三月初九日，录副奏折，档号03-6101-017。

② 河南巡抚边宝泉：《奏请免解续拨协滇新饷事》，光绪十二年十二月二十八日，录副奏折，档号03-6105-013。

③ 河南巡抚刘树堂：《奏为豫省抽提铺税药牙请展缓举办事》，光绪二十四年闰三月二十三日，录副奏折，档号03-6510-034。

执。次年六月，清廷谕令清理各省关税、厘金、盐课积弊，河南巡抚裕长的做法可称一绝：用扣官员津贴、办公费等清廷无法启齿索要之费以堵其口。裕长奏称：

> 将巡抚、司道各署向有津贴、公费，并粮盐道经收盐斤加价、平余，一概提归公用；复于各州县中，尚有平余可资把注者，亦酌量提拨；暨将司库厘税、支应各局外销、薪、公、局费、制造等项发款，一概酌减二成……凑集银十万两……伏查河南为瘠苦之区，司库常年所入不敷所出，致有应协之饷累多积久，各省催解频仍，无可筹指；厘捐又收数寥寥，与江苏、广东之地大物博者，迥不相同。竭蹶情形，久邀圣明洞鉴。兹每年凑集十万两，既非中饱，亦非陋规，本不在裁提之列。惟值此时局艰难，帑藏匮乏，奴才受恩深重，司道等亦各情殷图报，不得不于无可设法中为此集腋之举；即各州县平余，亦已一提再提，凑解洋款，本难再事苛求。而时艰同值，各该州县身列仕途，现值银价不昂，平余稍有盈余，固皆知所仰体，以为报效之资，且均于商民无所干碍。应请自光绪二十六年为始，按款分期提扣，解存司库，听后部拨。①

可想而知，此种"裁费"清廷自然不许，朱批道："前谕论厘剔弊端，并非竭泽而渔。此项既非中饱、陋规，即著毋庸提扣，俾办公不致掣肘，以示体恤。"

在其他方面，豫抚也与清廷"明争暗斗"。如铸币，咸丰五年（1855），豫省奏请试铸铁钱，但到七年（1857）五月，尚未将章程咨报户部②，其间铸钱多少、盈余如何支出，亦全自主。光绪三十年（1904）十月，豫省奏设铜币铸造厂，在省城南门外分建南、北二厂，有机器九台，每月可铸当十铜币四十七八万枚，计一百二十余枚合沪银

---

① 河南巡抚裕长：《奏为扣缴各官津贴办公经费并核减外销各款以归公用事》，光绪二十五年十二月十九日，录副奏折，档号03-6651-096。

② 《清文宗实录》（四）卷二二七，咸丰七年五月己卯，第525页。

一两。尽管数量与他省相比非常有限①，但因章程不完备，河南即可以从中获得余利。三十二年（1906），度支部派人考察，令自是年七月底起，以四成提解练兵经费。② 三十四年（1908）三月停止铸造当十铜圆，但七月林绍年就以"钱根日紧，请复开铸以便民用"。③ 还有低报收成以求少解钱粮，如同治元年（1862），豫抚郑元善奏称，河南"本年秋收，核计通省，仅止五分有余，显系轻信州县，豫图迁延"④，等等。

总之，除了少数急于向清廷表功者外，多数豫抚都会自觉不自觉地在财政上与清廷"争利"，力求减轻本省负担。

3. "大小相维"争治权

关于清代督抚制度的运行机制，学术界概括为"大小相制""内外相维"。但这种情况在晚清发生了变化，疆臣与中央争权利，属员与督抚相维持。就河南而言，巡抚与属员之矛盾在咸丰朝（1851—1861）达到顶峰，先后发生了已革署南阳府（治今河南南阳市）知府顾嘉蘅京控巡抚英桂案和庆廉与贾臻的抚藩互参案。由于清廷在后一案件中将庆廉、贾臻"各打五十大板"，双双解职，豫省抚藩关系便走向另一个极端——把"大小相制"变成了"大小相维"，抚藩"团结一致"，以削弱清廷对豫省的控制。

负责查明庆廉、贾臻互参案的是继任巡抚严树森。严氏有"老于吏事"⑤ 和"尚知吏治"⑥ 之名，且刚愎自用，权力欲极强，但在处理抚藩关系上，其态度却比较暧昧，具体表现就是查处藩司边浴礼。

边氏任布政使后不久，其不胜任之处就暴露出来。其一是军饷欠解

① 例如，湖北每日铸造当十铜币即达三百万枚（收度支部右侍郎陈璧电：《为考察鄂厂铸币情形事》，光绪三十二年十二月二十五日，电报档 2-04-12-032-1685）、江宁每日铸造二百余万枚（收度支部右侍郎陈璧电：《为考察江宁造币厂事》，光绪三十三年正月十二日，电报档 2-04-12-033-0033）等。

② 收度支部右侍郎陈璧电：《为奉旨考察汴厂铜币完竣事》，光绪三十二年十二月初十日，电报档 2-04-12-032-1633。

③ 《清德宗实录》（八）卷五九四，光绪三十四年七月壬寅，第856—857页。

④ 《清穆宗实录》（一）卷四九，同治元年十一月己未，第1318页。

⑤ 赵尔巽：《清史稿》（缩印本）第4册《严树森传》，第3145页。

⑥ 《清穆宗实录》（一）卷九，咸丰十一年十一月辛卯，第248页。

被议处。咸丰十一年（1861）二月，胜保奏请将解饷不力之豫藩交部议处①；五月，在徐州（治今江苏徐州市）"剿捻"的太原镇总兵田在田因河南解饷不及时，请将藩司边浴礼交部严议②；九月，因运解军火迟误，边氏被议处③；十月，胜保再次因军饷奏参边氏④，边氏亦再次被交部议处⑤。这种议处对豫省藩司是"家常便饭"，倒也无所谓。其二是边氏"贪玩废事"。御史刘毓楠奏参边氏："性躭安逸，诸务废弛；纵子揽权营私，与门丁贿嘱舞弊，且买妓女为妾。其子迎娶，（边浴礼）令知府罗景恬通札属员，厚馈贺仪；本年（十一年）五月间，贼临城下，该藩司优游无事，一筹莫展；城外人心汹汹，犹安坐署中酣饮。"⑥ 对于边氏的所作所为，严树森并非不知，但鉴于庆廉的教训，严氏在四月补十年（1860）豫省文武官员考语时，曾附片密参，而没有"露章参劾"。一向以"严惩"地方大员著称的咸丰帝，不知为何这次竟将考语单和附片四件留中⑦，严氏以"委婉"方式解决问题的企图没有实现。边氏被御史奏参后，清廷令严树森查明具奏。十一月十七日，严氏奏称：

> （边氏）性躭安逸，懒于见客，属吏禀见至二三十次而不得一见者，贤否何由而辨，黜陟无自而明，以致诸务废弛。其子边保枞，游荡不羁；门丁任庭选，招摇无忌，该藩司毫无约束。臣风闻其事，屡次训饬，（边氏）一味文过饰非，力白其诬……边保枞系捐纳候选知县，年少性浮，随任已久，署外租赁公馆三处：一系边保枞由南汝光道任所带来妓女居住，又买妓女素云、翠宝为妾，分

---

① 《清文宗实录》（五）卷三四五，咸丰十一年二月戊子，第1099页。
② 太远镇总兵田在田：《奏请严议河南藩司边浴礼等员欠解徐宿军饷》，咸丰十一年五月二十七日，录副奏折，档号03-4325-007。
③ 《清穆宗实录》（一）卷四，咸丰十一年九月庚寅，第125页。
④ 《清穆宗实录》（一）卷七，咸丰十一年十月丙寅，第177页。
⑤ 同上书，第179页。
⑥ 河南巡抚严树森：《奏为遵旨查办藩司边浴礼玩误废事汛弁弃寨逃避各情事》，咸丰十一年十一月十七日，朱批奏折，档号04-01-12-0492-050。
⑦ 河南巡抚严树森：《奏为密陈河南所属文武考语事》后朱批，咸丰十一年四月十二日，录副奏折，档号03-4162-025。

住两宅，出入无禁。官民同深怨咀，有谓其与门丁任庭选及书吏人等拜把勾结、营私纳贿者，众口交讯，自非无因。然究之并无实在确凭，及首告之人无可追查，未便悬坐以罪。其所指"该藩司因其子买妾，令知府罗景恬通札属员厚馈贺仪"一节，确切访查，实无其事。①

有鉴于此，严氏请将边浴礼革职，摘去顶戴花翎，永不叙用；其子革职。清廷并不满意，认为严氏虽曾在附片中将边氏劣迹奏明，但"未能破除情面，露章参劾，实属不合"，且仅将边氏奏请革职，永不叙用，"不足以蔽其辜。已革河南布政使边浴礼，著发往军台效力赎罪②；伊子捐纳知县边保枞，著即革职"。严氏也被交部议处，部议降一级调用③，谕旨"改为降三级留任"④。

此后，豫省抚藩之间大多相互维护。除前述钱鼎铭为"解饷不力"的布政使刘齐衔辩护外，还有光绪三年（1877）刘齐衔匿灾不报遭人奏参，巡抚李庆翱为之辩护，说："藩司刘齐衔性情拘谨，讷于语言，平日接见寅僚，狷介缄默之时多，从容商榷之意少，与众未臻融洽，以致办事或形执滞，是其一端之短。惟该藩司在豫八载，光绪元年仰荷恩命，署理抚篆，一切用人行政，尚无贻误。地方遇有偏灾，小民希倖恩蠲，谎报者多。地方官稍不经心，含糊转禀，事亦常有；而不肖官吏，朦征捏报，其弊尤不可不防……该藩司详求准驳，不惮繁琐，辗转之间，舆论不能深谅，遂至啧有烦言。"⑤ 结果，两人都因匿灾被解职。光绪四年（1878），御史孔宪奏参按察使署理布政使傅寿彤赈灾不力，

---

① 河南巡抚严树森：《奏为遵旨查办藩司边浴礼玩误废事汛弁弃寨逃避各情事》，咸丰十一年十一月十七日，朱批奏折，档号 04 - 01 - 12 - 0492 - 050。

② 边浴礼于同治元年二月二十一日病故，"发往军台效力"没有执行（河南巡抚郑元善：《奏报已革前任河南藩司边浴礼病故日期等事》，同治元年六月二十七日，录副奏折，档号 03 - 4600 - 018）。

③ 吏部尚书全庆等：《奏为遵议河南巡抚严树森始终徇庇处分事》，咸丰十一年十二月初九日，录副奏折，档号 03 - 4166 - 020。

④ 《清穆宗实录》（一）卷一一，咸丰十一年十一月癸丑，第 298 页。

⑤ 河南巡抚李庆翱：《奏为沥陈藩司刘齐衔实心任事事》，光绪三年九月二十二日，录副奏折，档号 03 - 5122 - 159。

所用非人，清廷令巡抚涂宗瀛查明具奏。涂氏奏称该御史所参傅寿彤各款多无实据，"惟于（署安阳县）路璜办赈情形，未经考查，辄以饬回署任为请"①。因之，傅寿彤仅被降一级调任。二十三年（1897）十二月，巡抚刘树堂没事找事，一边称布政使额勒精额"居官清正，臣所深知"；一边又说，"其纳寄居豫省已故高倬云之妾为妾，殊不似该司之所为"②。结果查明，该藩司在妻子病故后纳寄居河南省城的"直隶长垣县孀妇魏刘氏为妾"，并非豫省"部民"③，被传旨申饬④。二十七年（1901），在处理教案问题上，巡抚于荫霖为布政使延祉辩护。⑤

另一方面，也有布政使为巡抚辩护的。巡抚裕宽居官名声不好，布政使刘树堂在陛见时奉命查明。刘氏不仅没有奏参裕宽的任何劣迹，反而说了一大堆功劳。光绪二十五年（1899），刘氏奏称：

> 一曰吏治。河南人员拥挤，仕途品杂，屡经前抚臣奏准停止分发……抚臣裕宽……于一切情形，本所洞悉。凡补、署各缺，均饬藩司循照部章序补、轮署，间有酌委，必求人地相宜，差委亦然。此吏治之实在情形也。一曰捕务。河南界连七省，地势漫衍，匪类出没靡常。各属所报盗案虽多，查核卷宗，近三年内破获者一百二十余起，抚臣犹严饬各州县营汛，认真缉拿，均有案牍可稽。此捕务之实在情形也。一曰营伍。省城有抚标三营，抚臣严饬将弁，认真操练，不时亲临校阅，分勤惰以定赏罚。省外三镇练军，以及马、步勇队九营，分派扼驻各要隘，以固边围……抚臣迅赴事机，人所共见。此营伍之实在情形也。一曰厘务。豫省幅员辽阔，无舟楫可通；陆路难于行运，岁获厘金不过银六七万两，司库度支浩繁，又难于遽议裁撤。抚臣于七月初四日接裁并

① 《清德宗实录》（二）卷七八，光绪四年九月丁巳，第198页。
② 河南巡抚刘树堂：《奏为近闻藩司额勒精额纳妾查明再奏事》，光绪二十三年十二月二十六日片，朱批奏折，档号04-01-12-0583-081。
③ 河南巡抚刘树堂：《奏为查明藩司额勒精额纳妾属实事》，光绪二十四年正月二十九日片，朱批奏折，档号04-01-12-0584-147。
④ 《清德宗实录》（六）卷四一五，光绪二十四年二月乙丑，第432页。
⑤ 收河南巡抚于荫霖电：《奏为藩司延祉开脱事》，光绪二十七年二月二十九日，电报档2-02-12-027-0240。

部文，即饬局核议，裁一并四，业已陈奏。此厘务之实在情形也。一曰缉匪……本年二月间，有著名匪首宋金陇在附近省城一带潜匿。抚臣访闻得实，立饬各将弁购线，协同地方官相机会拿，始将宋金陇、张玉振、潘均可三名拿获，讯明正法。此缉匪之实在情形也。①

事实上，裕宽居官确实名声不好，曾连续被言官奏参②，刘氏之奏恰表明豫省抚藩之间存在无原则的相互维护。

宣统二年（1910），针对外省官制改革问题，河南巡抚宝棻反对司道直隶中央各部，主张仍隶属于地方督抚，"督抚既于一省负完全之责任，则事权必须专壹，方能尽其职务。现制司道得以直接各部，论者且议以各司为中央分设机关，直接中央，不尽由督抚承转。此两歧之道也。夫权责不专，则督抚有卸过之地；距离既远，则中央穷应付之方。欲求改良计，惟削各司直接中央之权，令其辅助督抚，执行政务；而督饬考核，统归督抚，庶一切纷糅牵缀之弊除矣"③。宝棻此论，固然是为提高地方行政效率，但也是反对清末中央削弱督抚权力，阻止清廷恢复地方督抚与司道之间的"大小相制"。

清廷将巡抚之权分寄于司道，原指望巡抚与司道之间相互监督，"大小相制"，豫省抚藩之间的"团结"使之变成了"大小相维"，中央对豫省的控制权被削弱，相应地，豫抚的治权即得以扩大。

综上所述，军兴以后，由于豫抚事权扩大，加以其他势力的渗入，中央权威削弱，豫抚敢在各方面与清廷博弈，甚至"抗旨不遵"。这种博弈与其他省一样增强了地方的离心力，所不同者，河南最后成为袁世凯的势力范围，与宣布独立的省份合力瓦解了清朝的统治。

---

① 河南布政使刘树堂：《奏为遵旨查明河南抚臣裕宽居官声名情形据实复奏事》，光绪二十五年，朱批奏折，档号 04 - 01 - 12 - 0563 - 111。

② 礼科给事中张廷燎：《奏为特参河南巡抚裕宽人地不宜据实直陈事》，光绪十七年九月十七日，录副奏折，档号 03 - 5283 - 014；《奏为续参河南巡抚裕宽各款请旨饬查事》，光绪十七年九月二十六日，录副奏折，档号 03 - 5283 - 060。

③ 河南巡抚宝棻：《奏为酌定外省官制敬陈管见事》，宣统二年十二月初一日，录副奏折，档号 03 - 7474 - 057。

第二章 "天中"特色

国人一向认为，河南为"天下之中"，就地理位置看，河南亦确处于中原内陆，其境内有中国第二条大河——黄河流过。就晚清而言，河南巡抚的施政即带有"天中"特色："擅长"治河与思想中庸。

第一节 "擅长"治河

如所周知，清代在治河上设有河东河道总督，每有大工，朝廷又必钦派重臣亲临主持监督，河南巡抚不过兼管本省河道岁修工程。然无论河督抑或钦差，均非封疆，没有豫抚的支持就寸步难行，且黄河中游一旦决口，河南就哀鸿遍野，故河工与河南百姓身家性命、社会稳定、钱粮征解有莫大关系，在晚清库款支绌的情况下，这一点显得更为突出。豫抚虽并非都懂治河，其职责却赋予他们必须充当"擅长"河工的角色。

一 频繁兼署河督

清朝前中期，河南巡抚只有在很少情况下兼管东河事务。例如，乾隆十九年（1754）八月，江南河道总督尹继善驰赴行在办事，河东河道总督白钟山署理南河河督，东河河督事务由豫抚蒋炳兼管①，相当于兼署河督。到了晚清，黄河决口增多，水患加剧，豫抚兼署河督的次数明显增加。计有：

---

① 《清高宗实录》（六）卷四七○，乾隆十九年八月甲寅，第1085页。

道光二十三年（1843）闰七月十五日，豫抚鄂顺安兼署东河河督[①]；咸丰二年（1852）六月，豫抚陆应谷暂行兼署东河河督[②]；咸丰九年（1859）三月二十五日，豫抚瑛棨暂行兼署河督[③]；光绪十六年（1890）正月至三月二十一日，豫抚倪文蔚兼署河督[④]；光绪十九年（1893）十一月十三日，豫抚裕宽兼署河督[⑤]；光绪二十一年（1895）十二月二日，豫抚刘树堂兼署河督；光绪二十五年（1899）四月十七日，豫抚裕长兼署河督，次年二月初三日再署[⑥]；光绪二十八年（1902）正月，裁河东河道总督缺，河南巡抚兼管河工事务。

二十八年（1902）二月，由裁缺河督任河南巡抚的锡良对河东河道总督衙门、属员及河工事务进行善后处理与划分。主要有：

一，河督关防应缴也。……其河督银关防一颗，并王命旗牌等件，自应恭缴，抑或就近封存河南藩库之处，相应请旨遵行。此后河工一切公牍，即盖用河南巡抚关防。

一，黄河南北两岸，宜责成开归、河北二道认真督防，并拟将员缺酌量变通也。从前河督专司河务，两道责任较轻。现既归并巡抚兼管，所有河工一切事宜，不得不责成两道认真督办……查现任开归道穆奇先、河北道冯光元皆系老成干练之员，倘此后遇有更替，洵非熟悉河工者弗可胜任。而南岸险工林立，尤为吃重，拟请因时变通，将开归陈许道一缺改为外补要缺，遇有出缺，由抚臣专选熟谙河务人员，不论班次，酌量或升或补，抑或开单请旨简放，

<hr />

① 河南巡抚鄂顺安：《奏为奉旨兼署东河总督印务日期并谢恩事》，道光二十三年闰七月二十七日，录副奏折，档号03－3560－073。钱实甫《清代职官年表》误为六月二十六日（第二册，第1687页）。

② 《清文宗实录》（一）卷六四，咸丰二年六月戊戌，第845页。

③ 河南巡抚瑛棨：《奏谢兼署东河总督篆事》，咸丰九年三月二十九日，朱批奏折，档号03－4140－040。《钱表》为二十一日（第二册，第1702页）。

④ 河南巡抚倪文蔚：《奏报交卸兼署河督篆务日期事》，光绪十六年四月初五日，录副奏折，档号03－7082－053。《钱表》误为二月初九日（第二册，第1730页）。

⑤ 河南巡抚裕宽：《奏报兼署河督篆务日期并谢恩事》，光绪十九年十一月二十五日，朱批奏折，档号04－01－12－0561－080。《钱表》第二册第1493、1733页遗漏。

⑥ 河南巡抚裕长：《奏报兼摄东河总督印篆日期并谢恩事》，光绪二十六年二月十四日，朱批奏折，档号04－01－12－0594－017。《钱表》误为二月初二日（第二册，第1739页）。

应请敕部核议酌定，以重河防。

……

一，岁修工款拟请开单奏销也。……伏查河防另款，经前河臣许振祎奏准开单报销，免其具题，历年遵办在案。岁修事同一律，拟请自本年为始，改为与河防另款，一体开单奏销，以省案牍。……所有近年尚未题估题销之案，皆系已奉部臣核准之款，应请一并免其核办。

一，河南河工拟名豫河也。东河河工，现既分隶两省，自应另立名目，拟名河南河工曰豫河，以免混淆。

一，河工候补人员，应分拨两省并拟酌量推广也。东河、豫河，现既分隶山东、河南各巡抚兼管，所有候补人员应分拨两省。除例应回避本籍者，山东人专归河南，河南人专归山东外；其籍隶外省人员，应听其于山东、河南两省自行指定一省，专补河工之缺……

一，河工人员补缺，应仍照定章办理也。……拟请嗣后豫省河工遇有缺出，仍由抚臣酌定应补人员，分别奏咨办理，毋庸由该司道等会详，以符定章。至轮补班次，仍应查明上次用至何项，按班接续序补。

一，大挑知县此后请免分发东河也。每遇大挑之年，向有分发东河知县二十员或十六员不等……现在东河既已裁并，嗣后大挑一等人员，应请免其分发山东、河南两省河工，俾人才不至屈抑。

一，运河事宜应即归山东抚臣接办也。东河、豫河现既区分为二，河南抚臣专管豫省黄河，其运河一切事宜，应即移交山东抚臣接办。惟巡抚各管一省与河督兼辖两省者不同，此后东省陈奏运河事件及请补沿河各缺，应请毋庸与河南巡抚会衔，以归简易。①

从此，黄河河工彻底划归地方管理，在体制上解决了长期以来河督与地方督抚相互推诿、钩心斗角等问题，而河南河工也完全由河南巡抚

---

① 锡良：《筹议河工一切事宜折附清单》，《锡良遗稿》，中华书局1959年版，第180—183页。

直接负责。

二 坚持民本

晚清司库空虚，豫抚常常想方设法搜刮地方，然在河工中，或是因事关全局，易于"表功"；或从自身职责出发，更多地考虑地方的稳定，因而多能照顾民众利益。这方面比较典型的是道光二十一年（1841）祥符（今河南开封市）黄河决口时的豫抚牛鉴坚持省城不可迁移，及光绪十三年（1887）郑州（今河南郑州市）黄河决口时的豫抚倪文蔚反对河归故道与缓堵。

1. 牛鉴坚持省城不可迁

道光二十一年（1841）六月十六日，祥符汛三十一堡决口。当晚，河水到达省城，"登城一望，月光照耀，势如滚雪，一喷数丈。四面声如雷如钟，顷刻，河水大至"，"护城堤内，平地皆深丈余"。"十七日早，城外黄水弥望无际，四顾不见村落。沿城壕一带，大柳树皆径十围，干枝俱没。曹门层门瓮城内水深丈余，二重门水已浸入，渐渐有声。"于是，官民一起堵三重门，"填甫毕，而二重门渗漏之水已及肩矣。幸三重门堵塞坚固，水不能入。而城门迤北城墙，旋又倾塌渗漏"，"十八日，阴雨不止。南门内水势愈涌，声喊数里，铁裹门扇冲漂至雷家桥。城内除数大街及布政司署、粮道署、开归道署、开封府署无水，余如巡抚署、按察司署、祥符县署、参游守各署、驻防满营、龙亭（……）各处，皆深八九尺、四五尺、二三尺不等。民房倒塌无算。盖城内形势中高四注，而西南尤注，东北隅独高，故水入城内四面环绕，独东北隅一角，自铁塔寺至贡院前，为水所不至。后日西北一隅抢险取土，全赖有此，亦天意也""十九日，水大落"。① 这就是黄河决口时开封城的大致情形。

决口发生的第二天，河督文冲向朝廷奏称："据报，祥符上汛三十一堡无工处新滩水漫过堤顶……已漫塌二十余丈。"② 十九日，牛鉴在

---

① 痛定思痛居士：《汴梁水灾纪略》，李景文、王守忠、李湍波点校，河南大学出版社2006年版，第1—5页。

② 东河总督文冲：《奏报黄河水势异涨祥符等处堤顶漫塌现在抢堵事》，道光二十一年六月十七日，录副奏折，档号03-3592-013。

祥符六堡奏的也是"该处系无工之堤"①。这是历次黄河决口时地方督抚上报的惯例，无论有工无工，概报"无工"。在这方面，牛鉴与文冲完全一致。其分歧出在七月初二日文冲堪明漫口情形以后所奏"勘明漫口情形，暂缓兴堵"一折。文冲说：

> 惟恐目前草率筹堵，明年或有他虞，不但数百万帑金尽成虚靡，且贻误事端甚于今日……臣溯嘉庆十八年睢工漫口，至二十年始行堵合，当时口门下注之水，由江南洪泽湖外放，彼时海口刷涤深通，漕行无滞。臣窃以为现在漫口，水注归入江南，事同一律。若暂缓挽堵，不独节省下游三省十余厅修守钱粮，即藉以淘刷尾闾，亦可渐期畅通。况事穷则变，利久弊生。从前河身低洼，原藉堤防以御泛溢，近日河身日垫日高，地低于水面者，至少亦几丈余。是堤工日增，漫溢之灾更烈……臣因思夹水堤防，本贾让之下策；顺流疏导，乃大禹之良谟……就目下漫口形势而论，河身高于堤外数丈，水势建瓴下注，业已刷有沟漕，溜行较畅。若急于挽回故道，譬诸倒涌河流使之就上，需费既属浩繁，埝坝更形阻遏……是以于无可筹划之中，拟因时制宜之计，可否援照睢工漫口成案，暂缓堵筑，俟行一二年后，再行查看办理，较为审慎。至省城水围，亦当预为设法……现在城垣幸保无虞，但垣墙以外四面受淤，城内几成釜底，卑湿难居，即或挽回正河，亦须另择善地，早为迁避。②

文冲引经据典，又据成案，朝廷不知情形，难以定夺，即命钦差大臣大学士王鼎、通政使慧成到豫后，"审度地理水势"，以定是否缓堵；至于省城之迁，则会同牛鉴"妥议具奏"。③

文冲任河督时，与河南巡抚牛鉴"同在一省"，却"久不相能"，且"视河工为儿戏，饮酒作乐，厅官察报置不问，至有大决"，决口之

① 痛定思痛居士：《汴梁水灾纪略》，第6页。
② 同上书，第29—30页。
③ 《清宣宗实录》（六）卷三五四，道光二十一年七月庚午，第389页。

后，不是设法救灾、赶办河工，反而提出迁省会至洛阳，连路过河南的调任江苏按察使李星沅都看不过去，认为文冲"罪不容于死矣"。[1] 牛鉴既与文冲不和，又恐省城人心浮动，发生变故，即在王鼎一行未到前的七月二十五日，上奏朝廷，反对迁徙省城：

> 臣等一月以来困守危城得以幸保无虞者，实由人心维系之故。若一闻迁徙之令，彼愚民无知，以为城垣决不可保，则众心散涣，各自逃生，一线孤城，谁与防守？变生俄倾（顷），间不容发，正恐迁徙未必能及，而大溜已灌入城中矣。又况奸民四出，乘机抢夺，不但官之号令不行于百姓，即满营及臣标左右两营兵丁不下数千名，亦必纷纷四散，不能禁止，所谓舟中之指可掬者，此时情状真不堪设想矣！昔日盘庚迁殷，从容告谕，原在河患未至之先，以现在情形考之，实有不同……臣牛鉴谨与署藩司鄂顺安反复筹商，实有万难议迁之势。[2]

身为巡抚，牛鉴自然是从稳定省城人心的立场出发反对迁徙省城，即便从河工角度看，有省城在尚且不免决口，如果迁移省会，河工岂能保证？受害者还是百姓。所以，朝廷谕旨亦认可牛鉴之说："河南省城，为百万生灵所聚，筹谋迁避，原系万不获已之举。既据该抚奏称，'水消溜缓，人夫、料物已充，民情安定'，自以保护省城为是。"[3] 八月初七日，王鼎奏反对缓堵，对迁移省会也反对遽下迁徙结论：

> 窃以河流随时变迁，汉唐以来，迄无上策，然断无决而不塞、塞而不速之理……民舍田庐星罗棋布，岂可任其泛滥，贻害无穷？若如该河臣所奏，俟行走一二年之后，再行查办，且引睢工成案为证。查现在黄水所经，如祥符、陈留、杞县、通许、太康等处，以

---

① 袁英光、童浩整理：《李星沅日记》上册，中华书局1987年版，第279—280页。

② 河南巡抚牛鉴：《奏为奉旨体察省城被水围困情形悉心妥酌难以议迁并日内保护绥辑事》，道光二十一年七月二十五日，录副奏折，档号03 - 3592 - 026。折中个别地方文字与《汴梁水灾纪略》有所不同，但意思一致（见该书第46—47页）。

③ 《清宣宗实录》（六）卷三五五，道光二十一年八月丁亥，第407页。

至归德、陈州各属，及安徽颖、亳等处，数十州县，皆被浸淹，且由此直达洪泽湖，湖底受淤，万一清口宣泄不及，则高堰吃重；高堰难恃，淮扬一带势必尽成巨浸，运道、盐场在在勘虑，其患不可胜言。况新河所经之处，必更议筑新堤，以资捍御，无论舍千百年旧址，筑千余里新堤，费用不可以数计，工程不可以岁计。即使幸而集事，而此一二年之久，河南、江北数十州县，千亿万生灵流离急迫之状，岂勘设想？……该河督所奏，不过姑创此说，希图撒手不办而已，其事断不可行。至省城迁徙一节，现经抚臣牛鉴节次奏明，实因现在情形有断难迁徙之势。臣等连次与抚臣面商，并广谘博访，意见相同。总之，省城之危，危于前此口门之溃；百姓之困，困于斯时兴堵之迟。应俟河流稍定，其省垣应否迁徙之处，再行徐议。①

王鼎等人是七月二十六日到开封的，因而此折是与牛鉴商议之后所奏，却没有与牛鉴联衔，显然意见不尽一致，即牛鉴、鄂顺安认为"实有万难议迁之势"，而王鼎则认为"应俟河流稍定，其省垣应否迁徙之处，再行徐议"，且此奏《汴梁水灾纪略》中没有记载，可见王鼎也考虑到了万一消息传出会产生不利影响，所以没向外界透露，"痛定思痛居士"也就无从知晓。到八月十二日，王鼎、慧成与牛鉴的意见达成一致，联名具奏，不仅反对缓筑，亦明确反对迁徙省会：

查省城防守安定，断难议迁缘由，业经臣牛鉴两次奏陈在案。臣王鼎、臣慧成于未经抵汴以先，亦以为避灾远害，人情之常。及到汴半月，接晤绅士，博采舆论，历次赴城查看实在情形，水势委渐松缓，防守已极周备，民情又极靖谧。未迁者固安堵如常，已迁者又复纷纷折回。倘或轻举妄动，百姓蚩愚，以为城不可守，官已驰防，产业不可保，生计不可谋，四出窜逃，仓皇靡至。因之无赖棍徒，乘机抢夺；赤手游民，随声附和，即此时急公效力之义民，

---

① 钦差大臣王鼎：《奏为遵旨筹议黄河决口难以缓堵省城难遽迁移事》，道光二十一年八月初七日，赈灾档，档号02－15932。

亦将变为劫掠作乱之奸民。祸生不测，只在须臾，岌岌危城，何从防守？其不能迁徙，委系实在情形。臣牛鉴与署藩司鄂顺安住宿城隅，躬督修守，确见水势日平，自城西北角以至西门，所筑挑水坝已作三道，城根间段，业已生淤；其西北角以东，虽系当冲，而溜已微弱，较之七月十八九以至二十二三日光景，大有霄壤之别；且料物充足，城身纵有续塌，随塌随厢，咄嗟立办，省城之可保守，实已确有把握……至河臣奏称，省城西北隅甚为危险，不敢轻做西坝裹头，激怒溜势，使省城吃重，将来堵筑口门更恐逼射省垣。等语。臣等查河堤漫决，无不亟做裹头；裹头之做，只系防其塌宽，并非进占逼溜，于省城有何吃重？水势宽则平缓，束则紧急。查霜清水枯之时，底水本不加增。自口门以至城角，当有十余里之远，将来兴办大工，堵筑口门，束水抬高，难免汹涌，自属常情。然汹涌者只在口门而外，一过口门，其势不能不渐松缓。若以夹束抬高之水，行十余里之远，尚复汹涌逼射，断无是理。臣牛鉴现于西北一带城身之窄者，内则帮筑土伐，其宽厚均有丈余至二丈不等；外则沿城厢做防风埽段，纵有急溜，亦可有备无患……总之，省城可守而不可迁，即使情势危迫毫无把握，亦万万有不可议迁之势，而况水势消落，料物充足，城垣之可保已实实得有把握也！①

这段话的重点，一是重复牛鉴前奏省城不能迁徙的理由，二是叙述牛鉴守城而使省城可保无虞的功劳，由此可以看出牛鉴在其中发挥了主要作用。我们不能因为牛鉴在鸦片战争中表现不好，就对其全盘否定。

至于牛鉴作为巡抚，大灾临头，一直株守省城，置城外百姓生死于不顾，以致"四郊居民淹毙者十之四五。附堤居者皆奔赴堤上，多半不及携带衣粮。其他村落，或升屋聚号，或攀树哀鸣，往往数日不得饮食，无人拯救饿死树上。又或有饥饿复投水死者，惨凄不堪言状"②，其救援不周，确实难辞其咎。但这也不能完全怪牛鉴。一是救灾应急体

① 王鼎、慧成、牛鉴：《奏为会商定议省城可守不可迁并决口可堵不可漫事》，道光二十一年八月十二日，赈灾档，档号02-15937。

② 痛定思痛居士：《汴梁水灾纪略》，第2页。

系不完备。决口事发突然，省城救助不及，城中难民很多，"业已三四日乏食无居，男哭女号，岌岌不安"①。官府救助不及时，很多事情靠当地士绅维持，哪里顾得上城郊？二是河防体制运转不灵。漫口发生时，护城堤上"河兵无一人在者"②；城被水围困后，河兵防堵竟须巡抚亲自督促。七月二十日，决口发生已经一个多月，开封府知府邹鸣鹤见牛鉴昼夜辛劳，就请其下城墙稍事休息，"生员吴桢大哭云：'大人断不可下城，大人一下城，则城不可保矣！'巡抚亦泣，遂不去。盖是时虽有义民助工，不过运土运料，而做工专责仍系河兵，巡抚在城上则踊跃趋事，否则，相与搁置故也"③。其他人指挥不了河兵，牛鉴又分身乏术，城外受灾民众只能听天由命了。

事实上，也正是牛鉴在这次救灾中的表现赢得了开封绅民的信任，恰如李星沅所说，"百姓虽遇大难，而感颂德意不绝"④，道光帝也因此而擢升牛鉴署理（不久即实授）清代地位最高的两总督之一——两江总督。道光二十四年（1844），道光帝将已定死罪的牛鉴释放，发河南交巡抚鄂顺安差委，说："该革员前在河南巡抚任内，颇得民心……牛鉴素为该省士民所悦服。"⑤ 可见，尽管牛鉴所做救灾工作并不全面，但守卫省城确实为他赢得了声誉。⑥

2. 倪文蔚反对河归故道与缓堵

自咸丰五年（1855）铜瓦厢（在今河南兰考县西北）黄河决口导致黄河改道后，每有决口大工，必有归复旧河道之议。即以河南而论，同治七年（1868），荥泽（在今河南荥阳市东北）黄河决口，"下注皖省之颍、寿一带，颍郡所属地方，一片汪洋，已成泽国"，奔涌的黄水"势必由洪泽湖下注高宝，淮扬一带，亦虑被灾"。⑦ 朝廷谕令河督苏廷

---

① 痛定思痛居士：《汴梁水灾纪略》，第8页。
② 同上书，第1页。
③ 同上书，第41页。
④ 袁英光、童浩整理：《李星沅日记》上册，第280页。
⑤ 《清宣宗实录》（七）卷四〇二，道光二十四年二月壬子，第26页。
⑥ 当然，牛鉴抚豫的其他作为也有值得称道之处。例如，给首县祥符减负、自己过生日时"辞而不居，非特不令送礼，亦并不令称贺，持正黜浮可以为法"（袁英光、童浩整理：《李星沅日记》上册，第4、11页）等等。
⑦ 《清穆宗实录》（六）卷二四二，同治七年八月甲戌，第348页。

魁、豫抚李鹤年兴工修堵，山东巡抚丁宝桢却奏请复归故道："兰仪决口历年既久，工费浩大，未能即时堵合，所幸军事初平，饷源渐裕，愿蓄数年之力，一图大举，使河复归淮徐故道，无穿运之患。再将张秋以北运河实力疏浚，工归核实，饷不虚糜，庶使南省全漕悉由运河畅行无滞。若黄河仍长由大清河入海，虽竭疏浚之功，仅属敷衍。"① 十月，兵部左侍郎胡家玉也上奏请求复归故道：想"收一劳永逸之效"，就要黄河复归故道，"今幸逆匪荡平，东南各省元气渐复，库储亦逐渐增添"；而各省勇队无所事事，空耗军饷，正可以"拟仿古人发卒治河之法令"，令他们疏浚旧河道，使河归故道，既可以免除直隶、山东之灾，也可以疏通运河，利于漕运。② 于是，朝廷令曾国藩、李瀚章、马新贻、苏廷魁、李鹤年、丁宝桢等会商。③

不久，曾国藩等覆奏，认为"遽难规复黄河故道"，理由有三：一是旧道二千余里年久失修，若按胡家玉之说，"恐非数千万帑金不能藏事……当此中原军务初平，库藏空虚，巨款难筹"；二是荥泽在铜瓦厢上游，"论其形势，自应先堵荥泽，后堵兰阳，势难同时并举"，且"荥口分流无多，大溜仍由兰口直注利津牡蛎口入海"，其堵合较之荥工"自增数倍"，能否堵住"更恐毫无把握"；三是胡家玉所说的发卒治河不可行，因各省"捻氛甫靖，而土匪、游勇在在须防"，裁余勇营各有弹压之责，若"添募数十万之丁夫，聚集沿黄数百里间，倘驾驭失宜，滋生事端，尤为可虑"。因此，黄河归复旧道"应俟天下修养数十年，国课充盈，再议大举"。④ 事实上，即便是当时的人力、财力、物力能够使黄河归复故道，也不可能像胡家玉说的那样"一劳永逸"，清代前期的河工就是很好的例证。

曾国藩等所奏虽然平息了此次归复故道之争，却也没有完全否定归

---

① 丁宝桢：《筹议东省运河并折漕窒碍各情折》，《丁文诚公遗集·奏稿》卷6，文海出版社1967年版，第37—38页。

② 兵部左侍郎胡家玉：《奏请疏浚黄河故道以利漕运事》，同治七年十月十五日，录副奏折，档号03-9578-051。

③ 《清穆宗实录》（六）卷二四四，同治七年十月戊午，第401页。

④ 《河南通志稿·经政志稿·河防·豫河工程考（中）》，河南通志馆清稿本，河南大学档案馆藏，第31—33页。

复故道之说，所以，光绪十三年（1887）郑州（今河南郑州市）黄河决口之后，归复旧道之说再次兴起。

当年八月，先是沁河决口，接着是黄河上南厅郑州下汛十堡漫口，"口门宽三百余丈"，黄河归复故道之说再起。九月，谕曰：

> 现在郑州决口，夺溜南趋，一月以来，纷纷建议。翁同龢、潘祖荫奏称，"今之决口，由贾鲁河入淮，直注洪泽湖，北高南下，断不能入黄河故道，山东之患，仍不能弭，是以故道为必不可复"；御史赵增荣折则称，"仍复山东故道，应在牡蛎口建筑长堤，逼水攻沙，庶海口不浚自辟"，是亦以南流为不可行；阎敬铭奏称，"曾国荃等现已开挖成子河、碎石河，引黄水出杨庄故道，应再将虞城至徐州五六百里旧河身，一律挑浚"，其说以复故道为主，御史刘恩溥折，大意略同。黄流或南或北，关系均极重大，若必挽归南行故道，曾国荃等前已筹议至再，深恐事艰工巨，糜帑无成；若仍听其北流，近年积淤日高，将来害及畿辅，其患亦不可不防。着李鸿藻于查办决口之便，黄水现在情形，究竟宜南、宜北，会同众说，权其利害轻重，详晰具奏。①

朝中意见不一，地方也是如此。山东巡抚张曜主张趁此全河归复故道，"今值郑州漫口，全溜南趋。若乘此机会，赶将铜瓦厢口门堵合，约费不过十余万金；合挑滩修堤工程计之，所省经费不下一千余万，是引河南行，当在此时筹计者也"②。已革河督成孚主张："郑州下汛十堡漫溢成口，掣溜南越，请暂行缓议挽归故道。"③ 钦差大臣李鸿藻、新任河督李鹤年认为，当郑州决口之时，黄河归复故道"断难于漫口未堵之先，同时并举，克期集事"④。时任河南巡抚的倪文蔚自然不能置身事外，也卷入这场争议。

---

① 《清德宗实录》（四）卷二四七，光绪十三年九月辛巳，第327—328页。
② 中国第一历史档案馆：《光绪朝朱批奏折》第98辑，中华书局1995年版，第423—425页。
③ 《清德宗实录》（四）卷二四七，光绪十三年九月乙丑，第320页。
④ 《清德宗实录》（四）卷二四九，光绪十三年十一月戊寅，第359—360页。

84

倪文蔚，字豹臣，安徽望江（今安徽望江县）人，咸丰二年（1852）进士；十一年（1861），河南巡抚严树森驻师陈州（治今河南淮阳县），辟倪文蔚襄办军务，叙功加郎中衔，赏戴花翎。同治元年（1862），严树森调湖北巡抚，疏请倪文蔚随营带兵，发往湖北差遣；七年（1868），捻军平定，湖广总督李鸿章以倪文蔚在营出力，请量予超擢，得旨以刑部郎中即补；十一年（1872），授湖北荆州知府。光绪四年（1878），以河南旱灾捐银两千两助赈，豫抚涂宗瀛奏奖以道员用。六年（1880）四月，擢河南开归陈许道；八月，擢广东按察使。七年（1881）闰七月，擢广西布政使。八年（1882）正月，升巡抚。九年（1883）九月，调广东巡抚。十三年（1887）五月，授河南巡抚。①

　　倪文蔚的意见与李鸿藻、李鹤年大体一致。八月二十四日，他在回复李鸿章的信中说："旁观不谓宜归故道，则谓不必堵塞，俾澹东省之灾。鄙意总以先塞决口为急。决口不塞，春涨一生，大河改道，中原陆沉，淮流曲折，挟河东趋，更觉横肆，下游郡县必至荡析离居，万一淮堰有失，盐场千百万之资付之东海，较东省所伤实多。此所以力主先塞决口也。"② 二十五日，在给成孚的信中，也提到他的意见："此次下游之灾，计敝乡颍、寿最重。若洪湖淤垫，势必径趋淮扬，江南财赋之区尽在通海一带，较东省所伤实多，大局可忧在此。旁观以为此即黄河故道，不知一南一北，风马牛不相及也。"③ 九月初一日，在给李鸿章的信中，明确反对归复故道："或谓东人必伸前说，宜先堵铜瓦厢归复南流故道，然明知工艰费巨，万不能成，何忍越俎代庖，自置切肤之灾于不问乎？"④

　　张曜、倪文蔚各自站在本省立场说话，原本难辨孰是孰非，但恰如

----

① 《清史列传》卷五九《倪文蔚传》，《清代传记丛刊》第 103 册，第 282—284 页。
② 倪文蔚：《郑工启事·致李傅相》。参见石光明等编《中华山水志丛刊·水志》第 20 册，第 490 页。
③ 倪文蔚：《郑工启事·致子中河帅》。参见石光明等编《中华山水志丛刊·水志》第 20 册，第 491 页。
④ 倪文蔚：《郑工启事·致李傅相》。参见石光明等编《中华山水志丛刊·水志》第 20 册，第 492—493 页。

李鸿藻等所说，不论黄河是否归复故道，都必须先堵筑郑州决口，况且倪文蔚所关心的不止河南一省，还有安徽、江苏，故其意见较张曜的更有说服力。

除了河道是否归复之外，倪文蔚面临的另一个问题，即何时兴工堵筑。八月二十六日，在给李正荣的信中，他提到成孚曲解谕旨之事："昨接中帅复函，谓旨意并无迅筹堵筑之语，似觉误会。恭读上谕，明言'督率在工员弁，赶集料物，设法抢办，务期迅速蒇功，并先行盘筑裹头，以免再行塌卸'。等因。至为严切，何得谓'并无迅筹堵筑之语'，得毋以弟不应催促耶？此次工程，万不能附和从前老于河务之议，既奉命会办，自当稍竭愚忱。"[1] 二十九日，倪氏在信中规劝成孚："据闻自石桥来者云，愈塌愈宽，约有六七百丈，裹头曾否兴工？万勿为老于河务之人所惑，必得朝命督责、巨款已齐，始行动手。"[2] 九月初一日，在给成孚的信中又说："目前若溃口不堵，春涨一生，不惟中原陆沉，将淮甸迤东，同有其鱼之叹，思之心寒！董、薛两道夙谙河务，到工许久，何以不献一策？考前人治河诸书，并未专恃秸料。鄙意刻下宜挑挖淤河，俾分水势。"[3] 同日，在奏折中，倪氏表示了同样的急切心情："独河工积习大深，在工人员皆有向来成例在胸，不能因时因事，核实推求。夙夜思维，曷胜焦灼！臣既承简命，自当尽其愚悃，破除成见，亲自督率，每事撙节办理，总期工坚而费不糜，早日合龙，以救民生倒悬之苦。"[4] 但倪氏新任豫抚，自谓"不懂河务"，一味催促，新任河督李鹤年未到，已革河督留工的成孚不听，只好于十三日上奏朝廷：

　　臣往来工次，经过南岸上、中、下三厅。自郑工漫口之后，大

① 倪文蔚：《郑工启事·致李子木观察》。参见石光明等编《中华山水志丛刊·水志》第 20 册，第 491 页。

② 倪文蔚：《郑工启事·致子中河帅》。参见石光明等编《中华山水志丛刊·水志》第 20 册，第 493 页。

③ 同上。

④ 河南巡抚倪文蔚：《奏为破除河工积习自当督率办理早日合龙事》，光绪十三年九月初一日，录副奏折，档号 03 - 5227 - 034。

溜南趋，河滩涸出，全露堤根；沿河埽坝，大半残缺，而中河厅为尤甚……该工头、二、三、四、五等堡埽段，坍塌百余丈，堤身仅存一线，若非补筑完固，将来大工合龙，水归故道，回澜撞击，在在堪虞。惟河工向例，霜降以后停止修防。可否请旨饬下河臣，乘此滩干，饬令道厅及时兴筑，庶可防范未然，而收事半功倍之效。①

朝廷令“著咨行成孚，督饬厅员，及时认真修筑”。问题即在于成孚不听倪氏之言，如此朱批，等于不说。二十九日，翰林院编修高钊中、蒋艮特参成孚误工殃民，所参罪状之一，就是“近闻抚臣倪文蔚，以工代赈，编伍挑河。该督因惭生忌，未能事事和衷”②。但情况并未因此改变多少。李鸿藻在十月二十二日的家书中说：“此处糟不可言，料物购运极难，河决已两月余，刻下并未动手，看此光景，不但无合龙之日，并无兴工之日也。奈何，奈何！”③ 十一月十七日，李鸿章又亲自出马致电朝廷：“查道光廿一年祥符大工，十月，王鼎等奏《引河普律插锨两坝接手进占折》，奉上谕：‘所有到工料垛，现止十分之三，著即严催运送，克期竣事’。等因。钦此。是不待运料全到，始可开工。闻豫中意见不一，拟请旨严催开工……如能于寄谕内询催，倪更得劲。”④ 即便如此，开工的时间还是拖延到了十二月中旬⑤。后来的事实表明，上述河道之争和郑州在工大员之间的分歧所耽误的时间，对郑工影响甚大。

光绪十四年（1888）四月十二日，倪文蔚请李鸿章转电：“大工尚短二百廿余丈，约四十余占，每占三日始成，用料百垛，余存仍需两千

① 河南巡抚倪文蔚：《奏请饬下河臣成孚乘河滩涸出及时兴筑河隄事》，光绪十三年九月十三日，录副奏折，档号03－7078－040。

② 翰林院编修高钊中、蒋艮：《奏为特参东河总督成孚误工殃民请归案查办事》，光绪十三年九月二十七日，录副奏折，档号03－7078－042。

③ 李宗侗、刘凤翰：《清李文正公鸿藻年谱》，台湾商务印书馆1981年版，第442页。

④ 收北洋大臣李鸿章电：《为拟请严催豫抚河工购料开工等事》，光绪十三年十一月十七日，电报档，档号2－02－12－013－0275。

⑤ 署理东河总督李鹤年、河南巡抚倪文蔚：《奏为堵筑各项工程并开挑引河开工日期事》，光绪十三年十二月十四日，录副奏折，档号03－7078－075。

埽无可置办，借款又将告罄。瞬届大汛，口门收窄，新工难守，不惟虚掷巨帑，下游受祸更大。圣心亟盼合龙，此时若遽请停工，未必邀允。进止两难，高阳（李鸿藻）万分焦急。"① 料物不足，大汛将至，河工进展缓慢，在工大员已经知道合龙来不及了，但是又不敢请求暂停进占。十六日，李鸿章转李鸿藻、李鹤年、倪文蔚的联衔电报说得更清楚："郑工时促料艰，万分棘手。二、三月间，水势甚平，进占颇顺，料亦应手，冀四、五月可以合龙。乃至前月杪，水深溜急，工极吃力，不能迅速占入。深水用料倍多，深有停待之虑，现仍极力赶办。潘骏文以为，瞬届大汛，万难合龙，若口门收窄，水不能容，新工难守，不如奏请停工，将存料留待保险。鸿藻等以大局关系甚重，苟不力筹堵合，后患何堪设想？但有一分可尽之力，即无一日可停之局。然舍昼夜赶催，实无他法。万一大汛骤至，人力已穷，则亦无可如何。若畏难希冀中止，何以上对君父，下慰灾黎？实万不敢出此也。"② 其结果，朝野最不愿意看到的事情毫无悬念地发生了："两坝各余五占，本拟廿七八挂缆合龙，乃廿一戌刻，西坝进至六十占，因急溜淘深，陡然蛰陷，将綑厢船压入水中，绳缆未断，起捞不出，适阻进占之路。正在设法间，廿四亥刻，东坝正坝亦蛰，赶紧抢厢。廿五申刻，上边坝一占竟至走失。"③

尽管出现这种状况的原因是多方面的④，但是，倪文蔚急于尽早动工的愿望没有实现，失去了宝贵的时间，是其中的重要因素之一。倪文蔚在给在工各员的信中，曾多次提到他不懂河务，而仅仅是为下游灾区民众、国家利源着想，力求早日开工，尽管没有成功，其重视民本的主张则令人钦佩。

———————

　① 收北洋大臣李鸿章电：《为豫抚电郑工缺料并黄河水情等事》，光绪十四年四月十二日，电报档，档号 2 - 02 - 12 - 014 - 0118。

　② 收北洋大臣李鸿章电：《为郑工防汛等事》，光绪十四年四月十六日，电报档，档号 2 - 02 - 12 - 014 - 0122。

　③ 收北洋大臣李鸿章电：《为李尚书电郑工情形事》，光绪十四年五月二十七日，电报档，档号 2 - 02 - 12 - 014 - 0170。

　④ 申学锋：《光绪十三至十四年黄河郑州决口堵筑工程述略》，《历史档案》2003 年第 1 期。

三 引进新工具、新材料

光绪十三年（1887）、十四年（1888）的郑州河工与此前历次河工的最大不同，就是首次在河南河工中引进新工具、新材料和借贷洋款。这些直接与时任河南巡抚的倪文蔚有关，而倪氏的背后则是直隶总督兼北洋大臣李鸿章。在李鸿章的支持下，倪氏在郑工中得以使用近代新工具、新材料以及借贷洋款以办河工。

首先，请李鸿章帮助购买新工具和照明设备。倪文蔚在与李鸿章、河督李鹤年等人的通信中，多次提到李鸿章推荐近代新工具。例如，十三年（1887）十一月初二日，在给李鸿章的信中说："承电示小铁道运土较多，甚喜，当与工局商之。"[①] 初三日，在致李鹤年的信中说："查合肥电称，小铁道运土较多且速，如不需洋匠安设，仅费万余金，能于三四里外老滩取土，似较方价合算。"[②] 初七日致信李鸿章："承示电灯便于夜作、铁路便于运土，且价廉而工巧，于工务大有裨益。"[③] 所以，倪文蔚就请李鸿章代购小铁路五里、运土小车百辆[④]；请上海道代购浅水轮船一只[⑤]、电灯两副、手提琉璃灯数百盏[⑥]；另由山东济宁（治今山东济宁市）电报局来人，架设济宁至开封（治今河南开封市）的电报线，以利通信，还请有法国匠人贾海。由于豫民反对，不用洋人，轮船则因水浅不能运到，其余铁路、运土车、电灯、玻璃灯都购买到工，

---

① 倪文蔚：《郑工启事·致李傅相》。参见石光明等编《中华山水志丛刊·水志》第20册，第501页。

② 倪文蔚：《郑工启事·致子和河帅》。参见石光明等编《中华山水志丛刊·水志》第20册，第502页。

③ 倪文蔚：《郑工启事·致李傅相》。参见石光明等编《中华山水志丛刊·水志》第20册，第503页。

④ 倪文蔚：《郑工启事·致鞠子联河道》。参见石光明等编《中华山水志丛刊·水志》第20册，第506页。

⑤ 倪文蔚：《郑工启事·致李傅相》。参见石光明等编《中华山水志丛刊·水志》第20册，第502页。

⑥ 倪文蔚：《郑工启事·复子和河帅》。参见石光明等编《中华山水志丛刊·水志》第20册，第503页。

在河工中起了重大作用。只是铁路及运土车后来借给山东①，河南第一次拥有临时铁路的历史就此结束。电报线于十四年（1888）正月二十四日架设至省城②；十一月，倪文蔚又奏请"展设豫省电线，援照直、东、江、浙等省章程，统归商办。由大工饷款内拨银二万两，作为借领官款，五年之后，分年摊缴，以恤商力"③，架设了开封至山东曹州（治今山东菏泽市）的电报线。

此外，还有河督奏请从沿海地区、香港购买了水泥用于筑堤：

> 近来河工抛筑砖石坝垛，无非以条砖、碎石抛掷散垒，一经悍浪冲激，仍不免有倾塌之患。当经前河臣洞察情形，规画补救，奏请试用塞门德土（即水泥——引注），防（仿）修造沿海炮台灌浆之法，于坝工抢成后，在砖石缝中调和浇灌，使之黏成一片，以期历久不溃，行之尚属有效。兹查采办塞门德土，先在旅顺借拨三千桶，复于上海、香港分次委员购办三千六百桶，天津洋行购办四千桶，总共计土一万零六百桶，陆续装运到工；计运水旱脚价费，共用银九万二千二百余两……④

河工使用水泥黏结砖石属于"创始"，标志着河工开始走向近代化。

其次，请李鸿章帮助借贷洋款。光绪十三年（1887）八月郑州黄河决口之后，河南面临的局势十分复杂。一方面，司库空虚，大批救灾款无着，内拨及他省协济之款姗姗来迟；另一方面，河工争议不断，黄河是复故道还是维持现状，众说纷纭。河南巡抚倪文蔚既不能不向朝廷请拨巨款，又怕数量太大"吓"坏了朝廷，因此，一开始就请李鸿章

---

① 河南巡抚倪文蔚：《奏报委员运送铁路铁车等赴山东起程日期事》，光绪十五年九月十九日，录副奏折，档号03-7801-040。

② 河南巡抚倪文蔚：《奏报山东济宁州至河南省城电报工竣日期事》，光绪十四年二月二十七日，录副奏折，档号03-7148-004。

③ 《清德宗实录》（四）卷二六一，光绪十四年十一月丁巳，第504页。

④ 河南巡抚倪文蔚：《奏为河工采用塞门德土请实用实销等事》，光绪十六年闰二月初十日，录副奏折，档号03-7082-021。

帮助设法。八月二十四日，他在给李氏的信中说："惟数百万巨款，非咄嗟可办，拟俟估勘工程定数，或息借洋债，分年归还，广储料物，多集兵夫，克期兴筑，庶不致迁延贻误。"① 九月初八日，在给河督成孚的信中，他又提道："弟已派员赴天津，向合肥相国先挪百万，购料兴工，或息借洋款亦可。"② 于是，李鸿章在九月二十六日电总理衙门："豫抚倪因河工急，须购料动工，部款二百万解到需时，各省协济更恐缓不济急，派员来津，商借英商汇丰银行行平银一百万两，议定借银还银，不论磅值；周年认息七厘，每六个月一期，分六期算还本利，共合三年，不得再多再少。"③ 第一次借洋款之后，倪氏又请求李鸿章："如部拨款项不能应手，仍代借汇丰银行百万两"④，但此时李鸿章"甚不以借洋款为然"⑤，朝廷的意见也是如此⑥。所以，第二次借洋款迟迟未能借成。次年四月十六日，三位办河工的大员李鸿藻、李鹤年、倪文蔚联名请求：河工用款孔急，"部拨恐尚需时，拟照前借洋商原平原银一百万，不论磅价，岁息七厘"⑦。次日，朝廷谕令李鸿章第二次借洋款一百万两⑧。十八日，李鸿章电总署："顷与英商汇丰议定，再借库平足银一百万两，限月杪交清，即解郑工应用，分五年还清，每年周息七厘整。"⑨ 五月初十日，李鸿章奏明详细情况：

① 倪文蔚：《郑工启事·致李傅相》。参见石光明等编《中华山水志丛刊·水志》第20册，第490页。

② 倪文蔚：《郑工启事·致子仲河帅》。参见石光明等编《中华山水志丛刊·水志》第20册，第495页。

③ 收北洋大臣李鸿章电：《为豫抚河工购料借汇丰银两事》，光绪十三年九月二十六日，电报档，档号2-02-12-013-0215。

④ 倪文蔚：《郑工启事·复李傅相》。参见石光明等编《中华山水志丛刊·水志》第20册，第499页。

⑤ 倪文蔚：《郑工启事·致司道》。参见石光明等编《中华山水志丛刊·水志》第20册，第498页。

⑥ 倪文蔚：《郑工启事·致李傅相》。参见石光明等编《中华山水志丛刊·水志》第20册，第518页。

⑦ 收北洋大臣李鸿章电：《为请借洋款以应郑工急需事》，光绪十四年四月十六日，电报档，档号2-02-12-014-0121。

⑧ 《奉旨悉李鸿章电著准其再借洋银一百万解工应用事》，光绪十四年四月十七日，电报档，档号1-01-12-014-0011。

⑨ 收北洋大臣李鸿章电：《为与英商汇丰借银事》，光绪十四年四月十八日，电报档，档号2-02-12-014-0124。

查前因郑工款项不敷，经督办大臣尚书李鸿藻、河臣李鹤年、河南抚臣倪文蔚奏准，先由臣借商款一百万两。臣以向例，洋商借款，必照西洋金镑或马克核算，其时价低昂无定，往往借时价平、还时价长，致受暗亏；又定限至十年或二十年归还，期远息多，亦不合算，今应变通办理。当督饬河南转运局道员何维楷，与各商再四磋磨，适英商汇丰有现成行平足色银一百万两，遂照数借用，折合库平九十六万八千八百余两，不算金镑、马克，借银还银，原本原色，长年七厘行息。自光绪十四年二月初一日交齐银两起，约期一年，按西历三百六十五日，扣至十五年二月十一日期满，在津还清本利。若库款不足，至一年后再行酌展。前经订立合同，将银两分批解工济用。钦奉前因，复督饬何维楷，与英商汇丰商订，续借库平足色银一百万两，缘行平每百万较库平少三万余两，深恐工款益形支绌，是以此次续借改为库平，仍系借银还银，平色出入一律，毫无亏耗；长年七厘行息，每六个月付息一次。惟虑归本期限太促，库款周转不开，遂议五年分还：自光绪十四年五月初一日交齐银两起，按中历每届一年，还本银二十万两，息即递减；扣至十九年五月初一日，五年期满，还清此项本息，仍在天津或上海交付。前次系按西历，扣足三百六十五日为一年；此次系按中历十二个月，每届五月初一日为一年，遇闰不计，在我均不吃亏。①

由于晚清国库空虚，能够利用国际资金办理大工，是河工的一大进步。

简而言之，在李鸿章的支持下，倪文蔚等人引进新工具、新材料，使晚清河南河工增加了一些近代色彩，其某些方面的影响则超出了河工本身。譬如，电报线的铺设，使河南终于有了近代化的通信工具，而其他电报线路，直到光绪二十七年（1901）两宫回銮，才架设了由西安经洛阳、怀庆（治今河南沁阳市）、卫辉（治今河南卫辉市）、彰德

① 直隶总督李鸿章：《奏为遵旨两次代借洋商银款以应郑工急需事》，光绪十四年五月初十日，录副奏折，档号03-7079-067。

（治今河南安阳市）至顺德（治今河北邢台市）一线（庚乱回銮线），和洛阳至开封一线（回銮改道线）①。

第二节　思想保守

晚清河南巡抚的观念参差不齐，思想比较复杂，有保守的，有激进的，也有作为上似乎激进而实际上则很保守的，但由于河南地处堂奥，没有直接受到外敌的直接军事侵略，比较闭塞，豫抚的作为难免受民风和地域的制约，总体上比较保守。

一　观念参差不齐

晚清河南巡抚著名者少，所留下的能反映其真正思想状况的史料亦不多，因而大多要靠他们留下的奏折来推测。大体说来，既有思想相对开放的淮系豫抚，也有刘树堂那样的"冒进"者；有陈夔龙、张人骏等勉力开展新政而思想却很保守的汉人，也有在新政上作为不多但敢于公开请求朝廷早开议院的宝棻。

1．组建豫军上的保守与"激进"

军兴时期，绿营、八旗已经腐败，战争要求进行兵制改革，湘军、淮军由此而崛起。就河南而言，一开始就有这样的机会，但英桂在这方面比较保守，没有建立强有力的豫军，直到同治五年（1866）李鹤年为豫抚，这种状况才得以改变。

按照清前中期平"大寇患、兴大兵役"的惯例，咸丰三年（1853）三月太平军北伐之前，豫抚陆应谷疏言："逆贼起自广西，蹂躏五省，扰乱四年，皆由措置乖方所致：一在机宜之失，一在事权不一，一在威之不立，一在饷之不充。窃计贼扼瓜口，漕艘不能北上，可危一；贼据镇江，必掠苏杭，可危二；若由清江直走山东，由滁州直走河南，臣以数千不练之师，当累万方张之贼，可危三。为今之计，惟有调东三省及蒙古兵，一由山东取道瓜口，一由河南取道淮徐，以资攻剿；简派公忠体国之王公，假以便宜，俾之统帅，先发内帑以济急需，再由户部筹画

----

① 《河南新志》中册，第736页。

归款，庶逆匪可期荡平。"① 其所总结官军屡战屡败的原因，可谓切中时弊；所预料太平军今后攻击的方向，尤其是太平天国北伐军进攻河南的路线，也极精准。唯一不合时宜的，就是陆氏仍旧按照习惯做法，指望朝廷出人出钱来镇压太平军，把自己置身事外。英桂督办"三省会剿"时，也是如此。

英桂，字香岩，赫舍里氏，满洲正蓝旗人。道光元年（1821）举人，以中书充军机章京，晋侍读。授山东青州（治今山东青州市）知府，迁登莱青道。擢山西按察使，调山东，署布政使。咸丰三年（1853）九月，擢河南巡抚。② 咸丰五年（1855）十二月，督办"会剿"捻军的武隆阿被革职，朝廷任命河南巡抚英桂"督办三省剿匪事宜"，前福建按察使徐宗干帮办。③

咸丰六年（1856）正月初六日，英桂接到命其"督办三省会剿"事宜的谕旨后，上奏"剿捻"计划。首先，英桂强调"捻匪"之强大。他说："查该匪张乐行等，自柘城退窜雉河老巢，负嵎盘踞，势愈披猖。虽系乌合之众，然数至四五万人之多，亦未可轻视，必须厚集兵力，方能扫穴掭渠。"其次，做出"积极备战"的姿态给朝廷看。他说："臣已飞饬严提兴庆、朱连泰等，即日管带兵勇，及早会合，进攻贼巢，并将所带兵勇确数报查。倘再逗留抗违，臣自当据实奏参，断不敢稍事姑容。"再次，强调目前兵力不足。"侍卫容照所带马队五百名，闻自麻种失利后，人马多不足额，已飞咨容照将实数咨复，即饬令各营总管带马队星夜驰赴臣行营，另行派员统带，以资攻剿"；"前调南阳镇所属各营官兵五百名，恐在各营抽拨有需时日"；"豫省现调官兵及直隶、山东官兵不满四千名，而史荣椿所带之兵曾经挫败，士气不扬"，等等，因兵力不足，请"勅调吉林、黑龙江马队精兵二千名，即令魁福统带来豫助剿，并请旨饬令魁福先行星夜驰赴归德，以资调遣"，并"应请敕下和春、福济，务遵前奉谕旨，饬令续派官兵由蒙、亳进逼贼巢，以堵为剿，遏其南窜之路"。最后，他表示："臣一俟兵

---

① 《清史列传》卷四三《陆应谷传》，《清代传记丛刊》第 101 册，第 276—277 页。
② 赵尔巽：《清史稿》（缩印本）第 4 册《英桂传》，第 3182 页。
③ 《清文宗实录》（三）卷一八七，咸丰五年十二月癸丑，第 1094—1095 页。

勇齐集，即亲自统带驰赴归德一带，督饬现有兵勇，探明贼踪，分头剿击，先挫凶锋，再行订期四面进剿，以歼巨孽，万不敢株待调兵，致形迟滞。"① 英桂看似在积极准备"进剿"，实际上则一再拖延，不肯出省作战。最后在谕旨的不断催促之下，他才说出了自己的真实想法："臣因与徐宗干熟商急筹补救之术，非江、皖、豫三省督抚臣各清各界，设法严防，不能遏其窜越之路；非专有统兵大员驻扎亳州适中之地随时击剿，不能绝其滋蔓之势。如有剿无防，则贼众必倾巢四溢；有防无剿，则贼众必坚壁负嵎。惟有选派得力将领，添调北路精兵，设法专意进攻，江、皖、豫三省边界各派兵勇，紧扼严防，庶堵与剿均有可恃。"② 仍是要求朝廷特派统兵大员办理"剿捻"，豫抚不过只尽保守本境之责。

上述陆应谷与英桂的想法、做法都是沿袭传统，根本没有考虑在朝廷大力提倡地方督抚"发挥主观能动性"之时，如何利用本省优势，扩建豫军，既能镇压捻军，亦可保护本省平安。随后的豫抚虽也响应朝廷号召，办理团练，招募勇营，但多是军务紧急时招募，稍有缓解即"裁勇节饷"，没有对豫军进行大的改造，直到李鹤年任豫抚。

李鹤年，字子和，奉天义州（今辽宁义县）人。道光二十五年（1845）进士，改庶吉士，授编修。咸丰四年（1854），保送御史；五年（1855），补福建道监察御史；六年（1856），转云南道监察御史；七年（1857）五月，授兵科给事中；九年（1859）十一月，丁父忧，服阙，赴河南襄办军务。同治元年（1862）七月，补授江苏常镇通海道；九月，署河南按察使。二年（1863）三月，实授；五月，调直隶；十月，兼署直隶布政使。三年（1864），实授。四年（1865）十月，督办畿南防务；十一月，补授湖北巡抚。五年（1866），调河南巡抚。③

李氏上任之后，向朝廷奏明其"剿捻"设想："臣以为贼无宿粮，其不即殄灭者，贼骑我步，以步当骑，走不相及。灭贼之计，非合围必不能剿。贼踪蔓延凡三百州邑，因险合围，固非一省兵力所可办。第为

----

① 《河南巡抚英桂具奏遵旨飞饬严提各路兵勇及早会合并亲自统带驰赴归德分头剿击捻军折》，咸丰六年正月初二日，《河南巡抚衙门档案》8号，河南大学档案馆藏，档号0001。

② 《河南巡抚英桂奏陈捻军肆扰江皖豫三省边界并历次办理未能得手等事折》，咸丰六年二月十六日，《河南巡抚衙门档案》8号，河南大学档案馆藏，档号0060。

③ 《清史列传》卷六三《李鹤年传》，《清代传记丛刊》第103册，第731页。

剿则必胜计，豫军多颍、亳人，与贼相习，其长技亦略同，宜若可用，因添练两大军，曰毅军，曰嵩武军。"① 咸丰六年（1867）正月，巡抚李鹤年奏请"将豫省京、协各饷，及历届漕折，暂行停拨一年，为添兵剿贼之用"。经户部奏准，"将本年京饷银二十万两、历年欠解漕折银十一万两，均准暂缓；其本年额解漕折银四十万两，亦准暂缓一半"，其余照解。② 三月，豫抚李鹤年赴周家口（今河南周口市）与李鸿章商议军务，将善庆的吉林、黑龙江骑兵拨归淮军将领刘铭传指挥；召张曜到河南军营，李鹤年拟令其招募步队十五营，组建嵩武军，"所需洋枪军火……经李鸿章借拨购买"③；善庆所部也装备了洋枪，捻军将领任化邦（任柱）后来被该部以洋枪打死。④ 七年（1868）正月，李鹤年奏请借拨军火，朝廷谕令："张曜、宋庆两军所需细洋火药，并大小铜帽，均着崇厚酌量速拨，解赴该营。"⑤ 从此，"豫省始有敢战之师"⑥。毅军、嵩武军不仅在随后的"剿捻"中发挥了重要作用，且随左宗棠西征陕甘、新疆，在甲午战争中抗击日本侵略，以及在抗击八国联军侵略中，都代表河南出了一份力。

2. "中兴"时期豫抚的"激进"

同治末年至光绪中期，除了前述的倪文蔚之外，还如钱鼎铭、倪文蔚、刘树堂等几位豫抚的观念较为"激进"。

钱鼎铭，字调甫，江苏太仓（治今江苏太仓市）人，湖北巡抚钱宝琛之子，道光二十六年（1846）举人。从父治团练，曾参与镇压上海（今上海市）小刀会起义，后因江南大营再溃，上海成为孤城。钱鼎铭乘洋商轮船至安庆（治今安徽安庆市）谒见曾国藩，陈吴中百姓贴危，上海中外互市，榷税所入，足运兵数万，不宜弃之资贼。策划数千言，继以痛哭，曾国藩遂决策济师。钱氏还上海，筹饷十八万，租船

---

① 朱孔彰：《中兴将帅别传》，岳麓书社 1989 年版，第 300 页。
② 《清穆宗实录》卷一九五，同治六年正月己卯，第 495 页
③ 《清穆宗实录》（五）卷一九八，同治六年三月庚申，第 548 页。
④ 河南巡抚裕宽：《奏为已故前河南巡抚李鹤年与已故山东巡抚张曜功绩卓著请准合建一祠事》，光绪十八年五月十六日，朱批奏折，档号 04－01－14－0086－028；郭豫明：《捻军史》，上海人民出版社 2001 年版，第 439—440 页。
⑤ 《清穆宗实录》（六）卷二二二，同治七年正月丁卯，第 30 页。
⑥ 《清史列传》卷六三《李鹤年传》，《清代传记丛刊》第 103 册，第 731 页。

五，复率赴安庆迎师。于是曾国藩奏令延建邵道李鸿章率淮勇五千人赴沪。同治元年（1862）三月，至上海，不久李鸿章署江苏巡抚，奏请以钱氏参军事，多所赞画。积功，擢道员，赐花翎，加布政使衔；五年（1866），李鸿章督师剿“捻匪”，令钱氏驻清江浦，主转运粮饷军仗，迄“捻匪”灭，始终无细误；八年（1869），授大顺广道，迁按察使，又迁布政使；十年（1871），擢河南巡抚。光绪元年（1875）五月，卒于任。[1]

钱氏抚豫，除了“创练军、积谷、水利数大政”[2]外，并无“激进”可言，能反映其观念的是其临终遗折：“仍求我皇上蚤勤典学，优礼亲贤，勿以海宇粗安而怫盈廷之交儆，勿以目前无事而忽肘腋之近忧；破格以求不世之才，内断以决自强之策。此则惓惓臣愚所晰夕在抱而垂死不忘者”[3]。所谓“人之将死，其言也善”，钱氏临终之奏应是其真实思想的表白，所请“破格以求不世之才”大有龚自珍“不拘一格降人才”之慨，而“内断以决自强之策”则为第一位劝朝廷自强之豫抚。

倪文蔚前文已有所述，后面仍将提到。这里要说的是张之洞对倪氏“墨守文法而微涉于拘泥”的评价。若以张氏所说，倪氏似乎比较保守，实际上则是由于门户之见和同城督抚之间的矛盾导致二人不能相容。张氏在奏片中说：

> 广东抚臣倪文蔚曩官京曹，被服儒雅，臣素与之交好。自西省调任东省后，臣与共事一年有余，诸事和衷商办。当海防吃紧之时，兵事一切尚不掣肘；至于察吏观人，整纲除弊，惩盗戢匪，则识解颇有近闇之处，近来记性亦似稍逊。大抵抚臣为人，心地和厚，持躬稳慎，体恤属员而稍偏于宽柔，墨守文法而微涉于拘泥。现在广东蠹吏正待澄汰，盗匪亟须严诛，必须公方明决，破除情

① 赵尔巽：《清史稿》（缩印本）第4册《钱鼎铭传》，第3137页。

② 河南布政使刘齐衔：《奏为巡抚钱鼎铭病故出缺请旨简放事》，光绪元年五月二十二日，录副奏折，档号03-5098-094。

③ 河南巡抚钱鼎铭：《奏为自报病危事》，光绪元年五月二十日，录副奏折，档号03-5098-080。

面，雷厉风行，方能有济，抚臣性情、办法似于广东不甚相宜。①

张氏虽列出了倪氏的各种"弱点"，但很明显，问题的关键在于清代总督偏重于管军事，巡抚侧重于民事。倪氏对"兵事一切尚不掣肘"，说明其明了自己的职责范围，而张氏不仅要管军事，即使察吏安民、缉拿盗匪等明显属于巡抚职责的事情也不想放手，矛盾便在所难免，以致出现了二人同时请病假的闹剧。② 所以，张之洞说倪氏保守并非事实。

当然，豫抚中最"激进"乃至"冒进"的要数刘树堂。

刘树堂，又作刘树棠，字景韩③，云南保山县人，祖籍安徽宣城县（今安徽宣城市）。由监生应咸丰（1851—1861）戊午科顺天（治今北京市）乡试，挑取誊录。同治元年（1862），报捐知府选用。二年（1863）十二月，奉旨仍以知府遇缺即选。七年（1868）十月，奉旨以道员留直隶尽先补用，并赏戴花翎。八年（1869）二月，经前直隶总督曾国藩派会同办理海运事竣奏保；六月，奉旨赏加按察使衔。十年（1871）十二月，经直隶总督李鸿章于"荡平捻逆案"内奏保二品顶戴，并二品封典。光绪十一年（1885）正月，奉旨补授清河道；三月，署理直隶按察使。十五年（1889）四月，奉旨补授江苏按察使。十六年（1890）闰二月，升福建布政使。十七年（1891）六月，调浙江布政使。十八年（1892）十二月，调授河南布政使④。二十年（1894）十一月，擢巡抚。

刘氏任豫抚期间，不仅创办了河南机器局，还趁甲午战后朝廷试图在内地省份建设机器局之际，提出废除其他机器局，在河南建一座总局，以供应全国军火⑤，结果被奕訢等否定⑥。更有甚者，在讨论武科

---

① 两广总督张之洞：《奏为密陈广东巡抚倪文蔚人地不宜事》，光绪十二年三月二十八日，录副奏折，档号03-5208-095。

② 两广总督张之洞：《奏为陈明臣与抚臣倪文蔚同时乞病情形事》，光绪十二年，录副奏折，档号03-5217-019。

③ 《皇清书史》卷二〇《刘树堂》，《清代传记丛刊》第84册，第112页。

④ 秦国经：《清代官员履历档案全编》，第5册，第698页。

⑤ 河南巡抚刘树堂：《奏为遵旨筹议扩充制造厂局并先行筹款添购机器等事》，光绪二十四年正月三十日，录副奏折，档号03-7127-040。

⑥ 总理各国事务王大臣奕訢等：《奏为遵旨会议河南巡抚刘树堂奏扩充制造局并先行筹款添购机器一折事》，光绪二十四年闰三月初五日，录副奏折，档号03-7127-043。

改制时，针对朝廷及各省督抚对洋枪难以管理的担忧，刘氏提出："枪炮例禁极严……只能禁良民，不能禁莠民；只阻遏华商之制造，不能禁洋商之私售。诚不如全弛其禁，俾小民多一生计，兼可开民厂之先声也。"① 若从发展中国近代工业、增强国防力量方面看，刘氏的建议不无可取之处，但作为"匪患"深重的河南省的巡抚，刘氏如此，已不仅仅是"激进"，而是"冒进"或"冒失"，朝廷当然不可能采纳。后来刘树堂调任浙江巡抚，又电请朝廷赈济邻国灾民，早已被国库空虚搞得焦头烂额的清廷自然也不乐意②，足见刘氏之"开放"。

同时，刘氏在其他督抚的眼中，亦属较为"激进"的人物。光绪二十四年（1898）五月，直隶总督荣禄保举一批人员，请旨择用：

> 如前四川总督鹿传霖，清亮公直，守正不阿；起家牧令，洞悉民间利病。奴才前与共事西安，见其巨细躬亲，裁断果毅，在督抚中洵为勇于任事之材，若竟投闲，似觉可惜，可否录用，出自圣裁。又，湖南巡抚陈宝箴，操履清严，识量宏远；河南巡抚刘树堂，任事果敢，干略优长……又，直隶按察使袁世凯，质性果毅，胸有权略，统帅新建陆军，督率操防，一新壁垒；前太仆寺少卿岑春煊，激昂慷慨，胆略过人，不避艰险，能耐劳苦。③

荣禄把刘树堂与鹿传霖、陈宝箴、袁世凯、岑春煊等一批晚清维新或新政的中坚人物并列，说明刘氏至少在行政作为上属于"激进"之列。

3. 清末汉人豫抚的保守与满蒙豫抚的"激进"

在清末豫抚中，陈夔龙与张人骏是办理新政最多的，但二人的保守也是最著名的。

① 河南巡抚刘树堂：《奏为附陈武科改试枪炮管见事》，光绪二十四年六月初一日，录副奏折，档号 03 - 5616 - 003。

② 发浙江巡抚刘树堂电：《为中国无力赈济邻国事》，光绪二十六年二月二十四日，电报档，档号 2 - 03 - 12 - 026 - 0039。

③ 直隶总督荣禄：《奏为特保前四川总督鹿传霖等员请旨择用事》，光绪二十四年五月二十九日，录副奏折，档号 03 - 5362 - 005。

陈夔龙，字筱石，贵州开州（今贵州开阳县）人，原籍江西崇仁。光绪十二年（1886）进士，授兵部主事，迁员外郎、郎中。先后受荣禄、李鸿章所引重，擢内阁侍读学士，升顺天府丞，署府尹。庚子之役，调任太仆寺卿，随奕劻、李鸿章与列强议和。其间简任河南布政使，未任，命为承修跸路大臣；擢漕运总督，调河南巡抚。①

陈氏任豫抚，自称"虽不敢谓百废俱举，而凡河务、警务、农工商务，一切新政，次第举行。历任三载，精神为之疲惫"②。然而，他也创办了尊经学堂。③陈氏虽参与了签订《辛丑条约》的交涉，思想却很顽固，以致清朝灭亡后还拒绝与袁世凯合作。

张人骏的保守更甚于陈夔龙。

张人骏，字千里，直隶丰润县人。同治三年（1864），由监生中式顺天乡试举人；七年（1868），成进士，改翰林院庶吉士；十年（1871），散馆，授编修。光绪三年（1877），考取御史。八年（1882），四川乡试副考官。九年（1883）二月，授湖广道监察御史；六月，江南道监察御史；十二月，转广西道监察御史。十一年（1885）十一月，补授户科给事中④。二十年（1894）十一月，由广西桂平梧盐法道升任广东按察使⑤。二十一年（1895）十二月，升广东布政使⑥。二十六年（1900）十月，以山东布政使擢漕运总督⑦。二十八年（1902）四月至二十九年（1903）三月、三十二年（1906）正月至三十三年（1907）七月，两次任河南巡抚。在执行朝廷新政谕令上，张氏除了个别方面奏明有困难外，其余都能遵旨办理，故能升任两广总督。

张氏对新政没有任何好感。他在家书中说："今日诸如练兵之派，王公铁良之查考，各省商部之欲派各省商局议员，此等举动，似又欲踵

① 《清授光禄大夫太子少师故直隶总督北洋大臣陈公墓志铭》，卞孝萱、唐文权编《辛亥人物碑传集》，团结出版社1991年版，第676—677页。
② 陈夔龙：《梦蕉亭杂记》，第34—35页。
③ 陈夔龙：《拟设尊经学堂及师范传习所折》，《庸庵尚书奏议》，第609—614页。
④ 秦国经：《清代官员履历档案全编》，第4册，第478页。
⑤ 《清德宗实录》（五）卷三五三，光绪二十年十一月戊寅，第576页。
⑥ 《清德宗实录》（五）卷三八一，光绪二十一年十二月戊辰，第982页。
⑦ 《清德宗实录》（七）卷四七四，光绪二十六年十月壬寅，第234页。

庚子已（以）前之辙，深不可解。"① "自改变新法以来，民气嚣然不靖。立宪之说一行，其势更剧。近则又有要求国会之说，起于上海，各省风靡。刺无可刺，非无可非。禁之不可，止之不能。祸恐不远。"②后来在两江总督任上丢城失地，直到民国时张氏依然耿耿于怀，不忘自己的"罪过"。金梁在其《道咸同光四朝佚闻》中写道：

> 张人骏为两江总督，辛亥军败，偕将军铁良走上海，提督张勋奉命护督，亦退江北。人骏后寓津，见客辄自引罪，谓"弃城当辟，生不如死"。每言及时，泣下惶恐至无地自容，其心至可敬也。以视他人，拥巨金，营巨厦，洋洋然不以为耻者，相去远矣！余偶与三人同席，故以言挑之。人骏独愀然曰："臣罪当诛，仅仅未叛立耳，岂可以他人自解哉？"③

与陈、张二人相反，蒙古旗人出身的豫抚宝棻倒是对朝廷改革不够有所不满。

宝棻，字湘石，蒙古正蓝旗，生员。光绪十二年（1886）六月，总理衙门记名章京。十六年（1890）十二月，补山西司员外郎。二十一年（1895）七月，题补陕西司郎中。二十六年（1900）八月，补授四川川东道。二十八年（1902）七月，调江西督粮道。二十九年（1903）闰五月，迁湖北按察使，旋调直隶按察使。三十一年（1905）九月，擢浙江布政使。三十二年（1906）十月，调山西布政使；十二月，擢山西巡抚。宣统元年（1909）十月，调江苏巡抚。二年（1910）三月，调河南巡抚。④

宣统二年（1910）九月二十三日，豫抚宝棻参与由云贵总督李经羲主稿，以曾任河南巡抚现任东三省总督锡良、湖广总督瑞澂领衔的十九位督抚、将军联名请求速开国会活动。是日，他们致电军机处，认为

---

① 张守中编：《张人骏家书日记》，第50页。
② 同上书，第119页。
③ 金梁：《道咸同光四朝佚闻》，台北广文书局1978年版，第56页。
④ 秦国经：《清代官员履历档案全编》，第7册，第188—190页；魏秀梅：《清季职官表附人物录》，第803页。

"时局危险已远过于光绪帝在位之日，缓无可缓，待无可待"，请求立即组织责任内阁，"明年即开国会"。① 河南谘议局、河南教育总会和河南同志会于九月二十七日，也分别电请于宣统三年（1911）召开国会。② 如此步调一致，显然是巡抚宝棻的支持所致。对于这种联名奏请，朝廷很是反感。十一月二十日，军机处在接到直督陈夔龙电奏顺直谘议局议长等呈请宣统三年（1911）即开国会的电报后，电谕各省"开设议院缩改于宣统五年，期限不为不近，所有提前应行预备事宜至为繁赜，已虑赶办不及。各督抚陈奏亦多见及此，岂能再议更张！著该督禀遵上次谕旨，剀切宣示，不准再行联名要求渎奏"③。

当然，笔者没有见到宝棻留下的私人信件或文集，其是否与陈夔龙、张人骏一样在行政措施上执行新政而思想上十分保守，尚不得而知。但清末满汉畛域之见愈浓，汉人督抚多有顾忌，不敢多言，久而久之，在很多人心理上形成了一种难以冲破的保守"自觉"；相反，满蒙督抚无所禁忌，倒显得敢于直言不讳。

二　向民风妥协

巡抚作为河南最高行政长官，有察吏安民之责，在晚清各种矛盾错综复杂的情况下，"安民"往往意味着地方官不得不向习俗让步。

1. 河南之民风

对于风俗，不同的人有不同的理解，但大体意思差不多。譬如，有的理解是："民情之从于长上者谓之风，民习之系于水土者谓之俗。"④ 有的则理解为："感化谓之风，习惯谓之俗。"⑤ 本书所说的清代河南民风或河南民俗，主要是指在自然经济的基础上受长期生活习惯影响而形成的观念与品行。

---

① 《各省督抚合词请设内阁国会奏稿》，《国风报》第 1 年第 26 期。

② 收河南谘议局电：《为恳请主持明年即开国会事》，电报档，档号 2 - 04 - 13 - 002 - 0300；收河南教育总会电：《为恳请主持明年召集国会事》，电报档，档号 2 - 04 - 13 - 002 - 0301；收河南同志会电：《为恳请明年即开国会事》，电报档，档号 2 - 04 - 13 - 002 - 0302。

③ 军机处：《奉旨请于明年开国会著遵上次谕旨不准再联名渎奏事》，宣统二年十一月二十日，电报档，档号 1 - 01 - 13 - 002 - 0269。

④ 康熙《内乡县志》卷五《风俗》，成文出版社 1976 年版，第 359 页。

⑤ 民国《光山县志约稿》卷一《风俗志》，成文出版社 1968 年版，第 87 页。

关于河南的风俗，贾汉复的《河南通志》及穆彰阿等《大清一统志》都有所述（见表2－1），但其内容多为搜罗此前正史、方志、名人记述等，并非专指清代河南民风，因清朝人仍然尚古，所以也能反映出清代河南民俗的核心内容，即重农轻商，恋土重迁；淳厚质朴，崇尚节义。

表2－1　　　　　　　　　　　河南风俗表

区域	风俗
开封府	人多俊髦，好儒雅，杂以游……难动以非，易感以义。人性和而才慧。重礼义，勤耕纴。俗尊年齿，学尚经术。物产富饶，习俗侈靡。
归德府	好稼穑，恶衣服，以致畜藏。人皆有忠义之风。人情朴厚，俗有儒学。重本而轻末，贱释而贵儒。其俗激昂而奋厉。
彰德府	浮巧成俗，雕刻之工特云精妙；士女被褥，咸以奢丽相高。俗陶淳古之风，人尚英雄之习。地险人豪，民淳事简。其俗劲悍勇毅。
卫辉府	其俗尚武，上气力。刚强多豪杰。民情颇事商贾；地饶俗淳，勤于播种；孝弟之行有闻于时。性缓尚儒，仗气任侠。地滨大河，故其气浮，乎其人质柔，故其人心惰。人人知劝为善而耻为不善。男尚节介，女多劲烈。
河南府	气禀中和。其俗尚商贾，机巧成俗。忠义叠见。士向诗书，民习礼义，务本立业。刑讼简省，民安生业。性行淳朴，不事华侈。其俗和柔而宽缓。周人善贾，趋利而纤啬。女修织纴，男务耕耘。
南阳府	夏人忠朴。尚气力，好商贾。淳朴尚农。士皆为道德性命之学。易商贾为本业，转争讼为笃厚。俗有武断之风，人勤农桑之务。土沃俗淳，民知向学。过质少文。人尚淳朴，少夸诈。
汝宁府	其俗剽轻，易发怒。汝南之俗皆急疾有气势。人性躁劲，风气果决。尚淳质，好俭约。人性清和，乡闾友爱；男耕垦阔，女修织纴；士风习尚，文质彬彬。多事农桑，不尚华丽。习尚俭素，士风淳笃。人重信义，士尚修文；性情质直，礼义疏简。俗好机祥。慷慨而尚气节，文而多学问；好贫藻，善讥评。
汝州	士端悫，民□勤劳。士为道德性命之学，民有缌绖之富。民性淳厚而少夸诈，俗颇俭约而尚耕织。农务稼穑，士风淡薄。民物阜康，礼让兴行。
陈州府	好节义而尚廉耻，屏奢华而勤耕织，婚丧多俭。
许州	颍人尚忠，其敝朴野。士习谨愿，民俗勤劳。好尚稼穑重于礼文，其风近于古。
陕州	刑讼简省，民安生业。士知向于诗书，民知乐于礼义。
光州	士贞悫而好文，民朴勤而尚质。

资料来源：贾汉复《河南通志》卷七《风俗》。其所不载者，据穆彰阿等《大清一统志》补齐，卷一九一《陈州府》、卷二一八《许州直隶州》、卷二二〇《陕州直隶州》、卷二二二《光州直隶州》、卷二二四《汝州直隶州》，《续修四库全书》，第617册，第14、409、439、469、496页。

前者是自然经济使然，后者则是文化积淀而成。在清朝前中期，豫省民风之淳朴也是公认的。例如，乾隆帝在谕旨中曾一再说："中州风俗醇朴，向无积欠"①；"河南民风淳朴，地方素属安静……至山东政务殷繁，其民情亦较河南难治"②。

当然，河南民风也有不利的一面。其一，与邻省交界之地民风强悍。例如，豫东接近山东、皖北，民风亦有相近之处。嘉庆帝曾说："山东最为难治，官吏疲玩，捕役养贼，民刁健讼，兵弁懈弛。"③ 靠近山东、皖北的豫东民风亦较强悍，"归德府属之商丘、虞城、考城等县，民情狡悍"④。夏邑县，"其故家大族子弟，恂恂敦礼教、务耕读，不即匪彝者十居八九；编户小民习为游惰，欲固穷安分不蹈非法者，百无一二。其弊有二：一在失教，齐民中读书识字者，千不能得一，蠢然无知，故悍然不顾；一在实业，农、工、商业素不讲求，无以谋生，遂致玩法匪乱之由"⑤。宁陵县，"忠义之风，仁厚之俗，即按厥旧志所引述，亦无大异……何由今观之，又多悍而好逞，岂矫激之过，积渐使然"⑥。作为府治的商丘，清前期就有记载："迩来礼让之风偷，而衣冠之胄蓄睚眦、较锱铢者不少矣；诗书之道微……若夫奢其所不当奢，而俭其所不当俭，为事非一，不可枚举。至于闾阎游手，固无日不以饮博为业；而世家田宅委千金于一掷者，亦比比而然。此尤俗之不臧者也。"⑦ 再如，豫西的阌乡县也是民风"勇敢、竞财、好讼，殊异于中州之禀气平和、性质安舒"⑧。其二，有的地方比较奢侈、浪费。乾隆五年（1740），"河南布政使朱定元奏，豫省俗情不知撙节，有急宜查禁二条：一、丧葬过奢，棺柩久停；一、滥借西债，重利滚剥。均宜严禁"⑨。氾水县，"人心不古，世风日变，中产之家渐流于奢靡，不驯之

① 《清高宗实录》（六）卷三八〇，乾隆十六年正月癸卯，第4页。
② 《清高宗实录》（十九）卷一四五九，乾隆五十九年八月癸未，第494页。
③ 《清仁宗实录》（五）卷三四二，嘉庆二十三年四月丁酉，第514页。
④ 《清高宗实录》（五）卷三四一，乾隆十四年五月丙子，第728页。
⑤ 民国《夏邑县志》卷一《风土》，成文出版社1968年版，第274—275页。
⑥ 宣统《宁陵县志》卷二《风俗》，中州古籍出版社1989年版，第66页。
⑦ 康熙《商丘县志》卷一《风俗》，成文出版社1968年版，第112—113页。
⑧ 民国《新修阌乡县志》卷七《风俗》，成文出版社1968年版，第185页。
⑨ 《清高宗实录》（二）卷一一九，乾隆五年六月戊戌，第749页。

徒或聚而为盗，习俗日离，无可讳言"①。新乡县，"迩来俗渐浮华健讼，不力本生殖，一经灾祲，遂成困踣；年或稍登，辄习侈靡"②"各乡富户以苦力起家者十居八九，惟稍能丰裕，子孙便习于游惰，故能致巨富者亦鲜"③。商丘县，"奢靡渐炽，游惰间出"④。武陟县，"神道设教，有深意存，习俗相沿，踵事增华，甚至荡产破家而不恤。如大街烟火、古樊水会，每一举行，费至数百缗或千余缗，中产之家一膺会首，立见破败，然狃于迷信，莫敢或违"⑤。获嘉县，"婚葬则物务求备，宴会则筵必从丰，如有违背，群起责难"⑥。其三，过于轻商。与河南相邻省份，山西有晋商，安徽有徽商。河南个别州县虽有"擅长"经商者，如获嘉县民"好货财，惟嗜利之心过重，下流社会往往因财产关系激成家庭之变"⑦。永宁县（今河南洛宁县），"其人则士、农、工、商，各因时为升降"⑧等，但是缺乏豪商巨贾，更没有形成区域经商风气。南阳府秦汉时期有"好商贾"之说，然后世便"去末归本"，清代亦萧然。例如，邓州，"邓介冲僻之间，四方富商大贾至者绝少，民生不见异物，士习端悫，民风淳朴，好义急公，重农务本，无奇技淫巧之尚、侈靡狙诈之习，易与为善，俗最近古"⑨。内乡县，"邑向来俗朴风淳，非横经即负末，其逐末争子母之利者什之一二耳……近乃户口流移，阡陌荒芜，牛、种、耒耜不具，水旱不时，耕织者滋苦矣。欲徙而为工，则时绌无举赢之家，谁计佣而授食？更欲转而为商，则室如悬磬，即小负贩且不给，尚何能南北车牛远服贾"⑩。其他府州县也大体如此。例如，光山县，"执业士农多而工贾少，其大较也。……安土重迁，不营商贾技艺之事，其富商巨估（贾）挟重资而游四方者，境内

---

① 民国《汜水县志》卷一《风土》，成文出版社 1968 年版，第 54 页。
② 乾隆《新乡县志》卷一八《风俗》，成文出版社 1976 年版，第 639 页。
③ 民国《新乡县续志》卷二，成文出版社 1976 年版，第 211 页。
④ 康熙《商丘县志》卷一《风俗》，第 112 页。
⑤ 民国《续武陟县志》卷九《风俗》，成文出版社 1968 年版，第 195 页。
⑥ 民国《获嘉县志》卷九《风俗》，成文出版社 1976 年版，第 404—405 页。
⑦ 同上书，第 405 页。
⑧ 民国《洛宁县志》卷二《风俗》，成文出版社 1968 年版，第 209 页。
⑨ 乾隆《邓州志》卷九《风俗》，成文出版社 1976 年版，第 281 页。
⑩ 康熙《内乡县志》卷五《风俗》，第 360—361 页。

不闻其人也"①。郏县,"民无他业,惟稼穑是务。大约士谋其身家而不植党,民务勤于农桑而不健讼……士人耻而不屑为金钱之多、舆马衣裘之美,有者不敢夸于人,而旁观者亦不以为羡慕"②。滑县,"无商埠百货之转运,民生所赖,只有农业一途。但黄河故道左右,半属沙碱草荒……且城乡富户百无一二,大抵多中人之产,或经商以权子母,或作贾以竞锥刀,除消耗外,罕有赢余。次及贫民小户,或负贩以谋生活,或做工以觅口食。年丰粮贱之时,尚能赡身养家;倘遇饥馑荐臻,新米昂贵,则不免于饥饿"③。此外,河南人还比较迷信,如乾隆帝所说"惟愚人多信邪教者"④,做事成败常怨天尤人,"惟信天命过笃,往往委过于天以自解"⑤。

2. 民风导致的豫抚保守

上述民风在晚清就造成了社会动荡,思想保守,甚至盲目排外。譬如捻子,其初即多是豫皖交界地区游手好闲的赌徒;而"晋豫交界地方,匪徒结党焚掠"⑥;豫西、豫南"界连秦楚,为盗贼出没之数"⑦。这种状况一直持续到清末乃至民国时期,不能不影响到地方官员的行政作为。

其一为迷信。前述道光二十一年(1841)开封被水围困,前赴江苏按察使之任的李星沅在骂文冲"妄请迁省洛阳,听其泛滥,以顺水性,罪不容于死矣"的同时,也说牛鉴"长跪请命",祈求上天保佑⑧。据痛定思痛居士记载,决口之后的六月十九日中午,牛鉴从祥符汛六堡回到省城,士绅闻听即去见巡抚,"途遇布政司张祥河,自宋门接大王回。自是城内日日有接大王之事(河神有金龙四大王、黄大王、朱大王、九龙将军,各神身如蛇,高首肉角,口衔双鬓,额有朱斑,身长二三寸或二三尺不等,色或绿、或黄、或五彩具备。迎之者,备香案,以

① 民国《光山县志约稿》卷一《风俗志》,第88页。
② 咸丰《郏县志》卷三,成文出版社1975年版,第181—182页。
③ 民国《重修滑县志》卷七《民众生活状况》,成文出版社1968年版,第545页。
④ 《清高宗实录》(十九)卷一四五九,乾隆五十九年八月甲申,第494页。
⑤ 民国《获嘉县志》卷九《风俗》,第404页。
⑥ 《清德宗实录》(一)卷六〇,光绪三年十月乙巳,第829页。
⑦ 《清德宗实录》(二)卷七三,光绪四年五月甲寅,第127页。
⑧ 袁英光、童浩整理:《李星沅日记》上册,第280页。

盘覆黄纸接之，无盘别以顶冠神蟠其上，置肩舆内。官送入庙中，拜跪毕，即转瞬不复见）"①。清代河工中祭祀河神是常有之事，省城民众既然信神，为了稳定民心，牛鉴也做祷告。二十日夜，牛鉴在关庙虔诚祈祷：

> 维道光二十一年，岁次辛丑，六月癸未朔，越二十日壬寅，河南巡抚牛鉴谨告于昊天上帝、诸佛菩萨、关圣大帝之神，曰：天道福善祸淫，作善降祥，作不善降殃，理有固然，未尝偶爽。黄河于本月初八日以后非常盛涨，漫水汹涌，省城直北大堤于十六日辰刻决开口门，建瓴直下，骤围省垣，不没者仅有数版，数百万生灵呼号颠连之状，惨不忍睹。城内城外被水淹毙者，已不知凡几。揆之福善祸淫之理，此必汴梁省城官吏贪污，士民作孽，以致上天降灾，遭此大厄。此后伏秋两泛为日甚长，黄河若再泛滥，省中数百万生灵行将尽成鱼鳖。如以为民罪可逭，即祈上天默佑，河水不涨，雨泽不施，退出堤根，得以及早修筑。如以为在劫难逃，则鉴惟有吁恳天恩，身先受罚，或遭雷击，或遭瘟疫，或发狂疾自挝，或自刎，或自缢，或子孙殃折，以冀稍慧天怒，于民灾十分之中轻减二三。若天意不肯示罚，则鉴誓必与阖城百姓同日受死，断不敢偷生人世，贻封疆羞。乃或者议决他方之大溜以解汴梁之危厄，则汴京数百万之民固有命，即他方数百万之民亦有命。以汴京生民之孽而欲嫁祸于他方数百万之生灵，如果他方之民有罪，则上天早夺黄河之溜而降之罚矣，又何必假手河南巡抚而为嫁祸之事耶？若果有此事，不但鉴无以对彼方之民，是又汴梁士民重添罪案。冤冤相报，何有终极？揆诸天理，实属难容。天地神明共鉴此心，鉴虽粉身碎骨，断不肯为此负心之事。哀吁叩天，撼忱请命，不胜战栗恐惧之至。谨告。②

---

① 痛定思痛居士：《汴梁水灾纪略》，第7页。
② 痛定思痛居士：《汴梁水灾纪略》，第9—10页。另见河南巡抚牛鉴《为黄河决口骤围省城谨告昊天上帝等作善降祥事祈文》，道光二十一年六月二十日，录副奏折，档号03－3592－025。

以现代人的眼光看，牛鉴此举固然不值一提，但就当时大灾降临、人心惶惶的情况言之，此祷文却在一定程度上起到稳定、聚拢人心的作用。一是汴人迷信，此时只能因势利用。如前所述，由于准备不足，官府救灾乏术，牛鉴只能以"神力"补救，即便灾情不能因此而减轻，也是汴人"罪有应得""自食其果"，可以"坦然"承受，而不至于把矛头指向官府。二是巡抚愿意"牺牲自我"代汴人"受过"，这可以平息民怨、凝聚人心。牛鉴的"自我牺牲"在当时被传得神乎其神，李星沅在灵宝县就听到县令赵索权说，"黑罡口决口，城不没者尺余，竟有浪激入城头，镜塘（牛鉴，字镜堂）中丞免冠叩头，痛哭号呼，愿以身代民命，水即折流而西。至诚明格，其应如响。"① 可见大灾之下，牛鉴的做法可以凝聚人心，形成以巡抚为中心的向心力，有利于抗灾。三是以神灵名义断汴人"以邻为壑"的想法。因河决水灾导致上下游之间相互掣肘，甚至以邻为壑，是清代河工中常有的事，前述豫抚倪文蔚与东抚张曜在黄河是否回归故道上的分歧就是一例。但若公然在上游人为制造新灾来救已经受灾的省城，则无异于挖肉补疮，朝廷绝不允许，地方督抚也绝不敢为；况且上游能人为决口的地方也在河南省内，汴人的以邻为壑在牛鉴则是"自残"，只是大灾之际，若强行否定，可能激起民怨，而以神灵的名义则很容易让汴人"死而无憾"。也正因为此招顺应了汴人的迷信心理，对稳定人心非常有效，牛鉴便反复使用：七月十九日，官绅"北门内接河神。神，故河东河道总督栗恭勤公也"；二十日，"雨，巡抚牛鉴祀河神于城西北隅"；二十一日，"巡抚牛鉴在城上望祀河神"；二十三日，"白露节，巡抚祀河神"；八月初七日，"巡抚牛鉴以藏香祀河神"。② 如此三番五次地祭祀，仅考虑城内民众之安危，而置城外灾民于度外，未免顾此失彼，有失周妥。

然而，这样做的并不仅仅是牛鉴一人。咸丰三年（1853），北伐太平军围攻开封省城，巡抚陆应谷不在，开封府知府贾臻在记述省城保卫战时写道：

① 袁英光、童浩整理：《李星沅日记》上册，第280页。
② 痛定思痛居士：《汴梁水灾纪略》，第38、39、40、42、48页。

连日讯据生擒贼目供称：五月十二日贼在陈留太平冈一带扎营，炎天酷热，人马饥疲。忽遇大雨倾注，迅雷烈风，所有火药大半沾湿，人亦多生暴病。正在设法趱赴省城，突于雷声电光中见一巨人，赤面长髯，形貌魁梧，贼众落胆。十三日贼逼汴城，官兵用炮轰击，贼亦开炮抵御，忽见东南两城楼红光缭绕，巨人危坐其上，躯干雄伟，高与楼齐。其在大堤十里以外之贼队，人数甚多，距城较远，为炮力所不及，陡闻一声霹雳，人马糜烂，死尸枕藉。新胁之众，见云端有人著绿袍，瞋目持刀，随即四路奔逃者三四千人，贼队立时散乱。①

十一年（1861）十一月，豫抚严树森也有类似奏折：

前次逆捻刘狗等大股西犯，扰及汜、巩。维时河南府知府樊琨会营督带勇练，严守黑石关等处要隘。该处滨临洛水，河身本浅，水势日落。八月十六日，该逆正在扎筏暗图渡黄，忽于是夜洛水陡长八尺，波涛澎湃，木筏悉被飘散，得以乘势痛击，大获全捷，贼遂不敢过渡，折回东遁。保全完善，实赖河神黄大王默佑之力，洵属御灾捍患，功在生灵。②

贾臻、严树森等人是否真正迷信到如此程度，不得而知，但河南百姓既然迷信，在战乱时期，人心浮动，以各种神怪"灵异"之说助阵，可以安抚百姓，稳定人心，则是毋庸置疑的。

其二为"入乡随俗"，听信下属之言或向习俗让步。主要表现之一，是李鹤年不执行曾国藩的"剿捻"战略。军兴以后，朝廷屡更

①　贾臻：《汴省解严诸神佑顺请奏加上封号颁发匾额禀抚台》，《退厓公牍文字》卷四。参见张守常编《太平军北伐资料选编》，齐鲁书社1984年版，第260—261页。贾臻在《瑛兰坡藏名人尺牍墨迹》第27册第6信《致瑛棨函》中，亦提到此类"灵异"现象，见上书第245页。

②　河南巡抚严树森：《奏为河神黄大王御捻捍患请赐匾额用答神庥事》，咸丰十一年十一月初五日，朱批奏折，档号04-01-14-0068-024。

"剿捻"大员都未奏效。同治四年（1865），派曾国藩为钦差大臣，督办"剿捻"，制定了"画地为牢"的战略战术，其中河南的壕墙由豫抚李鹤年负责修筑。然"山东、河南民士习见僧王战事者，皆怪曾国藩以督师大臣安居徐州，谤议盈路"①。对其防河之策，"诸将则纷纷推诿，均愿游击，不愿防河。盖防河者兴工之时，荷插负土十分辛苦，不比游击者之半行半住，稍觉安逸；防河者工竣之后，保守汛地，厥责甚重，不似游击者易于报功，难于见过。故勇丁愿行路不愿挑土，将领愿做活事不愿做笨事"②。李鹤年受河南地方官员的影响，不认真执行曾氏之战略，上奏道：修筑防线，"朱仙镇至黄河南岸，地系飞沙，旋挖旋圮。现以六营兵勇，先行试办，不能以全力从事"③。结果，"捻逆合股攻扑省南濠墙，乘夜东窜"④，导致曾氏苦心经营的"剿捻"战略毁于一旦。

表现之二，是倪文蔚在河工中向豫民妥协。前文说到，光绪十三年（1887），豫抚倪文蔚为了加快河工进度，请李鸿章代购电灯、铁路等，还聘请有法国匠人贾海。但是，一向闭塞的河南突然来了这么多"新人新事"，舆论大哗。一则河南人仇外。倪文蔚在给李鸿章的信中说："贾海初来，几至鼓噪。汴人仇视洋人，真不可解！济宁电报局何丞在汴城赁宅，疑系洋人，将门帖揭去。嗣告以电线，中国能为，以朱批示之，讹言始息。"⑤ "近日讹言四起，甚至刊印揭帖黏徧市衢。城中绅士多附和之，自矜忠义，揭帖呈鉴。"⑥ 二则利益相关。"汴人恶见鬼物，况此器若行，必夺若辈之利，不惟土夫不愿，工员亦皆不愿。"⑦ 倪文蔚"商之当道，金以汴人恶见鬼物，恐滋事端"⑧。倪氏无法，又请李

---

① 王闿运：《湘军志》。参见《中国近代史资料丛刊·捻军》第一册，第67页。
② 李瀚章编辑、李鸿章校刊：《曾文正公全集》第四册《批牍》卷四。参见沈云龙主编《近代中国史料丛刊续编》第一辑，文海出版社1974年版，第16515页。
③ 《清穆宗实录》（五）卷一八一，同治五年七月甲申，第261页。
④ 《清穆宗实录》（五）卷一八三，同治五年八月庚戌，第289页。
⑤ 倪文蔚：《郑工启事·致李傅相》。参见石光明等编《中华山水志丛刊·水志》第20册，第501—502页。
⑥ 同上书，第505页。
⑦ 同上书，第503—504页。
⑧ 倪文蔚：《郑工启事·致潘彬文》。参见石光明等编《中华山水志丛刊·水志》第20册，第507页。

鸿章代为劝导河督李鹤年等："我公可否致函和帅及少坪前辈，婉告汴人，谓此事中国人能为之，并不用洋匠。"① 但倪氏也向豫民做了让步：一是不用洋人。倪文蔚曾为法国匠人贾海说好话，致信两司："洋匠贾海以船为家，据渠云非巨石不可敌水力，拟顺流下驶回沪，雇备轮舶溯流而上，为运石计，其意殊可感也！"② 贾海并不熟悉中国河工，但用轮船运料与倪文蔚的意见不谋而合，用石筑堤之法则与后来的河督吴大澄一致，再加上其"以船为家"的敬业精神，证明他与侵略者确有本质区别。然而，由于河南官绅及民众的反对，贾海不仅被辞退，而且每有"洋"物，倪氏便不得不一再声明"不用洋人"，以免绅民滋事。二是购买新式工具几乎流产。倪氏原请人代订电灯两副，但在工人员反对，只好仅留一副。他在给河督李鹤年的信中说："因电镫不惟省费，且不避风雨，并无须鬼匠，故尔电上海龚道代购两具。此件仅工员不愿，或留一件，尚购有手提琉璃镫数百盏，两坝参杂用之足矣。铁路即作罢论。日前市间揭帖不准电线委员赁宅，亦拟函致盛道退回工料价值。"③ 后因李鸿章复函，一再称铁路于河工之便捷，倪氏也说"前请止办，乃愤激之谈"④，仍请代购，电报线路也照常架设，但电灯仅留一副。对于电报线，河南人虽不再认为它是传教士用以传教的工具，但还是"自电线成后，各路消息，顷刻即通，汴人又谓怪事"⑤，对近代化的东西仍不理解。如此等等，不一而足。

三 受地域制约

作为地方行政长官，晚清督抚必须处理所辖省份的公务，因而所任省份的不同会导致督抚作为上的差异。河南地处堂奥，晚清未受到列强的直接军事侵略，客观上不利于河南走向近代化，同一督抚，在其他省份的作为就可能带有近代色彩，在河南则缺乏或没有此种特色。这方面

---

① 倪文蔚：《郑工启事·致潘彬文》。参见石光明等编《中华山水志丛刊·水志》第20册，第505页。
② 同上书，第500页。
③ 同上书，第503页。
④ 同上书，第508页。
⑤ 同上书，第526页。

比较突出的是鹿传霖和边宝泉。

鹿传霖，字滋轩，直隶定兴人。同治元年（1862），成进士，选庶吉士，散馆改广西知县。以督剿柳、雒土匪功，赐孔雀翎，擢桂林知府。光绪四年（1878），调廉州（治今广西合浦县），旋升惠潮嘉道。擢福建按察使，调四川，迁布政使。九年（1883），授河南巡抚，清釐州县纳粮积弊，岁增三十余万。十一年（1885），调陕西，引疾归。十五年（1889），再出抚陕。值黄河西啮，将与洛通。传霖增筑石坝三十余座，得无患。中日构衅，遣兵入卫，命兼摄西安将军。二十一年（1895），擢四川总督。①

从上述可以看出，鹿传霖在任豫抚、陕抚期间的所作所为，并无多少特殊之举。在豫抚任上，鹿传霖做的唯一与洋务有关的事情是奉命购买洋枪，并未超出其前任。光绪十年（1884）十一月二十八日，鹿氏奏：

> 窃查豫省枪炮，惟今春臣因广西边防吃紧，曾垫款委员代购洋炮各件，运济边军，均先后奏明，迄今粤西尚未归款。窃后堂枪炮，必须多带子药，价值较昂。豫省帑项支绌，未能多办，除购解宋庆旅顺军营克虏伯炮六尊外，仅带购马步后堂枪三百杆备用。此次精锐营奉调北上，只拨发百数十杆，现存无多。复经派员驰赴上海酌量定购，亦经附片陈明。惟向来洋装枪炮，均须预定，而运解至速亦须数月之久。既值海氛不靖，购办能否应手，更不可知，诚恐缓不济急。闻津局自春间以巨款购办洋装枪炮甚多，当已陆续运到，可否请旨饬下北洋大臣，俟张曜军到，先行如数拨发应用，俟豫省购到，再行拨还。倘竟难购办，亦即按价归款，以免贻误要需。②

光绪二十一年（1895），鹿氏出任川督后，一则川督地位高于豫

① 赵尔巽：《清史稿》（缩印本）第4册《鹿传霖传》，第3176页。

② 河南巡抚鹿传霖：《奏为遵旨购办后膛枪迟速难定请旨饬北洋先行借拨事》，光绪十年十一月二十八日，录副奏折，档号03-6093-100。

抚，二则四川的新政比河南搞得好（如四川机器局创建于光绪十三年，即1887年，比河南早十年），三则有甲午战争失败之痛，而英国又觊觎西藏，鹿氏遂于到任后的第二年即在川省创办西学学堂：

> 查讲求西学，兴设学堂，实为今日力图富强之基。川省僻在西南，囿于阅见，尤宜创兴学习，以开风气。臣前于议复条陈时务折内，业经具奏在案。随即咨请总理衙门选派熟谙英、法语言各学者各一员，咨送来川，充当教习，并由南、北洋咨取学堂应用书籍，并委员赴上海添购各种洋书，以备肄习，一面购觅地基，建修学堂房舍。惟款项难筹，因饬绵道在于土厘项下先筹拨银五万两，发交盐局生息，暂作创办经费。兹由京选派英文副教习长德、法（文）记名副教习恩禧现已随法商来川，其南、北洋咨送及购买书籍亦陆续运到。惟建修学堂约须八月始可竣工，现已先行选择生徒，借地开办肄习，以免旷误。当即议立章程，取年幼聪颖子弟文义清通者三十人，于六月初八日开堂教授，并派略通西学之员监管学堂，总司督察，稽其勤惰。虽讲求西法，仍以经史之学为本，并查有中江诸生林有庆，精于算学，延聘为华文教习，俾教授经史、算法，一切有用之书，使之兼管并习，相互发明，期成有用之材。如各属生童有讲求西学愿来就学者，作为外附，亦准随同肄习。①

对于鹿氏之奏，总理衙门议覆，该学堂与广东同文馆、新疆俄文馆相同，准予办理。鹿氏还奏请川省矿务由官商合资开办，亦得朝廷俞允。② 大体在这同一时期，豫抚刘树堂在河南办理新政，但仅限于军事上习洋操和创办机器局，在教育上没有任何新举措。所以，无论从纵向看鹿传霖任豫抚与川督时的差别，还是横向把刘树堂与鹿传霖比较，河南都显得落后。边宝泉的例子也是如此。

---

① 四川总督鹿传霖：《奏为陈明四川省创设西学学堂情形事》，光绪二十二年六月初七日，录副奏折，档号03-7209-073。

② 《清德宗实录》（六）卷三九二，光绪二十二年六月丙戌，第114—115页。

边宝泉,字润民,汉军镶红旗人。同治二年(1863)进士,授编修;十一年(1872),补浙江道监察御史,迁户科给事中。光绪三年(1877),出为陕西督粮道,再迁布政使;九年(1883),擢陕西巡抚;十二年(1886),调河南巡抚,以疾归;二十年(1894),擢闽浙总督。①

边氏在任豫抚期间,除了因秋审误将绞刑犯处斩②、失察洛阳县知县王道隆滥加粮额酷刑毙命③、两次被交部议处外,没有多少事情值得一说,但后来其出任闽浙总督并兼管船政,所涉洋务甚多,其作为也就与任豫抚时不同。关于船政,如保举办理船政出力人员,边氏曾奏:"此案事属创举,工程繁琐,历时已八九年,经费四十万,承办、兼办各员随时调换,何止二十余人。所有续派各员,昕夕勤劳,依限藏事,实属异常出力。其先派之员,或补缺赴任,或因工告退,虽未始终其事,而缔造之艰、助劝之力,亦未便没其微劳。"④ 光绪二十年(1894),购买十吨重全铁连链辘饼二副、钻孔软手及皮管二十条⑤等等。关于交涉,如保举办理交涉出力人员,光绪二十四年(1898)四月边氏奏:"计自十八年起至二十一年止,已逾三年之期,各国交涉案件日益纷繁。前值倭防戒严,牵涉各国商务,事多掣肘。在事各员按约办理,悉臻妥协。上年古田华山一案尤为棘手,各员悉心筹画,力持正议,与领事往复辩论,卒使就我范围,妥速办结,均不无微劳足录。"⑥关于练兵,如边氏订购单响步枪四千杆用于练兵⑦等。当然,这一阶段处于甲午新政时期,所以边氏如此,既有地域的缘故,也有朝廷谕令办理新政的因素。

① 赵尔巽:《清史稿》(缩印本)第4册《边宝泉传》,第3210页。

② 《清德宗实录》(四)卷二四五,光绪十三年七月乙丑,第289—290页。

③ 《清德宗实录》(四)卷二八四,光绪十三年六月甲申,第331—332页。

④ 闽浙总督边宝泉:《奏为闽省创造船坞出力各员分别请奖事》,光绪二十二年十月二十九日,录副奏折,档号03-6188-050。

⑤ 闽浙总督边宝泉:《奏为福建船政局轮机厂铁胁厂光绪二十年添购起重等机械事》,光绪二十一年十月十六日,录副奏折,档号03-7126-059。

⑥ 福州将军裕禄、闽浙总督边宝泉:《奏为闽省办理洋务出力各员请旨照章给奖事》,光绪二十二年四月十七日,录副奏折,档号03-5341-092。

⑦ 闽浙总督边宝泉:《奏为闽省改用新法练兵等先行筹购枪械所需价值请于闽海关洋税项下动支作正开销事》,光绪二十四年六月十三日,录副奏折,档号03-6147-020。

综上所述，就晚清豫抚本身而言，思想观念参差不齐，无论保守抑或"激进"，都是长期形成的，并不会因为他们任职河南而改变；但由于河南地处堂奥，风气未开，受此影响，总体上看，晚清豫抚就显得偏于保守。

第三章 自顾不暇的畿辅屏障

河南省地处中原，壤接七省，既有黄河之险，又为钱粮大省，是阻止太平军、捻军向畿辅地区发展的最后屏障。然而，这个四战之地，人口众多之区，晚清河南巡抚却未能善加利用，要么不愿意为天下先，要么徒有雄心而实无其才，"坐等"他人收功。因此，军兴时期的河南虽也在平定"内乱"中做出了一定贡献，但总体上却是自顾不暇，没有起到屏障作用。

第一节 清前中期的豫省之乱

自清兵入关，定鼎中原，清朝即以封疆大任寄于豫抚。河南历任巡抚协饷边疆、治河救灾、镇压"教匪"，易于为功，诸如田文镜、尹会一、雅尔图、徐潮、毕沅、阮元等，均为一时之名抚。但是，浮冒工款、讳灾不报、需索规费、袒护赃官，最终把河南推入动乱的旋涡，豫抚亦难逃其咎。

一 前中期巡抚之治豫

河南巡抚身负疆寄，负有查吏安民、绥靖地方之责，凡保举、参劾、治河修渠、救灾平粜等事务，是其分内之事，其前中期对河南的治理，亦主要表现在此。

1. 整饬吏治

专制体制之下，以官为本位，官吏之优劣，是施政成败的关键。河南巡抚即豫省最高行政长官，对本省一切用人行政负有全责，治理内容几乎无所不包。现就其主要政绩，列举数端。

第一，裁并小县。行政区划，有延续历史，有新设，多不轻易变更，但有些州县过小，官多民稀，若不裁并，则徒增民众负担。清代河南裁并小县有三例。

并胙城县（今延津县胙城乡）入延津。胙城县，传说为舜所封之南燕国。周代，周公别子封胙伯于此，为胙国。汉代置南燕县，东汉改为燕县，晋慕容德改为东燕县，隋开皇十八年（589）改名胙城县。唐武德二年（619）置胙州，并设南燕县，四年（621）又罢州置胙城县。明洪武十年（1377）并入汲县，十四年（1381）复置。雍正五年（1727），经豫抚田文镜奏请，并胙城县入延津县，裁知县、典史、教谕、训导各一员。①

裁石梁县（今属河南许昌市）、许州府治，设许州直隶州。石梁县，周代许国所在地，雍正十二年（1734）置县。乾隆六年（1741），豫抚雅尔图奏请裁石梁县、许州府治，改许州府为直隶州；十二月，吏部议覆：

> 许州，旧为直隶州，今改为府；设石梁一县，所辖一州七县，赋无遗负，民亦淳良。请裁去府治及附郭之石梁县，仍改为直隶许州；将原辖之临颍、郾城、襄城、长葛四县，令其管理，仍归分巡开归道辖……许州府之通判、经历、司狱及石梁县之典史，一并裁汰，复设直隶州州判、吏目各一员；许州府教授、训导，即为许州学正、训导。又，布政司理问一员，虽非近年添设，而闲冗虚糜，应一并裁汰。均应如所请。从之。②

并河阴县（在今河南荥阳市东北）入荥泽。河阴县，"周，置平阴县，属三川郡；汉，属河南郡；晋，始改平阴曰河阴县，以在濒河山下故名，属河南郡；南北朝，刘宋因之，东魏置河阴郡治此；唐开元初复置，属河南郡，会昌三年改属孟州；五代、宋，俱属孟州；金、元俱属

---

① 《清世宗实录》（一）卷五五，雍正五年闰三月癸酉，第836页。
② 《清高宗实录》（二）卷一五七，乾隆六年十二月丁未，第1242页。

郑州,明属开封府郑州"①。清代亦属开封府郑州,所辖范围甚小。乾隆二十九年(1764)十月,河南巡抚阿思哈奏请并入荥泽县:

> 臣查开封府属河阴县,疆域偏小,东西仅广二十八里,南北袤二十二里。通县六堡,村庄一百余处,地僻事简,赋少民淳,原定简缺。该邑东至同府荥泽县城仅一十五里,而荥泽境东西亦止宽一十六里,南北长三十二里,幅员不广,粮赋相等。合计两县地方,不过一邑之地,官多役冗,廪禄虚糜,似应裁并。②

同年十二月,吏部等议准:

> 查荥泽县,路当通衢,地临黄河,原定冲疲兼二沿河要缺。河阴紧接荥泽,请将该县知县、典史裁汰,归并荥泽;所有额征地丁、常平仓谷,并盐引,俱归并征收营销;其河阴驿马二匹,并吏役工食,一体裁汰;所裁官役俸廉银两,归入裁存项下造报。该地原设外委一、马兵一、守兵十二,令酌留外委一、守兵五,其余撤回原营操防。至该地稽查、保甲、缉拏盗匪等事,照集镇分员弹压例,添设巡检一员管理,给与印信,以专职守;俸廉役食,照例于裁存项下支给;仓廒谷石,仍贮本城,便民借籴完纳,责成巡检守看,仍听知县经理;河阴原设教谕一员,照江南临淮直隶魏县例,改为河阴乡学教谕。再,荥泽事务加繁,应定为冲繁疲兼三沿河要缺,在外拣补。又,河、荥二县养廉,原俱岁支一千二百两,公费各二百两。今河阴裁并,公事已繁,请照大县一千四百两之数,增养廉银二百两,公费银四十两。从之。③

此外,还有顺治十六年(1659)并南召县入南阳县,雍正十二年(1734)复故等。但此类裁并并非都是一帆风顺。例如,河阴县裁撤

---

① 田文镜:《河南通志》卷四。

② 河南巡抚阿思哈:《奏请裁河阴县知县典史二缺归并荥泽县管理事》,乾隆二十九年十月十五日,录副奏折,档号03-0052-055。

③ 《清高宗实录》(九)卷七二四,乾隆二十九年十二月丙戌,第1069—1070页。

时，该县生员陈起忠等聚众罢市，关闭城门，反对并入荥泽。① 也正因为如此，裁并小县才显得难能可贵，体现出清前中期豫抚治豫比较务实、敢于担当的一面。

第二，裁减冗缺，参劾玩忽，改不胜任的知县任教职。专制体制与科举、捐纳相结合产生的官员，地方督抚想尽力做到"选贤与能"，实属不易。这方面，雅尔图的奏折有一定的代表性。

雅尔图，蒙古镶黄旗人。雍正四年（1726），自笔帖式入赀授主事，分工部，再迁郎中；十三年（1735），授镶蓝旗满洲副都统。乾隆三年（1738），命暂管定边副将军印；四年（1739），召授左副都御史，迁兵部侍郎。② 同年十一月至八年（1743）五月为河南巡抚。《清史稿》评论，雅尔图等治理地方，"才有洪纤，效有巨细，要皆有益于民"。乾隆帝曾令陛见回省的河南布政使赵城传口谕，称"巡抚雅尔图是好巡抚"③。乾隆五年（1740）正月，刚上任不久的雅尔图奏道：

> 河南一省，除沿河州县外，其余止有汝、陕、光三州，及南阳一县，系属题缺，其他俱归部选，往往人地不能相宜。再，因知府一缺，例不题补，而河南之南、汝二府，界联数省，最称盗薮。部选之员，未必尽皆干济之才，以致地方不能整理。现在各属员中，大约因循庸懦、萎靡懈弛及才具中平、难胜要地者居多。此等州县，本无劣迹可指，若遽行参革，亦非为国家爱惜人才之意。臣之愚见，除贪残不职之员，自当不时纠参外，至于尚可造就者，随事训饬，多方鼓舞，或量其才能，酌量调补；或察其年力，勒令休致。至于各属员中，或果有现任简缺，而才能出众，堪膺繁剧之任；或现在缉捕盗匪，著有劳绩者，臣即据实奏闻，仰恳（朱批：是。必如是，然后积玩之习可改。然稍有私心于其间，则不但无益，而且有害）圣主天恩予以破格录用，以示鼓励，则积玩之习，

---

① 河南巡抚阿思哈：《奏为审拟河阴县生员陈起忠等聚众抗官罢市一案事》，乾隆三十年二月十九日，录副奏折，档号03-1397-005。

② 赵尔巽：《清史稿》（缩印本）第3册《雅尔图传》，第2726页。

③ 河南巡抚雅尔图：《奏为奉旨表彰谢恩并陈下悃事》，乾隆六年四月十五日，朱批奏折，档号04-01-12-0022-075。

晚清河南巡抚研究

自可渐次改移，总期于吏治民生，实有裨益。但臣知识短浅，未敢就一己之意见，遽行冒昧举劾，容臣查察切实，并与各司道大员公同斟酌，务求公当，方敢次第举行（朱批：好）。①

雅尔图此奏，为豫抚治理河南官场的基调，不外乎保举、参劾之类；而其所受牵制，上有中央各部，下有司道，更有因科举制度产生的长于考试、黯于治民之官，举参两难。乾隆帝的朱批，则反映了皇帝在任用地方督抚时的矛盾心理，即便是"好巡抚"如雅尔图者，也终不放心。故河南巡抚治豫，除河工、赈济、镇压"邪教"三项外，参劾属员者甚少，大多只是裁减冗缺、不胜任之州县改教职及勒令休致，等等。裁减冗员，如，乾隆八年（1743）十一月，河南布政使赵城奏，通许县（今河南通许县）事简，请将该县县丞裁撤，改为事情较繁的淮宁县（今河南淮阳县）县丞。得旨：交巡抚硕色办理。硕色即依请而行②。知县改教职的，如，乾隆二十八年（1763）七月，河南巡抚叶存仁奏，请将荥阳县（今河南荥阳市）知县刘善元（举人）、嵩县知县郭镌俊（举人）、宜阳县知县廖飞鸿（进士）三人改为教职。③ 次年六月，河南巡抚阿思哈奏：

> 兹查有延津县知县李莞，湖北进士，于乾隆二十七年选授延津。该员到任一载有余，毫无振作，一味委（萎）懦。上年十一月，前抚臣叶存仁委署登封简缺，试观后效。乃该员性情拘滞，仍属竭蹶，难望有成。又，桐柏知县谭灏，江苏举人，于乾隆二十六年选授今职。该员为人优柔，办事迟钝，审理词讼，每多不决，屡加策励，不能奋勉。此二员者，实难胜民社之寄，然年力俱强，均系科目出身，当堪司铎……又，河阴县知县苏林泰，系镶白旗汉

---

① 河南巡抚雅尔图：《奏为查明豫省吏治情形事》，乾隆五年正月十七日，朱批奏折，档号 04 - 01 - 12 - 0018 - 023。
② 河南巡抚硕色：《奏为遵旨裁汰通许县县丞改为淮宁县县丞事》，乾隆九年二月二十二日，录副奏折，档号 03 - 0074 - 029。
③ 河南巡抚叶存仁：《奏请将不职之县令刘善元等改授教职事》，乾隆二十八年七月二十八日，录副奏折，档号 03 - 0109 - 025。

军，由笔贴式于乾隆二十六年选授今职。该员才具本属平庸，兼多疾病，精神萎靡不振，公事日就懈弛，未便任其恋栈，致滋贻误，应请勒令休致。①

如此整饬吏治，于督抚应是寻常之事，然而，在所谓的"乾隆盛世"，这样的参劾，竟尔亦属难能。乾隆三十六年（1771）十月，谕：

据何煟奏，验看截取举人申超，年力衰弱，难膺民社，请将该员改教一折。所办甚是。前因何煟于护理巡抚时，奏请将"验看截取举人，如有衰庸难膺民社者，即照此陈奏；其有情愿引见者，并照六法官例，送部引见定夺"，着为令。乃两年来，各省督抚从未有以验看衰颓据实奏办者，岂应行甄别之人，独在豫省，而他省竟无一人可汰乎？此皆各督抚因循姑息，不实力奉行所致，岂复澄清铨法之道！②

此外，全国官场因循怠惰，河南一省也难独善其身。故此，那些想有作为的豫抚，对于全国吏治、督抚与属员的关系，也颇为关注。这方面，雅尔图奏请禁止首邑捐垫之弊可为代表：

窃照天下之吏治，必大法而后小廉。故督抚、司道履洁怀清，与属吏毫无粘染，则州县咸知观感，吏治肃清。若不能整躬率属，稍留指摘之端，则州县藉词效尤，怠玩纵恣，势所必至。……查督抚与州县，分位悬绝，惟省城附郭首邑最为亲密。督抚之营私，必自首邑，而开州县之钻营，亦自首邑而始；防微杜渐之道，则首邑捐垫之弊，所当急行禁绝者也。盖附省首邑，与督抚、司道同驻一城。省会之区，公事繁多，如督抚之操演兵马、考试吏员、行香讲约、因公勘验等事，需用酒醴饮食、香烛祭品，均于首邑取办；甚

---

① 河南巡抚阿思哈：《奏为知县才不胜任酌情分别改教勒休事》，乾隆二十九年六月十五日，录副奏折，档号03-0112-033。

② 《清高宗实录》（十一）卷八九四，乾隆三十六年十月戊辰，第1002—1003页。

至修理衙署、整换执事置办之物，首邑俱遣家人、工房在辕承值。督抚如此，司道亦然，遇有公事，俱惟首邑是问。分而计之，为数不见其多；统而核之，每至盈千累百。在上司，只顾取携之便，资费不问从来；在属员，只期迎合之工备办，唯恐不及。其实，首邑之养廉、公费，原有定数，既多赔垫之处，难免缺乏之虞，因而派累赔克，以滋扰乎闾阎；科敛营私，以补其亏欠，俱势所不免。在不肖首邑，正乐有捐垫之名，得以借端取盈，恣其贪狡；而督抚念其捐项繁多，不得不曲加体谅，姑息优容，甚至善其逢迎，反加保荐，是非倒置，公道无存。夫省会首邑，系一省州县之标准，既见其上下相蒙，簠簋不饬，势将相习成风。吏治不清，率由于此。应请嗣后各省会城，凡有一切应办事件，如事属因公，应酌动本省无碍公银；如系私事，应令各衙门自行备办，浮费概从节省，发价务期公平，总不令首邑有丝毫赔累。其首邑捐办公务及责差家人、工房在各衙门承值之弊，永行禁革，既无偏累之苦，复杜奔兢之门，将（使）优者益励廉隅，劣者亦无可藉口；而督抚司道，既无私弊，自必秉公察核，无姑容滥保之弊。首邑清，而阖省州县均知奋勉，似亦澄清吏治之大端也。①

由此可见，清前中期的河南巡抚，不仅治理本省官场较之于其他督抚，有其值得称道之处，而且对于全国吏治的改良，亦颇用心。只是专制体制之下，此种事情，说来容易做着难。②

2. 垦荒

河南是明末农民起义活动的重要地区之一，战乱造成了农民流离失所，土地荒芜，故从清初开始，屯田、开荒便成为豫抚治理河南的内容

---

① 河南巡抚雅尔图：《奏请禁首邑捐垫之弊以清吏治事》，乾隆六年七月二十九日，录副奏折，档号03－0333－034。

② 事实上，仅就首县之累而言，也不止雅尔图所列。例如，道光二十年（1840）正月，李星沅在日记中谈到河南首县祥符"累重，即幕友乾（干）俸，岁须万余金，非上司情面，即上司之幕之情面，相忍为国，由来已久。现奉中丞（牛鉴）扎（札）饬大加删减，该县裨益不小"。尽管如此，"祥符所入近止万五千金，所出常三倍，（县令中）虽有善者亦无如何"（袁英光、童浩整理：《李星沅日记》上册，第4、9页）。这也说明雅尔图奏请禁止首邑捐垫之举收效甚微。

之一。荒地的另一个来源是水灾淹没的土地，灾后土地涸出，需要复垦。最后，为了养活日益增加的人口，开垦原来并非农耕地方的土地。

清代垦荒始于顺治元年（1644）十一月，河南巡抚罗绣锦奏，河北府县有荒地九万四千五百余顷，因兵燹之余，无人佃种，乞令协镇官兵开垦，三年后量起租课。疏下部议。① 此为清代河南省垦荒之始。朝廷为了鼓励垦荒，对劝导开荒卓有成效的河南督抚进行表彰。例如，顺治十五年（1658）十一月，加河南巡抚贾汉复兵部尚书，以清出地亩钱粮四十余万两②；康熙三年（1664）八月，叙劝垦荒地功，加河南总督刘清泰兵部尚书、巡抚张自德工部尚书③。河南督抚为劝导民众垦荒，也奏请朝廷允准一些垦荒政策。例如，康熙二十二年（1683）三月，户部议覆豫抚王日藻的条奏：

> 户部议覆河南巡抚王日藻条奏开垦豫省荒地事宜：一、宜借给牛种。请将义社仓积谷借与垦荒之民，免其生息，令秋成完仓；一、宜招集流移。凡外省民垦田者，如遇他处已往事发，罪止坐本人，勿得株连容隐；一、宜严禁阻挠。凡地土有数年无人耕种完粮者，即系抛荒，以后如已经垦熟，不许原主复问；一、新垦地亩。请暂就该县下则承认完粮，俟三年后仍照原定等则输粮。均应如所奏。得旨：依议。④

乾隆六年（1741）十月，户部议准河南巡抚雅尔图遵旨议奏："豫省地土平衍，凡有膏腴沃坏，历经劝垦报升。唯从前未辟老荒，及水冲新淤深山平陆，不无荒芜未垦之处，应听附近居民，随便垦种报升，照本地方下则输赋。其上等地一亩以上、中等地五亩以上，各依水旱田之

---

① 《清世祖实录》卷一一，顺治元年十一月癸卯，第108页。《清史列传》卷四《罗绣锦传》的记载是："疏请以河北荒地凡万余亩，令守兵屯种。得旨俞允。"见《清代传记丛刊》第96册，第308页。

② 《清世祖实录》卷一二一，顺治十五年十一月庚子，第940页。

③ 《清圣祖实录》（一）卷一三，康熙三年八月乙丑，第195页。

④ 《清圣祖实录》（二）卷一〇八，康熙二十二年三月乙未，第100页。

例，限年报升；不足此数，俱为零星地土，请遵谕旨，免其升科。从之。"① 三十六年（1771）十月，户部又议准河南巡抚何煟奏，裕州（今河南方城县）、内乡二州县劝垦民田，水田应照例六年起科、旱地十年后起科。从之。② 这些都有利于鼓励民间开荒。

就垦荒地亩数量看，清初战乱之余，开荒最多。雍正朝（1723—1735）田文镜为河南督抚时，则以高压手段强令民间开垦，乃至虚报开垦数目，因而《清世宗实录》所载河南垦荒数量含有较大水分；乾隆（1736—1795）初年开始矫正田文镜之苛政，故开垦数目大幅降低。据不完全统计，到嘉庆朝（1796—1820），河南省共计开垦荒地近十五万五千顷（见表3-1）。

表3-1 　　　清前中期河南督抚奏报本省民间开垦荒芜、淤出土地数目表

疏报时间	督抚	开垦数	钱粮数	疏报时间	督抚	开垦数	钱粮数
顺治十年	吴景道	12250顷		顺治十五年	贾汉复	9万余顷	40.8万余两
康熙四年	张自德	19361顷	8.314万余两	康熙五年	张自德	6680顷	照例起科
康熙三十年	阎兴邦	643.15顷	0.228万两	康熙三十三年	顾汧	1600顷	
康熙六十一年	杨宗义	563顷		雍正二年	石文焯	352顷	
雍正三年	田文镜	2570顷		雍正四年	田文镜	2358顷	
雍正五年	田文镜	819顷		雍正六年	田文镜	7713顷	
雍正八年	田文镜	170顷		乾隆二年	尹会一	58.63顷	
乾隆三年	尹会一	9054.31顷		乾隆四年	尹会一	259.24顷	
乾隆六年	雅尔图	21.39顷		乾隆八年	雅尔图	5.71顷	
乾隆九年	硕色	0.66顷		乾隆十年	硕色	0.27顷	
乾隆十三年	硕色	4.3顷		乾隆十四年	鄂容安	5.84顷	
乾隆十六年	陈宏谋	3.94顷		乾隆十七年	蒋炳	2.32顷	
乾隆十八年	蒋炳	48.77顷		乾隆十九年	蒋炳	33.54顷	
乾隆二十年	蒋炳	83顷		乾隆二十一年	图尔炳阿	147.31顷	
乾隆二十二年	胡宝瑔	19.4顷	180.5两	乾隆二十五年	胡宝瑔	0.76顷	

① 《清高宗实录》（二）卷一五三，乾隆六年十月壬子，第1183页。
② 《清高宗实录》（十一）卷八九五，乾隆三十六年十月甲午，第1033页。

续表

疏报时间	督抚	开垦数	钱粮数	疏报时间	督抚	开垦数	钱粮数
乾隆二十六年	吴达善	2.24 顷		乾隆二十七年	胡宝瑔	53 顷	
乾隆二十九年	阿思哈	18.95 顷	如例升科	乾隆三十年	阿思哈	4.97 顷	
乾隆三十三年	阿思哈	29.70 顷		乾隆三十四年	阿思哈	0.89 顷	
乾隆三十五年	永德	0.44 顷		乾隆三十八年	何煟	24.73 顷	
乾隆三十九年	何煟	11.77 顷		乾隆四十二年	徐绩	1.98 顷	
乾隆四十四年	陈辉祖	3.80 顷		乾隆四十八年	何裕城	1.60 顷	
乾隆五十三年	毕沅	1.60 顷		乾隆五十九年	穆和蔺	7.11 顷	
嘉庆八年	马慧裕	0.24 顷		嘉庆二十年	方受畴	1.36 顷	
合计			包括旱地、熟地等共计154983.74顷。				

资料来源：《清实录》。罗绣锦所奏协镇官兵开垦的 94500 余顷土地未算在内。

　　由于河南省历来多水患，为减轻农民负担，河南巡抚将土地被水淹没、冲坍、沙压、盐碱、虚报等田亩，奏请朝廷免除额赋。其免赋方法，有直接豁免地粮银的，例如，雍正四年（1726），田文镜奏请，豁免祥符（今河南开封市）等县被水冲决田地额赋九千四百两有奇①；乾隆七年（1742）四月，雅尔图奏请将鄢陵、河内（今河南沁阳市）、南阳、新野等十一县河塌积水、沙压地地粮银五百九十四两零免除，获俞允②；二十九年（1764）九月，阿思哈请免祥符、中牟、荥泽等九县水冲、沙压、种植河堤柳树占地赋银三千八百九十两零、米银三百一十两零，报闻③。有折实粮地的，例如，乾隆十年（1745）六月，硕色疏报的引河挖占、坍塌七十七顷九亩折实粮地三十八顷五十四亩，请免地丁银一百九十一两五钱、漕米银九两九分，允之④。有免除加赋的，例如，乾隆二十一年（1756）七月，图勒炳阿（图尔炳阿）报，封邱县十八年分被淤粮地二百六十三顷有奇，应征额粮，仍照旧额征收，免其加则。从之。⑤

---

① 《清世宗实录》（一）卷四二，雍正四年三月壬寅，第 621 页。
② 《清高宗实录》（三）卷一六五，乾隆七年四月甲寅，第 87 页。
③ 《清高宗实录》（九）卷七一九，乾隆二十九年九月戊寅，第 1024—1025 页。
④ 《清高宗实录》（四）卷二四三，乾隆十年六月乙丑，第 139 页。
⑤ 《清高宗实录》（七）卷五一七，乾隆二十一年七月辛巳，第 526 页。

此外，为尽地利，河南巡抚也采取措施，以求提高单位粮食产量。例如，乾隆六年（1741）十一月，雅尔图奏：

> 豫省平川旷野，地土广多，所以未能如江广积贮，由粪种未勤，地力不尽，习广种薄收之说，以为固然。查乾隆二年定议，各州县于乡民中，择其熟谙农务、素行俭朴、为闾阎信服者，量设数人，董率农事。然百余里间，所谓老农者，不过三四人，以之劝率，势有不及。臣今（观）现行保甲规条，设立村长，管牌民一百户。年来各村长多能勤慎奉公，伊等皆谙练农务，拟将劝农一事，即责专管。行令地方官于每岁首春，传集各村长，将劝农规条详加指示，并捐给纸笔，先令将所管百户、各田土脂瘠、向收若干，造册存县，岁底核其功过。若该村长所管地方人工果劝、收成较胜，即奖以酒醴花红；三年无倦，给予匾额，永免本户差徭，以示优异；其化导无术、扰累居民者，即行责革，庶官民交奋，而豫省土产，可日望充裕。①

开垦荒地、蠲免钱粮固属好事，然而也存在一些问题。其一，豫抚奏报蠲免钱粮田亩主要集中在乾隆朝前期。开垦荒地历朝都有，而豫抚奏报蠲免钱粮田亩却集中在乾隆朝前期（详见表3-2），显然与乾隆帝纠正乃父苛政，要消除田文镜、王士俊强令开垦、虚报开垦田亩数量有关。其他朝并非没有，而是皇帝不太喜欢下面奏请这类蠲免。例如，康熙五十年（1711），左都御史赵申乔奏请蠲免荥泽县水冲地亩钱粮，却引起康熙帝的猜疑："观赵申乔此奏，必系与河南巡抚鹿佑有隙，藉之以辱鹿佑，且欲使人皆惧彼之意，不知人有惧彼者，亦有不惧彼者。"其猜疑的埋由是："从来河流原无一定，如河水迁流南岸，则北岸地亩涸出；河水迁流北岸，则南岸地亩涸出。地方官但将冲溃地亩钱粮，奏请蠲免；其冲后涸出地亩，并无一人奏闻者。此等处，朕非不知，但未肯深究耳。"②换言之，对于康熙帝而言，水冲地与涸出地两下可以抵

---

① 《清高宗实录》（二）卷一五五，乾隆六年十一月辛卯，第1220页。

② 《清圣祖实录》（三）卷二四六，康熙五十年六月癸亥，第444页。

消，地方官"不应该"奏请蠲免水冲地亩钱粮，殊不知，涸出地亩处的百姓固然是"占了便宜"，对于水灾之后的灾区百姓来说，水冲地那点可怜的蠲免可能是救命钱。康熙帝不"深究"地方官的行政不作为，反而认为奏请者"别有用心"。如此，谁还愿意自讨没趣？其二，由于皇帝不太喜欢地方官奏请此类蠲免，豫抚在清理虚报开荒田亩与民间隐瞒土地上存在矛盾心理。乾隆元年（1736），豫抚富德奏报河南清查垦荒情况，既要遵旨清查雍正朝河南虚报开荒的数量，又想清理民间隐瞒土地以邀功，弄得乾隆帝一头雾水："今览汝奏，第一折内，则称王士俊虚报开荒，种种欺罔；而第二折内，又称豫省地亩，隐匿者甚多，除（雍正）十二、十三两年首报之外，犹有欺隐……是汝同时两奏，而自相矛盾如是，朕竟不解汝意之所在也。"①靠这样的巡抚来清查地亩，恐怕河南的开荒究竟多少是虚报、多少是事实，最终仍是一笔糊涂账。

至于雅尔图所奏尽地利之法，即使真是为了尽地利，执行起来也非易事，故乾隆帝十分谨慎，谕："此等事，皆当详筹熟酌而为之，若存欲速之心，则利民之举，反为害民之端矣。"②

表 3 - 2　　　乾隆朝豫抚奏报本省永远豁免额赋田亩数量表

疏报时间	巡抚	田亩数	原因	疏报时间	巡抚	田亩数	原因
乾隆一年	富德	2030 余顷	沙压、冲、坍	乾隆二年	富德	8435.21 顷	盐碱、虚报等
乾隆三年	尹会一	1863.42 请	虚报等	乾隆三年	尹会一	36.26 顷	水冲、虚报等
乾隆七年	雅尔图	147.24 顷	积水、沙压等	乾隆八年	雅尔图	56.95 顷	浚河挖废
乾隆十年	硕色	77.09 顷	引河挖占坍塌	乾隆十年	硕色	5.76 顷	宋陵、苏坟地
乾隆十年	硕色	99.45 顷	引河、冲坍	乾隆二十九年	阿思哈	951.72 顷	冲、压、柳占
乾隆五十年	毕沅	150 顷	堤压、水冲	乾隆五十年	毕沅	1160.95 顷	水冲、沙压
乾隆五十二年	毕沅	150.14 顷	水冲	嘉庆三年	倭什布	369.64 顷	沙压
合计				13703.65 顷			

资料来源：《清实录》。

---

① 《清高宗实录》（一）卷一三，乾隆元年二月癸巳，第 390 页。
② 《清高宗实录》（二）卷一五五，乾隆六年十一月辛卯，第 1220 页。

3．救灾

河南省有两大水系，北属黄河，南属淮河，原可有舟楫之便、灌溉之利，但由于种种原因，黄、淮二水恒为灾患之源。尤其是黄河，郑州以东，一马平川，雨水多时，一旦决口，便殃及数州县、数十州县，乃至数省；雨水少时，又难以赖其免旱灾之苦。故豫省灾荒频发，救灾、赈济频繁，而"朝廷设官置吏，原以养民，遇有灾荒，即多方抚恤，方不负委任之重"①。

关于清代救灾，陈桦、刘宗志两位先生在《救灾与济贫——中国封建时代的救助活动》一书中，阐述了"报灾与勘灾""赈济与借贷""减免赋税与安置流民"以及常平仓、义仓等国家救灾体制与粮食仓储制度。② 清中前期河南巡抚救济本省灾荒的做法，也大体如此。为避免重复，本书侧重豫抚的具体做法，不再从制度角度探讨。

第一，蠲免、减、缓田赋和漕粮。凡有灾荒，经地方官堪定后报省，由河南巡抚奏请朝廷蠲免、减、缓田赋和漕粮。此为清代豫抚最常用的救灾方式之一。蠲免有全部免除。例如，康熙三十年（1691），邓州"牛瘟死殆尽。是年，免地丁银一万九千三百余两"③。三十一年（1692），偃师县（今河南偃师市东南），"春，无雨，民大饥，奉文本年钱粮全蠲；可二年拖欠宽贷，至二年后带征，民始生"④。四十七年（1708），济源县（今河南济源市）"大旱，诏蠲本年田租"⑤。雍正四年（1726）三月，"豁免河南祥符县被水冲决田地额赋九千四百两有奇，从河南巡抚田文镜请也"⑥。也有部分免除。例如，顺治十五年（1658），河南林县（今河南林州市）受雹灾，免"本年分秋粮十之三"⑦。康熙二十九年（1690）夏，获嘉县"旱，免赋十之三。三十年，

① 《清世宗实录》（一）卷三，雍正元年正月壬辰，第82页。
② 参见陈桦、刘宗志《救灾与济贫——中国封建时代的社会救助活动（1750—1911）》一书第二章和第三章，中国人民大学出版社2005年版。
③ 乾隆《邓州志》卷二四《祥异》，第1298页。
④ 乾隆《偃师县志》卷二九《祥异志》，成文出版社1976年版，第1637页。
⑤ 乾隆《济源县志》卷一《祥异》，成文出版社1976年版，第109页。
⑥ 《清世宗实录》（一）卷四二，雍正四年三月壬寅，第621页。
⑦ 《清世祖实录》卷一二一，顺治十五年十月辛丑，第940页。

春夏，旱；秋，蝗，免赋十之三。三十一年，岁饥，免赋税"①。缓，即缓征田赋、漕粮。康熙二十九年（1690）九月，"户部议覆：河南巡抚阎兴邦疏言，河南本年歉收，漕粮请暂免办运，俟康熙三十年补行征解，应如所请。从之"②。乾隆三十八年（1773）九月，谕旨：

> 据何煟奏，南阳府属之淅川、内乡二县，本年七月，因上游山水陡发，漫溢两岸，早晚秋禾被冲淹损，收成歉薄，并间有冲塌民房之处。核计通县被灾，俱在十分之一。等语。本年，豫省据报，夏秋一律丰稔，惟淅川、内乡境内，偶被山水所浸。虽一隅偏灾，农民不无向隅。该抚据实奏闻，所办甚是。着加恩将淅川、内乡二县被水稍重贫户，照例赈恤，仍查明应征钱粮，分别蠲缓……又据奏，汝宁府属之正阳、确山二县地亩，七月下旬，稻禾被风黄萎，不免歉收。等语。该二县旱田，均属丰收，稻田猝被风损，民力亦不无拮据，并着加恩，将正阳、确山二县被风灾户未完本年钱粮七千八百余两、仓谷四千三百余石，均缓至明年麦熟后征收，以纾民力。③

第二，赈济。凡遇有灾荒，地方官常发州县仓储以及常平仓、社仓、义仓等所储谷物，或散赈，或煮赈。如遇大灾，朝廷亦会谕令发款项、截留漕粮以施赈。康熙十八年（1679）正月，"河南巡抚董国兴疏言，陈留等二十一州县灾疫并行，请发州县存贮米粟赈救"④。康熙二十三年（1684）三月，"河南巡抚王日藻疏请，以常平积谷散赈饥民"⑤。雍正二年（1724）二月，"以河南彰德、卫辉、怀庆三府，及开封府属之阳武、原武、封邱、延津四县，麦收歉薄，民食稍艰，发仓谷赈济。从抚臣石文焯请也"⑥。乾隆元年（1736）十一月，"河南巡抚富

① 乾隆《获嘉县志》卷一六《祥异》，成文出版社1976年版，第806页。
② 《清圣祖实录》（二）卷一四八，康熙二十九年九月庚寅，第640页。
③ 《清高宗实录》（十二）卷九四二，乾隆三十八年九月丁卯，第744页。
④ 《清圣祖实录》（一）卷七九，康熙十八年正月壬戌，第1006页。
⑤ 《清圣祖实录》（二）卷一一四，康熙二十三年三月癸未，第186页。
⑥ 《清世宗实录》（一）卷一六，雍正二年二月乙酉，第271页。

德奏请，加赈永城县被水灾民两月，并借给社仓谷石"①。乾隆四十三年（1778），河南大水灾。七月，谕军机大臣：

> （河南巡抚）郑大进奏，仪封十六堡漫水，由考城汇入商邱之北沙河，下游宣泄不及，漫溢两岸，堤堰随处塌陷；低洼村庄，水深五六尺至丈余，庐舍、田禾被淹，现在设法接济，并令藩司荣柱就近确查，加意抚恤。等语。览奏为之矜悯。豫省自去秋至今夏，被旱成灾，民多窘乏，虽节次施恩蠲借，尚恐口食未能尽充。幸而伏雨渥沾，秋禾赶种，可望西成丰获，庶元气渐复，藉慰廑怀，不意仪封、考城竟有漫口夺溜之事。前阅郑大进所奏考城被水情形，已为轸恻；今商邱复因沙河漫溢，淹没田庐。豫民何辜，叠遭灾沴？更觉可哀，我君臣实当引以为过！已屡降谕旨，截留漕米二十万石，又留豫省粟米十万石，又拨两淮盐课银一百万两，解豫备用。通计银米，为数不少，足敷赈恤之需。②

除了直接发放赈灾粮食、银两外，还有煮赈、以工代赈等。例如，乾隆三年（1738），河南巡抚尹会一奏请以工代赈，每土一方，给银四分③；四年（1739），尹会一又奏："查各属城垣、衙署、文庙、坛遗、仓库、监狱、河渠、堤岸、墩台、营房、考棚、驿站，在在倾颓淤垫，除工程无几，地方官民力可能修者，已严饬速行兴修完固外，其有冲塌过多，需费甚繁，实在无力修理者，似应酌动公项，先择紧要之处，于今冬、开春兴举，俾贫民得以力作糊口。已经饬司确估，俟报到日，分别题咨，亦寓赈于工之道也。"④ 二十六年（1761）九月，河南巡抚常钧奏请，将被水浸泡之仓储米谷先行煮粥散赈⑤等。

第三，改善平粜。平粜是中国一项古老的赈灾、济贫措施，但其中

---

① 《清高宗实录》（一）卷三二，乾隆元年十一月己未，628 页。

② 《清高宗实录》（十四）卷一〇六三，乾隆四十三年七月癸卯，第 208—209 页。

③ 《清高宗实录》（二）卷一一三，乾隆三年五月己巳，第 666 页。

④ 河南巡抚尹会一：《奏陈预筹民食事宜事》，乾隆四年七月二十一日，赈灾档，档号 02－13432。

⑤ 《清高宗实录》（九）卷六四四，乾隆二十六年九月庚子，第 203 页。

存在的弊端也很多，清代也是如此。河南巡抚针对官员办理不力、胥吏侵渔、冒名等弊端，采取了一些措施，以期杜绝。这方面，尹会一的做法有一定的代表性。乾隆三年（1738），尹会一奏常平仓粜买补三款：

> 出粜之时，附近居民，就近处买；而乡民则往返守候，不能遍及。盖缘一邑之内，地方辽阔，而运米至乡，必需脚价。此项费用无从支给，地方官又难赔垫，是以因循旧例，只有关厢附近出粜。而乡民距城遥远，往返守候，动需时日，实未周遍。臣请嗣后平粜，除在城关厢，仍照旧设厂粜卖外，再于大乡、大集，择道路适中之地，量州县地方之大小，或设二三厂，或设四五厂，预先运米至乡，酌定日期，遍行晓谕，挨次轮流出粜。每粜过一次，即将所粜地方、日期及价值、谷石、银钱数目，据实通报，各上司考其运费，除关厢补给外，若搬运至乡，所需脚价，照赈谷运乡之例，准于脚费内据实报销……如此，则乡僻穷民得以就近赴买，均沾实惠而无远涉守候之苦……城中衿户、役户、牙户、屯户，与仓书声气相通，捏名报买，该管官若能亲身赴厂稽查、弹压，若辈自不敢公然偷盗。但州县一官，刑名、钱粮事务殷繁，往往不能兼顾，而所委监粜之人，非亲即友，亦难保其无弊。臣请嗣后平粜，如设厂既多，或远在乡村，印官一身不能分顾者，在州则有州同、州判，在县则有县丞或巡检、教谕等官，令其分查、弹压。如有侵盗米石，或失于觉察，或狥隐不报，事发，将地方官及监粜之左贰等员，一并参处。至杜绝衿、役、牙、屯捏名报买之弊，莫如谕令居民各带门牌赴厂验粜，约以五日一次，每口一斗为率。盖各户门牌，凡大小名口数目，以及作何生理，俱于编查保甲时填注明白，如衿户、役户、牙户，及有力之户，一览可知，令持此验粜，捏名自少；而又酌量户口多寡，不许多粜，则屯贩亦难……

> 买补之际，往往择县中富户给发银两，令其交谷，有照时价短给十之一二者，有银色低潮者，或令自运还仓，脚费无出；又或用斗则以大易小，用秤则以重易轻，则交谷折耗、盘仓、供应之费，皆出之小民；更有照粮派买之弊，每处派一买头，总领各户，照数交仓。臣查，买补谷石短价、潮银、大斗、重秤、浮收、折耗、勒

索供应，久经例禁。近今以来，州县苟非奇贪不肖，亦颇知恪遵功令，不敢仍蹈陋习。惟派员运交之弊，尚恐未能尽除，盖缘买补仓谷，盈千累万，势必四散采买，动需脚价，且北地陆运，所费尤多，虽定例准于买谷羡余银内开销，但天时丰歉靡常，谷价低昂难定，设遇价昂，即无羡余，诚如圣谕，不能无赔累之苦，则官吏不能不问之闾阎，或派富户，或派里民挽运交送，滋累实多。前因本地买谷，有派买短价等弊，定例令于邻近州县购买，虽属杜弊之一法，然或本地价贱，而必向邻邑远求，既费钱粮，又多跋涉，殊为未便，现于议覆御史周人骥条奏案内具题在案。请嗣后采买谷石，无论本境、邻邑，总视谷价之贵贱为准。如邻封谷价甚贱，虽加运费，较之本地尚为减省，即赴邻封采买；如本地价贱，即在本地采买；倘有必需车船运送之处，即自行雇备，其所需运费，照例准于羡余银内开销；如无羡余，准于别邑羡余银内拨给；如别邑不敷给，准其详明于司库存公银内支给。至该州县或遇价值昂贵，原粜价银不敷，仍照例将别处盈余银内通融拨补。如果年岁歉收，本地、邻邑价俱昂贵，即查该处及附近州县仓储，如皆充实，将存价缘由咨明内部，俟次年秋收买补；若本地附近州县积谷均属无多，而仓储又不可虚悬，许其详明，按照时价动支司库公项给补买足，据实报销，并责令该管府州县就近督察，倘有派累富户里民采买运交，或短价浮收等弊，将地方官严参治罪，该管府州一并参处。①

海望等所议尹会一奏折，虽是为常平仓，但于赈灾事宜全盘计划在内：多设粜厂，便于偏远乡民能及时得到赈济；查验门牌，利于杜绝胥吏、奸商渔利；解决脚价，防止滋扰等，如能切实实行，实于河南平粜大有裨益。

第四，其他救灾方式。主要有救济流民、赎买儿女和土地。救济流民，例如，乾隆七年（1742），江南被水，流民涌入豫境。次年正月，巡抚雅尔图奏，河南已收留流民三千余口，秋冬各州县捐棉衣散给，春

---

① 户部尚书海望等：《奏议河南巡抚尹会一奏议常平仓平粜买补谷石事宜折》，乾隆三年二月初五日，赈灾档，档号 01－02002。

天给口粮资送还乡耕作。① 赎买因灾荒被卖掉的儿女，例如，乾隆六年
（1741）二月，雅尔图奏："乾隆四年，河南、山东、江南三省被灾，
有穷民典鬻子女者，请降旨，不论年限，不拘常例，俱准照原价取
赎。"② 赎回土地，例如，乾隆五十一年（1786）五月，河南巡抚毕沅
奏，豫省连年荒歉，民人有恒产者贱卖土地糊口；山西富商巨贾则乘机
放债，折价购买豫省民田③，乾隆帝谕令其办理赎回事宜④。毕沅等即
令晋商于本利十分之中，酌减三四分听赎，而在官方命令之下，晋商亦
不敢不任豫省民人回赎。⑤ 各州县所赎之地，均有三四千亩不等⑥；全
省"自本年（五十一年）五月起，截至八月底止，据各州县具报，共
已赎地三十万零五百九十七亩。其无力取赎之户，臣（江兰）禀商升
任抚臣毕沅，以买主原值甚贱，先令退还一半地亩，其余俟力量充裕
时，再行陆续照价回赎，俾事业者不致无土可耕（朱批：此亦一办法。
好！），而买产者亦不致本资无着"。至当年十月底，前后"共赎回地五
十六万三千六百亩有零"。⑦ 河南这次赎回土地，不仅使本省民人得到
实惠，山东等省亦行效仿⑧，可见豫抚救灾成效之一斑。此外，对于办
赈不力的官员，豫抚也予以奏参严惩。例如，乾隆元年（1736）四月，
豫抚富德奏参信阳州（今河南信阳市）知州艾淳匿灾不报⑨；十七年
（1752）六月，豫抚蒋炳参奏滑县知县郭锦春捕蝗不力，郭氏被降旨革
职⑩，等等。

---

① 《清高宗实录》（三）卷一八三，乾隆八年正月甲申，第368页。

② 《清高宗实录》（二）卷一三七，乾隆六年二月乙丑，第980页。

③ 河南巡抚毕沅：《复奏遵旨查办灾区回赎地亩缘由事》，乾隆五十一年六月初七日，录副奏折，档号03-0810-010。

④ 《清高宗实录》（十六）卷一二五五，乾隆五十一年五月辛未，第870页。

⑤ 河南巡抚毕沅：《复奏遵旨查办灾区回赎地亩缘由事》，乾隆五十一年六月初七日，录副奏折，档号03-0810-010。

⑥ 河南巡抚江兰：《奏为查办回赎地亩及现在河势情形事》，乾隆五十一年八月二十九日，朱批奏折，档号04-01-05-0068-009。

⑦ 河南巡抚毕沅：《奏报续经回赎地亩数目事》，乾隆五十一年十月三十日，录副奏折，档号03-0810-032。

⑧ 怡亲王永琅、质郡王永瑢、大学士嵇璜：《奏为东省照豫省之例办理回赎地亩事》，乾隆五十一年七月初六日，录副奏折，档号03-0810-020。

⑨ 《清高宗实录》（一）卷一七，乾隆元年四月癸巳，第452页。

⑩ 《清高宗实录》（六）卷四一七，乾隆十七年六月乙巳，第458页。

其他还有治理黄河、兴修水利、协济军饷等，不再一一列举。

二 前中期巡抚之祸豫

尽管历任河南巡抚皆以"查吏安民"为己任，但从根本上说，他们身负疆寄，是代表皇权来统治地方的。豫抚权力来自皇帝，他们也只对皇帝负责，真正能够约束他们的，也只有皇帝。但是，以皇帝一人，要想对地方督抚明察秋毫地实施"权力制约"，是不可能的，何况他们的很多害民之举正是为了投皇帝之所好。所以，清前中期豫抚在治理河南的同时，也在祸害地方。

清前中期，包括无本任官的署理巡抚和田文镜、王士俊两位总督在内，河南巡抚共有 76 人，被解职的有 5 人、被革职的有 7 人、被降职的有 4 人，约占 21%。这意味着，5 位豫抚中即有一位是皇帝认为不称职的，若再加上那些任豫抚以前就有或离任后才发现有劣迹者，这个比例就更高。豫抚祸豫的表现，大体有以下几个方面：

第一，垦荒害民。垦荒本为充裕民食、国课，遇到苛刻督抚，民众却因此而受害。河南第一位被解职的巡抚贾汉复就是如此。顺治（1644—1661）末年，左副都御使朱之弼疏言："山东巡抚耿焞、河南巡抚贾汉复，以垦荒蒙赏，两省百姓即以赔熟受困，岁增数十万赋税，多得之于鞭笞敲剥、呼天抢地之孑遗，怨苦之气，积为沴厉。"① 十七年（1660）三月，吏部遵旨甄别督抚，贾汉复被削去太子少保并所加一级②。随后，刑科给事中姚启圣③劾奏，河南巡抚贾汉复贪婪成性，秽迹多端，谕令下所司严议④。吏部认为"难以悬议"，请将贾汉复解职，饬令河道总督和河南按察使严查具奏⑤。河督朱之锡查，确有"垦荒缘坐令民包赔"之事，应降调，被赦免。先是，贾汉复又曾"馈内

---

① 赵尔巽：《清史稿》第 3 册《朱之弼传》，第 2553 页。

② 《清世祖实录》卷一三三，顺治十七年三月甲戌，第 1030—1031 页。

③ 《清世祖实录》为"姚启盛"（卷一三七，顺治十七年六月庚子，第 1057 页），此处据《清史列传》卷七八《贾汉复传》（《清代传记丛刊》第 105 册，第 648 页）更正。

④ 《清世祖实录》卷一三七，顺治十七年六月庚子，第 1057 页。

⑤ 《清世祖实录》卷一三八，顺治十七年七月壬戌，第 1065 页。

监银，十八年事觉，部议复援赦降抵，仍罚银百两，革云骑尉世职"①。

因垦荒害豫最甚者，当属雍正朝（1723—1735）著名三督抚之一的田文镜。田氏依仗雍正帝眷顾，打击异己，虚报垦荒，进献"祥瑞"，豫省官民深受其害。《清史稿》说：

> 文镜希上指，以严厉刻深为治，督诸州县清逋赋，辟荒田，期会促迫。诸州县稍不中程，谴谪立至。尤恶科目儒缓，小忤意，辄劾罢。疏劾知州黄振国，知县汪诚、邵言纶、关陈等。上遣侍郎海寿、史贻直往按，遣黜如文镜奏。四年，李绂自广西巡抚召授直隶总督，道开封，文镜出迓。绂责文镜不当有意蹂躏读书人，文镜密以闻，并谓绂与振国为同岁生，将为振国报复。绂入对，言振国、诚、言纶被论皆冤抑，知县张球居官最劣，文镜反纵不纠。上先入文镜言，置不问。球先以盗案下部议，文镜引咎论劾。是冬，御史谢济世劾文镜营私负国、贪虐不法，凡十事，仍及枉振国、言纶、诚，庇球诸事，与绂言悉合。上谓济世与绂为党，有意倾文镜，下诏严诘，夺济世官，遣从军，振国、诚论死，戍言纶、陈於边。振国故蔡珽属吏，既罢官，以珽荐复起。及珽得罪，上益责绂、珽、济世勾结党援，扰国政，诬大臣，命斩振国。②

田氏还屡报"祥瑞"以悦上。雍正四年（1726）八月，"田文镜奏进豫省所产嘉谷，有多至十三穗者"③。次年七月，谕："从前雍正二年春，河南地方少雨，田文镜具折奏闻。朕览奏，为之心动，竭诚祈祷。乃伊折奏到京之二日，河南即得大雨。自后三年之内，豫省皆获丰收，连岁谷秀十三穗，麦秀三岐。"④ 此等"祥瑞"自属无稽之谈，却得雍正帝嘉许，田氏因此而晋升总督。

继田氏为河东总督的王士俊，复以垦荒害民。雍正十三年（1735），乾隆帝继位，谕："河南地方自田文镜为巡抚、总督以来，苛

---

① 《清史列传》卷七八《贾汉复传》，《清代传记丛刊》第105册，第648页。
② 赵尔巽：《清史稿》（缩印本）第3册《田文镜传》，第2660页。
③ 《清世宗实录》（一）卷四七，雍正四年八月辛未，第709页。
④ 《清世宗实录》（一）卷五九，雍正五年七月癸亥，第902—902页。

刻搜求，以严厉相尚，而属员又复承其意指，剥削成风，豫民重受其困。即如前年匿灾不报，百姓至于流离，蒙皇考降旨严饬，遣官赈恤，始得安全。此中外所共知者。乃王士俊接任河东，不能加意惠养，且扰乱纷更，以为干济，借垦地之虚名，而成累民之实害。彼地民风淳朴，竭蹶以从，罔敢或后，甚属可嘉。然先后遭督臣之苛政，其情亦可悯矣。"① 故，《清史稿》评论说："开垦害民，河南为最剧。"

第二，匿灾不报。前述豫抚救灾，确实功不可没。然河南灾荒之频繁，实属异乎寻常，而官府之救济，不过其中一小部分。更有甚者，一些豫抚报喜不报忧，竟然匿灾不报，贻害百姓。

豫省之灾荒，记载颇多，难以尽举，此处仅以康熙（1662—1722）、乾隆（1736—1795）两朝所修部分县志为例，略列一二（见表3-3）。

表3-3 顺治、康熙两朝豫省部分州县灾情表

朝	年	各州县灾情
顺治	4	杞县，春三月，大风，雨雹；秋七月，大水。嵩县，伊、洛溢，无禾。是年，水溢者三，人不得获。偃师县，春，无雨；夏，伊、洛水溢，无禾；是年水溢者三。
	5	济源县，霪雨；三月，民舍、禾稼多漂没。杞县，夏四月，大风，雨雹；六月，水。
	7	济源县，二月二十七日亥时，大风自西北隅，摧折林木，揭人庐舍无算，野禽、家鸡皆逸没。杞县，夏，风雹损麦。
	8	邓州，七月，大水，湍、刁两河交溢，漂民庐舍，坏田数千亩。
	9	获嘉县，水灾，邑北地案高阜，房屋、人畜深没过半，往来皆以舟渡。
	10	邓州，六月，地震有声如雷；秋七月，大水湍刁，两河交溢，漂民庐舍，坏田数千亩。获嘉县，复水灾，秋禾荡然。新乡县，夏，大风、雷雨、火。裕州，秋七月，大水，漂没民舍。杞县，夏六月，水。
	11	邓州，六月，大水。获嘉县，沁河决，伤禾稼。杞县，夏五月，霖雨；秋七月，水；八月，地震。新乡，沁河决。
	12	获嘉县，旱□为灾，五谷不熟。商丘县，四月，阴霜伤麦。
	13	获嘉县，飞蝗蔽天，蝗生蛹，蛹复成蝗，三秋如扫。济源县，七月，霪雨害稼，冰雹有大如升者。商丘县，大雨雹，巨如鸡卵。通许县，三月五日，大风，黑气自北来，拔木覆屋。

---

① 《清高宗实录》（一）卷七，雍正十三年十一月乙卯，第282页。

续表

朝	年	各州县灾情
顺治	14	嵩县，伊水溢，漂没民舍。
	15	偃师县，伊、洛水溢，无禾。
	16	邓州，六月旱，禾枯死。杞县，三月，大水。商丘县，五月初五日，大雨，四十余日始霁，平地水深数尺，田禾、房垣尽没。裕州，无麦。
	17	邓州，三月，霪雨；秋旱，岁饥。裕州，春，大饥。
	18	邓州，大饥，民刮树皮为食；秋，瘟，民死大半。
康熙	1	杞县，夏六月河决开封黄练口溢县境，地震；秋七月，大霖雨。通许县，秋，霪雨，河决杏树口，庐舍漂没。
	2	获嘉县，二年，沁河决，至获东注，势迅猛，城为所侵欲□裂。知县陈生吉，率民力塞之，得不害，舟行至城下，秋禾俱没。
	3	邓州，五月，大水，瓜果不实。杞县，夏六月，河决于杞。通许县，大旱。
	4	邓州，六月，灾、疫。裕州，患痘伤小儿，殆无虚户。
	5	邓州，五月，大暑，牛瘟。
	6	邓州，十月，大雪，平地深三尺。武安县，七月，飞蝗蔽天，食禾，大饥。
	7	杞县，六月，地震；七月，大雨，平地水深三尺，庐舍多淹没者。商丘县，六月十七日，地震，河水溢，房多倒坏，压死男女甚多。武安县，七月，大雨，大水。
	8	邓州，七月，霪雨伤稼。杞县，六月，霖雨白日；八月，大饥。通许县，霪雨伤禾。
	9	邓州，五月，大水伤稼，岁卤。杞县，冬大寒，道多冻死者。
	11	邓州，六月，旱，六畜灾。杞县，七月，蝗。
	12	邓州，六月，大风，雹数日，禾苗伤。通许县，大旱。
	13	邓州，四月，暴风雨，河溢伤禾，岁饥。
	14	邓州，五月，湍河、刁河二水交溢，平地数尺，坏庐舍，伤禾稼，民多溺死。
	15	邓州，冬，大雪深数尺，禽兽、草木多冻死。
	16	邓州，夏，两河复溢，逼外城。新野县，夏秋，雨水害稼，人多瘟疫死。
	17	邓州，正月，风霾数作，瘟盛行，民死大半，牛疫。唐县，夏秋大旱，岁饥，民多饿殍。
	18	登封县，夏，旱；秋，淫雨数十日，谷尽腐烂成灰。河南、南、汝三府大饥。邓州，自戊午瘟疫盛行，民死大半，牛死盈野；土地荒芜，饥馑荐臻。杞县，五月旱至七月；八月霖雨至九月乃止；十一月，大饥。通许县，大旱。
	19	邓州，再饥。
	20	济源县，春，大风拔木；岁大饥，北山出石枣，饥民食之以活。
	21	济源县，春，大旱。

137

朝	年	各州县灾情
康熙	22	获嘉县，三月，霪雨昼夜四十日，麦禾尽伤；秋旱，谷不登。通许县，春，虫杀麦。
	23	邓州，夏，大旱，自五月不雨，至八月始雨。通许县，大旱。
	24	杞县，四月，雨雹杀麦；六月，霖雨害禾。商丘县，秋，大水。通许县，夏，霪雨，屋庐坏，禾伤。
	25	邓州，七月，霖（霪）雨伤稼。获嘉县，秋、旱。通许县，春，旱；夏，霪雨。武安县，七月，飞蝗食禾。
	26	获嘉县，五月，旱。通许县，春，旱；夏，霪雨。
	27	邓州，六月，大水。获嘉县，春，旱。济源县，春，大旱。杞县，六月，大风拔禾、发屋。通许县，春，旱；夏，霪雨。
	28	邓州，五月，旱；秋，雨雹。获嘉县，旱，岁饥。杞县，六月，大暑，人多暍死。武安县，春夏，大旱。
	29	登封，四月，雨土，麦不登；六月，雨雹大如鸡卵，牛大疫。邓州，春，风霾，牛瘟死殆尽；秋大旱，川泽几涸；十一月，大雪四十余日，平地深数尺，穷民有冻死者，树皆枯。获嘉县，夏，旱。济源县，旱，麦皆枯，济水源竭。杞县，五月旱，至秋七月。唐县，十二月，雨雪连旬，深数尺，牲畜多毙，民有冻死者。武安县，春夏，大旱，米价腾贵，民食草根、树皮殆尽。新乡县，春夏，旱，无麦，大饥，牛死；秋，蚜蚄生，雨雹，蝗。
	30	登封县，六月十一日，飞蝗自东南来，障日蔽天，集地厚尺许，食秋禾，立尽；米贵如珠，民多转徙饿死。邓州，牛瘟死殆尽。获嘉县，春夏，旱；秋，蝗。济源县，大旱。杞县，三月，大雪。嵩县，大旱。通许县，夏，蝗伤稼，蛹继之。新乡县，夏，旱；入秋，飞蝗蔽天，立则积数尺，田苗伤尽，民大饥。偃师县，蝗，大旱；秋，无禾，疫。武安县，春夏，大旱，蝗蛹遍生。
	31	邓州，瘟疫盛行，自正月至七月，死伤无筹；秋七月，蝗。获嘉县，岁饥。偃师县，春，无雨，民大饥。
	32	邓州，七月不雨，至次年正月始雨。获嘉县，夏，蝗。
	34	登封县，六月二十一日，暴雨如注，三日不止，水涨浮天，人畜溮□。获嘉县，四月，地大震，声如雷，塘水涌出，庐舍□□。偃师县，地大震。裕州，六月，苦雨二十一日，潘河水溢，漂没民舍无算，溺死者数十人。
	37	武安县，岁大饥。
	39	杞县，五月，大风雨，拔禾、发屋。商丘县，大水、岁歉。
	40	商丘县，大水，岁歉。
	41	杞县，六月，大水。
	44	获嘉县，岁旱。杞县，三月，大雪；夏秋，大雨。
	47	获嘉县，旱，饥。济源县，大旱。新乡县，春，旱。裕州，霪雨自三月至八月，下地一望如潮，无麦，高地禾之被淹者，亦十之五。武安县，春夏，亢旱，大饥。
	48	杞县，大水，民饥至有食树皮、草根者。新野县，三、四月之交，湍、清河连发者五，二麦淹没，房屋倒毁。裕州，春，大饥，米价腾贵，几无鬻者。

朝	年	各州县灾情
康熙	49	获嘉县，夏，蚱蜢伤禾。杞县，大□，道路死者相枕籍。
	50	杞县，八月，旱。
	51	杞县，六月，大旱。
	52	获嘉县，春夏，旱。
	53	杞县，大旱。
	54	新乡县，春，饥。
	60	获嘉县，春夏，旱。济源县，大旱。杞县，旱。嵩县，夏，无麦。新乡县，夏，旱，大饥。偃师县，旱。
	61	获嘉县，旱，大饥；三月，地震；四月，复震。武安县，秋，大旱。济源县，秋，蝗食禾殆尽。新乡县，夏，旱，大饥。偃师县，春夏，无雨。

资料来源：以下各地方志的《祥异志》。康熙《杞县志》《商丘县志》《裕州志》，乾隆《登封县志》《邓州志》《获嘉县志》《济源县志》《嵩县志》《唐县志》《通许县旧志》《武安县志》《新乡县志》《新野县志》《偃师县志》，成文出版社。

表3-3统计顺治（1644—1661）、康熙（1662—1722）两朝的14州县自顺治四年至康熙六十一年（1647—1722）的受灾情况，杞县、裕州（今河南方城县）、商丘三州县系康熙朝县志所载，故不全。在这76年中，有59年有灾害。各州县受灾害的情况是，邓州29年、杞县27年、获嘉县22年、通许县13年、济源县11年、武安县9年、新乡县8年、偃师县7年、裕州7年、商丘县7年、登封县4年、嵩县4年、唐县（今河南唐河县）2年、新野县2年。

灾荒如此之多，固然与不可抗拒的气候、自然环境有密切关系，然作为一省之长的河南巡抚，治理不力，甚至匿灾不报，也是导致灾害不断发生、加重灾情的重要原因之一。这方面的典型事例，除了前文提到的田文镜外，要数图尔炳阿（《清实录》为图勒炳阿）。

图尔炳阿，佟佳氏，满洲正白旗人。初授吏部笔帖式，累迁郎中。乾隆三年（1738），授陕西甘肃道。累迁云南布政使。十二年（1747），擢巡抚。十五年（1750），永嘉（今浙江温州市）知县杨茂亏银米，图尔炳阿令后政弥补结案。总督硕色论劾，上责图尔炳阿欺隐徇庇，夺官，逮京师，下刑部治罪，坐监守自盗，拟斩监候。十七年（1752），上以图尔炳阿赃未入己，释出狱。授吏部员外郎。未几，授河南布政使，调山东，又复还河南。二十年（1755），擢巡抚。①

乾隆二十二年（1757）正月，乾隆帝南巡，居乡养病的前江苏布政使彭家屏面奏上年豫省有被灾处所，而图尔炳阿则以为不成灾，于是命人往查勘，又"询之张师载，则奏称他处或间有歉收田亩，惟夏邑被灾独重"。因此，乾隆帝复命图尔炳阿，"令其秉公确查，据实速奏。若复稍存回护，置民瘼于不问……恐图勒炳阿亦不能当此咎也"。② 二月，图尔炳阿复奏：

> 查夏邑县低洼各村庄，因上年七月内雨水过多，致有积水，旋经疏浚消涸，高粱收有九分，惟谷豆减收二三四分不等。八九月间，粮价并未昂贵。嗣缘夏邑东连江省之萧、砀，北近山东之曹、单等县，均有偏灾，赴夏籴粮者多，致夏邑市价稍增，无力之户，未免拮据，彭家屏因有此奏。查收成七分，从无赈缓之例，惟当此新陈不接之时，自应查明接济。当即饬属开仓平粜，并分别酌量借给。至商邱、永城、虞城三县界联夏邑，其拮据情形相仿，亦一体借粜兼行。③

但乾隆帝眼见徐淮一带受灾，相邻的豫东自不能免，便知图尔炳阿心存回护，"随遣步军统领衙门员外观音保微服前往，密行访查，则该四邑连岁未登，积歉已久，灾地未涸、未种者居多，穷黎景况，更有不堪入目者；并于彼处收买童男二人，才用钱四五百文耳，持券回奏"，以致乾隆帝"不胜悯骇！为吾赤子，而使骨肉不相顾至此，尚忍言耶？"于是，将图尔炳阿"革职发往乌里雅苏台军营，自备资斧效力赎罪"，"夏邑、永城二县知县，俱革职拿问，所以深为地方官玩视民瘼之戒也"。④ 到此，乾隆帝对此事的处理还算令人满意。

然而，戏剧性的一幕发生了。就在乾隆帝派观音保前去"微服私

---

① 赵尔巽：《清史稿》（缩印本）第 3 册《图尔炳阿传》，第 2839 页。
② 《清高宗实录》（七）卷五三一，乾隆二十二年正月壬戌，第 697 页。
③ 《清高宗实录》（七）卷五三二，乾隆二十二年二月辛未，第 710 页。
④ 《清高宗实录》（七）卷五三七，乾隆二十二年四月己卯，第 776 页。

访"时，又有夏邑县民人刘元德拦路陈诉，"并称县令不职，乞易贤而爱民者"（此前一次是夏邑民人张钦告赈恤不周）。连续发生的"民告官"惹得乾隆帝不快："朕即知其必有指使之人矣！亲加询问，供出生员段昌绪、武生刘东震主谋指使。因令侍卫成林带往豫省，会同该抚查讯。"让图尔炳阿来审理告发匿灾案，其结果可想而知。"至夏邑时，令该县差提段昌绪等，竟抗不到案。知县孙默亲往查拏，乃于段昌绪卧室中搜出逆犯吴三桂伪檄一纸呈览，并称尚有指使数人控诉者，闻责刘元德而散去。阅其伪檄，则皆毁谤本朝之言，极其悖逆！而昌绪为之浓圈密点，加评赞赏，见者无不发指！"这种让"被告"审"原告"的做法立即使案情一百八十度逆转："原告"不仅成了"被告"，而且匿灾不报的巡抚图尔炳阿、知县孙默等摇身一变，顿时成为"有功之臣"："朕从前降旨，治图勒炳阿等之罪，原因讳灾；今经办出逆檄一事，是缉邪之功大，讳灾之罪小。且以如此梗不知化之人，指使控诉，欲去其县令，而即为之治其司牧者以罪，是不益长刁风乎！图勒炳阿不必革职，着仍留河南巡抚之任；夏邑县知县孙默，能查出此事，尚属能办事之员，并永城县知县，俱免其革职拿问，各仍留原任，所有前降革职及调任各谕旨，俱不必行。"

　　事情并未到此为止。乾隆帝由此联系到另一个"原告"彭家屏。"段昌绪家既有此书，传钞何自？此外必尚有收存，即彭家屏家恐亦不能保其必无，即应委大员前往伊家，严行详查，并着方观承前往，会同图勒炳阿查办。"① 图尔炳阿在方观承未到的情况下，就先行审理②，于是，段昌绪被拟斩立决，且又牵涉出了司存存、司淑信等"藏匿逆书之人"③。方观承到后，对彭家屏及其仆人家进行搜查，并未获得"逆书"④，而彭家屏承认的《潞河记闻》《日本乞师》《豫变纪略》《酌中

　　① 《清高宗实录》（七）卷五三七，乾隆二十二年四月辛巳，第781页。

　　② 直隶总督方观承：《奏报办理彭家屏字迹及赈恤事宜事》，乾隆二十二年五月初四日，录副奏折，档号03-1161-011。

　　③ 《清高宗实录》（七）卷五三七，乾隆二十二年四月戊子，第788页。

　　④ 直隶总督方观承、河南巡抚图尔炳阿：《奏报搜查彭家屏书札事》，乾隆二十二年五月初四日，录副奏折，档号03-1161-012；河南布政使刘慥：《奏报抄查彭家屏书籍事》，乾隆二十二年五月初四日，录副奏折，档号03-1161-013。

志》《南迁录》等书其子彭传笏称已烧毁①。彭家屏之书，则得自昆山（今江苏昆山市）徐乾学家。狱具，家屏论斩，昌绪立决，除已故者不究外，司淑信、司存存及彭传笏皆应斩。直到六月上旬，乾隆帝才命图尔炳阿来京候旨②；七月，革原任河南巡抚图尔炳阿职，发往乌里雅苏台（今蒙古国扎布汗省乌里雅苏台市）军营办理粮饷事务③。

图尔炳阿匿灾案固属巡抚祸豫，而乾隆帝对此案的处理，夏邑、永城（今河南永城市）两知县的做法，反映出祸豫的根本在于专制体制。故《清史稿》论曰："法者，所以持天下之平。人君驭群臣，既知其不肖，乃以一日之爱憎喜怒，屈法以从之，此非细故也。……图尔炳阿匿灾至面谩，反诛告者……高宗常谓：朕非甚懦弱姑息之主，不能执法。执法固难，自克其爱憎喜怒，尤不易言也。"④

第三，巡抚庸劣害豫。有的豫抚非常平庸。康熙二十七年（1688）正月，"河南巡抚章钦文，以庸劣革职"⑤。所为何事，不太清楚，《清史稿》中只有康熙二十六年（1687），揭出江苏司库亏空三十六万两有奇，令包括章钦文在内的前任布政使包赔。⑥ 三十四年（1695）四月，河南巡抚顾汧"居官平常，著降二级调用"⑦，具体是指何事，亦不详。李锡，汉军正黄旗人，康熙五十三年（1714）十二月至五十五年（1716）十一月，任豫抚近两年，《清实录》中未见其奏任何事情，离任之后，才有一件事涉及他。康熙五十六年（1717），河南镇压亢斑聚众抗官案，起因是"去年河南府属十四处，每地一亩派银四厘，系原任巡抚李锡传八府知府面谕照派。又，李锡发河南府瘦马二百九十七匹，每匹交银十二两；粮驿道戴锦转发马八十四匹，每匹交银十二两五钱"⑧，激起民变，亢斑等将知县抓去。官军前往镇压，夺回知县，"贻

① 直隶总督方观承、河南巡抚图尔炳阿：《奏报审讯彭家屏家人等事》，乾隆五十一年五月，录副奏折，档号03－1161－014。

② 《清高宗实录》（七）卷五四〇，乾隆二十二年六月辛酉，第832页。

③ 《清高宗实录》（七）卷五四二，乾隆二十二年七月戊戌，第873页。

④ 赵尔巽：《清史稿》（缩印本）第3册《列传一二四·论曰》，第2840页。

⑤ 《清圣祖实录》（二）卷一三三，康熙二十七年正月癸卯，第440页。

⑥ 赵尔巽：《清史稿》（缩印本）第3册《宋荦传》，第2588页。

⑦ 《清圣祖实录》（二）卷一六七，康熙三十四年四月己卯，第811页。

⑧ 《清圣祖实录》（三）卷二七四，康熙五十六年九月癸酉，第687页。

累于民，又将村房放火"。亢斑等言，"皇上因李锡居官甚劣，已取进京，若李锡伏诛，我等情愿引颈受刑"。① 可见河南民众对李锡之痛恨。而继任巡抚张圣佐"又庇护前抚李锡，不肯奏闻"②。次年四月，案情审理完结：

> 阌乡县令白澄，以火耗等项，借端取银六万五千两；宜阳县令张育徽，以马价等项，借取银四千零五十两，俱应拟绞监候。河南府知府李廷臣，私派滥征，同武弁缉贼，并伤良民，应拟斩监候。原任巡抚李锡，激变地方，应斩立决。查李锡、李廷臣、白澄、张育徽俱发往甘肃效力，事完之日另行请旨。布政使张伯琮迎合李锡，私动库银，又失察属员科派；现任巡抚张圣佐，未将贼情奏闻，又不严加缉捕；总兵官冯君冼，不尽力缉贼，俱应革职；冯君冼所有拖沙喇哈番，亦应革退。得旨：张伯琮、张圣佐俱着革职；冯君冼，着革退总兵官，留伊拖沙喇哈番。余依议。③

富德（一为傅德）亦是庸劣害豫的巡抚之一。乾隆帝在简放其为豫抚时，就有些不放心，令邻近督抚查其居官情形具奏。乾隆元年（1736）四月，直隶总督李卫奏："富德到任之后，办事尚觉勤谨，勉强操持，但措施未得大体。地方绅衿乐其安静，百姓则称其不管闲事。现在虽无见长之处，亦无声名狼藉露出，大约因从前经过罪谴，保守禄位之念重，平常供职而已。又闻其有厚收门包之传，隔省难得确实。"④ 五月，乾隆帝责富德奏事不清："忽东一句，忽西一句，令朕如何批示？——明白回奏来。"⑤ 六月，河南按察使隋人鹏特参富德四款："一、吏治之废弛也。抚臣于通省属员，迎合者，立见赏识；拂意者，

① 《清圣祖实录》（三）卷二七三，康熙五十六年七月己卯，第679页。
② 《清圣祖实录》（三）卷二七四，康熙五十六年十月癸卯，第689页。
③ 《清圣祖实录》（三）卷二七八，康熙五十七年四月庚寅，第730页。
④ 直隶总督李卫：《奏为复奏新任河南抚臣傅德人材操守情形事》，乾隆元年四月二十一日，朱批奏折，档号04-01-12-0002-009。
⑤ 河南巡抚富德：《奏为遵旨明白回奏河北道马辔云等员情形事》，乾隆元年五月初四日，朱批奏折，档号04-01-12-0003-020。

即行搜求"；"一、操守之难信也。地方陋规已禁除，富德忽令佐杂官收取当店规礼。藩司臣徐士林同臣力行禀阻，甚拂其意。又，外省自理赃赎银两，定例按年报解，不许隐匿。乃富德违例行牌臣处，头次即提取二百余两，并不指明作何支用"；"一、定例之故违也。承审命盗等案，上下俱有定限。富德变乱成章，通饬各属，原定四个月限者，勒令三个月到院；六个月限者，勒令四个月到院，借属员分定之限，以图己身之宽便。及解到院，又因循怠惰，每回十余案，始悬牌示审，解犯在省守候甚艰"；"一、纷更之滋弊也。查从前题定之案，果有不便百姓，自然公呈求改，但不克每事翻案，致生弊端。今富德竟牌行通省，令各属出示，遍行招（昭）告，以致奸匪小人，刁控不休，案牍愈至纷繁"。① 七月，湖北巡抚暂署湖南巡抚高其倬遵旨覆奏：

> 至傅德办事，亦甚小心详慎，但多疑少决，且缓急轻重之际，亦不得当。即如通省河工、种柳、刨河占去民田一事，奉旨令查明题豁。事关通省，地方甚宽，且年分亦多，非详细查算，少需数月工夫，不能详确。此不能急办者也。巡抚臣傅德壹月有余，即定数题豁，以壹千叁百里之压占，田地仅定免壹千柒百两之赋，民间以为不妥。又，临颍知县告病一事，实系确病，此应即定即委，始不久废地方之务。此不宜缓办者也。巡抚臣傅德迟至肆拾余日，始行批定，亦为过缓。似此，于巡抚职任，才具稍短。②

九月，乾隆帝在富德奏报粮价的奏折中批道："闻汝家人、汝子瞒汝而收受门包，汝实不知乎？抑作为不知乎？汝'操守'二字，朕于汝临去时，即不敢深信矣，汝其慎之！以贪而致富，又能长久保守者，其谁耶？且不至于连旧有之资皆倾弃者，又几人耶？"③ 最后，乾隆二年（1737）四月，"吏部议覆河南郑州郭元曾控告一案，巡抚富德滥刑

———————

① 河南按察使隋人鹏：《奏为特参抚臣富德偏私苛刻毫不秉公察吏诸条事》，乾隆元年六月二十八日，朱批奏折，档号04-01-12-0003-007。
② 湖北巡抚暂署湖南巡抚高其倬：《奏为遵旨访闻河南巡抚傅德居官办事情形事》，乾隆元年七月初八日，朱批奏折，档号04-01-12-0004-070。
③ 《清高宗实录》（一）卷二七，乾隆元年九月庚申，第593页。

罗织于前，怙过渎奏于后，应革职；南汝道李慎修、开归道黄叔璥，草率定案，均应革职……得旨：富德，着革职"①。

富德以有"前科"之身出任豫抚，先是尸位素餐，继而收受陋规，最后滥刑罗织，方被革职。所谓"乾隆盛世"之时，豫抚尚且如此，其他时候，可想而知。故河南巡抚为一省之长，是治豫之功臣，亦为地方官害豫之祸首，导致河南"贼匪"不断，直至酿成晚清的捻军起义，真可谓"成也萧何，败也萧何"。

第二节　不愿为先的"剿捻"者

明末河南即是李自成起义的重要活动区域之一，而有清一代，河南多灾多难，"盗贼""教匪"活动接连不断，直至酿成清末捻军起义。在太平天国的威胁下，朝廷黔驴技穷之际，咸丰帝把镇压起义的希望寄托在各省督抚头上，并以河南巡抚英桂督办三省"会剿"，镇压捻军。然而，英桂等人却不愿为天下先，最终只能成为剿捻的配角，借湘军、淮军之力而竟其功。

一　从"教匪"到"捻匪"

清代河南的"盗贼"情况，大体可以分为四个阶段：顺治朝（1644—1661）为明末李自成起义之余波和响应台湾郑氏反清；康、雍时期（1662—1735），"盗匪"活动较少，主要表现为"官逼民反"式的抗粮斗争；自乾隆朝（1736—1795）始，"教匪"逐渐增多，至嘉庆朝（1796—1820）而成白莲教、天理教之武装反清；白莲教、天理教反清失败后，"捻匪"出现。

顺治元年（1644），清兵入关，"李自成西走，其党掠卫辉、怀庆间，而原武、新乡诸县盗竞起"②。十月，"河南巡抚罗绣锦奏报，流寇二万余人渡黄河，攻怀庆府甚急。于是，遣学士詹霸驰赴和硕英亲王阿济格军，谕之曰：顷闻流寇急攻怀庆，已命和硕豫亲王多铎，于是月二

①　《清高宗实录》（一）卷四一，乾隆二年四月甲申，第741页。
②　赵尔巽：《清史稿》（缩印本）第3册《罗绣锦传》，第2455页。

十五日率师南下，便道往征。"① 十二月，巡抚罗绣锦奏："中州南有明兵，西临流寇，有报贼抵河南府立营者，有报许定国、高杰等兵马俱临河岸者，有报张缙彦已受明直隶山西河南总督职者。又有报凌駉结连土寇，以书招董学礼过河者。"② 次年三月，卫辉镇后营参将赵士忠等攻破娄儿寺"贼"寨，擒"贼"首沈四等，获马匹、牛羊、火器无算，太行一带"贼"巢悉平。③ 又，宝丰宋养气、新野陈蛟、商城黄景运等各聚数千人，侵掠城邑。巡抚吴景道檄总兵高第、副将沈朝华等分道捕治，诛宋养气等。四年（1647），郧阳"土寇"王光泰率千余人犯淅川（今河南淅川县西南），吴景道遣参将尤见等，与总兵张应祥合兵击退。五年（1648），罗山"土寇"张其伦据鸡笼山寨，出掠，吴景道遣都司朱国强、佟文焕等督兵讨之，破寨，擒杀张其伦及其党羽朱智明、赵虎山等。又有山东曹县"土寇"范慎行等联络宁陵、商丘、考城（在今河南兰考县东北）、虞城（今河南虞城县东北）、仪封（在今河南兰考县东南）、兰阳（今河南兰考县）、祥符（今河南开封市）、封丘诸县"土寇"，屯黄河北岸。官军讨之，"土寇"退保长垣，再败走兰阳、曹县，列栅拒守。吴又檄总兵孔希贵自卫辉道肥城，断"寇"东走路。游击赵世泰、都司韩进等率精骑分道夹击，战于东明，歼"土寇"数千，获范慎行而诛之，余众悉溃散。八年（1651），商州（今陕西商洛市）"土寇"何紫山等掠卢氏，夜袭赵世泰营，高第督兵扼击，走商南，被吴景道檄兵尽歼。④ 十六年（1659）八月，台湾郑氏兵陷江南镇江（治今江苏镇江市）、瓜洲（今属江苏扬州市）等处，警连河南归德、汝、南。巡抚贾汉复檄总兵张应祥赴宛南援剿，败之。余党窜光州（治今河南潢川县）、商城，联合"土贼杨玉环等劫狱，散札惑众。汉复遣参将苗成龙、苏养元等平之"⑤。这一时期的"寇""匪"活动，为李自成起义及前明势力之余波，带有明显的反清性质。

康熙朝（1662—1722），平定"三藩之乱"，统一台湾，清朝的统

---

① 《清世祖实录》卷一○，顺治元年十月丙子，第102页。

② 《清世祖实录》卷十二，顺治元年十二月乙卯，第113页。

③ 《清世祖实录》卷一五，顺治二年三月壬子，第133页。

④ 赵尔巽：《清史稿》（缩印本）第3册《吴景道传》，第2459页。

⑤ 《清史列传》卷七八《贾汉复传》，《清代传记丛刊》第105册，第648页。

治巩固下来，河南"贼寇"斗争的性质也发生了变化，主要是因苛派或灾荒而反抗官府。例如，商丘县，康熙"三十九年、四十年，俱大水，城南一望汪洋，涡河百舸之舟直达郡城，岁俱歉"①。四十一年（1702）"八月，有奸民倡乱者，知县刘德昌计擒其魁，痛惩之，余党解散"②。五十七年（1718），"阌乡县令白澄以火耗等项，借端取银六万五千两；宜阳县令张育徽以马价等项，借取银四千零五十两……河南府知府李廷臣，私派滥征，同武弁缉贼，并伤良民"③。地方官苛派自然会引起民众的反抗。康熙五十六年（1717）五月，"宜阳县脱逃徒犯亢珽、亢珩等，聚众拒捕，肆行抢掠，直抵县城河边放炮"④，甚至把知县也抓走了。

大致从康熙朝后期开始，河南的"贼匪"出现了变化，盗贼、乞丐、游民之类的"盗贼"多起来，且渐与"邪教"相关。"老瓜贼"大致出现在康熙四十五年（1706）⑤。雍正五年（1727）闰三月，谕河南巡抚："向来河南有老瓜贼，为害行旅，近见该省，屡有图财害命，不知凶犯姓名之案，或系老瓜贼潜匿伤人，亦未可定。"⑥经田文镜的治理，治安状况有所改观，但到乾隆初年，河南灾害频仍，"盗贼"复炽。乾隆三年（1738）五月，巡抚尹会一奏："豫省地居天中，为各省孔道，有外来积匪，冒充过客，行劫后，一经追缉，彼已远扬。有无业穷徒，或系流民，或为乞丐，乘机劫夺，究其赃物，钱不过千，粟不盈石。"⑦而"河南盗案，多于他省"⑧。四年（1739）十月，谕曰："河南陈、许一带有老瓜贼，汝宁地方有卦子贼，多系凤阳等处往来大盗，而卦子贼则出自汝宁府及光州等处，由豫省直至湖广、山陕，出没无

①　康熙《商丘县志》卷三《灾祥》，成文出版社1968年版，第195—196页。

②　同上。

③　《清圣祖实录》（三）卷二七八，康熙五十七年四月庚寅，第730页。

④　《清圣祖实录》（三）卷二七二，康熙五十六年五月辛酉，第672页。

⑤　常建华先生对此进行了探讨，见《清代治理"老瓜贼"问题初探》，《南开学报》1997年第3期。

⑥　《清世宗实录》（一）卷五五，雍正五年闰三月辛未，第835页。

⑦　《清高宗实录》（二）卷七〇，乾隆三年五月辛巳，第118页。

⑧　《清高宗实录》（二）卷九四，乾隆四年六月丙子，第434页。

常，男女同行，骡马资装甚盛，专藉妇女假扮医巫，入人家室，盗物潜逃。"① 十二月，河南巡抚雅尔图奏："豫省盗窝，房屋深邃，器械整齐，盗匪其家，劫掠财物，皆归窝主收窖；遇役往捕，公然抗拒。是以明知盗窝，畏惮不敢赴擒。即寻常小盗，亦有窝家，虽所劫不过衣物之微，亦皆明火执仗。州县幸未发觉，隐忍成风。"② "湖广、山东、河南等省，常有邪教之事，豫民尤愚而易诱。每有游棍僧道，假挟治病符咒诸邪术，以行医为名；或指烧香礼斗，拜忏念经，求福免灾为词，哄动乡民，归依其教，展转纠集多人，奸宄百出。且大河以南，山谷深邃，奸徒便于藏匿。山居百姓，本有防身刀械，少壮又习悍俗。如少林寺僧徒，素以教习拳棒为名，聚集无赖、邪教之人，专意煽惑此等人入伙。"③ 五年（1740）正月，巡抚雅尔图又奏报，拿获"女教主一枝花"④。

我们看到，无论是"假扮医巫"，还是"烧香礼斗""僧道""女教主"，大多与"邪教"有关。乾隆五年（1740）九月，雅尔图奏称："现因豫省小民，崇尚邪教，遍加体访。闻江南苏、松、常三府，太仓一州，并浙江之嘉兴府滨海地方，人多出洋捕鱼，内有潜通海岛强徒，归入内地，煽惑聚党，立为燃灯教，又名灯郎教，传徒礼拜，其为诡秘。"⑤ 后来，乾隆帝也说："河南民风淳朴，地方素属安静，惟愚人多信邪教者。"⑥ 而嘉庆十八年（1813），滑县出现的李文成天理教反抗朝廷的武装斗争，更是带有明显的宗教色彩。这些盗贼、"教匪"，诚如常建华评论"老瓜贼"时所说，他们"手段残忍，威胁行旅安全，严重影响了社会秩序，是清代严重的刑事犯罪行为"⑦。然而，究其原因，与灾害频仍分不开。乾隆四年（1739）十二月，"工科给事中朱凤英奏，本年河南之南、汝，江南之凤、泗，山东之济、曹，直隶之河间等

① 《清高宗实录》（二）卷一〇三，乾隆四年十月辛丑，第553页。

② 《清高宗实录》（二）卷一〇六，乾隆四年十二月甲戌，第584页。

③ 《清高宗实录》（二）卷一〇七，乾隆四年十二月壬辰，第604页。

④ 《清高宗实录》（二）卷一〇九，乾隆五年正月辛未，第628页。

⑤ 《清高宗实录》（二）卷一二七，乾隆五年九月丁酉，第867页。

⑥ 《清高宗实录》（十九）卷一四五九，乾隆五十九年八月甲申，第494页。

⑦ 常建华：《清代治理"老瓜贼"问题初探》，《南开学报》1997年第3期。

处，旱涝不齐，收成歉薄……近闻有等奸匪，混迹游民，偷窃抢夺，村舍骚然。其甚者，通衢塘汛相接，每有十数为群，手持白梃，夜窥商旅孤单，殴夺财物。昨闻南省差人赍送本章，凶徒突出，棍击坠马，驿卒闻声应护，知系官差，犹敢剥衣而逸。"① 河南按察使沈起元也奏说："豫省本年被水，诚虑饥寒所迫，盗案日滋。"② 七年（1742）四月，雅尔图奏："豫省多盗，总由江南沛县之姚窝剧盗蔓延，重以凤、颍等属灾民流入。"③ 这使我们的历史评价陷入两难境地，若从社会安定、民众生命保障的角度看，冠之以"邪教""盗匪"而加以否定，似不为过分；若以政府无能，不能有效地救灾施赈，灾民生活缺乏基本保障而沦为盗贼、信奉"邪教"，亦复令人同情。故豫省"教匪"的情况复杂，其间既有纯粹的盗贼，亦有灾民；既有纯粹盗窃、劫掠民间财物的行径，复有聚众抗官、捍卫民众利益的壮举。合而论之，即"教匪"具有二重性，与后来之"捻匪"正复相同。

王闿运说："捻之为寇，盖始于山东，游民相聚，有拜幅，有拜捻。"④ 山东与河南临近，且捻子由"游民相聚"而成，对河南不可能没有影响。河南捻子最早的官方记载，大概应是嘉庆十四年（1809）七月河南巡抚恩长所奏——"访闻豫省与湖北交界之南阳、汝宁、光州一带，有匪徒成群结党，截路抢夺，号称'红胡子'、'白撞手'；又接壤安徽、山东等处，有八卦教、拽刀手、义合拳等名目"⑤。嘉庆十九年（1814）十一月，谕旨："河南南、汝、光一带，以及安徽颍、亳等处，向多红胡匪徒，屡经降旨饬缉，总未敛戢……近来日聚日多，横行益甚，每一股谓之一捻子。小捻子数人、数十人，大捻子一二百人不等，成群结队，公肆抢劫，或夺人赀财，或抢人妻女，甚至挖人目睛，且有头目指挥。河南之息县、光山、正阳、罗山、汝阳、项城为尤甚，其在逃未获之王妮仔即属头目，而地方官捏称为从。"⑥ 二十年（1815）

① 《清高宗实录》（二）卷一〇七，乾隆四年十二月丁酉，第608—609页。
② 《清高宗实录》（二）卷一〇七，乾隆四年十二月壬寅，第612页。
③ 《清高宗实录》（三）卷一六五，乾隆七年四月戊午，第92页。
④ 王闿运：《湘军志》。参见《中国近代史资料丛刊·捻军》第一册，第1页。
⑤ 河南巡抚恩长片，转引自郭豫明《捻军史》，第84页。
⑥ 《清仁宗实录》（四）卷二九九，嘉庆十九年十一月戊申，第1113—1114页。

七月，谕旨："朕闻豫省汝、光一带，红胡匪徒颇为猖獗。本年三月间，光、息交界五福桥地方，捻子手百余人手执长枪，前往互斗，并挟有一丈余长之抬枪。经过市场，人皆分道让路，不敢声言；仇杀多人，亦不报官。州县官下乡，必以民壮数百人执械随护；即衙门差役中，亦有匪徒在内。地方官虑激成事端，不敢十分穷诘。方受畴到任后，亦曾饬拏巨恶十余名，但其风尚未敛戢。"① 至于"捻匪"与"教匪"的关系，陶澍奏称"原系白莲教匪漏网之人"②；黄钧宰也说："惟安徽之庐、凤、颍、亳，河南之南、汝、光、陈，向有白莲教遗党，劫掠最横，以朱染须，号曰红胡匪，每一股谓之一捻。小捻数人、数十人，大捻二三百人，是为捻匪之始。"③

大概由于朝廷对天理教武装反清的镇压，嘉庆二十年（1815）以后，在官方记载中，"捻匪"的活动似乎停止了，但是，其他"教匪"的活动依然存在。嘉庆二十五年（1820）十月，"近有人条奏，山东兖州、曹州、沂州三府，与直隶大名、开州各属，及河南之彰德、卫辉、怀庆三府，壤地毗连，历来民风剽悍，邪教甚多。嘉庆十八年，匪徒滋事，大兵剿戮之后，伏匿宵小，恐根株难尽。"④ 道光七年（1827）八月，河南巡抚程祖洛奏，委派阿勒清阿、刘彰杰分别到虞城（今河南虞城县东北）、考城（在今河南兰考县东北）等处，密访严查"教匪"⑤；次年七月，御史常恒昌奏，直、豫、东交界地方，匪徒时出滋扰⑥；十一年（1831）七月，河南巡抚杨国桢奏，在河南怀庆府（治今河南沁阳市）城外，获有解培玉呈首逆情揭帖，并韩复元传单。单内开列所传人姓名，均有村庄住址，悉系直隶、山东地方；又印花一纸，有"敕命之宝"字样⑦。此时的"教匪"活动少而零散，有些是否属

① 《清仁宗实录》（五）卷三〇八，嘉庆二十年七月戊戌，第94页。
② 陶澍：《条陈缉捕皖豫等省红胡匪徒折子》。参见聂崇岐《捻军资料别集》，上海人民出版社1958年版，第6页。
③ 黄钧宰：《金壶七墨》。参见《中国近代史料丛刊·捻军》第一册，上海人民出版社、上海书店出版社2000年版，第377—378页。
④ 《清宣宗实录》（一）卷六，嘉庆二十五年十月庚寅，第146页。
⑤ 《清宣宗实录》（二）卷一二四，道光七年八月庚寅，第1068页。
⑥ 《清宣宗实录》（三）卷一三九，道光八年七月癸丑，第133页。
⑦ 《清宣宗实录》（三）卷一九三，道光十一年七月癸酉，第1048页。

实，官方也一时难辨。

第一次鸦片战争期间及其后，河南灾荒较多，尤其是黄河连续三年三次决口有两年发生在河南，给民众带来重大灾难，"盗匪"活动规模明显增大。道光二十五年（1845）四月，"有人奏，直隶大名府属七州县，界连齐、豫，为盗匪出没之乡，近来聚至二三百人，白昼横行，黍夜肆劫，并有盗窝排列鸟枪，击柝夜巡，以防官兵查拏。至山东之定陶、曹县、冠县、濮州，河南之滑县、封邱等处，皆其伙党所居。又大名各属民人，多习邪教"①。二十七年（1847），山东"捻匪"在河南抢劫，正值河南发生旱灾，并潜入开州（今河南濮阳市）滋扰，被该州协同河南卫辉府员弁格杀擒获多人。朝廷深为忧虑："现在豫省灾民遍野，似此匪党横行，分起窜扰，倘阑入豫境，势必至裹胁饥民……且恐有匪徒伪作饥民，乘间窃发，若不及早兜拏，贻患何可胜言！"② 九月初一日夜，有"盗匪"多人，手持武器进入商虞厅衙署盗窃，"估赃值银六千三百余两"；又"截获此案匪犯邵知文，讯据供系菏泽县人，投入河南夏邑县捻首张三胖捻内。张三胖一捻，共有六七十人，多系河南夏邑县人，亦有江南砀山县人"。③

但总体来说，此时的"捻匪"活动频繁程度、规模，都十分有限，且其活动带有自发性和分散性；就其性质而言，虽有对抗官府的一面，却也明显带有敲诈、劫掠的土匪特征。正因为如此，其形成捻军，才需要太平军的影响。

二　北伐太平军的"迎送"者

从太平天国起义爆发到北伐，河南巡抚由援助南方官军到建立豫南防线，再到在河南境内"堵截"北伐军，都没有起到多少实质性的作用，虽说是在镇压太平军，看上去却像是在"迎送"。

1. 援助南方"剿贼"

太平天国起义伊始，朝廷调遣大批军队南下，许多军队需要从河南

---

① 《清宣宗实录》（七）卷四一六，道光二十五年四月癸卯，第215页。
② 《清宣宗实录》（七）卷四四七，道光二十七年九月甲申，第603页。
③ 《清宣宗实录》（七）卷四四九，道光二十七年十一月己卯，第642页。

经过，派役照料，防止滋扰，都是比较麻烦的事。例如，咸丰元年（1851）三月，广西札调安徽亳州乡勇二百名，先头四十名于二月二十二日起程，二十八日行抵河南鹿邑县，署理知县赵炘"即行派役照料前进"。河南巡抚潘铎认为，"该乡勇等人数众多，贤愚不一，且系未经训练之辈，若无官为管带，弹压难周"，飞咨安徽巡抚，后续一百六十名乡勇，应由奉旨调赴广西差委之亳州知州李登洲"自行管带"，"以资约束而昭慎重"，同时"饬有驿各州县，俟前项乡勇到境，一体弹压照料前进"①。四月，钦差大臣赛尚阿带同章京、司员、侍卫、总兵等官，并京兵二百名、跟兵四十名，随带军火器械等项，分作六起行走。潘铎"飞饬沿途各州县预备车马，妥为伺应，并委候补道张昀、候补知府李洁、开封府同知周士镗分赴南北两路，帮同该管道、府照料护送"。同时，安徽省调赴广西剿捕官兵一千名，分为四起行走，经过豫境，"俱经照例应付车马等项，沿途供顿"。②

除了差役供应之外，河南还奉旨给南方各省提供军事援助。咸丰二年（1852）五月，赛尚阿奏请添兵"追剿"太平军，咸丰帝谕令河南巡抚李僡"于提镇各标内，挑选精兵一千名，各备军装器械，并派得力将弁管带，听候调拨，毋得迟误"③。李僡即飞咨南阳、河北两镇，"拣选南镇所属各营兵四百五十名、北镇所属各营兵三百名，臣（李僡）标左、右两营内挑选二百五十名，共成一千名，遴委曾经出师之署荆关协副将高峻，及北左营游击刘国荣、署南右营都司张海清、陕州营都司舒林、署南左营守备段琦、署新野营守备刘国恩、北右营守备把士亿、署抚标左营守备左尚文，分起管带，均归高峻统领。此外，应带千把、外委，均令择其才具勇干，及军装器械，务须精良适用，克日齐备……听候调遣"④。七月，岳州（治今湖南岳阳市）吃紧，咸丰帝又

①《河南巡抚潘铎附奏广西调取亳州乡勇由豫行走片》，咸丰元年三月十五日，《河南巡抚衙门档案》3号，河南大学档案馆藏，档号0017。

②《河南巡抚潘铎奏报钦差大臣带领官兵并安徽征兵过境日期折》，咸丰元年五月初十日，《河南巡抚衙门档案》3号，河南大学档案馆藏，档号0023。

③《清文宗实录》（一）卷六一，咸丰二年五月丙辰，第806页。

④《调任河南巡抚李僡附奏遵旨遴委得力将弁管带所选精兵前赴湖南听候调拨片》，咸丰二年五月十三日，《河南巡抚衙门档案》3号，河南大学档案馆藏，档号0134。

令"河南省挑取精兵二千名，派定管带将弁，配足军装器械，豫备调遣"①。但署理河南巡抚陆应谷以豫省兵力单薄为由，欲少派兵：

> 臣查军务最关重大，凡在邻省均应勷助，不容稍分畛域。惟豫省绿营额设马、守兵丁仅止一万三千三百余名，分布各营，汛地辽阔，兵数本属单薄，且前已两次调赴粤、楚官兵一千三百余名。现在江南丰北漫口未堵，附近地方须资兵力巡防；省垣重地，防范尤宜严密，抚标暨开封两营此次未便再调。而南、汝、光一带，壤接皖、楚，系为"捻匪"出没之区，弹压缉捕，处处均关紧要。臣再四筹酌，未能多调。第湖北现办防堵吃紧，不可不为预备。臣已移行南、北两镇并归德、考城等营，酌量抽拨精兵一千名，并令派定管带员弁挑配军火器械，先期预备，一俟楚省奏奉谕旨饬调，即令起程驰往。②

此项减少调兵之请刚得到咸丰帝俞允③，八月，湖北方面又催，陆应谷只好再"于各营选派调足二千名，派委镇将分起管带起程"④。

然而，这些豫省官军与其他官军一样，并未能阻止太平军北上。

2. 豫南"阻敌"

咸丰二年（1852）十一月，太平军进攻武昌，朝廷既恐其顺江而下，威胁江南富庶之区，又怕其攻下武昌后直接进入河南，逼近京畿。河南巡抚陆应谷奏请，将原来防止外敌所用的大炮调取三十尊，用于豫南防御⑤。咸丰帝允其所请，令于信阳、新野等处要隘防堵，再调一二千官兵防守。同时，"命琦善署理河南巡抚，复调直隶、陕甘精兵不下万人，交琦善统带，不日即可赶到。该署抚即督同郑敦谨、柏山、崇安

① 《清文宗实录》（一）卷六七，咸丰二年七月甲戌，第879页。

② 《署河南巡抚陆应谷具奏酌量筹拨预筹湖北咨调豫省官兵折》，咸丰二年七月二十五日，《河南巡抚衙门档案》3号，河南大学档案馆藏，档号0042。

③ 《署河南巡抚陆应谷为具奏酌量筹拨预筹湖北咨调豫省官兵一折奉朱批事札布政司等》，咸丰二年八月十一日，《河南巡抚衙门档案》3号，河南大学档案馆藏，档号0043。

④ 《署河南巡抚陆应谷附奏豫省赴湖北防堵官兵将次出境等事片》，咸丰二年八月二十五日，《河南巡抚衙门档案》3号，河南大学档案馆藏，档号0047。

⑤ 《清文宗实录》（一）卷七七，咸丰二年十一月乙丑，第1000页。

等，严密防守，并晓谕近楚居民、团练保卫。"又"调山东兵一千名、山西兵三千名，赴河南防剿"。①又"曾谕令陕甘督抚再选精兵二千名，西安将军选备驻防官兵一千名，星速驰赴河南……又谕令讷尔经额，将挑选大名镇标兵一千名先行派往"②。又"火器营官兵四十名、火箭二千枝，并各旗营火药二万斤，即着琦善酌量差遣应用"③。但是，这些兵马大部尚未赶到豫南④，武昌已经失守，接近豫南之应山（今湖北广水市）、黄陂（今湖北武汉市黄陂区）等处，都有太平军活动⑤。又有消息说，太平军将在次年正月初进攻荆州（治今湖北江陵县），该处守军仅三千人，而武昌以西又乏官军驻守。咸丰帝即令署理河南巡抚琦善与陆应谷，将已到南阳的西安驻防兵一千名，派员管带，驰援荆州⑥。三年（1853）正月初，已有消息，太平军准备顺江东进，进攻安庆、江宁⑦，故所有调往豫南官军并未起到"阻敌"的作用，反而给豫省带来骚扰，勒索、抢劫之类的事情，时有发生。如："山东青州驻防官兵经过河南裕州地方，强搬草料，抢取食物，勒折钱文。佐领以下各员，及兵丁马匹车辆，自行开单索取钱文，又勒取饭钱程仪，稍不遂意，辄恃众殴打人役；又有前站湘姓、多姓，声称正红旗常姓、正黄旗胆姓、正红旗会姓、镶白旗愿姓，实用车辆外，再折每辆车价钱十千文，共折价四十一两。"⑧"陕西宁夏营都司雍恰布，带领宁夏、延绥等营弁兵四百五十名到站，（河南官员）当即遵照传牌，备给车二百九十二辆、马八十九匹，并按名应付盐粮，催令前进。讵该兵丁将发给车马私行卖放，复向讹索车辆、马匹，勒折价一百四十余串；并有兵丁数十人，拥至公所喧闹，率将衣包、衣服等物攫去。该县家丁余升上前拦阻，即被

① 《清文宗实录》（一）卷七七，咸丰二年十一月己巳，第1000页。
② 同上书，第1006页。
③ 《清文宗实录》（一）卷七七，咸丰二年十一月癸酉，第1018页。
④ 咸丰三年正月，琦善奏："山西、直隶、陕西各官兵，甫经行过许州；其汉中、陕（西）安、甘肃督标兵丁，尚未行抵该处"（《清文宗实录》（二）卷八一，咸丰三年正月壬子，第6页）。
⑤ 《清文宗实录》（一）卷七九，咸丰二年十二月癸巳，第1061页。
⑥ 《清文宗实录》（一）卷八〇，咸丰二年十二月己亥，第1064页。
⑦ 《清文宗实录》（二）卷八一，咸丰三年正月癸丑，第11页。
⑧ 《清文宗实录》（二）卷八四，咸丰三年二月乙酉，第91—92页。

攒殴，践伤小腹。告知带兵大员，推诿不理。"① 本省地方官也借机苛敛。如"河南陕州知州邱文藻办理兵差，浮开滥派，赃逾二十余万"② 等。

与此同时，湖北襄阳府（治今湖北襄樊市）属之北乡一带有"土匪"活动，旱路以"郭大安、董如林、易有道等为首，伙匪一千三四百人，拒伤兵勇，夺去大炮四尊；水路……匪首孙贵、乐玉石、刘见澜、刘子槐等，聚众一千六七百人，抢劫商船三百余只，制有黄旗、红袍、抬枪、大炮等件"。③ 陆应谷派南阳镇总兵柏山率领一千官兵赴新野，咸丰帝恐河南之兵不足以镇压，又令陕督舒兴阿酌派兵力，与云督罗绕典，会同办理"剿匪"事宜。④ 到咸丰三年（1853）二月，"襄阳土匪渐就肃清"⑤。河南巡抚陆应谷此次派兵越境"剿匪"，得到咸丰帝嘉许，称其"不分畛域，所办甚合机宜"。⑥ 这也是此次豫南"阻敌"的唯一成果。

3．"迎送"北伐太平军

咸丰三年（1853）四月，太平军开始北伐。咸丰帝对付北伐军的战术，可以用其对河南巡抚陆应谷谕令中的一句话概括："何处紧急，即向何处进攻，毋得稍涉迟缓。"⑦ 对付长距离流动作战的太平军，这种让对方牵着鼻子走的战术，只能导致官军疲于奔命，而很难给敌人以有效打击。于是，在河南境内的"围堵"太平军之战，就变成了一场"迎来送往"的军事游戏。

早在咸丰三年（1853）正月，山东巡抚李僡就提出，"遏贼北窜，莫如扼守黄河，使上下游均无船只可掠，又无土匪勾引，必不能越河登

① 《河南巡抚陆应谷奏请将约束官兵不严之陕西宁夏营都司雍恰布革职并将该都司原带官兵另行派员管带折》，咸丰三年，《河南巡抚衙门档案》9号，河南大学档案馆藏，档号0015。

② 《清文宗实录》（二）卷九七，咸丰三年三月丁亥，第836页。

③ 《清文宗实录》（二）卷八一，咸丰三年正月甲寅，第14—15页。

④ 同上。

⑤ 《清文宗实录》（二），第97页。具体情况参见河南大学档案馆藏《河南巡抚陆应谷奏请俟将宛郡应办事宜布置完竣即驰赴归德筹办防御折》，咸丰三年二月，《河南巡抚衙门档案》9号，档号0032。

⑥ 《清史列传》卷四三《陆应谷传》，《清代传记丛刊》第101册，第276页。

⑦ 《清文宗实录》（二）卷九七，咸丰三年六月己丑，第394页。

陆。现经派委文武员弁……将沿河大小船只一体编号，收聚北岸，非有官票，不准私渡"，得到咸丰帝俞允。① 二月，咸丰帝又令："太常寺少卿雷以諴、翰林院侍讲学士晋康，着前往南河，会同杨以增，巡查黄河口岸；詹事府少詹事王履谦，着前往东河，会同福济，巡查黄河口岸。"② 没有船只，太平天国北伐军在山东、豫东都不可能渡河北上，只能沿黄河西进，以寻找渡河之船。可是，官军并未抓住太平军这一进军弱点进行军事部署，而是听命于咸丰帝的"瞎指挥"。

襄阳"土匪"平定后，咸丰帝听胜保奏请，命驻扎信阳官军移往六安（治今安徽六安市）、庐州（治今安徽合肥市）等处，为江北之接应。③ 河南巡抚陆应谷鉴于豫皖交界之处防务紧急，亦奏请增兵，咸丰帝又令其将以前调赴信阳、南阳之兵，酌调赴豫皖边境。④ 山东巡抚李僡也奏请将调往河南之山东兵一千名撤回，以资防堵，咸丰帝亦允之。⑤ 前来河南"剿贼"的四川总督慧成行抵商丘途次，听说"逆匪窜踞扬州"，即由徐州一带迎击，"请将现驻河南永城之山东青州驻防官兵一千名、直隶宣化镇官兵五百名带往淮徐，相机剿办"，咸丰帝复允之。⑥ 太平军北伐开始后，咸丰帝令陆应谷"即飞咨提督善禄，酌带永城防兵，星赴安徽，扼要协同防剿。现在续调陕甘兵四千名，已由永城行入皖境，着即飞催前进"⑦。如此，两三月之间，原来大军云集的河南变得空空如也。河南巡抚陆应谷在奏片中粗略计算了河南边境之兵，"所调本省、外省精兵，统计四千二百余名，分布各处，尚形单薄。光州所属驻兵一千三百余名……信阳原派之山东等省官兵，俱已调赴（江北）大营，现仅驻扎山西弁兵一千余名。粮台虽已改移归德，而湖北黄陂县，近有金丘莲会匪结党余（羽），潜聚滋扰。业经署藩司郑敦近（瑾）派拨山西兵官三百名前往，会同该省兵勇，相机剿□。又，

① 《清文宗实录》（二）卷八一，咸丰三年正月癸丑，第12页。
② 《清文宗实录》（二）卷八四，咸丰三年二月丁丑，第70页。
③ 《清文宗实录》（二）卷八六，咸丰三年二月壬寅，第131页。
④ 《清文宗实录》（二）卷八七，咸丰三年三月丙午，第138页。
⑤ 《清文宗实录》（二）卷八八，咸丰三年三月丁巳，第165页。
⑥ 《清文宗实录》（二）卷八九，咸丰三年三月己巳，第196页。
⑦ 《清文宗实录》（二）卷九一，咸丰三年四月己丑，第234页。

大胜关防兵六百余名，经臣调赴鹿邑会亭等处驻扎。"结论是"臣再四筹酌，现在豫省官兵，实无可以调拨出省"者。① 而咸丰帝的想法是，"若以重兵扼其前路，使贼不得乘虚窜越，则豫省自可无虞"②。这不过是一厢情愿而已。

无兵自然难以抵御太平军，有兵也不一定凑效。据在豫省游幕的龚泩记载：

> 署商邱某县，当贼众之逼近府城也，与丁艰御史某开门先遁，故贼众乘机而入。宋家集离府城七十里，防堵官兵共有五千，不意贼众绕出其后，猝不及防，使阖郡生灵顿遭涂炭。闻城外死者三四千，城中官民被害者六七千。火药两万余斤皆为贼有。此贼到中州第一次残暴也。有战守之具而无救祸之人；人亦何辜，遽构此非常之祸也！③

又记：

> 某中丞在归德战败而逃，著短衣，穿薄底鞋，从太康至许州，五千兵亦四散奔逃，至有兵丁在中牟探听中丞现在何处消息者。自中丞一倡后，睢州到省几州县竟不约而同，可恨可笑。④

在此两段记述中，"某县"是指商丘县知县宋锡庆，"御史"是指陈坛。起初说此二人是逃跑："河南在籍给事中陈坛，当贼匪窜扰归德时，即同署商邱县知县宋锡庆由北门打断关锁开城逃匿，以致贼匪窜入府城，惨行杀戮，城内绅民无不切齿"⑤；后来则说北伐军攻归德（治

① 《河南巡抚陆应谷附奏现在豫省实无官兵可以调拨出省片》，《河南巡抚衙门档案》9号，河南大学档案馆藏，档号0065。
② 《清文宗实录》（二）卷九二，咸丰三年四月丙申，第252页。
③ 龚泩：《耕余琐闻》甲集，第4页。参见《太平军北伐资料选编》，齐鲁书社1984年版，第258页。
④ 龚泩：《耕余琐闻》乙集，第38页。参见《太平军北伐资料选编》，第259页。
⑤ 《清文宗实录》（二）卷一〇一，咸丰三年七月丁卯，第483—484页。

今河南商丘市）时，"宋锡庆等出请救。五月初七日，贼阑入府城"①。当时，归德府知府陈介眉出援永城县（今河南永城市），即便是出城求援，也不应该是首县知县去，否则就府城无主，岂能守住？所以，宋锡庆等即使是出去求援，也难逃以"求援"为名逃跑的嫌疑。"某中丞"是指河南巡抚陆应谷。陆氏自己的说法是："（五月）初六、七两日，在宋集与贼接仗，连胜数仗，杀贼千余人。不意贼由间道攻陷归德。初八日弟（指陆氏）提兵回救，因士卒饥疲，众寡不敌，遂至失利。夜走柘城，欲回救省城，而贼要遮，不能前进。"②《清史列传·陆应谷传》记载："时，贼已由柘城直扑开封，省城坚守待援。应谷在鄢陵途次收集兵丁，叠谕驰赴省城，内外夹击。"③ 柘城在开封东南、归德西南，离归德很近；而鄢陵在开封正南略偏西，中间由东往西隔有朱仙镇、尉氏县、洧川（今属河南尉氏县）。故由上述可以看出，陆氏在归德前线战败后逃往柘城，大概是遇到了由"柘城直扑汴梁"④ 的太平军，不敢回省城；而省城被攻击时，"贼大队踞朱仙镇，距（省）城四十里"⑤，陆氏更不敢接仗，于是继续逃到朱仙镇西南的鄢陵收拾残兵败将。所以，龚泩所说陆氏一路败逃是符合史实的。至于咸丰帝"叠谕"陆氏救援省城，内外夹击，恐怕是其完全不知陆氏当时的狼狈相。

但是，如果我们因此就认为陆应谷缺乏料敌先机，那也是不符合史实的。如前所述，咸丰三年（1853）三月太平军北伐之前，陆应谷对官军屡战屡败原因的总结非常切中要害，对太平军今后向北攻击的方向，尤其是北伐军进攻河南的路线，也分析得十分精准。⑥ 但也有一点是其不明白之处：当时的中央财政早已捉襟见肘。咸丰帝在镇压太平天国方面，毫不吝惜钱财。其即位时国库异常空虚，截至道光三十年

① 尹耕耘：《豫军纪略》。参见《中国近代史资料丛刊·捻军》第二册，第160页。
② 《瑛兰坡藏名人尺牍墨迹》第66册第9信《河南巡抚陆应谷致瑛棨函》。参见《太平军北伐资料选编》，第244页。
③ 《清史列传》卷四三《陆应谷传》，《清代传记丛刊》第101册，第277页。
④ 《清文宗实录》（二）卷九四，咸丰三年五月丙辰，第295页。
⑤ 尹耕耘：《豫军纪略》。参见《中国近代史资料丛刊·捻军》第二册，第160页。
⑥ 参见本书第二章。

（1850）十月二十日，国库存银只有四百一十二万余两①，"会计之司左支右绌，一筹莫展"②。但太平天国起义一爆发，咸丰帝就连拨巨款，仅咸丰元年（1851）先后调拨给广西的军费就达八百二十万两之巨，其中包括内务府的二百万两。接着，为了筹集军费，他不惜改币制、开捐输、停养廉、搞摊派、销金钟、收铺租、设厘金等，无所不用其极。到了咸丰三年（1853）六月十二日，户部结存正项待支银只有二十二万七千余两，故户部官员说：国家度支"从未见窘迫情形竟至于今日者"③。在这种情况下，陆应谷还请求朝廷按照以往的做法，发内帑作为军费，派王公大臣率东三省和蒙古军队来镇压太平军，显然很不现实。

如此上下不知、相互推诿——皇帝固不知豫抚及官军的贪生怕死，豫抚亦不知国库、内帑的匮乏；皇帝指望前线官军遏止太平军的前进步伐，豫抚则期待朝廷另派大军以阻敌。似此，官军想在战场上与太平军较量，岂非痴人说梦？陆氏请求调满蒙军队、简派王公率领以"灭贼"之说，如同后面的英桂"剿捻"一样，抱着老一套不放，看似有理，实际则既于眼前毫无用处，亦试图尽量把自己置于事外。

保卫省城之战亦甚悬乎。巡抚不在，"藩司沈兆澐、臬司林扬祖、署开归陈许道张畇等督率在城文武绅民分垛守御。十二日贼至城下，数来攻，城上枪炮轰击不得近。贼攻城长技恃地雷，自牟工、祥工，黄水两溢，汴城外浮沙丈余，近郊无大村落，不能成隧道。贼大队踞朱仙镇，距城四十里。十三日攻城，会大雨，雷电交作，野旷无蔽，贼药火不能然（燃）。城上炮发，毙敌甚多。开封府知府贾臻、祥符县知县何怀珍，复募壮丁缒城下杀贼，枭其悍目数人。会将军托明阿、提督善禄、都统西凌阿督三镇兵，由睢州倍道进，以十八日抵汴。贼知不可逼，乃由朱仙镇窜中牟、郑州、汜水，沿河而西"④。由此可知，省城

---

①　中国人民银行总行参事室史料组编：《中国近代货币史资料》第 1 辑上册，中华书局1964 年版，第 171 页。

②　席欲福、沈师徐辑：《皇朝政典类纂·钱币四》，文海出版社 1969 年版，第 95 页。

③　中国人民银行总行参事室史料组编：《中国近代货币史资料》第 1 辑上册，第 176页。

④　尹耕耘：《豫军纪略》。参见《中国近代史资料丛刊·捻军》第二册，第 160 页。

能守住，在某种程度上是赖"地利""天时"所赐，非官军之能，而开封府知府贾臻的记述则将胜利归于神助①，表明当时守军信心不足，而省城得以保全，亦非全由人力所致。

北伐太平军由开封而西，"十七日至荥阳，十八日至汜水。此地虽有险要可守，无如兵饷全无，以致二十日由虎牢窜入巩县，文武逃散，即时失守……遂于二十三日在巩县抢黄河船北渡……其由安徽追贼之兵，或驻归德，或到汴省，均不能救应河北。抚臣陆应谷仍驻许州，已不能为河北声援"②。李棠阶在日记中说："贼至巩县，抢洛水之船将北渡。官军遥望，辄开枪炮轰击，而远不能及；贼果开帆来，则溃散而去，屯聚温县西关。贼于是从容渡河。"③ 如此"礼送"和"迎接"，仪式可谓"隆重"。不过，北伐太平军渡河也不像李棠阶说的那样从容，渡过黄河的是其中的大部分，少量未及渡而留在南岸者则被迫南撤。于是，河南战局一分为二：河北为怀庆府保卫战，河南为追击南撤之北伐军余部。

怀庆府之战，官军的统兵大员有直隶总督讷尔经额、山西巡抚哈芬、山东巡抚李僡以及尚书恩华、四川总督慧成、内阁学士胜保、总兵董占元等，统领数万大军。北伐军攻不下怀庆府，即在府城外筑木城而守。"数万官兵观望逡巡，贼不敢出，兵亦不敢进。惟胜帅力战，余不同心……李巡抚欲战而不能独进，遂于七月十九日仍归山东……据土民被裹逃出之人俱言贼不满万，势甚穷蹙，一鼓可平。无如诸帅之持重太甚耳。"④ 内有坚城，外有重兵，里应外合，一鼓而平，原非难事，可是最终还是让北伐军进入京畿重地，威胁京师。

南路北伐军余部人数甚少，咸丰帝责成陆应谷等督兵"追剿"，而陆氏也不断奏报官军获胜的消息。在许州，"贼匪攻围许州，经该州知

① 参见本书第二章。
② 张之万：《张文达公遗集》卷二《贼匪由巩渡黄河宜严防各渡折》，第4—5页。参见《太平军北伐资料选编》，第257页。
③ 李棠阶：《李文清公日记》，咸丰三年五月二十一日。参见《太平军北伐资料选编》，第269页。
④ 李棠阶：《李文清公日记》，咸丰三年六月二十至二十四等日。参见《太平军北伐资料选编》，第272页。

州金梁带同兵丁，登陴固守，开放枪炮，毙贼多名，该州手被枪伤。经文岱、柏山、王家琳等先后驰至，贼匪闻大兵追及，解围南窜。柏山率领将弁，追至郾城县王店地方，复经游击伊里绷阿督兵抄出贼后，歼捦多名"①。在西平，南阳镇总兵柏山"续获胜仗"②；在遂平，"该逆窜入遂平县城，经柏山督兵紧追至城南，两路埋伏大队官兵，乘夜围绕城北一带，连放大炮。该匪闻炮，弃城南窜，至沙河北岸，伏兵齐起，枪炮并施。柏山知贼陷伏中，即督大兵齐进。该逆抵死抗拒，我兵奋勇争先，无不一以当百。贼匪纷纷投河，淹死者不计其数，杀毙长发贼二百余名、余党三百余名，并砍杀伪丞相李姓，复进城捦斩数十人。总兵经文岱带同游击全喜、都司苏林赶至遂平，复分投捦获二十余名，立时正法。此股逆匪，业已剿戮殆尽"③，等等。但奇怪的是，这股"余匪"最终还是得以进入湖北，就连咸丰帝也满心狐疑："经文岱、王家琳与柏山同剿河南之贼，何以经文岱赶至遂平，已在柏山得手之后，且所带游击全喜等仅捦获贼二十余名？该镇究在何处逗遛，因何迟到？王家琳行抵西平，因雨绕道，何以遇贼仅三十余人，即被矛伤左股，岂该革员所带兵勇尚不敌贼匪之数？"④ 后面既有追兵，前面岂无阻拦？或许龚�

洼的记载可以帮助我们理解这不可思议之事：南撤北伐军余部所到之处，"奈何探马不先，贼未来而束手无策，官且出城暂避，四门大开，穿城经过。从此，郾城、西平、遂平、确山、罗山各县，亦复相同，竟无一处设法阻遏"⑤。

就这样，豫省对北伐太平军"迎来送往"，失去了其畿辅屏障的作用。

三　不愿为先的"剿捻"者

在北伐太平军的影响下，河南及邻省安徽的捻子发展成捻军，与南

---

①　《清文宗实录》（二）卷九七，咸丰三年六月辛卯，第396页。
②　《清文宗实录》（二）卷九七，咸丰三年六月壬辰，第400页。
③　《清文宗实录》（二）卷九八，咸丰三年六月乙未，第408页。
④　同上书，第411—412页。
⑤　龚洼：《耕余琐闻》癸集，抄本第13—14页。参见《太平军北伐资料选编》，第306页。

方的太平军遥相呼应，以致黄淮、江淮、江南俱陷入战乱之中。朝廷既无兵力亦无财力来平定范围如此之大且旷日持久的"发捻之乱"，只能把希望寄托在地方"身膺疆寄"的督抚头上。然而，河南巡抚却缺乏敢为天下先的精神和能力，与朝廷讨价还价，不肯认真履行"督办三省会剿"之重任。

1."捻匪"成军①

北伐太平军所到之处，"捻匪"活动加剧，且规模明显增大，以至形成捻军，成为黄淮之间官军镇压的主要对象。

太平天国起义爆发后，河南"捻匪"的活动明显多起来，规模也较以前增大。《剿平捻匪方略·序》说："当粤西初用兵时，皖、豫之间，伏莽即已蠢蠢欲肆，一二年后，日益鸱张，分股数十，贼圩林立。"②咸丰元年（1851）二月，"河南生员王正谊控称商邱县郭老家集地方，捻匪郭锁等纠众持械，抢窃勒索，冒充官长，黉夜入室劫物伤人，并将事主马三科杀死灭迹，及事主被抢缢死……陆应谷奏，遵讯土匪郭锁等，仅止行窃四次，并无纠抢及杀死事主马三科灭迹等情，惟与王正谊口角，纠同郭狗夺等四人，持械殴伤王光行等"③。此次"捻匪"活动有多少人不清楚，但显然规模并不大。几个月之后，这种状况就发生了变化。同年六月，"有人奏……南阳府属捻首乔建德，匪党二千余人，盘踞泌阳县之角子山，拦路抢劫，掳人勒赎。本年四月间，一日抢掠十数家，杀毙事主七人。南召县捻首李大、李二，率匪千余，将山内陈姓抢劫一空，并有奸淫毙命重情。经事主控县，该县知县畏葸不办。邻境裕州知州姚庆溥率领兵壮往捕，该匪胆敢抗拒，施放枪炮。又，唐县捻匪千余，肆行焚抢，几至围城。此外，邓州、桐柏、新野等处，均有匪党，贼巢甚多"；邓州还有包括已故提督齐慎坟冢被贼发掘等多起

① 这里沿袭史学界的说法，即以大规模起义为准，其前称捻子、捻党，其后称捻军。见郭豫明《捻军史·前言》，第2—3页。

② 朱学勤等：《剿平捻匪方略》卷首，第1—2页。参见奕䜣等修《（钦定）平定七省方略》，北京中国书店1985年版。

③ 《清文宗实录》（一）卷二七，咸丰元年二月辛未，第388页。

掘墓案。① 豫抚潘铎虽极力否认，然亦不得不承认有拦路勒索及掘墓等事②。九月，又有人奏："河南正副考官回京，行至卫辉府浚县境内，有盗贼数十拦劫，并将跟役刃伤。"③ 可见"捻匪"不仅增多，且对抗官府的色彩也有所增强。

至于河南"捻匪"增加与北伐太平军进入河南的关系，龚淦写道：

> 咸丰三年春间，归德府一带捻匪滋事，某太守剿抚无方，始则用炮轰击，继又杀戮过多，捉得一人赏银十两，杀不及则以铡草刀断之；行刑者惨于下手，令瞽者代之，先后死者不知凡几。似此立威，情亦惨矣！传闻每有将来报复之说，人固不之信，乃谣言甫起，祸变旋来。府城之失守，未必不因捻匪勾结而起。④

某太守应该是指归德府知府陈介眉。据记载：

> 河南永城县薛家湖地方，于二月初五日有大股捻匪窜至，经归德府知府陈介眉督率员弁，选带兵勇，驰往兜捕；升任开归陈许道林扬祖，派委候补知县赵献卿管带杞县壮勇协剿。该匪等放枪拒敌，该府即将兵勇分为三路，奋力夹击，毙匪五十余名、生擒一百二十余名，夺获枪矛一百余件。余匪逃遁。该升道会同参将范正纶，添派文武，复追获匪党百余名。二十二日，复有捻匪千余，窜入虞城县大杨家集等处肆掠。该抚驰赴归德，咨会护理河北镇总兵崇安，督率将弁，添兵前进。林扬祖督同陈介眉等管带练勇，驰往策应。该匪等于二十四日折回商永交界之马头寺，经该镇道等督兵追捕，并虞城、商丘、夏邑、鹿邑、柘城、亳州等州县，暨县丞刘

---

①　《清文宗实录》（一）卷三六，咸丰元年六月丁丑，第500页。

②　河南巡抚潘铎：《奏为特参新野县知县庞家淦勘报发掘已故大员坟塚情节含混请摘顶勒缉事》，咸丰元年六月十四日，录副奏折，档号03-4086-044；河南巡抚潘铎：《奏为特参邓州知州徐桂臣等匿案不报请分别革职勒休降补事》，咸丰元年八月初五日，录副奏折，档号03-4087；河南巡抚潘铎：《奏为裕州南阳唐县交界处匪徒拦路窃诈设卡委员巡缉事》，咸丰元年八月十八日，录副奏折，档号03-4567-011。

③　《清文宗实录》（一）卷四四，咸丰元年九月丙子，第609页。

④　龚淦：《耕余琐闻》甲集，第1页。参见《太平军北伐资料选编》，第258页。

鸿昌，各带兵勇堵挚，歼毙捻匪二百八十余名、生擒首伙二十六名，夺获大炮二尊，枪刀、器械、马甚多。该匪等因贼氛不靖，乘机啸聚，肆行抢掠，罪大恶极，经官兵捕挚，先后生擒及击毙共七百余名，当将著名首恶陈毛等二百四十余名，就地正法，以申国宪。①

至于攻下归德是不是因此股"捻匪"要复仇而与北伐太平军合作，龚洤只是怀疑。但李棠阶的日记则证实了捻军与太平军的联合："初闻贼徒系归德捻匪捏充，贼既渡河（指北伐军渡过黄河），始知真粤匪。然长发仅数百，余皆所裹挟湖南北、江宁、扬州之人及皖、豫捻匪，而捻匪尤多。"②《续修睢州志》的记载也说明河南"捻匪"兴起与北伐太平军经过河南在时间上的联系："咸丰三年四月，贼陷亳州。五月，陷归德、宁陵。初十日，至睢，掳掠丁壮骡马而去。土贼因之，掠归德。……是年，捻匪起。"③

北伐太平军走后，河南"捻匪"与官府的对抗加剧。例如，捻首张三、刘疙疸等率领一千余人，在项城、沈丘一带劫掠，并与另一捻首刘元吉合伙击伤沈丘县知县冯谏，又被总兵经文岱、署理副将春明、参将庆瑞等率官军击退，刘元吉被杀，刘疙疸等继续率部活动；李月、冯金标等在永城赵家屯"聚党树旗，众复数千"④；确山雷六等率众欲与南撤的北伐太平军联合，但此部太平军急于南撤，令雷六"在南（阳）、汝（宁）间多破城邑，至秋当复来，授以官"⑤。雷六遂在桐柏县活动，击毙前来镇压的署理知县潘树霖，并与信阳捻首王东、汝阳（今河南汝南县）捻首刘文明联合，围攻正阳县城，未能攻破而回确山⑥；息县捻首任二皮等与安徽阜阳捻首李士林联合，在固始县活动。

---

① 《清文宗实录》（二）卷八八，咸丰三年三月丁巳，第164页。
② 李棠阶：《李文清公日记》，咸丰三年五月二十一日。参见《太平军北伐资料选编》，第269页。
③ 《续修睢州志》卷一二《兵寇》，台北学生书局1968年版。
④ 《永城县志》。参见《中国近代史资料丛刊·捻军》第三册，第22页。
⑤ 周玉瓒：《周憩亭集》。参见《中国近代史资料丛刊·捻军》第三册，第64页。
⑥ 朱学勤等：《剿平捻匪方略》卷七，第10页。

李以重金贿赂前来镇压的总兵柏山、署理光州（治今河南潢川县）知州赵登畯、息县知县陈棠，使该股"捻匪"得以保存。固始捻首李昭寿与同县人、安徽霍邱三河尖（今属河南固始县）捻首薛之元等聚众数千，在固始、霍邱一带活动。夏邑县捻首骆举率一千八百人攻县城，为知县徐立本等所败而死；随后，又有"捻匪"二千余人攻县城，再次被徐立本击败；之后，复有虞城捻首宋喜元集结千余人，夜袭夏邑县城，中埋伏而败；又有骆三群率众在夏邑县活动，亦被徐立本率军击败，骆三群死，等等。这些豫省"捻匪"的活动，有自发的，有受北伐太平军影响而起的，亦有受邻省安徽"捻匪"影响的。其中，以在豫皖跨境活动的苏天福（一作苏添福）一支最为著名。

苏天福，回族，河南永城县苏平楼人。因家贫，曾与幼弟一起开油坊、粉坊以及贩卖私盐，结交了张乐行、龚德树，并结为异姓兄弟。咸丰四年（1854）二月，苏天福等聚众，一度占领县城。署理太康县知县祝垲统办归陈团练，纠结附近团练五万余人进行镇压。三月，苏天福等率众迎战，阵亡千余人而败，退往亳州。祝垲率练勇与地主武装"老牛会"越境追击，所过"斩杀过当，所焚村庄屋舍甚多"①，以致造成豫皖边界地区地主武装乃至官府之间相互仇视："祝垲率勇进剿，不问良莠，概予焚杀。自是南北相寻，几成不解之仇"②。永城团练到亳州捉拿苏天福，亳州人则支持苏天福反击，以至"捻匪"势力更甚于前。袁甲三得知后，极力劝解，消除地方之间的误会，"无论永民亳民，不问其仇不仇，但问其匪不匪"③。此后，苏天福联络张乐行等，于咸丰五年（1855）秋在雉河集（在今安徽涡阳县西北）会盟，苏天福（一说为河南夏邑县捻首王冠三）为黑旗总旗头，河南"捻匪"也由此而成为捻军的一部，但其活动仍有很大的自主性，与其他捻军的联系依旧带有临时性和不确定性。

总之，正如河南归德人侯云登所说："皖、豫接壤，向有捻匪，自粤匪北窜蒙、亳，捻匪乘之蜂起。捻首张洛行更勾结苏添福等，合为一

---

① 尹耕耘：《豫军纪略》。参见《中国近代史资料丛刊·捻军》第二册，第196页。
② 朱学勤等：《剿平捻匪方略》卷七，第7页。
③ 同上书，第3页。

股。"① 由此，河南的"捻匪"成为捻军之一部。

2. 勉强督办"三省会剿"

"发捻"交攻，河南南有西征之太平军，东有安徽之捻军，内部复有各类零股"匪徒"及各地抗粮、抗官之民众，再加上铜瓦厢（在今河南兰考县西北）黄河改道造成的水灾，一时之间，天灾人祸不期而至，顾此失彼。河南巡抚潘铎、陆应谷等，先后因"剿捻""剿贼"不力而遭到朝廷斥责或革职。何去何从，朝廷与豫抚都面临抉择。

按照薛福成总结的清前中期平"大寇患、兴大兵役"的惯例，河南巡抚陆应谷在太平军北伐前夕提出："为今之计，惟有调东三省及蒙古兵，一由山东取道瓜口，一由河南取道淮徐，以资攻剿；简派公忠体国之王公，假以便宜，俾之统帅，先发内帑以济急需，再由户部筹画归款，庶逆匪可期荡平。"② 然而，这个看起来颇有见地的建议很快就显得不合时宜了。其一，太平军的北伐、西征及捻军的兴起，使得大江南北、江淮、黄淮乃至京畿地区，烽烟四起，国库空虚，兵、饷两绌，且八旗、绿营亦不复当年；其二，朝廷所派督办官员，一时之间，难以起到明显效果。咸丰三年（1853）二月，朝廷以工部侍郎吕贤基督办安徽团练，兵科给事中袁甲三为帮办，曾任河南巡抚、兵部侍郎衔周天爵办理安徽防剿事务。然而，几个月之后的同年九月，周天爵病死于安徽阜阳；十月，吕贤基兵败自杀于安徽舒城，朝廷只好授袁甲三三品卿衔，办理"剿匪"事宜。袁甲三办理本有成效，无如"满汉畛域"之见作祟，上不见信于朝廷，下被江南提督和春、安徽巡抚福济掣肘：

> 时淮北官吏，甲三欲有更调，和春、福济意不合，甲三专奏，诏仍饬会衔。于是和春、福济疏劾甲三坚执己见，并劾其株守临淮，粉饰军情，擅裁饷银，冒销肥己。召回京，部议褫职。甲三呈诉被诬，下两江总督按治，事得白。甲三在淮北得军民心，其去也，军民泣留者塞道。未几，捻首张洛行勾结皖、豫诸捻，势益炽。怀远民胡文忠鬻子女，徒步京师，控都察院求以甲三回镇，格

① 赵尔巽：《清史稿》（缩印本）第4册《侯云登传》，第3468页。
② 《清史列传》卷四三《陆应谷传》，《清代传记丛刊》第101册，第276—277页。

不达，怀状自缢。①

和春、福济排挤了袁甲三，自己亦无力支撑局面，于是奏请朝廷饬新授湖南提督武隆额督办三省"会剿"事宜。朝廷准其所请，命武隆额驰赴亳州驻扎，"所有三省会剿兵勇，悉归调度，以专责成"②。然而，武隆额办理"会剿"，"漫无布置"，"恇怯无能"③，朝廷于咸丰五年（1855）十二月将其革职，任命河南巡抚英桂"督办三省剿匪事宜"，前福建按察使徐宗幹帮办。④

英桂到河南巡抚任时，北伐太平军刚出豫省，仍须严防黄河各渡口；南方西征太平军的威胁又到，湖北黄州（治今湖北黄冈市）、汉阳相继失守，武昌戒严，南阳、信阳、光州局势严峻。⑤英桂驻汝阳接应南线防御，东线归、陈一带由署太康县知县祝垲办理团练，而以本省士绅、前广督徐广缙，曾任河南巡抚、前江督牛鉴，领兵与袁甲三联络"剿捻"。⑥但是，前线带兵官绅配合并不得力，难以和衷共济。袁甲三奏称，"徐广缙、牛鉴所带兵勇，由归德、陈州出境迎剿，尚恐未能得力"⑦；祝垲与徐广缙则相互抱怨，"徐广缙以祝垲进剿捻匪不能约束乡团，分别良莠；祝垲之乡团又以徐广缙畏葸不前，意存牵制。彼此各存意见，剿办因而不力。臣（指英桂）探悉情形，深恐事权不能归一，当先将祝垲撤回专办陈州团练，咨照徐广缙实心督办。而该革员观望迟疑，旋亦因病请假"⑧。祝垲是职官，正如前述归德府知府陈介眉一样，为"守土"而不惜杀戮，以致连在豫游幕的龚浔都看不过去："环顾诸民，谁非赤子，其忍不教而杀耶？"⑨徐广缙是河南鹿邑县人，祖籍安

---

① 赵尔巽：《清史稿》（缩印本）第4册《袁甲三传》，第3107页。

② 《清文宗实录》（三）卷一七九，咸丰五年十月辛卯，第1000页。

③ 朱学勤等：《剿平捻匪方略》卷一一，第22—23页。

④ 《清文宗实录》（三）卷一八七，咸丰五年十二月癸丑，第1094—1095页。

⑤ 《清文宗实录》（二）卷一〇八，咸丰三年十月戊寅，第665—666页。

⑥ 《清文宗实录》（三）卷一二一，咸丰四年二月庚辰，第68页。

⑦ 《清文宗实录》（三）卷一二一，咸丰四年二月乙酉，第82页。

⑧ 《河南巡抚英桂奏陈捻军肆扰江皖豫三省边界并历次办理未能得手等事折》，咸丰六年二月十六日，《河南巡抚衙门档案》8号，河南大学档案馆藏，档号0060。

⑨ 龚浔：《耕余琐闻》甲集，第1页。参见《太平军北伐资料选编》，第258页。

徽，无论豫、皖，皆有乡情。英桂以徐氏办豫、皖接壤处"剿匪"事宜，原是基于"乡望所归，驾轻就熟"，且徐氏"派防归德已及半年，边隅尚为靖谧"①。之所以造成诸多矛盾，固因各员之间缺乏协作精神，亦因英桂事先考虑不周所致，以致祝垲、徐广缙"两败俱伤"。

武隆额督办三省"剿匪"事宜不力，与英桂也有一定关系。徐广缙因病请假后，英桂派候补道张维翰帮同"剿匪"。②随之，有人奏，"张维翰前在河南候补知县时，与前任开封府知府邹鸣鹤之门丁张夔宝换帖，张夔宝现住汴梁，往来甚密；又在鹿邑县知县任内时，将料价科派民间；又在卫辉府知府任内，需索属员，纵令官亲胡姓，在外招摇撞骗。因恐前巡抚李僡劾，先求告病，捐升道员。又与因案脱逃、现充勇目之刘老长即刘玉纪换帖，希图保身家。怀庆告警，该员首先逃出，徙居刘玉纪所居之黄山洞，以致卫辉居民，迁徙一空。现充总理军需局，所发薪水口粮，每百钱祇发八十文，致令乡勇溃散，众口沸腾"。朝廷令英桂查核③。英桂否定了上述所参各条，认为"只因经费支绌，该员等目击时艰，力求撙节，不免招致怨尤，无凭之口，实或因此而起……且查，张维翰自派赴归德剿办捻匪以来，叠次督兵搜捕，歼擒不下数千，永、亳两邑著名捻首毙获不少"，实为得力。④咸丰五年（1855）十月，朝廷令武隆额督办三省会剿，英桂即派张维翰所部归其节制。⑤不久，王履谦参奏："武隆额一味畏葸，将永城兵勇调赴夏邑，以为避贼之计；复听信候补道张维翰议降，委员至徐州，提前获张乐行之侄送还，以致该匪窥破虚实，大股进扑夏邑，武隆额即退走虞城。"⑥朝廷令英桂确查，因奏："候补道张维翰，当武隆额提到李成喜（按：王履谦认为是张乐行的侄子，实际不是）时，正在省城，并不知情。"⑦虽

① 《河南巡抚英桂奏陈捻军肆扰江皖豫三省边界并历次办理未能得手等事折》，咸丰六年二月十六日，《河南巡抚衙门档案》8号，河南大学档案馆藏，档号0060。

② 《清文宗实录》（三）卷一四九，咸丰四年十月丁巳，第605页。

③ 《清文宗实录》（三）卷一四九，咸丰四年十月壬戌，第614—615页。

④ 河南巡抚英桂：《奏为遵查河南候补道员张维翰被参各款委无实据事》，咸丰五年六月二十四日，录副奏折，档号03-4109-013。

⑤ 《清文宗实录》（三）卷一七九，咸丰五年十月辛卯，第1001页。

⑥ 《清文宗实录》（三）卷一八七，咸丰五年十二月丙辰，第1098页。

⑦ 《清文宗实录》（四）卷一九六，咸丰六年四月己酉，第192页。

没有资料表明英桂袒护张维翰，但上述还是让人怀疑：若张维翰在归德前线"剿捻"，何以归德战事紧张之时却在省城？退一步说，即使张维翰在前线确实没有不当行为，河南武官上有各镇总兵，下有副将、参将等，英桂却只派一名候补道领兵协助武隆额，显然没有尽力。只是英桂没有料到，武隆额被革职后，"剿捻"这个烫手的山芋落到自己手上。

究竟应该如何应对当时局势，河南籍江南道监察御史侯云登奏：

> 皖、豫接壤，向有捻匪，自粤匪北窜蒙、亳，捻匪乘之蜂起。捻首张洛行更勾结苏添福等，合为一股，所过荼毒，蒙、亳迤北，归德以东，数百里几无人烟。一误于张维翰，而永、夏受困，马牧被焚；再误于武隆额，而贼扰掠归、陈。武隆额虽撤归巡抚英桂调遣，并张维翰迄今未闻撤参，且其营勇，多杂匪类。今邱联恩军亦溃败，归德决河未堵，防备綦难。倘捻匪逾河而北，勾结东省灾民，其患甚大。查匪逾十万，扰及四省，惟赖兵力兜剿，而调集需时。莫若以勇济兵，请于皖、汴、苏、鲁接壤之区，设立勇营，简员督办。[1]

侯氏此议，得到朝廷赞许。英桂并未意识到用官军"剿捻"的局限，或是意识到了，又害怕再次陷入官绅矛盾，其总体部署，恰是利用官军"调集需时"来拖延，内心仍期望朝廷另简领兵大员专司"剿捻"之责，自己作为豫抚仅守本省。

咸丰六年（1856）正月初六日，英桂接到命其督办三省"会剿"事宜的谕旨后，上奏其"剿捻"计划。首先，针对谕旨说捻军是"乌合之众"，易于剿灭的说法，英桂强调"捻匪"之强大。他说："查该匪张乐行等，自柘城退窜雉河老巢，负嵎盘踞，势愈披猖。虽系乌合之众，然数至四五万人之多，亦未可轻视，必须厚集兵力，方能扫穴捣渠。"其次，英桂做出"积极备战"的姿态："臣已飞饬严提兴庆、朱连泰等即日管带兵勇，及早会合，进攻贼巢，并将所带兵勇确数报查。倘再逗留抗违，臣自当据实奏参，断不敢稍事姑容。"再次，他强调目

---

① 赵尔巽：《清史稿》第 4 册《侯云登传》，第 3468 页。

前兵力不足：侍卫容照所带马队五百名，多次失利后，"人马多不足额，已飞咨容照将实数咨覆，即饬令各营总管带马队星夜驰赴臣行营，另行派员统带，以资攻剿"；"前调南阳镇所属各营官兵五百名，恐在各营抽拨有需时日"；"豫省现调官兵及直隶、山东官兵不满四千名，而史荣椿所带之兵曾经挫败，士气不扬"，等等，因兵力不足，请"敕调吉林、黑龙江马队精兵二千名，即令魁福统带来豫助剿，并请旨饬令魁福先行星夜驰赴归德，以资调遣"，同时"应请敕下和春、福济，务遵前奉谕旨，饬令续派官兵由蒙、亳进逼贼巢，以堵为剿，遏其南窜之路"。最后，他表示："臣一俟兵勇齐集，即亲自统带驰赴归德一带，督饬现有兵勇探明贼踪，分头剿击，先挫凶锋，再行订期四面进剿，以殱巨孽，万不敢株待调兵，致形迟滞。"① 朝廷的答复是：

> 英桂既督办三省剿匪事宜，即非河南一省之事。前此谕令驰赴归德，原因贼在归德之故。今既已退回安徽境内，该抚即应带兵前往交界处所，扼要驻扎，一面拨兵前往会剿。若如所奏，俟兵勇到齐再赴归德，未免过于迂缓。容照马队近在宿州，与其调往豫境，何如饬赴颍、亳？而该抚移营就兵较为近便。其续调之信阳防堵兵五百名，保英所带山东兵五百名，该抚已令先赴归德，即着催令由归德前进，会合皖兵。其河北各兵并滑县壮勇，傥一时未能齐集，该抚止可先行出省，将武隆额现带之兵调集进剿……至吉林、黑龙江马队，调出已多，且恐缓不济急……未能再行调派。其前调扬州军营马队，本日据托明阿奏称，已派吉林马队五百名，交侍卫伊兴额、协领德昌管带，由浦口、六合兼程前进，取道滁州，驰往归德。②

简而言之，英桂以兵力不足为由要"等"，而朝廷则急于令其出征。英桂无奈，于正月初十日出省城，十三日抵达归德，摆出其"欲

---

① 《河南巡抚英桂具奏遵旨飞饬严提各路兵勇及早会合并亲自统带驰赴归德分头剿击捻军折》，咸丰六年正月初二日，《河南巡抚衙门档案》8 号，河南大学档案馆藏，档号 0001。

② 《寄谕河南巡抚英桂等带兵前往豫皖交界处所扼要驻扎并拨兵会剿》，咸丰六年正月初六日，《河南巡抚衙门档案》8 号，河南大学档案馆藏，档号 0005。

征不能”的理由：

> 查上年冬间夏邑、虞城失守以后，士气不振，逆焰日张，良民
> 迁徙流离，情形可惨。土棍从而附和，愈聚愈多，逞其凶顽，非常
> 蹂躏。商丘、夏邑、虞城、永城等处，上下数百里烧掳一空，疮痍
> 满目。皖、豫交界一带，至今尚无人烟，食井俱被填塞。蒙、亳等
> 处，匪党纵横，几于遍地皆贼。自豫至江、皖两省，驲路梗阻，文
> 报不通。臣咨会侍卫容照，公文中途折回，不能前进。托明阿所派
> 马队官兵，未知行抵何处。郑魁士及塔思哈、兴庆之兵，亦杳无信
> 息……现在归德附近数十里土匪四起，动辄成群聚党，难保不与该
> 匪等声息相通。城乡内外，人心日夕惊慌，若不安定民志，先行剿
> 除土匪，必致勾结为患……臣急欲就现有兵勇迅图进剿，无如先后
> 到防者数止三千。武隆额所带兵勇，除伤亡溃散外，共计不足二
> 千，且大半器械不全，贼未至而心胆先怯，尚须逐加挑选，分别去
> 留。直隶大名兵一千名，尤不得力，拟即饬令广平营游击德魁管带
> 回伍，以节糜费。大名镇总兵史荣椿带兵日久，营务尚为熟悉，仍
> 留营管带兵弁，以资臂助。至江、皖两省在防兵勇，共止三千余
> 名，闻其粮饷久缺，枵腹荷戈，断不足恃。而豫省筹备兵饷，正在
> 自顾不遑，一时难以挹注。臣奉命督剿，责无旁贷，何敢稍分畛
> 域？然当此进退维谷之时，如不计出万全，必蹈轻进之咎……现正
> 严催前调兵勇飞速来宋，到齐后即行分起前进，步步为营，先将内
> 地匪徒剿除净尽。一面出示安抚居民，解散匪党，清理粮饷要路，
> 使无运道阻塞之虞。并请旨饬下两江、安徽督抚臣，赶紧接济各该
> 省兵勇口粮，俾免缺乏。臣一俟兵勇到齐，肃清内患，即行进兵会
> 剿，断不敢稍涉迁延，自干咎戾。①

同日，英桂又奏驰援鹿邑、永城，因“捻匪”分为两股，“一扑永
城，一扑鹿邑之张斌营，每股约计二三千人，并闻皖省宿州亦有被围之

---

①　《河南巡抚英桂具奏督兵驰抵归德察看情形迅图会剿捻军折》，咸丰六年正月十六日，
《河南巡抚衙门档案》8号，河南大学档案馆藏，档号0014。

信。贼匪现复分窜豫境，而皖、豫交界之区，道途梗塞，兵力未厚，势难分投击剿，是堵遏北窜尤为紧要。不得已先其所急，飞饬驻防陈州之湖南长宝道王建泰，会督王凤祥、赛沙布等统带兵勇一千五百名，即由陈州驰往鹿邑救援。昨准邱联恩咨称，已于正月初九日自信阳起程，计日内亦可抵陈。业由臣（英桂）飞咨该镇，就近接应。其永城一股，即于现有兵勇三千名内抽拨二千，派员管带，星夜前进，并飞提后起兵勇兼程来宋，以资攻剿"①。

英桂认为，兵力不足，"捻匪"过多，粮饷匮乏，不易轻进，而应该先内后外，步步为营，稳扎稳打。粗略看来，英桂所说似乎是相当稳妥的战略战术，实际上并非如此。其一，兵力不足、粮饷匮乏是普遍现象，非一省一地所特有。河南本为钱粮大省，豫省无粮，何况他省？故针对英桂奏请江、皖接济军饷，朝廷谕曰："现在豫省筹备兵饷自顾不遑，固系实情，但皖兵已近豫境，恐庐州军饷支绌，接济艰难。"② 其二，捻军亦民亦"匪"，且流动性强，若不全盘考虑，仅想保全一隅，其结果必然是兵来"匪"走、兵走"匪"来。其三，即便官军到齐，不能利用民间力量以稳固后方，其"剿匪"效果亦极其有限。所以，英桂迟迟不肯"进剿"的真正原因并非客观条件所致，而是主观上不愿意。

朝廷一再严旨催促出省督剿③，加上鹿邑、永城之敌未退④，归德

① 《河南巡抚英桂附奏调兵救援鹿邑及永城情形片》，咸丰六年正月十六日，《河南巡抚衙门档案》8 号，河南大学档案馆藏，档号 0015。

② 《寄谕河南巡抚英桂通筹三省剿捻并先行筹备饷需》，咸丰六年正月二十日，《河南巡抚衙门档案》8 号，河南大学档案馆藏，档号 0018。

③ 咸丰六年正月二十六日，军机大臣字《寄谕河南巡抚英桂统筹大局迅速派兵与皖省兵勇会剿捻军》说："英桂既总司会剿，须通筹大局，迅速派兵，与皖省兵勇会同进剿，毋许迁延观望，致误事机。"（《河南巡抚衙门档案》8 号，河南大学档案馆藏，档号 0038）二月初四日，军机大臣再次《寄谕河南巡抚英桂遵旨出境督剿捻军毋得株守归德》：英桂"总司会剿，叠次谕令出境督办，所以捻匪蔓延三省地方，各路军营必须声息相通，方能随时策应，不致缓急失宜。即如伊兴额等已到宿州，而该抚尚未知悉，可见远驻归德，于一切军情未能深悉。着即禀遵前旨，出境督剿，毋得株守一隅，致于全局未能控制。"（《河南巡抚衙门档案》8 号，河南大学档案馆藏，档号 0035）

④ 《河南巡抚英桂具奏归德附近捻军窜逸及道路渐次疏通等事折》，咸丰六年正月二十九日，《河南巡抚衙门档案》8 号，河南大学档案馆藏，档号 0032。

府城复受威胁①，被交部议处②，英桂才上《奏陈捻军肆扰江皖豫三省边界并历次办理未能得手等事折》，认为"剿匪"失利的原因是：（1）带兵者不能和衷共济。先是徐广缙与祝垲"彼此各存意见，剿办因而不力"，接着是"武隆额到后，与余炳焘又不能和衷商榷，合力堵剿，竟乃各自分兵，以致兵力愈形单薄。该匪直扑武隆额大营，兵勇接仗失利，夏邑、虞城相继失守。武隆额退守归德，贼遂掩围郡城，焚掠四乡，益肆猖獗"。（2）三省不能协调一致。"匪势纵横，道路梗阻，军势骤难连络，三省无从呼应。"至于解决的办法，也是英桂不愿意出省"剿捻"的真正原因。英桂说："臣因与徐宗幹熟商急筹补救之术，非江、皖、豫三省督抚臣各清各界，设法严防，不能遏其窜越之路；非专有统兵大员驻扎亳州适中之地随时击剿，不能绝其滋蔓之势。如有剿无防，则贼众必倾巢四溢；有防无剿，则贼众必坚壁负嵎。惟有选派得力将领，添调北路精兵，设法专意进攻，江、皖、豫三省边界各派兵勇，紧扼严防，庶堵与剿均有可恃。"③

　　从后来事态发展的情况看，英桂此说似乎是对的。其一，后来朝廷令僧格林沁、曾国藩、李鸿章三人先后率军"剿捻"，此三人均非豫、皖、苏三省巡抚，曾、李虽是两江总督，但已经离开任所，专办"剿捻"事宜，属于"专有统兵大员"；其二，以静制动。曾、李二人使用的战略战术都是"画地为牢"、"有防有剿"，以官军之静制捻军之动，最终取得"平捻"的胜利，其做法与英桂之说多少有些相似。但是，英桂之策与前述陆应谷的办法一样，看似有理，实则无用。首先，朝廷令武隆额督办三省"会剿"，原本就是基于安徽巡抚福济等人之请，已经证明不行，才有任命英桂督办"会剿"之事，后来僧格林沁"追剿"失败也说明此；其次，"江、皖、豫三省督抚臣各清各界，设法严防"做不到。捻军活动的主要区域属于"三不管"地区，正是由于各省

　　① 《河南巡抚英桂具奏捻军大股近逼归德并请添调重兵防剿折》，咸丰六年二月初十日，《河南巡抚衙门档案》8号，河南大学档案馆藏，档号0052。

　　② 《寄谕河南巡抚英桂飞提徐宿两路官兵并迅速妥筹归德防剿事宜》，咸丰六年二月十四日，《河南巡抚衙门档案》8号，河南大学档案馆藏，档号0057。

　　③ 《河南巡抚英桂奏陈捻军肆扰江皖豫三省边界并历次办理未能得手等事折》，咸丰六年二月十六日，《河南巡抚衙门档案》8号，河南大学档案馆藏，档号0060。

"自扫门前雪"才导致"捻匪"越剿越多，造成难以收拾的局面；最后，后来的结果之所以是朝廷特简专职大员"剿捻"，是因为像英桂这样的当地封疆大吏不愿意承担或担当不起督办"会剿"之任，倘若英桂能够以豫省为依托，大力支持徐广缙、袁甲三等豫籍官绅打造一支类似湘军、淮军的豫军，何须什么"专有统兵大员"？说到底，一句话，都是"畛域之见"作怪。各省巡抚身负疆寄，有守土之责，本省丢城失地，朝廷即加处罚，他省城池是否陷落，与己无干。英桂虽受命督办三省"会剿"，却念念不忘"先将内地匪徒剿除净尽"，而安徽、江苏巡抚，本来就自顾不暇，又怎肯全力为英桂火中取栗？英桂既然没有意识到"困难"之中存在的"机遇"，缺乏敢为天下先的精神，其督办三省"会剿"，就有赶鸭子上架的味道，实非所愿。

故英桂所请，当即遭到咸丰帝的申斥：

> 从前剿办捻匪未能得手，既因在事诸臣不克和衷，此时专派英（桂）督办，事权归一，应如何统筹大局，分别缓急，催兵进剿。乃请简派大员进驻亳州，分投剿击，直似江、皖兵勇皆非所辖，希图卸责。试思封疆大吏，经朕畀以督剿重任，岂尚不得谓之"大员"耶？前因捻匪直逼归德，谕令和春、福济即调郑魁士、塔思哈所带官兵并伊兴额等马队赴豫应援。今归德已无匪踪，情形一变，应令郑魁士等先由何处进剿，着英（桂）即行飞调。现在河南兵力甚单，昨已谕令直隶省调兵一千二百名、山西调兵一千名、陕西二千名，驰往归德，交英（桂）调遣。此项官军陆续可到，着即分拨进剿，不可令其株守归德。①

尽管谕旨所说事权归一的"统兵大员"与英桂的"专有统兵大员"是两码事，但君命难违，英桂在朝廷的不断督促下，也只得打起精神"剿捻"，所取得的最大成就是攻占雉河集（在今安徽涡阳县西北）而

---

① 《寄谕河南巡抚英桂妥为布置江皖豫三省剿捻事宜》，咸丰六年二月二十一日，《河南巡抚衙门档案》8 号，河南大学档案馆藏，档号 0063。

复失之。① 之所以如此，在一定程度上是因为英桂饬袁甲三进攻雉河集时，"东、南两面，需兵控扼"，朝廷谕令和春等拨兵"会击"。② 但和春、福济所派"珠克登等，尚驻龙亢，逗遛不进"，导致张乐行等三百余人得以"向东南窜逸"③，势力迅速扩大，不久即复踞雉河集。朝廷虽再次责令福济调兵与英桂"会剿"，"傥仍前玩泄，或以剿办土匪为词，迁延观望，不听英桂调度，以致捻匪纷窜他处，朕惟福济是问，恐难当此重咎也"④。但也申斥英桂，"身为三省总统剿办捻匪，叠经谕令督兵出境，乃该抚始终株守陈州，徒以呼应不灵，诿咎于南路皖军"，"功则归己，过则归人"⑤，因此而不断给英桂处分⑥。

总之，英桂等豫抚墨守成规，奏请朝廷派重臣专司"剿捻"不成，自己又未能打造一支强大的豫军以独撑局面，"呼应不灵"在所难免，故虽身膺"督办三省会剿"之职，却实在不堪当此等大任。咸丰七年（1857）十二月，朝廷谕令胜保督办豫、皖、苏三省"剿捻"事宜，豫抚从此成为"剿捻"配角。

第三节　不称职的"剿捻"配角

英桂之后，豫军在"剿捻"的过程中起到一定的作用，尤其是袁甲三督办三省"会剿"期间，豫军是"剿捻"的主力之一。但是，河南巡抚既然不愿意为天下先，那就只有当配角。朝廷任命督抚"为地择人"，亦"为人择地"，当配角的豫抚就只有"围绕"主角而不断更替。

---

① 参见郭豫明《捻军史》，第166—173页。

② 《清文宗实录》（四）卷一九八，咸丰六年五月甲戌，第154页。

③ 《清文宗实录》（四）卷一九九，咸丰六年五月戊午，第161页。

④ 《清文宗实录》（四）卷二〇五，咸丰八年六月辛卯，第232页。

⑤ 朱学勤等：《剿平捻匪方略》卷二〇，第23—24页。

⑥ 咸丰六年十月，英桂被革职留任（户部尚书花沙纳等：《奏为遵议河南巡抚英桂督办三省剿匪迟延处分事》，咸丰六年十月初二日，录副奏折，档号03-4116-053）；次年三月第二次被革职，例应直接"革任"，上谕令仍暂留任（河南巡抚英桂：《奏为革职奉旨留任谢恩事》，咸丰七年三月十二日，录副奏折，档号03-4175-094）。

一 亡羊补牢的恒福

战乱时期，民间坚壁清野①以自卫，并非鲜见。咸丰三年（1853）正月，谕曰：

> 嘉庆年间，川、楚教匪蔓延数载，嗣行坚壁清野之法，令民团练保卫，旋就荡平。即今广西、湖南地方，多有团勇保护乡里，贼不敢逼，且有杀贼立功者。况各处乡村，良民多而莠民少，若得公正绅耆董理其事，卒不至别滋流弊，即地方间有土匪，一经约束，亦将去邪归正，共保乡间。惟在良有司素得民心，必可收众志成城之效。著各该督抚，分饬所属，各就地方情形妥筹办理，并出示剀切晓谕，或筑塞（寨）② 浚壕，联村为堡；或严守险隘，密拿奸宄，无事则各安生业，有事则互卫身家。一切经费均归绅耆掌管，不假胥吏之手；所有团练壮丁，亦不得远行征调。③

此后朝廷又多次谕令④，但并未得到地方督抚的重视⑤，河南尤其如此⑥。事实上，早在太平天国起义之初，皖省"捻匪"蜂起，河南就

---

① 这方面，学术界已经有一些探讨。例如，张珊《清军圩寨清乡政策与捻军失败的关系》，《安徽史学通讯》1958 年第 2 期；［日］并木赖寿《捻军起义与圩寨》，《太平天国史译丛》第二辑，中华书局 1983 年版；顾建娣《19 世纪中叶河南的圩寨》，《中国社会科学院近代史研究所青年学术论坛》2003 年卷，另见《近代史研究》2004 年第 1 期等。

② 原文"塞"疑为"寨"字之误。笔者是河南人，见过现在还有遗留的"圩寨"：豫东南的淮河流域水多，村庄周围挖一圈水塘，内筑围墙，只留一条"路坝"供出入，以各村的大姓为寨名，如"吴寨""耿寨""谢寨"等；或叫"圩子"，如"陈圩子""张圩子"等。驻马店地区往北，则大多以土墙围住村庄，墙外有沟。现存最完整的是平顶山市郏县境内的临沣寨，也叫红石寨，其寨墙为开采紫云山的红石砌成，外以沣水为沟壕。以此推理，"圩寨"的意思似应是挖土为沟、以土筑墙而为寨，沟中蓄水，则圩寨如同古代城市周围的城墙加护城壕。这些圩寨在新中国成立前主要是用来防土匪的，新中国成立后大多被拆毁。

③ 王先谦：《东华续录》（咸丰朝），《续修四库全书》第 376 册，第 335—336 页。

④ 同上书，第 358、529 页。

⑤ 张珊认为，咸丰六年以前，圩寨很少（张珊：《清军圩寨清乡政策与捻军失败的关系》）。牛冠杰说，皖省咸丰三年雉河集会盟后张乐行就建立有"捻圩"，民圩在咸丰六年以前也没有得到重视（牛冠杰：《十九世纪中期皖北的圩寨》，《清史研究》2001 年第 4 期）。

⑥ 参见顾建娣《19 世纪中叶河南的圩寨》。

有人建议筑圩寨以防之。太康县知县柴立本就曾"劝绅董速办团练，并令大村巨镇修寨为御乱计"。但民众未见"匪患"，并不愿意筑寨，因而有筑寨"两便五不便"之说①，甚至有人"遂假绅民之名，大粘匿名帖，谓办团修寨，无故扰民"。柴立本愤而辞官，"临行，谓绅民曰：'今吾以办团修寨不行去官，尔等将有悔不用吾言时也！'后皖匪窜扰，民遂无处逃避，大被劫掠，始深服其先见，思其政绩，有感动泣者"。②咸丰八年（1858），太康县"民始念前令柴立本之言，修寨自保"，两月筑成六十余寨。③ 这说明，河南州县官早就有人注意修圩寨，民间修圩寨则要晚得多，而比民间更晚的是河南巡抚。尹耕耘《豫军纪略》云：

> 咸丰九年正月，（河南巡抚）恒福既以军事责成邱联恩，复亲赴鹿邑与商防剿机宜，朱连泰亦自亳来会。恒福阅视诸营还，始建坚壁清野议，谕归、陈、南、汝、光各属筑堡御贼，分遣候补知府傅寿彤、蒯贺苏、张曜、何怀珍、候补直隶州骆光裕劝谕兴修，以候补道周熙征董其成。④

这里的关键是咸丰九年（1859）正月恒福"始"建坚壁清野议，此前历任巡抚根本没有注意到此，视朝廷的叠次谕旨为具文。《清实录》所载与尹耕耘所说是一致的。咸丰九年二月，谕曰：

> 军兴以来，迭经谕令各直省督抚等于偪近贼氛处所，劝谕团练，兴筑寨堡。兹据恒福奏称：以皖捻偪近豫疆，亲赴鹿邑督筹防剿，并体察民情地势，莫如坚壁清野之法，足资捍御。现已遴派道府大员，于归、陈等属，分投兴办，并亲赴归德，接见绅耆，开诚晓谕。旬日之间，睢州等五州县，兴筑堡寨者已数十处，闻风响应，次第举行。所办甚合机宜，著照所请。所有归德府属，即责成

---

① 江地：《捻军史研究与调查·附录》，齐鲁书社1985年版，第326—327页。
② 民国《太康县志》卷七《职官表·宦绩略附》，成文出版社1976年版，第471页。
③ 民国《太康县志》卷三《政务志》，第226页。
④ 尹耕耘：《豫军纪略》。参见《中国近代史资料丛刊·捻军》第二册，第340—341页。

候补知府傅寿彤；陈州府属，即责成候补直隶州知州骆光裕；汝宁府属，即责成候补知府蒯贺荪，会同地方官绅，将训练壮丁、联村筑寨等事，迅速劝导举行。其光州属及南阳府属，即由在彼办防之候补知府张曜、何怀珍，一律劝谕；归、陈两府，并著候补道周煦征，督率办理，联络声势。①

至于坚壁清野对"剿捻"的作用，洪良品曾写道："守之道，有官守，有民守。民守恃堡砦，官守恃厄塞。然必官民相资为守，择要害之地，各宿重兵，移节帅以驻之，督民行坚壁清野之法，使贼进不能攻，退无所掠。"② 这对于没有根据地、以劫掠为生存之道的捻军来说，确实是最致命的。问题在于，晚清的官民关系、军民关系十分紧张，想让民间筑圩寨，与官方同心协力"防剿"，又谈何容易？正如李棠阶在谈到办团练时所说："官民绅士各不相信久矣，诸多窒碍，何以能行。"③ 再加上连庄会由"拒匪"变为抗官，即"令民坚壁，用守助法，是又奉公之连庄会也。抗粮杀差，敛钱拒捕，百祸丛生，甚至日久雄长，渐必啸聚。官兵本弱，莫敢谁何，其流毒恐不可思议"④。同时，圩寨亦有"捻圩"，地方官非迫不得已，实在不敢轻易提倡。这大概是河南巡抚提倡坚壁清野姗姗来迟的重要原因之一。但无论如何，恒福提倡坚壁清野之后，又经团练大臣毛昶熙以及督办"剿捻"的曾国藩等人进一步强化，河南的坚壁清野对"剿捻"起到了很大的作用。⑤

---

① 《清文宗实录》（五）卷二七五，咸丰九年二月乙巳，第 34 页。

② 洪良品：《平捻匪策》。参见《中国近代史资料丛刊·捻军》第一册，第 412 页。

③ 李棠阶：《李文清公日记》，咸丰三年二月十九日。参见《太平军北伐资料选编》，第 266 页。

④ 吴式芬等：《瑛兰坡藏名人尺牍》。参见《中国近代史资料丛刊·捻军》第五册，第 149 页。

⑤ 例如，咸丰十一年五月，谕曰："河南省地方平旷，皖北捻匪，路路可通。经毛昶熙等晓谕各属官绅，举行团练，训习丁壮，筑窑濠寨，增建碉楼炮台，同时并举，并明定操演征调章程，办理尚为妥协。现在开封、归德、陈州、许州、南阳、汝宁、光州、河南、陕州、汝州各府州县办团，业已一律报齐，并叠次会合官兵，堵剿窜匪，屡获胜仗，卓有成效。"见《清文宗实录》（五）卷三五二，咸丰十一年五月己亥，第 1196—1197 页；督办河南团练大臣毛昶熙《奏为遵旨赴豫督办团练并大河以南因地制宜办团卓有成效等情形事》，咸丰十一年五月初五日，录副奏折，档号 03-4239-032。

二 刚愎自用的严树森

军兴以后，河南巡抚与其他大员之间矛盾纷杂，冲突不断。这些冲突在严树森任豫抚时达到顶点。

严树森，初名澍森，字渭春，四川新繁（在今四川成都市西北）人，原籍陕西渭南（今陕西渭南市东南）。道光二十年（1840）举人，入赀为内阁中书。改知县，铨授湖北东湖（今属湖北武汉市），捐升同知。以防剿功，晋秩知府，署武昌府。巡抚胡林翼荐之。咸丰八年（1858），擢荆宜施道，迁按察使。十年（1860），迁布政使，擢河南巡抚①。其与豫省领兵大员的矛盾及结局可以概括为："胜了"联捷、"平了"毛昶熙、"败给"胜保。

联捷，萨尔图克氏，蒙古正白旗人，道光二十一年（1841）进士②。咸丰十年（1860）二月，带勇越境到豫河防，屯扎柳园口、尚店、龙门各口；十一月，以四品京堂专办防河事宜③。次年三月，奉旨督办直隶、河南、山西三省河防④。

初到豫省，联捷就派员在河北彰、卫、怀三府劝捐，以筹河防经费。严树森出任豫抚后，为筹措南路军费，也派员到河北劝捐，联捷甚为不快。咸丰十一年（1861）二月，联捷上奏朝廷，请将双方委员在河北三府所收捐输全部作为河防专款⑤，三月初一日得到朝廷俞允⑥。这自然引起豫抚严树森的不满。三月十三日，严氏奏请将河北三府捐输由巡抚所派委员一手经理，所得款项，一半给联捷作防河经费，一半解

---

① 赵尔巽：《清史稿》（缩印本）第4册《严树森传》，第3145页。

② 魏秀梅：《清季职官表·附人物录》，第850页。

③ 直隶大顺广道联捷：《奏为蒙恩专办防河军务谢恩事》，咸丰十年十一月二十日，录副奏折，档号03-4157-012。

④ 直隶大顺广道联捷：《奏为以督办直隶河南山西三省防河事务谢恩事》，咸丰十一年三月初九日，录副奏折，档号03-4160-061。

⑤ 专办防河事宜大臣联捷：《奏为将河北捐输专办河北防务事》，咸丰十一年二月二十六日，录副奏折，档号03-4249-019。

⑥ 《清文宗实录》（五）卷三四五，咸丰十一年三月己丑（朔），中华书局1985年版，第1101页。

僧格林沁军营；二十日，朝廷谕令户部议奏。① 但联捷说，三月十五日接到严氏来函，另议河北三府捐输的"分办、合办二法"："合办"的做法与严氏奏折所说相同；"分办"则将捐项统归联捷经理，严氏将所派委员全行撤回，但联捷须每月代豫省筹拨僧格林沁军营饷银二万两。如此，不论联捷选择"分办"还是"合办"，都不能将河北捐输全部留作河防专款。联捷认为此举欺人太甚，上奏说，严氏必欲令其作难，是置河防于不顾，也是因其"系他处之官，不容办该省之事，藉示威福耳！"② 四月，户部奏：严树森"系通筹全局，并非置河防饷需于不顾，且统辖全省，呼应较灵，请仍归该抚派员经理"。朝廷据此谕令将河北捐输一分为二，一半解往僧格林沁军营，另一半交给联捷作河防经费。③

接着，严氏又奏，将河北三府厘捐也归巡抚委员办理，请饬令联捷将所派厘捐委员撤回，亦获俞允。④ 这样，严树森在河北三府捐输之争中"大获全胜"，但他并未就此罢手。

十月，濮、范有"股匪"从山东进入河南浚、滑、淇、汲等县，严树森乘机上奏说，联捷办理防河，不能阻敌，所招千余勇"概属脆弱"，而以河北捐输办此等河防，是"弃有用之饷养无用之兵"；且联捷收捐，"搜括殆尽，民既迫于追呼，官亦疲于奔命。又欲于河内县（征收）城街铺户捐及屋租，各商贾因力不能支，不得已，凑集制钱一千八百零八串，以助饷名馈送联捷，所议得寝——商民交困，怨声沸腾"。所以建议将联捷的防河勇队裁撤，由各省办理。⑤ 朝廷谕令直隶、山东、山西议覆，"俟三省覆到，再将专设防河之员裁撤，以一事权。

① 河南巡抚严树森：《奏为河北三府捐输款项拟分归防河及僧格林沁军营需用等事》，咸丰十一年三月十三日，录副奏折，档号03－4322－043。
② 督办直隶河南山西防河事务大臣联捷：《奏为特参河南巡抚严树森故违谕旨阻挠防务事》，咸丰十一年三月十七日，录副奏折，档号03－4160－084。
③ 《清文宗实录》（五）卷三四八，咸丰十一年四月丁卯，第1143页。
④ 河南巡抚严树森：《奏为河北三府厘捐归并办理事》，咸丰十一年四月二十九日，录副奏折，档号03－4400－035。
⑤ 河南巡抚严树森：《奏为联捷所带防河之师不能御贼请裁撤事》，咸丰十一年十月十五日，朱批奏折，档号04－01－12－0492－087。

嗣后河防，即惟各该疆吏是问"①。联捷为自己辩护，奏称防河团练督办有成，且防河紧要，难以裁撤②；又称"委员在河内县钞录严树森札文，内开钦奉谕旨，准撤河防，此后一切机宜，悉由该抚调度，不准听防河之员调遣；其捐输钱粮等项，非有该抚印文，不准擅动"，而谕旨是"联捷一军，能否裁撤，应俟该三省覆到时，再降谕旨"。严氏未等谕旨，就急于裁撤河防，固有不是，但前述上谕确实是"将专设防河之员裁撤"，而不是"能否裁撤"。然朝廷仍申斥严氏：此后"不准媢嫉掣肘，酿致河防兵勇，因饥哗溃，或生他虞，惟严树森是问"③。嗣经三省议覆，河岸防务分归各省办理，联捷勇队改为游兵，在上下河岸巡逻④。不久，朝廷发现联捷"于军情奏报，既多不实不尽；又复以军营带兵之员，自请离营省亲，其为不能尽心剿贼，已可概见"，将联捷撤回，所部由段晴川率领，"严树森前奏该员甚为得力，该抚于段晴川知之素悉，谅不至强以所难，亦必不任藉词诿卸，致误事机也"⑤。然而，严氏没有，段晴川却借词推卸了。

段晴川，河南温县人，拔贡，曾任内阁学士，因母亲年老奏请终养在籍。⑥ 联捷称段氏"人品端方，乡望素著"，奏请其帮办河防⑦，得到俞允。在联捷与严树森的争斗中，段氏认为，联捷争捐是"万不得已"，严氏则因司库空虚，无暇顾及河防勇饷；而联捷"颇有血性"，性情"刚直"，也是引起争执的原因之一。⑧ 这种似乎"中立"的态度，多少有些偏向联捷。故联捷既被降为五品京堂撤任，遭交部议处的段氏岂肯独留？在接到任命后，段氏提出：其一，作为在籍乡绅，没有

① 《清穆宗实录》（一）卷七，咸丰十一年十一月乙亥，第204—205页。

② 四品京堂联捷：《奏为防务紧要河南沿河团练难以裁撤事》，咸丰十一年十一月二十四日，录副奏折，档号03－4239－050。

③ 《清穆宗实录》（一）卷十，咸丰十一年十一月乙未，第257页。

④ 《清穆宗实录》（一）卷十一，咸丰十一年十一月己酉，第289页。

⑤ 《清穆宗实录》（一）卷十三，咸丰十一年十二月壬申，第363页。

⑥ 帮办防河事宜大臣段晴川：《奏为帮办防河事务谢恩事》，咸丰十一年二月二十六日，录副奏折，档号03－4249－024。

⑦ 直隶大顺广道联捷：《奏为行营遴员办公事》，咸丰十年十二月二十五日，录副奏折，档号03－4157－075。

⑧ 帮办防河事务大臣段晴川：《奏为遵旨查复严树森联捷不和情形事》，咸丰十一年十二月十三日，录副奏折，档号03－4554－044。

威望，"动静掣肘，呼应不灵"；其二，联捷所带直隶之勇，自己与之"未能融洽"，统驭"宽严两难"，易生枝节；其三，饷绌勇少，难起作用，沿河各省"必以梭巡之师为无益之费"①，因而借口老母多病，请求继续终养②，不肯接管勇队。显然，有了联捷的前车之鉴，段氏不愿重蹈覆辙。朝廷饬令将该勇队交给其军营，"酌量去留"。③

严树森终于去掉了联捷及其防河之勇，然而，此时严氏也已被调任湖北巡抚，很难体会到"胜利"的喜悦了。

严树森与团练大臣毛昶熙的关系比较微妙，既有矛盾，又有依赖；起初要替换毛氏，而最终又奏请将其留豫。

毛昶熙（1817—1882），字旭初，河南武陟人，道光二十五年（1845）进士。咸丰八年（1858），授顺天府丞；十年（1860），加左副都御史衔，命督办河南团练，并于同年八月④、十月⑤两次被任命督办河南"剿匪"事宜；次年三月，朝廷"命河南巡抚严树森，督办剿匪事宜；顺天府府丞毛昶熙，帮办河南'剿匪'事宜，仍督办团练"⑥。二人的矛盾由此展开。

严氏与毛昶熙的矛盾主要在三个方面：

一是严氏想以张芾代替毛氏未成，徒增二人之间的裂痕。就在朝廷任命二人分别为河南"剿匪"事宜之督办、帮办的第二天，严树森就奏请"张芾来豫会办剿匪"事宜，并"请圣上严饬毛昶熙于张芾未到以前，仍妥为督办，不得藉词诿卸"⑦。三月十日，严氏又在奏折中说明奏请张芾来豫的原因："毛昶熙朴诚正派，孜孜不倦，但阅历尚浅，情伪不能周知，全军调度究非所长，况承积弊之余，绅勇多其同里，以

---

① 帮办防河事务大臣段晴川：《奏为沥陈防河难办未能接办事》，同治元年正月十一日，录副奏折，档号03-4596-046。

② 帮办防河事务大臣段晴川：《奏为沥陈亲母年老患病请暂缓接河防事》，同治元年正月十一日，录副奏折，档号03-4596-047。

③ 《清穆宗实录》（一）卷十六，同治元年正月丁酉，第440页。

④ 《清文宗实录》（五）卷三二九，咸丰十年八月甲申，第896页。

⑤ 《清文宗实录》（五）卷三三三，咸丰十年十月庚辰，第975页。

⑥ 《清文宗实录》（五）卷三四五，咸丰十一年三月庚寅，第1103页。

⑦ 河南巡抚严树森：《奏请严饬毛昶熙张芾妥为防剿事》，咸丰十一年三月初三日，录副奏折，档号03-4228-021。

本地人办本地事，未能破除情面，一挽颓风"；而张芾虽是自己的"祖籍同乡"，但"素不相识"，只是上年才初次谋面，觉得张氏"肃然儒素，不似达官，及抗论兵戎，洞悉机要"，"其人恪恭谦谨，志虑忠纯"。① 同年十月，严氏再次奏称张芾"学问正大，志虑忠纯，直节亮工，超迈流俗"②。严氏请调张芾来"会办"，似乎没有更换毛昶熙的意思，但是，一则严氏在三月三日奏片的开头就说"临敌易将，兵家所忌"；二则明白请求朝廷令毛氏在张芾未到以前"仍妥为督办"，其意显然是张氏到后毛就不用"督办"了。故朝廷申斥严氏，"乃不肯明言撤去毛昶熙……空言动听"③，又谕令毛氏"务当破除情面，信赏必罚，俾军威克振，迅殄贼氛，以副委任"④，对二人各打五十大板，复令张芾帮办陕西团练。严树森调张氏不成，徒增与毛之间的嫌隙。

二是裁汰归德兵勇，严、毛二人相互推诿、抱怨。早在庆廉任豫抚时，毛昶熙就曾奏称归德民勇"毫不得力"，请将其裁撤，改办乡团，但是庆廉不肯。⑤ 庆廉离任时，归德兵勇移交给毛昶熙，月需饷银七万两，而积欠已达十万两⑥，裁汰必须抓紧进行，因此毛氏请求新任巡抚严树森到归德商议。严树森则说，省城空虚，"若不揣轻重，遽行出省，恐贼见兵力单弱，更无忌惮而损威声"，因此"函致毛昶熙，饬取各队花名清册……俟册到手，即派干员核实点验，拣留精壮，裁撤瘦敝，勒限操演"⑦。如此，严氏不到归德，毛氏也不送花名册，遂成推诿，而作难的却是后者。严树森既不到归德，也不给遣散费，"惟叠见抚臣与各处书牍，皆言未经到宋以前，支销、营务一切概不与闻"，而"不找清陈欠，使之各有归资，（兵勇）岂肯甘心作沟瘠耶？"毛氏抱怨

---

① 河南巡抚严树森：《奏请饬令张芾精选山陕官兵赴豫帮办防务事》，咸丰十一年三月初十日，录副奏折，档号03-4249-025。

② 河南巡抚严树森：《奏请召起老成硕德旧臣胪列名单事》，咸丰十一年十月二十六日，录副奏折，档号03-4166-006。

③ 《清文宗实录》（五）卷三四九，咸丰十一年四月丙子，第1159页。

④ 《清文宗实录》（五）卷三四九，咸丰十一年四月己巳，第1148页。

⑤ 《清文宗实录》（五）卷三二八，咸丰十年八月丙子，第885页。

⑥ 《清文宗实录》（五）卷三四三，咸丰十一年二月乙亥，第1087页。

⑦ 督办河南剿匪大臣严树森：《奏为筹办缴费条陈布置事》，咸丰十一年三月十三日，录副奏折，档号03-4249-032。

说，"抚臣不体此情，但责臣以裁撤"，请朝廷"饬下抚臣，赶紧出省督办军务。抚臣至则饷至，则兵勇可裁可练，庶豫省军务，可有转机"，其至请求朝廷将自己"撤回（京城）供职，抑或赏给外省（其他）差使"。① 朝廷接到毛的奏折后，责令严氏"亲赴归德军营，会同毛昶熙认真裁汰"②。严氏这才拨解实银五万两、饷票二十万两到毛昶熙粮台，仍仅派员"分起前往点验"兵勇，只有文职委员由严氏自己"认真裁减，定以限制"，同时不忘归咎于毛昶熙"受事之初，未能划清旧欠，稽核勇数，以致因人受累"，朝廷则斥其"身为督办，诿难于人，自居其易"。③

三是毛氏单衔入奏令严树森不快。毛昶熙奉命到豫后，因"督催过力，地方各官谤讟丛生，省垣大吏……皆不免误听浸润之言，为其所惑，诸事掣肘，动与为难"。万不得已，毛氏主动奏请与豫抚会同办理军务，便有了前述朝廷令严树森督办、毛氏帮办的谕旨。④ 但按照军营章程，"凡帮办之员，一切应行入奏事件，均须咨明督办之员，请其主稿，会衔具奏。故名为帮办，实与统辖无异，牵掣之患，由此而生"⑤。由于河南军务繁多，且与巡抚关系不洽，毛氏有时单衔入奏，引起严氏不满，奏称毛在军务上"并不会查虚实，辄据军营饰报，单衔入告"⑥。毛氏则因为是自己奏请的"会办"，有苦难言，故直到严树森调任后才奏请朝廷给予其单衔入奏之权。⑦

此外，严氏不及时拨解归德军营兵饷，毛昶熙极为不满。除了前述归德军饷的积欠外，毛还抱怨说，严对该部"兵饷，任意裁减，诸多

① 督办河南团练大臣毛昶熙：《奏为沥陈军营缺饷请饬抚臣出省督办军务事》，咸丰十一年三月十六日，录副奏折，档号03-4322-046。

② 《清文宗实录》（五）卷三四七，咸丰十一年三月庚戌，第1120页。

③ 河南巡抚严树森：《奏为裁汰弱兵撙节饷需事》，咸丰十一年三月廿六日片及朱批，录副奏折，档号03-4323-003。

④ 督办河南团练大臣毛昶熙：《奏为沥陈军营缺饷请饬抚臣出省督办军务事》，咸丰十一年三月十六日，录副奏折，档号03-4322-046。

⑤ 内阁学士毛昶熙：《奏为豫省军务繁多请准单衔具奏事》，同治元年正月十一日，录副奏折，档号03-4680-005。

⑥ 《清文宗实录》（五）卷三四九，咸丰十一年四月丙子，第1159页。

⑦ 内阁学士毛昶熙：《奏为豫省军务繁多请准单衔具奏事》，同治元年正月十一日，录副奏折，档号03-4680-005。

掣肘", 造成官绅不和①, 等等。

与对待联捷不同的是, 严氏对毛昶熙的战绩给予了肯定。朝廷令查毛氏是否有捏报胜仗情节, 严氏称毛"简练士卒, 督率将弁, 先后数十战, 悉合机宜, 克服被踞各圩, 屡获大捷, 请将 (毛的) 两次处分悉予开复"②。因此, 朝廷"以河南剿捻屡捷, 开复团练大臣毛昶熙降留、降调处分"③。而毛氏督办河南团练, 也确实有一定成效, 史称当时河南"疆吏非办贼才, (毛氏有) 补苴之功"④。也正因为如此, 当朝廷就毛昶熙是否应撤回、办理团练有无把握令严树森奏明⑤时, 严氏本可利用此机将毛赶走, 但他不仅没有, 反而对毛大加赞扬, 奏请将其留下。

严氏称, 在黄河以南各府州, 毛昶熙督办"团练一律整齐, 声势联络", 每有警报, "悉有斩获", 是其"督办得宜之明效大验也"; 在河北三府, 毛氏为该地乡绅, "乡评允洽, 为士民所畏服", 消除了"连庄会"抗粮的影响, 使"三府钱漕渐有转机, 尚未闻有聚众抗粮之事", 是其"操纵得法、确有把握之明证也"。此外, 毛氏整顿归德防军, 使成劲旅; 率军"剿捻", 所战皆捷, "足征调度合宜, 历练一深, 即勘胜封疆将帅重任。"最后, 严氏说:

> 臣与毛昶熙同受国恩, 同办一事, 和衷共济, 两无猜疑。以目下情形而论, 豫省团练事宜, 固应藉资熟手, 随时整饬, 免致日久懈生; 及河南军务之宋防一路, 仍应责令该员帮办, 以固省东门户, 免臣顾此失彼, 有鞭长莫及之虞, 以收匡襄之益, 冀成荡平之功。⑥

① 《清穆宗实录》(一) 卷十四, 咸丰十一年十二月戊寅, 第381页。

② 《清史列传·毛昶熙传》, 周骏富: 《清代传记丛刊》, 台湾明文书局1985年版, 第102册, 第410页。

③ 《清穆宗实录》(一) 卷八, 咸丰十一年八月癸酉, 第110页。

④ 赵尔巽: 《清史稿》(缩印本) 列传二百五《论曰》, 第4册, 第3109页。

⑤ 《清穆宗实录》(一) 卷八, 咸丰十一年十月戊寅, 第219—220页。

⑥ 河南巡抚严树森: 《奏请毛昶熙仍留河南督办团练兼帮办军务事》, 咸丰十一年十月二十九日, 朱批奏折, 档号04-01-12-0492-081。

于是毛氏仍留豫省，但二人关系并不像严氏所说的"两无猜疑"，而是猜疑颇深。譬如，在严氏与胜保的矛盾问题上，尽管后者的骄横为人所共知，毛却认为，严"与胜保龃龉，亦非曲在胜保"①。

胜保的骄横是出了名的，原与豫抚英桂之间就不甚融洽，到庆廉任豫抚时，朝廷明确划分其权力界限：胜保不得干预地方寻常事件，军务上则须与庆廉商酌会办。② 严树森抚豫后，二人的个性、权力欲都很强，其矛盾冲突也就远甚于前。

在军事上，严氏对"豫省军务……自任甚力"③，胜保则因为与严氏在对待苗沛霖招抚问题上意见相反，提出"豫省军务，亟应整顿，必应事权归一"④，想独自主导河南军务，导致二人甚至在一些不太相干的问题上意见相左。譬如，严树森奏参联捷办理防河不力，不能阻敌，并未涉及胜保，但胜保却针锋相对地说：咸丰十一年（1861）"彰、卫两府被贼蹂躏，独怀庆一府得以保全，实由联捷一军堵御之力"，以致联捷被撤任后，"河朔士民纷纷呈请奏留联捷仍办防河"⑤，等等。

在吏治上，严氏有"老于吏事"⑥"尚知吏治"⑦之名，胜保则以"荒淫贪纵"著称，二者发生直接冲突便不可避免。譬如，在王天保案上，严氏根据臬司郑元善、候补道张曜的禀报，说已革游击王天保因在罗山县与民妇奸宿，被守备张大恺拿获，怨恨在心，在汝南将张大恺砍死，胜保却保举王氏开复原官，奏请朝廷饬令胜保捉拿王天保送审。⑧胜保则听手下之言，说张大恺是阵亡，而"张曜与王天保争功不睦，擅行具禀"，严树森是偏听一面之词。⑨

① 《清穆宗实录》（一）卷十四，咸丰十一年十二月戊寅，第381页。
② 《清文宗实录》（五）卷三〇九，咸丰十年三月甲戌，第536页。
③ 《清穆宗实录》（一）卷十三，咸丰十一年十二月丁卯，第363页。
④ 《清穆宗实录》（一）卷十一，咸丰十一年十一月癸丑，第299页。
⑤ 《清穆宗实录》（一）卷十八，同治元年二月庚申，第504页。
⑥ 赵尔巽：《清史稿》（缩印本）第4册《严树森传》，第3145页。
⑦ 《清穆宗实录》（一）卷九，咸丰十一年十一月辛卯，第248页。
⑧ 河南巡抚严树森：《奏为拿获官犯王天保请旨归部审办等事》，咸丰十一年八月二十一日，朱批奏折，档号04-01-01-0873-006。
⑨ 《清穆宗实录》（一）卷四，咸丰十一年九月壬辰，第162页。

如果说，严氏在王天保案上对胜保还算客气的话，那么，在奏参周士锽、周士键兄弟时，则直接把胜保军营说成了藏污纳垢之所：

> 查有布政使衔前任河南按察使周士锽，巧佞苍滑，术工逢迎……在豫二十年，历任之处，声名狼藉。任布、按二司时，奔竞成风，绅民至今怨咀。旋复投效胜保军营，闻充营务，软媚用事，柔而害物，烟瘾尤深。其胞弟按察使衔记名河南道周士键，阴贼险狠（狼），尖刻尤甚，烟瘾之大，不减其兄，而猥琐卑鄙过之。经周士锽汲引入营办事，兄弟狼狈相依，胁肩谄笑……胜保以阳分人，细行不矜，受其愚弄，爱其奉承，倚之如左右手，凡各处参劾之官、作奸犯科之人，皆夤缘该二员而进，胜保军营遂为逋逃渊薮。①

胜保对严氏更强硬，历数严氏"罪过"，直接要求朝廷换人。胜保所列严氏"罪状"主要有三：一是在河南军务上独断专行。在胜保询问河南军务时，严氏称，自己"于豫省军务机宜，任专责重，指挥调度，具（俱）有权衡"，不劳胜保操心。二是在军粮供给上存"畛域之见"。胜保要求为其筹办大营粮台以供饷需，严氏称，胜保应"自派粮台，（严氏）难以豫民之膏血涤皖土之疮痍"。三是"剿捻"不力。咸丰十一年（1861）八月，捻军三四万人逼近河南省城，严氏不"派一兵往援"；在捻军撤走时，也没"派兵追剿"。基于此，胜保要求更换豫抚："何可再令此等巡抚久于其位，贻误决裂？况其一味恣肆，不洽舆情，同侪无不怨嗟，属僚无不侧目，非但不可留办军务，即于察吏安民之道，亦断无裨益……其应如何惩儆，抑或因地择人，早予更调之处，圣心自有裁度。"②

对二人之间的龃龉，朝廷按照处理官员不和的惯例进行劝谕③，但

① 河南巡抚严树森：《奏为特参布政使衔前任河南臬司周士锽等事》，咸丰十一年十二月二十日，朱批奏折，档号04-01-12-0492-044。
② 钦差大臣胜保：《奏为密陈豫抚严树森怠慢误事刚愎成性请惩办并更调事》，咸丰十一年（按：此折无月日），录副奏折，档号03-4230-038。
③ 《清穆宗实录》（一）卷十一，咸丰十一年十一月癸丑，第300页。

不久就将严树森调任湖北巡抚，以期豫省大员之间能和衷共济。因此，虽然上谕说"严树森调补湖北巡抚，系为地择人起见，不仅因该大臣（指胜保）参奏，为此调停之举"①，但这种特别强调反而说明严氏离豫与胜保的参奏有直接关系。

在湖北巡抚任上的严树森仍没有忘记这场争斗。胜保统兵陕西之际，严氏在奏折中列举胜保的种种劣迹，甚至假借天象向朝廷"示警"说："胜保有不臣之心！"② 最终，胜保为自己的劣迹付出了生命的代价，而严氏在湖北受官文压制也不保其位。

严树森与联捷、胜保是乡试同年，与毛昶熙则同出胡林翼之保举，却不能利用这些关系在复杂的官场争斗中巩固自己的地位，足见其确实气量狭小，不善于处理人际关系。待到湖北，终被官文参奏降职。故《清史稿》评曰："严树森恃才器小，效胡林翼而适得其反者也。"③

三 "顾全大局"被贬的郑元善

严树森以苛刻、不能容人而被调离豫抚之位，其继任者郑元善却走向了另一个极端：过于"顾全大局"，事事"紧跟"他人，终亦不保封疆之位。

郑元善，字体仁，直隶广宗人。道光二十一年（1841）进士，引见，奉旨以知县用，签掣河南。咸丰三年（1853），巡抚陆应谷奏调来豫差委。五年（1855），补授光州（治今河南潢川县）直隶州知州。七年（1857），因在固始县（今河南固始县）守城出力，巡抚英桂、副都统胜保保奏，以知府留豫补用。八年（1858），经胜保奏请，以道员候补。九年（1859）八月，补湖南长宝道；十二月，开缺仍留河南以道员候补。十年（1860）三月，补授南汝光道；十月，擢按察使④；十二月，帮办毛昶熙军务。十一年（1861）正月，留省专办团练事宜；十

① 《清穆宗实录》（一）卷十四，咸丰十一年十二月庚辰，第387页。
② 湖北巡抚严树森：《奏为敬陈慎用胜保管见事》，同治元年九月二十七日，录副奏折，档号03－5085－024。
③ 赵尔巽：《清史稿》（缩印本）第4册，列传二一四·论曰，第3146页。
④ 河南南汝光道郑元善：《奏为补授河南按察使谢恩请觐事》，咸丰十年十二月初八日，录副奏折，档号03－4157－082。

月，擢布政使；十二月，擢巡抚。

从郑元善的这份履历看，朝廷所谓"为地择人"，实际上是"为人择人"，即郑氏当过毛昶熙的副手，而与胜保更是渊源极深，对其可谓百依百顺，因而朝廷谕旨有"郑元善于用人一切，素顾大局"① 之说。但是，这种"顾全大局"很快走到了严树森精于吏治的反面。同治元年（1862）六月，李续宜奏参"安徽候补知府袁怀忠贪缘干进，卑鄙无耻，请革职永不叙用"。因该员曾被郑元善奏留豫省"助剿"，朝廷令郑氏查明具奏，郑氏便随李续宜之说，谓"该员带勇日久，习染油滑，并非骁健之材"②。胜保为已被严树森奏参革职"永不叙用"的前知府廖庆谋翻案，郑氏也跟着随声附和，被人奏参，朝廷由此意识到"胜保性好浮夸，郑元善材非远到"。③ 复因虚报战绩等事，被僧格林沁连续奏参其滥保，再加上其他案件，终于导致朝廷处罚：

> 河南巡抚郑元善，由河南州县，不数年间，擢任封圻。值此时势艰难，宜如何激发天良，力图报称，乃到任已将一载，于奏报军务，及交查事件，一味粉饰，致吏治、军务日就废弛；复任令劣员擅杀殃民，以致各属团练纷纷解体，实属有负委任！郑元善不胜巡抚之任，着以道员降补，交吏部带领引见，以示薄惩。④

四 叫苦"肇祸"的吴昌寿

军兴以后，豫省处境维艰，豫抚叫苦连天本是常事，然吴昌寿先已与曾国藩关系不洽，继上诉苦折刺激曾氏，终被参劾降职，成为叫苦"肇祸"的唯一豫抚。

吴昌寿，字少村⑤，浙江嘉兴（今浙江嘉兴市）人。道光二十五年

---

① 《清穆宗实录》（一）卷三〇，同治元年六月癸丑，第804页。
② 《清穆宗实录》（一）卷三二，同治元年六月壬申，第853页。
③ 《清穆宗实录》（一）卷三三，同治元年七月丙戌，第889、890—891页。
④ 《清穆宗实录》（一）卷四八，同治元年十一月壬子，第1294页。
⑤ 魏秀梅《清季职官表附人物录》是"吴昌寿，字仁甫，号少村"。见该书第965页。

（1845）进士，以知县分发广东。① 先后署连平州（治今广东连平县）知州，任广州府知府、候补道。同治元年（1862），署广东按察使。同治二年（1863），实授广东按察使；六月，迁布政使。三年（1864）四月，擢湖北巡抚。四年（1865）四月，调河南巡抚。

对于吴昌寿的官声，两广总督毛鸿宾、广东巡抚郭嵩焘对其任广东布政使的评价语属模棱。一方面，他们说，吴氏"以知县在粤候补已二十年，属吏半系故交，不能破除情面。派候补道屠继烈督催核算交代，该藩司一味迁就，含糊搪塞。厘务捐输，本供该藩司支放，而该藩司茫无策画，于轻重缓急之序，略不置意，避就恩怨；且窘于计划，两次引病乞退，经开导慰留，原冀其力加振作，讵料执持意见，愈觉一筹莫展"；另一方面，他们又称，"吴昌寿性情耿直，操守廉洁，颇为时誉所推，是其人品亦尚可取"。② 无论怎样，有一点是肯定的，吴氏既非湘系，亦非淮系，不管在湖北任巡抚抑或在河南任巡抚，其日子并不好过。曾国藩督办"剿捻"后，或是由于性情所至，或是由于权力冲突，吴氏没有很好地配合曾氏，以致曾氏在家书中说："东抚阎丹初与此间水乳交融，豫抚吴少村多所抵牾。吾以位望太隆，从不肯参劾邻封疆吏，故河南公事，不甚顺手。"③ 说明曾氏已有参奏吴昌寿之意，只是在等待恰当时机。

同治四年（1865）十月，吴昌寿奏报官军"剿捻"获胜并沥陈豫省军务万难情形各一折。前者内容如何，笔者未见，后者被《求阙斋弟子记》记录如下：

> 赖、牛、任、张各逆均系失巢穷寇，铤而走险，凶焰方张。分则东西牵掣，备多而力单；合则远近蔓延，贼多而我寡。当其万马奔驰，猋飞雷掣，虽万勇之夫，当之色变。故年余以来，只有尾追而无迎击。尾追而远，则无救于生民焚掠之惨；尾追而近，则猛回噬立见伤亡。计无复之，不得不结营以自卫。结营未成，而贼已

① 《碑传集补》卷一四《吴昌寿传》，《清代传记丛刊》第 120 册，第 876 页。
② 《清穆宗实录》（三）卷一○七，同治三年六月癸巳，第 348—349 页。
③ 李瀚章编、李鸿章校：《曾国藩家书家训》，第 406 页。

不知何往。此贼势之难也。

豫省西北虽多山险，因生齿日繁，山田日辟，崤函险厄，古人一夫当关之地，皆已犁为田畴，耕牛妇子，可以上下。其他发径樵路，日久成蹊，几无人迹不通之处，故山险不如水险。豫省大川，除黄河外，最大莫如淮。然自桐柏发源，所过光、罗、新、息诸境，浅深宽窄不一，有人马可以凫渡者；其他沙、颍、溱、洧到处皆可超越。此地势之难也。

以防兵而言，扼其入楚，则申、息宜防；扼其入秦，则浙、内宜防；虑其突潼关也，则自巩、偃以至阌乡之径窦宜防；恐其扰河朔也，则自底（砥）柱以至铜瓦之隄岸宜防；贼自曹、单，则兰考宜防；贼自蒙、亳，则鹿、柘宜防；贼自萧、砀，则永、夏宜防；贼自阜、太，则沈、项宜防。他省皆有边地而后有腹地，豫省则无处非边无处非腹。此边防之难也。

于是有坚壁清野之说者：当寇至之时，男女牲畜入寨，粮石资财入寨。然严冬之野可清，而夏秋之野不可清。豫省自（办）团练以来，大县堡寨二百余所，小县亦逾百所。近年兵勇骚扰，民间积怨已深，仇杀官兵之案层见叠出。兵渐不敢肆虐于民，而民反关闭绝市以困兵。此堡寨之难也。

军务以购粮为第一义。曾国藩济宁、周家口之军，每处必先储粮万石，可谓筹画万全。然二处濒临淮、运，可以泛舟；豫省多平原旷野，无水可漕，则必随地购粮。或遇荒陬僻壤，烽燧所余，则求一升之粟、一束之刍，必不可得。此兵食之难也。

豫省岁入之款不足二百万，计其出项中年常缺其半。上忙以后藩库罄如，而养兵多至二万，每月军饷七万，计一兵每日所得，虽粮石价平之时已不能求半饱。臣稔知此弊，当思厚其廪饩，每月已多至十万以外，不得已而裁兵就饷。裁兵之后，饷未见其不缺，而兵则愈单，贼则愈炽。民失耕获之利，官岂有催科之术？此筹饷之难也。

国家建都燕京，以河朔为门户；而河朔之屏蔽，尤在河南。使贼往来径熟，致六府三州之地遂为戎马之场，则黄河天险，贼将与我共之。上下千里，安能处处设防，日日申儆？且两湖、云、贵诸省，驿路之所经，饷道之所出，而可听其梗塞乎？贼之祸，豫受之；豫之祸，天下受之。此大局之难也。

臣以县令，不二十年间擢至巡抚，受恩不为不厚；移抚豫疆，已逾半载，竟无补救，负罪不为不深。惟求治以应得之罪，简任贤能，中州幸甚！天下幸甚！①

"剿捻"之难，并非一日，吴氏此奏不仅显得束手无策，而且在精神上完全失去了继续"剿捻"的勇气，殊不似封疆大吏的口吻，更没有当年在广东"剿内匪"、拒外敌的气概；并且，此折与"剿捻"获胜的折子同时上奏，一为胜利之张扬，一为灰心之气馁，反差如此之大——非是吴氏自谦，而是另有所指。

朝廷本来对曾国藩的"剿捻"策略就不太理解，吴氏又有此奏，因而批谕："吴昌寿所陈……自系实在情形。该省地当四冲，备多力分，兵饷两绌。现在张总愚股匪与赖、牛等逆并聚豫省，贼数益众，断非一省兵力所能支。曾国藩本有节制三省之责，自当统筹全局，前往援应……步步进逼，以期力遏狂氛。该大臣亦当斟酌情形，移营进扎，就近督剿，未可株守一隅，致误事机。"②

吴昌寿之奏及谕旨的指责自然令曾国藩不快，故其在家书中说："吴少村中丞沥陈河南万难情形，其语颇侵伤余处。"③ 其实曾氏自己私下也承认："惟捻匪劲骑万余，飘忽难制"④；"前闻捻匪不如发逆，张总愚一股又不如任、赖一股，不知张逆狡悍若此，竟无术可以制之"⑤。而其"以静制动"的"平捻"策略一时又难以显露成效，再加上与吴氏有芥蒂在先，自然怨吴更深。反之，吴氏如此暗讽曾国藩，好说是其"耿直"，否则即是不明事理。豫省既无力量以平"捻匪"，朝廷派专办大员又是历任豫抚所求，且此前"剿捻"并无成功之例，即便曾氏有

① 王定安：《求阙斋弟子记》。参见《中国近代史资料丛刊·捻军》第一册，第30—32页。

② 《清穆宗实录》（四）卷一五八，同治四年十月戊午，第686页。

③ 李瀚章编、李鸿章校：《曾国藩家书家训》，第407—408页。

④ 同上书，第405页。

⑤ 同上书，第412页。

所失误或不周，亦属正常，何必多此一举，徒增摩擦？仅就此事而论，豫抚吴昌寿即不如东抚阎敬铭明了时势（尽管阎氏与曾国藩也有矛盾①），终遭曾氏借机将其参劾降职。

不久，曾国藩就等来一个机会。给事中刘毓楠等先后奏参"河南巡抚吴昌寿剿贼逗遛，纵兵骚扰，袒护属员，保劾失实，及总兵张曜纵勇杀掠"②。朝廷将此案交曾国藩查明具奏。言官奏参地方督抚本是寻常之事，而遵旨查明者也往往大事化小，小事化了。但曾氏既早存去吴之心，岂肯放过？于是，曾氏复奏："吴昌寿于捻匪窜扰河南之时，赴许州稍缓，尚非有意逗留；救陈州稍迟，实因文报梗阻。惟兵马骚扰，该抚未能申明纪律，严行禁止；遂平县知县文玉逼捐妄押、浮收钱粮，且有京控未结之案，该抚辄以民爱滋深保列升阶；汝阳县知县蕴琛甚洽民心，著有劳绩，该抚漫不加察，遽列弹章，未免是非颠倒，有负委任。"③ 吏部据此议奏："请将河南巡抚吴昌寿照不应重杖八十私罪降三级调用，例议以降三级调用。"④ 曾国荃曾说乃兄奏参官员"稍失之薄"，曾国藩则说："余心亦觉不甚妥帖。然天道不能有舒而无惨，王政不能有恩而无威。近日劾吴少村……亦似稍失之薄，而非此实办不动也。"⑤ 客观地说，"剿捻"事大，一豫抚之去留事小。"朝廷为地择人，亦即为人择地。"⑥ 朝廷既用曾国藩"剿捻"，则不能不为其提供人事之便，故吴昌寿被降调，主要是他自己造成的。

五 "惑于众论"的李鹤年

对于曾国藩的"以有定之兵，制无定之贼"战略，朝廷不太理解，曾令曾氏"不得专事防守，任贼纵横"⑦，河南巡抚更甚。前述的吴昌寿是如此，其后继者李鹤年亦复如此。

① 龙盛运：《湘军史稿》，四川人民出版社1990年版，第446页。

② 《清穆宗实录》（五）卷一六五，同治五年正月甲子，第2页。

③ 吏部尚书瑞常等：《奏为议处河南巡抚吴昌寿剿贼逗留纵兵骚扰事》，咸丰五年正月二十五日，录副奏折，档号03-4620-094

④ 同上。

⑤ 李瀚章编、李鸿章校：《曾国藩书家训》，第410页。

⑥ 同上书，第411页。

⑦ 《清穆宗实录》（五）卷一八一，同治五年七月甲戌，第250页。

李鹤年是晚清河南巡抚中较有作为的一位，且与曾国藩有些渊源。《清史稿》说："鹤年有知人鉴，少与文祥同学相淬厉。及居言职，严疏劲肃顺跋扈，而奏起曾国藩于家，谓必能办贼。拔宋庆、张曜统豫军，后皆为名将。"①《清史列传》说，李氏扩军两万人，"一曰'毅军'，宋庆统之；一曰'嵩武军'，张曜统之，更以马队属善庆，与两军为犄角。自是，豫省始有敢战之师"②。但在对待曾国藩的"剿捻"战略上，"山东、河南民士习见僧王战事者，皆怪曾国藩以督师大臣安居徐州，谤议盈路"③。对其防河之策，"诸将则纷纷推诿，均愿游击，不愿防河。盖防河者兴工之时，荷插负土十分辛苦，不比游击者之半行半住，稍觉安逸；防河者工竣之后，保守汛地，厥罪（责）甚重，不似游击者易于报功，难于见过。故勇丁愿行路不愿挑土，将领愿做活事不愿做笨事"④。李鹤年受河南地方官员的影响，不认真执行曾氏之战略，上奏：修筑防线，"朱仙镇至黄河南岸，地系飞沙，旋挖旋圮。现以六营兵勇，先行试办，不能以全力从事"⑤。结果，"捻逆合股攻扑省南濠墙，乘夜东窜"⑥，导致曾氏苦心经营的此次"剿捻"毁于一旦。或许是曾国藩念及"奏起"之情，对李鹤年的懈怠不力甚是宽容。曾氏密奏道：

　　　　此次捻匪全股从豫军所分汛地窜出，远近震动，恐不免归咎于抚臣李鹤年。惟主防主剿，意见难于遽同；言是言非，外议未必允当，该抚亦大有可谅者。河南文官之议，均谓贼衰，宜于速剿，不必为防河之谋，贼势急于西趋，不至有东窜之患，几众口一词。李鹤年惑于众论，并非有意执拗，与臣立异。迨闻淮军、皖军河防次第毕工，乃续调马德昭回防汴北，而为时已迟矣。倘李鹤年自请议

①　赵尔巽：《清史稿》（缩印本）第4册《李鹤年传》，第3216页。
②　《清史列传》卷六三《李鹤年传》，《清代传记丛刊》第103册，第731页。
③　王闿运：《湘军志》。参见《中国近代史资料丛刊·捻军》第一册，第67页。
④　李瀚章编辑、李鸿章校刊：《曾文正公全集》第四册《批牍》卷四。参见《近代中国史料丛刊续编》第一辑，第16515页。
⑤　《清穆宗实录》（五）卷一八一，同治五年七月甲申，第261页。
⑥　《清穆宗实录》（五）卷一八三，同治五年八月庚戌，第289页。

处，或言路讥其放贼东窜，吁恳圣恩，暂予免议。①

　　但朝廷并未卖给曾氏人情，在李鹤年自请议处时，还是把他交部议处："此次贼匪窜赴汴南濠墙，虽由兵力单弱所致，究属疏于防范，李鹤年着交部议处。……寻吏部议：李鹤年应照防范不严例，降一级留任，事关军务，无庸查级纪议抵。从之。"②

　　综合上述，河南"捻匪"之乱虽发生在咸同年间（1851—1874），其积淀却由来已久。清前中期豫抚之治豫、祸豫，已经埋下"祸根"。至军兴以后，"捻匪"成患，河南巡抚既不肯借助朝廷令其"督办三省会剿"的"天赐良机"，打造一支强大的豫军，也没有有效的本省防御措施，而是陷入各种矛盾之争，且不愿切实执行曾国藩的"剿捻"战略。只是在"剿捻"的最后阶段，李鹤年扩充豫军，以张曜、宋庆分统之，豫军才得以扭转不堪一战的局面。所以，河南作为军兴时期的畿疆屏障，没有充分发挥其应有的作用，其自身内部的"叛乱"还需要其他军队来帮助平定，可谓是自顾不暇的畿疆屏障。

---

①　王定安：《求阙斋弟子记》。参见《中国近代史资料丛刊·捻军》第一册，第47页。
②　《清穆宗实录》（五）卷一八三，同治五年八月庚戌，第290页。

第四章　精疲力竭的"中原缩毂"

河南地处中州，号称"中原缩毂"，虽然整个晚清都没有遭到列强直接的军事侵略，但其一直与内外战争息息相关，即河南要为前方战事提供军饷、军火及军队支持；庚子之役，两宫"西巡"，河南既要保证行在安全，又须"供奉"。在自然灾害与战争的双重破坏下，豫省藩库空虚，河南巡抚心有余而力不足，叫苦连天，穷于应付。

第一节　"无可腾挪"筹军饷

嘉庆（1796—1820）以后，河南省灾荒不断，再加上国内战争的破坏，作为"完善之区"的河南已经破败不堪，但仍要承担沉重的京饷、协饷及其他负担，豫抚也为此绞尽脑汁，拆东墙补西墙。

一　灾害、兵燹之余

大致从乾隆（1736—1795）末年开始，河南灾荒有明显增加之势，且出现了全省性大灾。就清季而言，大灾发生的年份有嘉庆十八年（1813）、光绪三年至四年（1877—1878）；次之者嘉庆（1796—1820）末至道光（1821—1850）初，道光二十一年（1841）、二十三年（1843）、二十六年（1846）、二十七年（1847），咸丰六年（1856）、七年（1857）、八年（1858），同治（1862—1874）初，光绪十三年（1887）、十五年（1889）、二十四年至二十七年（1898—1901）等。当然，这仅是就光绪至民国时期的二十六县县志统计（见表4-1）。这些灾害给晚清河南经济所带来的危害并非仅限于当时，有的会造成长时间的影响。例如，咸丰元年（1851），王懿德奏："行至河南，见祥符至中牟一带，地宽六十余里，长逾数倍，地皆不毛，居民无养生之路"。咸丰帝也感到吃惊："河南自道光二十一年，及二十三年两次黄河漫溢，膏腴之地，均被沙压；村庄庐舍，荡然无存。迄今已及十年，何以被灾穷民仍在沙窝搭棚栖止，形容枯槁，凋敝如前?"① 所以，实际情况要比地方志记载的更为严重。

表 4 - 1　　　　　　　　　清季河南部分州县灾荒表

朝	年	受灾州县及灾情
嘉庆	1	淮阳，大雨伤禾稼。阌乡，元年、二年，大饥。许昌县，七月，蝗。
	4	夏邑，六月，蝗害稼。
	6	获嘉，大风伤稼。修武，旱。
	8	宜阳，七月，飞蝗蔽天，禾损大半。
	10	宜阳，大饥，米麦价昂，每斗制钱二千一二百文，十室九空，树皮、草根人食殆尽，贩鬻人口，家室流离。获嘉，旱，自夏徂秋。修武，旱自夏徂秋。
	11	阌乡，十一年、十二年，大饥。
	13	许昌县，春，不雨；夏，大旱。
	17	郏县、考城，秋，大旱，禾尽枯。
	18	郏县，三月，麦徧生细虫，数日尽枯；大旱，至七月十三日始得雨；九月二十日，大霜，荞麦又尽枯，人相食。扶沟，旱；九月，霜杀荞麦，大饥，民鬻子女。鹿邑，六月，大旱，饥；秋九月，陨霜杀荞麦。南阳县，春夏，亢旱，大饥；六月八日，陨霜杀荞，民间取荞花食之，又多染疫。宁陵，河决宋家堂，概县被灾，城溃，人民死者无数。十九年夏秋，水势弥漫。光山，十八、十九两年，岁大饥，民多饿死。获嘉，八月，霪雨，丹水溢。淮阳，夏大旱，虫食豆苗殆尽；六月，雨多，种荞麦；八月，陨霜杀之，人乏食，多鬻子女。洛宁，岁旱，大饥，人相食。孟县，旱、饥，人民饿毙者无算。确山，大饥，道殣相望。陕县，大饥。商水，岁大饥，春夏亢旱；八月，陨霜，民不聊生。西华，春，大旱；秋，严霜成灾，岁大饥，人民至鬻子女，死亡甚众。夏邑，河决桑堤口，邑境被灾。阌乡，大饥。修武，春三月至夏五旬不雨；八月二十五日，霪雨八日，丹水溢，陆地成湖。许昌县，大旱；秋，八月二十日，陨霜，荞麦伤尽。先是，连年旱，麦禾歉收，至是大饥。十九年春，斗麦价千文，饿死、逃亡无数。荥阳，大饥，人相食。郏县，岁大饥，人相食。中牟，大饥，饿殍满野，道殣相望。
	19	郏县，大疫。扶沟，人多疫死。鹿邑，春，大饥；夏六月，旱；秋，大水。淮阳，人多疫死。陕县，霪雨，地大震伤人。新安，饥。
	20	扶沟，夏秋，民多疟疾，死者甚众。宁陵，地被沙压、河占，不毛。淮阳，人多疟死，秋禾无入收。

① 《清文宗实录》（一）卷二六，咸丰元年正月丁未，第 370 页。

朝	年	受灾州县及灾情
嘉庆	21	郑县，麦登场，淫雨四十余日，麦尽朽，不堪食。浚县，六七月，霪雨，山水暴注，上游河决，淹浸本境柴湾等一百九十七村庄，漂没民房三千一百七十九间。
	23	获嘉，六月，沁水决，平地水深数尺，西北庄村秋禾被淹。阌乡，大饥。修武，六月六日，沁河决大樊，平地水深数尺，秋禾尽淹。
	24	扶沟，黄河满溢，境内大水。鹿邑，五月，旱；秋七月，水；八月，河决开封汜，及县境，平地水数尺，坏民庐舍无算；九月至冬十月，霪雨；十一月，雪、大水。宁陵，河溢伤禾。淮阳，黄河溢，害田禾；十二月，大风雨，木尽折。考城，仪封北岸河溢，考城水灾。洛宁，旱，大饥。
	25	鹿邑，五月，雨雹损稼；六月，河决开封兰仪县、汜，及县境，平地水数尺。阌乡，七月，大疫。许昌县，夏六月二十五日夜，地震，坏民舍无数，伤人五百余口。
道光	1	扶沟，夏秋，大疫，死者甚众。宜阳，七月，瘟疫大行。获嘉，疠疫大作，得病辄死，棺市为空。淮阳，大疫，人死几半。夏邑，大雨水、疫。阌乡，大疫。修武，夏末秋初，疫甚，得病辄死，棺肆为空。许昌县，时疫大行。
	2	鹿邑，六月十六日，大雨，川渠尽溢，秋稼大伤；秋七月十四日，大雨，白沟隄溃，平地水深丈许。获嘉，大雨连绵，屋多倒坍；沁河决，淹没西北田禾无算。孟县，秋七月，大雨，城内潮水，东南隅倒塌房屋无算。修武，八月初六日至十二日，大雨连绵，墙屋多倒坍，沁决武陟原村三十余丈，冲淹县南及西南、东南一带田禾无算。
	6	许昌县，春，旱，麦不穗，市皆无粮。
	11	鹿邑，秋，水。淮阳，四月初八，大雨雹损麦。许昌县，冬大雪平地三四尺深，柿、榴、桐、楝及竹多冻死。中牟，春，多怪风，无麦。
	12	扶沟，夏，雨水伤禾。获嘉，大雪严寒，树木有冻死者。阌乡，霪雨二十余日；七月八日，霪雨，秋禾无成。
	13	鹿邑，大旱，饥。鹿邑，秋七月，蝗蝻伤稼；九月，陨霜杀荞麦。确山，饥。新安，饥。
	15	荥阳，麦歉收，岁饥；六月二十三日夜大雨，索、京、须、汴皆暴涨，沿河人畜漂溺，房屋冲毁无数，小京水村一室无存。郑县，六月大水，平地深丈余，房屋倾圮太半。浚县，有蝗为灾。
	16	郑县、扶沟、中牟，蝗。商水，五月二十七日，飞蝗至；六月，蝻生，食禾殆尽。夏邑，八月，蝗飞蔽天。阌乡，蝗，食秋苗殆尽。许昌县，七月，蝗，谷多伤。荥阳，旱、蝗。
	17	淮阳，春，大饥，人相食。灵宝，夏，旱，蝗飞蔽日；秋，蝻食禾殆尽。洛宁，蝗为灾。商水，春，大饥，人相食。阌乡，飞蝗蔽日。中牟，蝗。
	18	陕县，蝗。阌乡，六月，蝗，食禾殆尽，人食树皮。
	21	郑县，四月初九日，雨雹伤麦，自城西至城内三十余里，树皮尽脱，禽畜多死。鹿邑，秋，河决开封汛，及县境，禾稼大伤。淮阳，七月，河决，境内被灾，多逃亡。孟县，河自南开仪决口，漂没房屋；水退，积沙数尺，良田尽成汙莱。
	22	鹿邑，大旱，秋无禾；河水自蔡河入境，溢没民舍。淮阳，秋，大水淹禾稼。

续表

朝	年	受灾州县及灾情
道光	23	扶沟，秋七月，河决中牟，邑大水。鹿邑，水，无禾。淮阳，四月，霪雨；八月，邑大水，漂没民庐无算。灵宝，七月十四日午，黄河暴涨，城西门外水深丈余，漂流房舍、树木无算。陕县，黄河涨溢。西华，七月，黄水达西华境，淹没六百余村。阌乡，蝗食禾。中牟，六月二十六日，河决李庄，口东北一带地尽成沙，死人无算，村庄数百同时覆没。
	26	鹿邑，灾。南阳县，旱。浚县，沁水下注，卫河满溢，淹没杨堤等一百九十七村庄。灵宝，大旱，邑人有剥木皮捣石为面以救饥者，道殣相望，至次年秋乃雨。新乡，秋，大熟，未获，霪雨四十日，损伤殆尽，民大饥。阌乡，秋旱，禾无穗。中牟，饥。
	27	郏县、扶沟，旱，大饥。宜阳，大旱，赤地千里，麦秋俱无，人民逃亡者相继于道。淮阳，五月，旱。考城，旱灾。洛宁，大饥，斗米二千钱，民有饿死者。孟县，四月，旱，漠水竭，米价斗钱千。陕县，大饥。新安，大饥。阌乡，夏旱，麦无穗；秋无禾。许昌县，旱，岁歉，民艰食。荥阳，岁大饥。郏县，岁大饥，人相食。中牟，大饥。
	28	鹿邑，八月，大水。浚县，大饥，斗米鬻人。光山，大水十三次，草木不实，民屋漂没倒坍无数。获嘉，饥，野有饿莩。确山，饥，霜损荞麦。修武，岁饥，有饿死者。
	29	阌乡，雨伤麦。
咸丰	1	鹿邑，秋，霪雨害稼。
	2	中牟，蝗甚，花木俱尽。
	3	灵宝，六月十八日夜大雨，漂没庐舍、人畜甚众。确山，大饥，民起为盗。
	4	浚县，大荒。宜阳，五月，蝗大至，飞蔽天日，塞窗堆户，室无隙地。光山，蝗蔽天日。阌乡，六月，大水（冲压地六顷八十余亩）。
	5	宁陵，六月河决北铜坂口。考城，河决铜瓦厢，北复故道，水灾。
	6	郏县、阌乡、许昌县，旱、蝗。浚县，蝗飞蔽天，蛹子遍地。宁陵，秋，蝗食禾。光山，大旱，自五月至于八月不雨，寸草不实。淮阳，大旱、蝗。考城、灵宝，蝗。孟县，六月，蝗蛹害稼。确山，六月，蝗伤禾。夏邑，大旱、蝗。新乡，秋，蝗自南来，飞则蔽天，落地厚数尺，秋禾尽伤，民大饥。
	7	扶沟，闰五月，飞蝗蔽天，禾尽食。鹿邑，七月，蝗。南阳，春，大饥；六月，飞蝗蔽天，食禾殆尽；七月，蛹生遍野，食秋稼。淮阳，秋，蝗食禾殆尽。灵宝、中牟，蝗。洛宁，七月，蝗为灾。阌乡，蝗食禾殆尽。荥阳，蝗害稼。
	8	鹿邑，秋，蝗。南阳县，五月，飞蝗入境。淮阳，八月，大雨，平地水深数尺。考城，蝗。确山，秋，大旱。商水，八月初八日，大雨如注，平地水深数尺。荥阳，又飞蝗蔽天。中牟，六月，蝗食稼至尽，压覆茅屋。
	10	鹿邑，春，霪雨市月。淮阳，冬大雪，平地深七尺，淹民庐舍。灵宝，黑虫食禾。阌乡，黑虫食禾。许昌县，冬大雪平地二三尺，贫民有冻死者。中牟，蝗。

续表

朝	年	受灾州县及灾情
同治	1	南阳县，蝗食秋稼。灵宝，蝗。洛宁，六月，飞蝗过境，遮蔽天日，禾伤大半。孟县，大疫，死人无算。陕县，六月，蝗；七月，蛹；八月，大疫。新安，飞蝗蔽日。阌乡，六月，飞蝗蔽天，食禾殆尽。
	2	光山，四月，蝗起，所过皆赤地。淮阳，蝗食麦，大疫。灵宝，二月初八日霜，麦苗尽槁；八月，霪雨四十余日，棉花朽落者大半。洛宁，秋，蝗飞蔽天，禾稼尽食。孟县，六月，飞蝗蔽天。新安，大雨坏城垣、屋舍。阌乡，春，霜杀麦；夏，疫，湖水溢。荥阳，春，雪害麦。
	3	鹿邑，四月，雨水伤麦。南阳县，六月，大风、雷雨，扯毁房屋，大木斯拔。光山，五月至四年五月不雨，井泉多涸。淮阳，正月，大雪，平地水数尺，麦淹死。灵宝，雨雹，击伤人畜无数。许昌县，大水。
	4	浚县，有水，大小坡皆淹。宁陵县，同治四至七年，连年大雨，洼地尽成泽国，民有饥色。阌乡，五月，雨雹，深数尺，麦尽毁。
	5	南阳县，四月，石桥大雨雹，伤麦禾，瓦屋击碎。夏邑，五月，大风拔木，毁室；六月，大雨，城河溢，几浸垛。荥阳，七月初四日，烈风暴雨拔木偃禾。
	6	阌乡，二月，霜杀麦；夏，旱。许昌县，秋，大水。
	7	扶沟、淮阳，秋，河决荥泽，邑大水。灵宝，七月，黑虫食禾，西路诸村被灾尤剧。阌乡，四月，雨雹，麦尽毁。许昌县，四月，雨雹；秋，大水。荥阳，六月，黄河满溢。郑县，荥泽黄河决口，郑州沿河六堡庐舍淹没，河南被灾者十余州县。中牟，五月十二日雨雹尺余，田禾如削；六月，黄河决口荥泽十堡，大溜抵境，东西田禾尽没。
		宜阳，七月，县西北，夜雨雹，自东北至西南长约十余里、宽八九里，禾黍殆尽。淮阳，夏，疫。灵宝，四月初一日晚，里堡崖崩，压死数十人。
	9	商水，六月，大燠，人多渴死。荥阳，虫害麦；岁饥，南境尤甚。
	10	孟县，秋七月，大雨，溴水决口，田庐多被淹没；十月，城内潮水，东南隅水深丈余。西华，黄河决荥泽，黄水南侵，大受水患。许昌县，水，秋禾被淹。荥阳，六月，大雨如注，山水暴涨，漂没人畜甚众，东城及东门尽毁。
	11	扶沟，秋，霪雨伤禾。淮阳，秋，霪雨伤禾。
	12	淮阳，秋八月，霪雨弥月，乘舟入城。
	13	灵宝，六月初一日，雨雹，十余村损伤禾、棉殆尽，大木尽拔；八月初二日，复大雨雹，十余村亦如之；又霪雨四十余日。孟县，六月，溴水大涨，城内潮水与十年同。
光绪	1	鹿邑，十二月，大雪下湿，麦多根伤。淮阳，端午日雨雹，碎木杀禾。西华，郾城颍河决，改道南徙。阌乡，春，阴霜杀麦；夏，蝗。
	2	扶沟，夏旱，麦禾歉收。宁陵，岁歉。淮阳，旱。考城，大旱，饥。灵宝，光绪二、三年，两载无雨，赤地千里，人犬相食，灵邑户口损三分之二。夏邑，旱、蝗。新安，大祲，父子相食，几于村落为墟。阌乡、中牟，夏，旱。

续表

朝	年	受灾州县及灾情
光绪	3	扶沟，旱益甚，饥。鹿邑，秋大旱、蝗。南阳县，大饥，人多饿死。宁陵，谷价腾贵，斗米而千余，民有饿死者。光山，旱、蝗，年荒。获嘉，久旱不雨，岁大饥，人相食。淮阳，夏，旱、蝗。考城，大疫。洛宁，大旱，麦米俱无。孟县，旱饥，麦价市斗钱两千，饿毙者无数，几于村落为墟。确山，确邑西北各县皆大饥，灾民徧野，自冬至春，开设粥厂，全活甚众，疫毙亦无算。陕县，旱，无秋，民饥。商水，大饥，斗米千钱，饿莩载道，西北一带避荒鬻妇女者无数；五月，大疫；六月，蝗食禾几遍。西华，大旱，难民络绎向东南逃生；道殣相望；小麦每斗钱一千二百文，田亩无买主；父老相传，谓与嘉庆十八年灾况相同。新乡，大旱，麦、秋全无，赤地千里，流亡载道，饿莩塞途，人相食。阌乡，夏秋，旱，鼠食禾穗。修武，久旱不雨，岁大荒，人相食，饿死、逃亡，道殣相望。许昌县，大旱，秋无禾，大饥，荥阳，夏大旱，秋歉收，麦未种；大饥，流民载道，络绎不绝，饿莩遍野。郑县，春，无雨，亢旱；本年大饥，人相食，逃亡、饥毙，十室九空。中牟，夏旱、蝗，大饥。
	4	扶沟，春，大饥，人相食，山西及河南北尤甚，流亡络绎于道，斗米千余钱；继之疫，死者甚众。光山，大疫，人死无算。获嘉，秋七月，大雨连绵，沁河决，水势泛滥十数日；九月，又大雨，水复大涨，疠疫并作，饿莩、死牛，黎民苦之。淮阳，春，大饥。考城，春旱。洛宁，三月，麦米每斗价五千文，人相食，有父食其子、母食其女、夫食其妻者，人死十之七八。孟县，旱；八月，瘟疫流行，死人无算。陕县，大旱，夏无麦，饥甚（斗米白金五两余，人相食，死亡过半）。修武，七月二十三日，沁决武陟老龙湾；九月，初五日至十七日，大雨连绵，水复大涨，高于前二尺，水挟沙来，水退沙积，适西北风起，旋成大旱，县南一带之田半为沙压，邑人旱、瘟。许昌县，夏，无麦。荥阳，春夏之父，大疫，人民死亡、流离将半。中牟，春，大饥，民鬻妇女，流亡载道；夏大疫，死者枕藉。
	5	鹿邑，六月，大雨，平地水深数尺。陕县，夏，田鼠伤麦，山间有不获者。修武，麦秀双岐，斗麦值钱不及二百，农大困。许昌县，三月十八日，迅雷烈风，大雨水，树木皆折，平地水约尺许，麦茎皆殭，拂之辄碎。
	6	鹿邑，秋大旱，种麦失时，菽不实。宁陵，春疫，人多死者。
	7	宁陵，夏旱，禾苗槁。阌乡，六月，大水，伤民房无算；黄河涨溢，冲崩城东北隅及北城垣。
	8	光山，冬大雪，平地深丈数尺，人多冻死者。确山，四月，霪雨沤麦；秋，人患瘟疟，家家不免。陕县，十一月，黄河暴涨。郑县，六月十六日，大水，窦府砦被淹，与道光十五年同。
	9	光山，五月、六月大水三次，年荒。淮阳，民患霍乱，死者众。确山，麦生虫，岁大饥。陕县，夏，久雨伤麦。
	10	阌乡，三月，陨霜杀麦。
	11	商水，春大雨，麦多生红虫，岁大饥。阌乡，六月，河水涨溢，恒崩县署后房以东至北门外民房数百间尽没于水。
	12	获嘉，大雪深二三尺，飞鸟冻死。孟县，秋七月，漠水涨，洞悉两岸皆决口。

续表

朝	年	受灾州县及灾情
光绪	13	扶沟，秋，八月，河决郑州，邑大水，人畜漂没无算，庐舍一空。鹿邑，六月，旱；秋八月，霪雨，河决上南厅第九堡，县南淹没。淮阳，秋，河决郑州，邑大水，淹没庐舍无算，牛多瘟死。陕县，四月，大雷雨雹；七月，大疫；八月，黄河大涨；九月，雹两次，牛疫。西华，黄河决郑州，黄水南浸西华境，岁大饥。此次黄水为灾，延至十四年夏。居民于浅水栽种稻秧，及秋，水又涨。稻田秧密，水流较缓，留淤稍厚，水退尽成沃野；其未种稻之处，均一片沙碛，数年未能耕种。阌乡，夏，河水涨溢。许昌县，八月十三日，黄河决郑州，扶沟、尉氏、洧川等县皆成泽国。郑县，八月十三日，石家桥黄河决口，自郑州以下淹没四十余州县，人畜死者无算。中牟，八月十三日，郑工河决，大溜冲城，淹没庐舍无算。
	15	扶沟，大疫。宁陵，秋大疫，转筋泄泻，民多遘死，不及医药。获嘉，六月四日，沁河决，水势甚大，有成灾者。淮阳，五月望日，火燔周镇北岸市房六千余间；秋七月，沙河决杨湾，淹百余里；八月，大疫，人死无算。陕县，六月，霪雨连绵，至八月乃已（屋宇多倾塌圮者）。商水，八月十六日，黄河决郑州，水至沙河北岸，淹没庐舍无算；冬，旱，牛瘟死者甚多。阌乡，二月，陨霜杀麦；夏，湖水涨溢，冲坏城西北隅炮台。修武，六月初四日，沁决沁阳内，都邑西一带灾甚巨。
	14	商水，霪雨，麦多生红虫。
	16	淮阳，四月朔，大风，昼晦，拔木、折屋、伤人。灵宝，大旱，麦禾三年末收，土匪蜂起，人民逃出外境者数千家。商水，四月初一日烈风，庐舍、树木毁折无算。夏邑，五月，大雨，池水溢堤，几灌城；七月，黑蟊食谷。阌乡，五月，大雨，（山水）暴涨，山石冲下堆积十里许，压地亩数顷。
	17	扶沟，大风拔禾；秋，有虫。鹿邑，夏六月，西北境雨雹，旱，稼尽伤；秋七月，霪雨，晚禾亦伤。夏邑，蟊螣食谷。
	18	扶沟，五月，蝗。鹿邑，闰六月，蝗蝻害稼；秋八月，虫害菽。获嘉，大雨兼旬，伤稼穑。孟县，秋七月，漠水自留宿决口。夏邑，秋，铁条虫食禾。新乡，沁河溢，北乡数十村庄被灾甚重。修武，六月，大雨连旬，伤稼穑。许昌县，旱；六月，蝗。
	19	鹿邑，秋，始旱继潦，禾稼大伤。是年，牛疫，自八月至于明年三月，牛死无算。
	20	商水，大雨，麦被淹没者无算。许昌县，大水。
	21	获嘉，沁河决，禾被淹没。淮阳，五月十一日，雨雹，毁麦、杀木，人多疟疾。商水，自五月至七月，雨不止；秋，大疫，十人九疟。修武，七月，沁决曲下，邑南一带田禾多被淹没。
	22	淮阳，夏，雨淹禾；冬十一月，寒，虫如蠓食麦，至来年立夏乃止。孟县，八月，漠水自缑村决口。商水，大水。
	24	南阳县，夏，大水。宁陵，四月大雨，麦禾没，夏频大雨，岁饥，民有饿殍。淮阳，四月，大雨淹麦，城门水围深八尺，民乘舟入城；大饥，多盗。商水，大饥，邑贫民结党借粮，各集镇罢市；五月，大雨经旬，卑下之地麦禾尽伤，城四门非舟楫不能入；岁大疫，死者无算。许昌县，大水，麦熟几不能收；秋多被淹。荥阳，夏大旱，立秋始种，谷未熟陨霜，麦未种，岁大饥。郑县，夏，大霪雨，禾尽淹。

续表

朝	年	受灾州县及灾情
光绪	25	南阳县，秋，虫食稼。淮阳，春，大饥，疫作，人多死亡；秋，蝗，旋蝻伤禾。洛宁，四月十五日，东仇冯西里雨雹，深尺余；五月，大风自西北至河底镇及宜阳县三乡镇之石坊皆摧倒。商水，春，大疫。新乡，五月，县西北雨雹，凡所到处，麦穗尽脱，触目伤心；邑西北，蝗盈野蔽天，所过之处，田禾殆尽。郑县，八月，旱，斗米千钱，民多流离。
	26	南阳县，夏，旱。获嘉，夏旱、蝗。陕县，春旱，棉花未种，麦、豆歉收；秋亢旱，秀秀而不实，麦未种，米价腾贵，灾歉较光绪三年稍逊，人咸谓之小荒年。阌乡，夏秋并旱，麦禾歉收，各村抢掠蜂起。修武，夏旱，蝗食（庄稼），物腾贵，有饿死者。许昌县，旱；八月，蝗。时，水旱连年，比年歉收，十室九空，凡物值千者，莫能易百钱，饿死、逃亡、倾家荡产者不可胜计。
	27	光山，大雨，烈风拔木掩木，屋瓦自飞。考城，河溃灌城，城外水深八九尺，淹没八十余村，坏庐舍无算，溺死者十四人；居民皆逃南大堤上，饥饿号泣，终日不得一食。洛宁，三月十七日，大雨雹，杨坡里、大宋里尤甚，麦苗尽毁。孟县，五月，大雨雹；七月，飞蝗害稼；九月，黄河满溢。陕县，二月十四日，暴风骤起，屋瓦为落，麦根斯拔；三月，雨雹，落地厚尺许，伤麦殆尽，夏无收。商水，二月十四日，日昼晦，折屋无数。新安，秋，无禾。许昌县，正月十九日，大风，瓦屋皆震，草木掀翻者无数；二月初九日，亦如之，十四日复然。
	31	商水，三月二十七日，天雨雹，经扶苏寺地方抵洋沟河南至蔡境，宽七八里，二麦尽为损坏。
	32	宁陵，夏秋大雨，田禾淹没几尽，民有饥色。夏邑，大雨，水沟溢十三次，明春大饥。新安，有虫伤禾。郑县，五月初三日，大雨雹，禾稼多伤。
	33	洛宁，蝗为灾。商水，春，大饥，斗米钱二缗。中牟，贾鲁河满溢，水围县城。
	34	洛宁，自二月至八月，霖雨伤禾。

资料来源：民国《郑县志》第一卷，祥异；民国《续荥阳县志》卷十二，祥异；民国《许昌县志》卷十九，祥异；民国《修武县志》卷十六，祥异；民国《新修阌乡县志》卷一，通纪；民国《新乡县志》卷四，祥异；民国《新安县志》卷十五，祥异；民国《夏邑县志》卷十三，灾异；民国《商水县志》卷二十四，祥异；民国《陕县志》卷一，大事记；民国《确山县志》卷二十，大事记；民国《孟县志》卷十，祥异；民国《洛宁县志》卷一，祥异；民国《灵宝县志》卷十，祝祥；民国《考城县志》卷三，记事；民国《淮阳县志》卷八，祥异；民国《获嘉县志》卷十七，祥异；民国《光山县志约稿》卷一，灾异；宣统《宁陵县志》卷终，灾祥；光绪《宜阳县志》卷三，祥异；光绪《续浚县志》卷三，祥异；光绪《南阳县志》卷十二，杂记；光绪《卢氏县志》卷十二，祥异；光绪《鹿邑县志》卷六下，民赋；光绪《扶沟县志》，灾祥；咸丰《郏县志》卷十，灾异。

　　灾荒以及官方救灾的乏力，把民众驱向反叛，而反叛又反过来进一步加重灾难。从咸丰三年（1853）北伐太平军进入河南，到同治七年（1868）

捻军最后失败，河南省在官军与"发捻"的拉锯战中深受其苦。①

其一，捻军对豫省的劫掠。捻军没有稳固的根据地，本以劫掠为生，其所到河南各处，难免劫掠抢杀。例如，咸丰五年（1855）五月，捻军在郏县，"肆焚掠，杀戮残酷。穴崖山避贼者多被搜获，或熏死穴中；妇女逃入城内，街巷皆满，急且伏土坡、石涧下，难苦万状"②。在扶沟县，八年（1858）八月下旬，"贼掠贾鲁河岸南无算"③；宜阳县，同治元年（1862）三月，"皖匪西窜，扰及县境，绅民、妇女死伤尤多"④；获嘉县，同治六年（1867），"捻匪张宗禹扰河北，屠戮甚惨"⑤。陕县，同治元年八月，"捻匪自东入陕，各村里多被烧毁，大掠而去"⑥。商水县，"咸丰八年十月二十七日，捻匪掠周家口，火光照耀十余里，暮夜能辨道途遗物。……（同治）二年，捻匪破龙塘河寨，焚掠甚惨，杀人无算，男妇殉难、尽节者数百人。三年，捻匪至西马地方，饱掠而去"⑦。连朝廷也认为，官军"剿捻"着着落后，让捻军饱掠而归，徒成尾追之势⑧，甚至有时连朝廷的漕粮都被劫掠⑨，如此等等。

其二，官军骚扰。咸丰三年（1853），朝廷调兵到豫省"防堵"太平军，"山东青州驻防官兵经过河南裕州地方，强搬草料，抢取食物，勒折钱文。佐领以下各员，及兵丁马匹车辆，自行开单索取钱文，又勒取饭钱程仪，稍不遂意，辄恃众殴打人役；又有前站湘姓、多姓，声称正红旗常姓、正黄旗胆姓、正红旗会姓、镶白旗愿姓，实用车辆外，再折每辆车价钱十千文，共折价四十一辆"⑩。"陕西宁夏营都司雍恰布，

---

① 这方面学术界已有一些研究，参见顾健娣《太平天国运动对河南社会的冲击》，《上海师范大学学报》（社会哲学版）2001年第11期。

② 咸丰《郏县志》卷一〇《兵燹》，第637页。

③ 光绪《扶沟县志》卷一五《灾祥志》，成文出版社1976年版，第1252页。

④ 光绪《宜阳县志》卷三《祥异》，成文出版社1968年版，第171页。

⑤ 民国《获嘉县志》卷一七《祥异》，第789页。

⑥ 民国《陕县志》卷一《大事记》，成文出版社1968年版，第56页。

⑦ 民国《商水县志》卷二四《兵变》，成文出版社1975年版，第1245—1246页。

⑧ 《清文宗实录》（五）卷二九六，咸丰九年十月癸卯，第334页。

⑨ 如，咸丰十一年十月，严树森奏："帮漕粮到通被匪抢掠，平前帮遗失麦豆五百九十三石，任城帮遗失麦豆一千九百六十石。"见《清穆宗实录》（一）卷六，咸丰十一年十月壬戌，第162页。

⑩ 《清文宗实录》（二）卷八四，咸丰三年二月乙酉，第91—92页。

带领宁夏、延绥等营弁兵四百五十名到站，（河南官员）当即遵照传牌，备给车二百九十二辆、马八十九匹，并按名应付盐粮，催令前进。讵该兵丁将发给车马私行卖放，复向讹索车辆、马匹，勒折价一百四十余串；并有兵丁数十人拥至公所喧闹，率将衣包、衣服等物攫去。该县家丁余升上前拦阻，即被攒殴，践伤小腹。告知带兵大员，推诿不理。"① 同治五年（1866），管带吉林、黑龙江马队官兵的记名副都统萨尼布带兵驻扎郑州，"骚扰居民"②；甚至身为巡抚的吴昌寿，在兵马骚扰地方时，亦"未能申明纪律，严行禁止"③。此外，还有散兵游勇的劫掠。例如，曾随胜保、杨霈"剿贼"的刘尚义于遣散后聚集数千人，在湖北、豫南一带"到处抢掠，大为地方之害"④，等等。

其三，地方官乘机敛财、草菅人命。军兴以后，河南不少地方官以办差、团练、募勇等为名，搜刮钱财。咸丰三年（1853），"河南陕州知州邱文藻办理兵差，浮开滥派，赃逾二十余万"⑤；四年（1854），"河南陈州府知府朱师濂，终日聚侣拇捕，不理公事，听信幕友袁震在外招摇，声名狼藉；办理地方团练，招聚百人充数，捏报三百名之多，为私肥囊橐地步；又因节寿勒索属员陋规，甚至当面要求，毫无顾忌"⑥；五年（1855），上蔡县知县黄衡"借团练为名，勒捐民间制钱五万余串，均未详请奖叙"，据为己有⑦；同治元年（1862），南汝光道"赵书升，惟以抽厘金、收盐税为事，假养勇之名，尽饱私橐"；"信阳州学正雷焕，于难民逃避入城时，以启圣祠及明伦堂、东西庑等房，赁与难民居住，按名勒索租钱，无者立即逐出，并擅伐文庙树株"⑧；二年（1863），"署罗山县知县周祜，带领书役赴县南各约，挨户勒派勇

　　① 《河南巡抚陆应谷奏请将约束官兵不严之陕西宁夏营都司雍恰布革职并将该都司原带官兵另行派员管带折》，《河南巡抚衙门档案》9 号，咸丰三年，河南大学档案馆藏，档号0015。

　　② 《清穆宗实录》（五）卷一八七，同治五年十月己酉，第 359 页。

　　③ 《清穆宗实录》（五）卷一六五，同治五年正月甲子，第 2 页。

　　④ 郑元善：《宦豫纪略》。参见《中国近代史资料丛刊·捻军》第一册，第 334—335 页。

　　⑤ 《清文宗实录》（二）卷九七，咸丰三年六月丁亥，第 836 页。

　　⑥ 《清文宗实录》（三）卷一四〇，咸丰四年闰七月壬辰，第 467—468 页。

　　⑦ 《清文宗实录》（三）卷一八五，咸丰五年十二月癸巳，第 1065 页。

　　⑧ 《清穆宗实录》（一）卷二三，同治元年三月己酉，第 627 页。

费。凡于有粮各户，勒借次年钱粮，并于地方绅士应纳粮银外，多给粮条数倍，勒向各户转散转借，约得制钱一万余串，尽归私橐"①；四年（1865），"鄢陵县知县徐士镎，与恶绅王姓结拜弟兄，招摇纳贿，纵容家丁倚势陵人。其家丁周姓等起意图奸，致两女同时自尽；藉办兵差，派车敛钱，乡闾不堪其苦"②。捻军本来亦"匪"亦民，地方官往往对此不加甄别，草菅人命。例如，同治元年（1862），"河南州县，以捕拿捻匪为名，平民有犯到案，或言语不逊，情形可疑，辄逞其私忿，指为通贼，立时擅杀；或因其亲族陷在贼中，即指为贼党而擅杀之，不立案据，不详上司……而酷吏相率效尤，草菅人命……管贻荫擅杀民人马云程等一案，一门屠戮，几无孑遗，贪暴凶残，尤骇物听"③！

甚至"中兴"之后，地方官的横征暴敛亦未稍减。例如，光绪九年（1883），息县被灾之松乡等十九里民欠钱粮，奉旨缓至光绪十年（1884）麦后启征。该县知县武勤于十年正月初即出火票，将花户徐麟书等带县讯追，并张贴告示：正月十八日开征，限十日埽数完纳。派书役王鼎若、王树田等带领差役数十人，蜂拥各里，新旧并催；又派李永芳马队数十骑，协同往传，致有抄抢姚文秀家和勇丁枪毙乔拙孜等情事。④ 十七年（1891），河南温县知县李普润征收粮价，逼令铺商承买官银，索费数千两；凡词讼案件，纵容书差丁役，索贿揽权；前在唐县任内，其兄坐堂征比钱粮。⑤ 如此等等，不一而足。

其四，官民、官团仇杀。军兴以后，各路官军往来不断，滋扰民间；民间修寨堡、办团练，既防"捻匪"，亦防官兵骚扰，故常造成官民仇杀。同治元年（1862），"捻匪扰害（商水县）扶苏寺寨，居民撼之，因误杀官兵五人，知县联魁以叛逆禀，良民被戮八十余口。将屠全寨，知府刘拱辰力请始免"⑥。巡抚吴昌寿奏请将联魁撤任、参将蒋希夷摘去顶带，朝廷"以吴昌寿办理错误，不允所请"，令继任巡抚李鹤

---

① 《清穆宗实录》（二）卷六〇，同治二年三月戊申，第158页。
② 《清穆宗实录》（四）卷一四四，同治四年六月己亥，第389页。
③ 《清穆宗实录》（一）卷四一，同治元年闰八月辛丑，第1096页。
④ 《清德宗实录》（三）卷一八九，光绪十年七月壬子，第658页。
⑤ 《清德宗实录》（四）卷二九四，光绪十七年二月辛丑，第909页。
⑥ 民国《商水县志》卷二四《兵变》，第1245页。

年查办。朝廷既有定论在先，李氏即秉承旨意查明。

　　此案黑龙江委参领依勒吞等奉委前往湖北，行至河南商水县扶苏寺寨地方，寨民疑系贼匪，及将公文持验，该寨匪民王二刺等称系假冒，裹入寨中，劫去马匹行李，妄行杀害。该县联魁闻信，责令寨首王崇德交出凶犯，王二刺等抗不到案，邀同蒋希夷带兵前往弹压开导，（该寨）竟敢开放枪炮，击毙兵勇。经蒋希夷进寨将王二刺等擎获正法，办理并无不合。吴昌寿于此等要案，当时并不详细查办，转谓蒋希夷等办事冒昧，请予处分，实属草率。降调河南巡抚广东布政使吴昌寿，着交部议处。委参领依勒吞、防御经通阿及兵丁等奉文请饷，中途惨遭戕害，殊堪悯恻，均着交部议恤。寨首王崇德讯无同谋杀害抗官等情，并赴营自首，将要犯全行指擎，尚知畏法，惟充当寨长于王二刺等霸管寨务不早禀究，以致酿成巨案，亦有不合。生员王崇德，着即行斥革，以示薄惩。①

　　如果说此案纯属"误会"的话，那么，"汝州之案"则是有意为之：

　　河南汝州团首李瞻，因办团派费，与富户彭、宋二姓寻仇，将该二姓所居之张寨率众围困。署汝州知州任恺以李瞻藉团滋事，禀经郑元善，派令副将杨飞熊带兵，与已革洛阳县知县任桂、已革氾水县知县刘定敷，前往会剿。任恺佯与李瞻说合，旋同任桂、杨飞熊将李瞻捆缚，并其随同团众一并杀害。杨飞熊等捏造李瞻执旗开炮、任桂率众迎击等情，禀请将任桂等开复原官。至其杀害会元局团练李书声等一节，缘任桂随同杨飞熊在洛阳剿匪时，李书声等有误杀商民夺获银两之事。杨飞熊听信营弁禀词，辄以杀兵抢饷，情同叛逆，派令参将卢得胜，会同署洛阳县知县徐光第、任桂等剿办。卢得胜所带兵丁焚掠村庄，徐光第、任桂复将盘获之李豹子指为会元局攻城内应，即行正法。河南府知府厉文炜与杨长春、徐光

─────────

① 《清穆宗实录》（五）卷一九〇，同治五年十一月乙酉，第408页。

第、任桂，复将李书声等诱至营中斩枭，捏报弋获。①

总之，在灾荒、兵燹的双重破坏下，河南省由"完善之区"变得破败不堪，恰如张之万所见，"由洛至偃，残破雕敝，情形可悯"②！毛昶熙也说：归德府属，"自咸丰三年，发捻各逆往来滋扰，焚杀掳掠，村落为墟，吾民火热水深，情殊可悯"③！在这种情况下，河南巡抚要筹集大量军饷，谈何容易！

二　穷于应付的筹饷者

筹饷原是藩司专责，只因其为巡抚属员，朝廷调拨协饷便直接责令督抚。曾国藩曾深有感触地对家人说："督抚本不易做，近则多事之秋，必须筹兵筹饷。筹兵，则恐以败挫而致谤；筹饷，则恐以搜刮而致怨，二者皆易坏名声。"④又说："……凋敝之省，则行剥民敛怨之政，犹恐无济于事。"⑤河南为钱粮大省，却又破败不堪；饱受战火蹂躏，却又不是主要战区；地处中原，四方有事，无不与之相干。于是，抚豫就出现了曾国藩所说的因"搜刮"而"坏名声"却又常遭朝廷责罚的尴尬。

1. 河南承担军饷的演变

河南承担军饷的增加始于军兴，大体经历了三个阶段：第一阶段是筹集"剿饷"，承担的主要是"剿发捻"的军费、军粮。第二阶段是筹集"边饷"，主要是甘肃、新疆及东北的军饷。第三阶段是筹饷"泛化"，即甲午战争之后，"筹饷"已经超出了纯粹供应战事之用的范围，诸如新政之需、赔款本息等也纳入其中，且河南由于财政收入来源单一，承担筹饷、筹款在各省中所占分量有所下降。因为第三阶段与第五章的清末新政关系密切，故将二者放在一起，此处仅谈前两个阶段。

第一阶段：筹集"剿发捻"之饷。在"剿发捻"期间，河南既是江皖邻省，朝廷又认为此二省"剿贼"是豫省的挡箭牌，河南协济饷

---

① 《清穆宗实录》（二）卷五六，同治二年正月辛未，第51—52页。
② 《清穆宗实录》（一）卷四八，同治元年十一月壬子，1293页。
③ 《清穆宗实录》（一）卷四七，同治元年十月丙午，第1281页。
④ 李瀚章编、李鸿章校：《曾国藩家书家训》，第413页。
⑤ 同上书，第409页。

银天经地义，筹饷负担加重势所必然。

河南协饷负担的大幅增加，大致始于咸丰三年（1853）。这年六月二十二日，河南巡抚陆应谷奏：

> 窃照河南通省地丁钱粮，每岁所入仅敷兵饷、河工之用。上年奉拨协济他省，又值秋禾被淹，间有缓征之处，应给兵饷、工需无款可筹，业经咨部暂行停缓。况本年五月二麦将收之际，逆贼窜至归德，扑及省城，沿途被扰者多处，邻境土匪又复乘机窃发，居民迁徙，困苦流离。当经招复归来，亲为抚慰，应否酌予调剂，尚须委员确切查办。其应完新粮旧欠，势难再事追呼，而官兵正当征调频仍，河防又值经临大汛，一切粮饷、工费，前此既未按数给清，则本年应领饷项必须酌量支发，庶免贻误。至前准部拨军需银两，先因支发不敷，已在司库地丁项下借动凑用，其续拨陕西省银二十万两解到后，亦须备给征兵饷项。所有月需官兵粮饷、河工经费，均系必不可缓之需。臣出省时再四与藩司熟商，惟有吁恳皇上天恩讯赐，饬部筹拨银五十万两，俾济急需，仍倍加撙节，不任稍涉浮糜，如有盈余，尽数解部归款。①

陆氏此奏表明，其一，咸丰二年（1852）朝廷已令河南协济他省军饷，只因灾荒而未成事实；其二，三年（1853）的部拨军饷未能全部到位，河南不得不从本省司库挪借未拨之款救急；其三，陆氏仍对朝廷拨款抱有幻想，恳请朝廷拨款救急，并许诺会归还。对此，咸丰帝令户部"速议具奏"，就没了下文。七月初六日，陆氏再次奏请，并拿出一副"与朝廷算账"的架势，无如国库空虚，朝廷爱莫能助，而豫省的军饷负担有增无减：

> 臣查豫省自上年冬月办理防堵以来，先后请饷连部指留用各款，统计仅止一百二十余万，陆续支应防兵制备军火器械，并解江

---

① 《陆应谷奏陈豫省兵饷工需不敷支放请饬部拨银五十万两折》，第一历史档案馆编《清政府镇压太平天国档案史料》第八册，第146页。

南粮台及本省军需，极力撙节，计已支用八月之久。溯查广西军务用饷一千余万，不及十分之一。前因应给兵饷工需不敷支发，奏恳饬部筹拨饷银五十万两，尚未奉到谕旨。其先次续拨陕西饷银二十万两，亦未解到。现在豫省被贼窜扰，土匪乘机肆起，在在征兵需饷，支用繁多，陕西饷银解到，须备本省兵饷之用。且钦差大臣讷尔经额督师前赴河北征剿，奏明咨令河南设立粮台供应。臣已饬局委员先行带银一万两，驰往接济。现准来咨，每月须用银四五万两，陕甘督臣舒兴阿、山东抚臣李僡所带官兵，均令由豫支应……当饬总局司道力为设法，在于司库无论何款，先其所急，借拨垫用，妥为备办。而徐州粮台，豫省实属无款拨解……合无仰恳天恩，俯准饬部就近筹拨饷银二三十万两，径解徐州粮台①。

由此可见，朝廷拨给豫省军饷的希望已经渺茫，奏请五十万没有回音，陕西的二十万也没有到。从此以后，河南的军饷负担有增无减。到同治七年（1868）"剿捻"结束，除了本省军队所用外，河南负担的主要军饷有：

（1）京饷

这是军兴时期河南承担最重的军饷之一。咸丰四年（1854）十一月，谕旨说，河南、山东"自本年六月为始，将每月欠解银五万两，迅速派委妥员如数起解"②，说明此时河南负担的京饷每月至少是五万两。次年五月，谕曰："京师按月应放兵饷，不敷甚巨。前经户部奏明，于山东、河南每月解银十五万两，拨充京饷。"③ 除了每月须拨京饷外，河南还要承担一些其他负担。其一是自第二次鸦片战争爆发后，军费增加，朝廷一方面催应解军饷，另一方面要求额外划拨。例如，咸丰九年（1859）四月，谕令河南、山东"于应解皖饷内各划出银二万四千两"解京④；次年，巡抚庆廉率军"勤王"，要求藩司贾臻筹饷十

① 《陆应谷奏请饬部就近拨饷径解徐州粮台折》，第一历史档案馆编《清政府镇压太平天国档案史料》第八册，第383—384页。
② 《清文宗实录》（三）卷一五〇，咸丰四年十一月丙寅，第621页。
③ 《清文宗实录》（三）卷一六八，咸丰五年五月辛卯，第863—864页。
④ 《清文宗实录》（五）卷二八〇，咸丰九年四月乙巳，第108页。

万两①等。其二是"万年基地"营建费。咸丰帝的定陵花费三百多万两，到同治四年（1865）六月该陵即将竣工时，河南还欠十八万两饷银。②其他还有工程饷等。例如，同治四年九月，礼部、内务府、八旗营房等工程，河南积欠饷银十万两。③

（2）徐州粮台军饷

徐州粮台原是太平军永安（今广西蒙山县）突围后北上，河南为了建立豫南防线，"防堵"太平军由信阳武胜关等处直接北上而建立的豫南粮台，后来随着太平军东进、北伐，辗转搬迁到徐州，河南协济是其主要饷源之一。开始时带有朝廷根据需要，临时谕令豫省协济的性质。例如，咸丰三年（1853）十二月，"和春、袁甲三奏：徐州粮台饷银匮乏，请饬近省筹拨银二十万两，以资接济。等语。现在皖省官兵云集，需饷甚急，前有旨令英桂拨银五六万两，解赴皖省，谅已遵办。兹据和春等奏称，徐州粮台奏拨之款，内有陕西银四万九千两，为河南截留，仅解还银一万四千两；又，河南盐规银一万两、地丁银四万一千两，屡催未解"④。于是，河南由于临近主要战区而被划为主要饷源地。此时，各路大军之间，军饷的分割还不太细致，河南供应徐州粮台的饷银数目也因需要而变化。到咸丰八年（1858），这项供应固定化。是年六月，袁甲三奏请饬令邻省按月拨解，朝廷令"崇恩、恒福每月各拨饷二万两，并着英桂、瑛棨按月协济银二万两，均自本年六月为始，解交徐州粮台应用"。但这种固定协饷当时是很难做到的，因此谕旨亦云："即或不能按月如数接济，务各先行筹拨银数万两解往，以济急需"⑤。九月，"河南省按月认解银二万两"⑥。此后，该项军饷又有所增加。例如，咸丰十一年（1861）正月，应袁甲三奏请，朝廷谕令，"河南应解月饷银二万两、饷票五万两……自本年正月为始，于……该

①　河南巡抚庆廉：《奏为密陈藩司贾臻声名事》，咸丰十年十月初一日，录副奏折，档号03-4156-004。

②　《清穆宗实录》（四）卷一四四，同治四年六月壬寅，第397页。

③　《清穆宗实录》（四）卷一五四，同治四年九月癸酉，第596页。

④　《清文宗实录》（二）卷一一四，咸丰三年十二月癸酉，第785页。

⑤　《清文宗实录》（四）卷二五七，咸丰八年六月癸亥，第984页。

⑥　《清文宗实录》（四）卷二六四，咸丰八年九月丁亥，第1099页。

省征存地丁正项内，照数动拨，就近按月解赴袁甲三军营，以资兵食"①。但实际上，即便不增加，豫省也无力全解。同年五月，朝廷不得不降低标准，把河南、山东协济徐州军饷改为"自五月起，每月各拨一万两，分解徐州粮台，以赡饥军，不得任意延缓，致误要需"②!主持徐州军务的，先后有袁甲三、傅振邦、田在田等人，或许是因军饷解往何处是随军事进展状况而定，其间有一段时间并未见到河南解饷徐州的记载，但可以肯定的是，在李鸿章"剿捻"时，又有了徐州粮台，而其兵食，仍"以豫、东、晋三省协饷为大宗"③。

（3）安徽军饷

安徽处于太平军和捻军的南北夹击之下，军务殷繁，豫省协济之饷亦较多。大体有宿迁粮台协饷。例如，咸丰三年（1853）十二月的谕旨，有河南欠"宿迁粮台未解银四万两"④。庐州军饷。例如，咸丰六年（1856）正月谕："恐庐州军饷支绌，接济艰难"，令河南巡抚英桂"先行筹备，以应急需，庶免停兵待饷之患"⑤；九月，谕旨原令协济粮食，但因道路被阻隔，英桂奏请皖省派员迎提⑥，后又令"将折价银二万八千两克日解赴庐州，以归简易"⑦。次年二月，据福济奏，桐城因粮缺兵溃，庐州吃紧，请由山东并苏省之江北地方买米解赴临淮，以资军食。因山东路途较远，朝廷谕令"着英桂速饬藩司瑛棨委员于河南地方，采办米一二千石，迅解临淮"⑧。三月，又令河南将此前运往皖省的米、麦六千石"设法速解庐州"⑨。李孟群军饷。李氏原在曾国藩部，咸丰七年（1857），"安徽北路捻匪方炽，粤匪自桐城进陷六安、英山、霍山，庐州危急"，应安徽巡抚福济之请，李氏率陆师二千五百

① 《清文宗实录》（五）卷三四一，咸丰十一年正月癸丑，第1069页。
② 《清文宗实录》（五）卷三五二，咸丰十一年五月己亥，第1198页。
③ 《清穆宗实录》（五）卷一九五，同治六年正月己卯，第485页。
④ 《清文宗实录》（二）卷一一五，咸丰三年十二月壬午，第802页。
⑤ 《清文宗实录》（四）卷一八九，咸丰六年正月戊寅，第20页。
⑥ 《清文宗实录》（四）卷二〇八，咸丰六年九月辛巳，第289页。
⑦ 《清文宗实录》（四）卷二一〇，咸丰六年十月己酉，第320页。
⑧ 《清文宗实录》（四）卷二一九，咸丰七年二月丁酉，第436页。
⑨ 《清文宗实录》（四）卷二二一，咸丰七年三月癸亥，第462页。

人赴援①，但由于道路阻隔，福济无法拨给军饷，朝廷即令湖北与河南先行垫付。例如，当年七月，"复谕英桂拨银三四万两，解赴李孟群军营，俟各省解皖饷银经过豫境，再行截留扣抵"②；九月，又令河南从陕西解皖省军饷每月二万两中，截留一万，并河南本省也"每月定准协拨该藩司（指李孟群）行营银一万两"，解到李孟群军营。③ 在交通条件比较好时，协济安徽的军饷则直接交给皖抚，其数量在咸丰九年（1859）定为"河南月拨银六万两"④。

（4）胜保军营之饷

河南供应胜保军营之饷大致始于咸丰五年（1855）。是年正月，朝廷谕令河南等省"无论何款项下，各筹银数万两"解往胜保军营⑤。七年（1857）八月，胜保奏请"由河南、山东、山西，各先拨银二万两，仍每月各拨银二万两"，被朝廷斥为"殊属不知撙节"，并说："前此英桂在颍剿捻，饷需皆由河南接济，今该抚暂行离营，并非不与其事。胜保既欲河南济饷，仍可向英桂商办，何待请旨饬拨，岂英桂离营即置军饷于不问耶？"⑥ 从这道谕旨看，原本河南、山东、山西三省每月各解胜保军饷二万两，而胜保仍嫌不足，要求各省先各解二万两，而朝廷只许其与河南巡抚英桂商议，可见，河南除了每月协济二万两外，还要"承包"胜保追加的饷糈。正因为如此，胜保与豫抚英桂之间的关系颇为紧张。⑦ 不过，朝廷对胜保还是网开一面，紧急时刻，准许其截留河南等省的漕粮充军饷。例如，咸丰八年（1858）十一月，准胜保于河南当年"起运漕粮内截留五六万石，解往接济"⑧；次年八月，又准河南、山东应征漕粮项下"截留麦米各五万石，随征随解，务于九月内

① 赵尔巽：《清史稿》（缩印本）第4册《李孟群传》，第3037页。
② 《清文宗实录》（四）卷二三一，咸丰七年七月乙酉，第599页。
③ 《清文宗实录》（四）卷二三六，咸丰七年九月丙午，第754页。
④ 《清文宗实录》（五）卷二七三，咸丰九年正月乙亥，第4页。
⑤ 《清文宗实录》（三）卷一五七，咸丰五年正月己丑，第719页。
⑥ 《清文宗实录》（四）卷二三三，咸丰七年八月癸亥，第633—634页。
⑦ 朝廷曾申饬胜保："汝与英桂各以气相争，何识见之褊小若是？"见《清文宗实录》（四）卷二五九，咸丰八年七月丙申，第1024页。
⑧ 《清文宗实录》（四）卷二六九，咸丰八年十一月甲戌，第1161页。

由水路运赴胜保军营,接济苗沛霖军食,毋稍延误"①。漕粮是"天庾正供",朝廷准胜保截留,一方面是朝廷对八旗统兵大员的照顾,另一方面也说明河南筹饷困难。

(5)僧格林沁军营、曾国藩军营之饷

咸丰十年(1860)九月,朝廷令科尔沁亲王僧格林沁督办直隶、山东、河南三省"剿匪"事宜,豫省也就开始负担僧军的粮饷。这大致可以从河南欠僧军的军饷看出。咸丰十一年(1861)三月,"河南省自上年冬季,仅解过银二万两,现在积欠银十三万两"②。上年冬季三个月,加上本年的两个月,河南每月应解僧军之饷是三万两。同治元年(1862)五月谭廷襄所奏证明了这一点,"据称僧格林沁大营兵饷,直隶、河南每月应拨银三万两,山西每月应拨银二万两"③。十一月,僧格林沁也奏称"(河南巡抚)郑元善每月协拨饷银三万两,(山西巡抚)英桂每月协拨饷银二万两"④。次年,由于蒙城饷缺,僧格林沁奏请饬令河南在该部饷银内分出一万两解蒙城,交马新贻。⑤ 但不久,僧格林沁统兵南下剿办苗沛霖部,需要增募兵勇,军饷也相应增加,于是奏请河南恢复每月解银三万两,山西仍每月二万两,山东则由于"剿办东匪已竣",在原有三万两的基础上增加二万两。⑥ 后因僧格林沁派总兵陈国瑞移军助剿,朝廷又谕令山西、河南、山东各先拨银三万两给陈部⑦,复经漕运总督吴棠奏请,从同治二年(1863)九月开始,上述三省"按月各协解银一万两"协济陈国瑞军营,只是到次年五月,每省连同先拨的三万两共各十二万两并未解到。⑧ 同治四年(1865)四月,僧格林沁战死,曾国藩接办"剿捻"事宜,户部议奏,将原山东、河南、山西三省协济僧格林沁军饷转归曾国藩拨用,河南仍著吴昌寿每月解三万两到曾氏军

① 《清文宗实录》(五)卷二九〇,咸丰九年八月丙午,第258页。
② 《清文宗实录》(五)卷三四六,咸丰十一年三月乙巳,第1116页。
③ 《清穆宗实录》(一)卷二八,同治元年五月甲午,第753页。
④ 《清穆宗实录》(一)卷四八,同治元年十一月辛亥,第1293页。
⑤ 《清穆宗实录》(二)卷六七,同治二年五月丁巳,第336页。
⑥ 《清穆宗实录》(二)卷七四,同治二年七月甲戌,第509—510页。
⑦ 《清穆宗实录》(二)卷七六,同治二年八月壬辰,第555页。
⑧ 《清穆宗实录》(三)卷一〇四,同治三年五月丁卯,第297页。

营①。也正因为如此，吴昌寿的"叫苦"折才刺激了曾国藩。到李鸿章专办"剿捻"事宜时，大概是此时军饷相对充足，未见将此项军饷转归李氏调配的记载，但按照前面的情况推测，似应归了李氏。

（6）其他"剿贼"协饷

河南协济军饷，除了比较固定者外，还有一些，虽属"零星"，但数目亦相当可观。其一，协济扬州等处军饷。例如，咸丰五年（1855）二月有河南欠扬州军营饷银六万九千五百两②；六年（1856）十二月，江南大营缺饷，河南应拨五万两③；十年（1860）五月，江北粮台军饷，谕令河南、山东各拨十万两④；十月，镇江缺饷，据称河南奉拨二十万两未解⑤，等等。这些地方河南究竟应拨多少军饷不得而知，但从上述看，其数量不在少数。其二，西凌阿部军饷。咸丰五年（1855）五月，西凌阿军抵达汴梁，军饷不敷，朝廷谕令豫抚"英桂督饬该藩司，无论何项，迅速筹拨数万两解赴该大臣军营，以备接济，不得借口于无款可筹，致滋贻误"⑥。六月，又定河南等省"每月各行筹拨饷银五万两解往西凌阿军营，以济兵食，并将起解日期迅速具奏，一面行知该大臣等派员前往迎提。即未能凑足五万两之数，亦须按月拨解二三万两，藉资接济，不得以'无款可筹'及'另请改拨'各词，迁延推诿，致滋贻误"⑦。其三，云贵军饷。咸丰六年（1856）九月，户部奏，河南等省于应解京饷下筹五万两拨贵州⑧；同治四年（1865）十一月，谕令在豫省欠解滇饷三万两内先提一万两解云南⑨；六年（1867）正月、八月又有催饷之旨⑩。其四，湖北军饷。咸丰四年（1854）闰七月，谕令河南暂借湖北银三万两⑪；五年（1855）十二月，官文进逼汉阳缺

① 《清穆宗实录》（四）卷一三八，同治四年五月壬寅，第266—267页。

② 《清文宗实录》（三）卷一六〇，咸丰五年二月壬戌，第762页。

③ 《清文宗实录》（四）卷二一四，咸丰六年十二月戊子，第367页。

④ 《清文宗实录》（五）卷三二〇，咸丰十年五月戊午，第726页。

⑤ 《清文宗实录》（五）卷三三五，咸丰十年十月戊子，第983页。

⑥ 《清文宗实录》（三）卷一六八，咸丰五年五月辛巳，第857页。

⑦ 《清文宗实录》（三）卷一六九，咸丰五年六月丁酉，第869—870页。

⑧ 《清文宗实录》（四）卷二〇八，咸丰六年九月己卯，第286页。

⑨ 《清穆宗实录》（四）卷一六一，同治四年十一月戊子，第731页。

⑩ 《清穆宗实录》（五）卷一九五、二一〇、二一〇，同治六年正月辛巳、八月丁酉、八月庚子，第500、721、727页。

⑪ 《清文宗实录》（三）卷一三九，咸丰四年闰七月癸未，第452页。

饷，朝廷谕令河南"酌拨银数万两，派委妥员解往官文军营，俾得发给各路粮饷，迅图克复武汉，不得借口于'无款可筹'，致误要需"①。

此外，河南还有一项巨大的协饷负担，那就是甘饷，包括甘肃、新疆的军饷，数字可以用"庞大"来形容。只是按照朝廷"移缓就急"的解饷原则，甘饷拖欠较内地"剿饷"更严重。例如，同治二年（1863）六月的谕旨说，"河南省欠解甘饷银三百五十余万两"②，既表明河南应解甘饷之多，亦说明实际解往者甚少，以致积欠如天文数字，比河南一年征收的全部钱粮还多。

第二阶段：筹集西北、东北之饷。有清一代，西北用兵本多，第二次鸦片战争期间及其后，东北、西北的边防吃重，而同治（1862—1874）初年回民的"叛乱"复使西北局势动荡，河南承担的协饷也由"剿饷"转为"边饷"。

（1）西北边疆军饷

新疆军饷原与甘饷连在一起。同治三年（1864）六月，"库车汉回乱"③，从七月开始，谕旨令河南拨解新疆的军饷明显增加。当月，"部拨定山东银七万两、河南银七万两、山西银十万两、四川银十六万两，共四十万两"④。只是此时河南军务未竣，七万两何来？到九月中旬，"山东应解银七万两已解银五万两，未解银二万两；河南应解七万两、四川应解十六万两，均分毫未解"⑤。次年正月，此项银仍未解⑥，而三年十二月，又令拨河南将四年（1865）地丁银十万两解至乌里雅苏台转交科布多。⑦四年六月，朝廷谕令从欠解同治元年（1862）京饷项下，河南、山东各拨十万两运伊犁。⑧整个同治四年，朝廷三次拨解伊犁专项银五十六万两，但至少到次年二月，山东的十六万两与河南的十四万两

① 《清文宗实录》（三）卷一八六，咸丰五年十二月庚子，第1075页。

② 中国第一历史档案馆编：《咸丰同治两朝上谕档》第十三册，同治二年六月十九日，第291页。

③ 赵尔巽：《清史稿》（缩印本）第1册《穆宗本纪一》，第258页。

④ 《清穆宗实录》（三）卷一〇〇，同治三年七月乙丑，439页。

⑤ 《清穆宗实录》（三）卷一一五，同治三年九月癸丑，第559页。

⑥ 《清穆宗实录》（四）卷一二六，同治四年正月庚子，第6页。

⑦ 《清穆宗实录》（三）卷一二三，同治三年十二月壬申，第706页。

⑧ 《清穆宗实录》（四）卷一四五，同治四年六月丁未，第409页。

分毫未解。① 到五年（1866）九月，河南欠解新疆军饷已达四十余万两，朝廷严旨令李鹤年解银二万二千五百两。② 至十一年（1872）七月，河南欠解饷累计一百五十六万一千两，仅次于山东的二百二十五万五千两。③ 十二年（1873）正月，《清实录》中第一次出现河南解饷的记录：解一万两给派往乌鲁木齐助剿的大同步队④。七月，又有解给科布多一万两的记录⑤。十三年（1874）四月，有解科布多银一万二千两的记录⑥。此后，河南解饷明显增加：同治十三年四月，河南欠解科布多的军饷为十一万二千五百两，而光绪元年（1875）四月河南欠该城的军饷仅剩下三万七千五百两⑦。但好景不长，光绪二年（1876）河南开始旱灾，三年（1877）、四年（1878）更是出现了道光（1821—1850）以降的第一次"奇荒"。六年（1880）五月，豫抚涂宗瀛奏称，河南"库款短绌，奉拨专协各饷，势难兼顾"⑧。此后解饷状况有所改善，但仍积欠严重。

（2）左宗棠西征军饷

同治五年（1866）十月，朝廷令左宗棠率军西征，以对付西捻军及"叛乱"回民，于是便有了西征军饷。次年，部议河南按月筹拨一万五千两解左宗棠军营。⑨ 七年（1868），又议河南等省月协济穆图善所部等银十二万八千余两⑩。十一年（1872）十二月，应左宗棠之请，朝廷谕令将河南协济西征军饷每月一万五千两，拨给豫军宋庆毅军作为运费，自十二年（1873）二月起同该军月饷一并解送宋庆军营⑪，豫省每月协济穆图善军一万两照旧⑫。河南张曜的嵩武军、宋庆的毅军自同治七年（1868）"平捻"以后，就西调陕甘协剿，其军饷及军装等一切

①《清穆宗实录》（五）卷一六九，同治五年二月己巳，第63页。
②《清穆宗实录》（五）卷一八五，同治五年九月戊寅，第324页。
③《清穆宗实录》（七）卷三三六，同治十一年七月壬辰，第436页。
④《清穆宗实录》（七）卷三四八，同治十二年正月丙午，第602页。
⑤《清穆宗实录》（七）卷三五五，同治十二年七月己卯，第691页。
⑥《清穆宗实录》（七）卷三六五，同治十三年四月丙申，第838页。
⑦《清德宗实录》（一）卷七，光绪元年四月戊辰，第162页。
⑧《清德宗实录》（二）卷一一三，光绪六年五月丁丑，第660页。
⑨《清穆宗实录》（五）卷二二〇，同治六年十二月辛酉，第889—890页。
⑩《清穆宗实录》（六）卷二四一，同治七年八月己巳，第344页。
⑪《清穆宗实录》（七）卷三三六，同治十一年十二月辛亥，第551页。
⑫《清德宗实录》（一）卷二五，光绪二年正月己亥，第373页。

仍由河南供应，每年需银一百三十五万余两。① 光绪元年（1875），在"疆防"与"海防"之争中，左宗棠力主"疆防"得到嘉许。次年四月，为了凑齐西征新疆的一千万两军费，部议从各省提款，河南最少，提五万两。② 五月，河南巡抚李庆翱以匿灾为代价依限解齐五万两③，其迅速及足额为军兴以来所罕见。六月，协助左宗棠西征的金顺奏请河南每月拨地丁银四万两解该部④。但不幸的是，河南连年的大旱灾使协饷雪上加霜，朝廷不得不令受灾的河南、山西暂时缓解，而从五年（1879）为始，"自应仍照原拨数目，竭力筹解。第恐灾歉之余，款项不无支绌，如实在不能解足，届时着各该抚据实陈明，由户部另行酌量筹拨"⑤。五年八月，朝廷令河南再加解银两千两，与湖北原协济陕西的三千两合为五千两之数，"作为塔城果勇马队两营专饷"，且原定东、豫、晋三省各解塔城年三万两仅晋省缓解，豫省仍旧照解。⑥ 七年（1881），刘锦棠对张曜的嵩武军进行整顿，裁步队二营，增设二营马队，仍为十四营之数，其月饷仍由豫省按原定月解三万七千两供给。⑦

（3）东三省俸饷

太平天国起义以后，东三省是河南等地"剿贼"军事力量的主要来源地之一，尤其是其马队曾起一定的作用。但自同治元年（1862），奉天马贼滋扰加剧，且有愈演愈烈之势，朝廷开始谕令河南拨解东三省军饷，数量不大。同治五年（1866）四月，河南欠解的三省军饷是三万两⑧。七年（1868），户部奏，河南地丁项下未解同治五年京饷十万两令解盛京户部⑨。马贼剿平以后，河南仍供应东三省部分军饷。十一年（1872），吉林调赴肃州五百官兵，其军装等项银令于河南地丁项下

---

① 钱鼎铭：《豫省库储支绌专协各饷未能依时措解请旨敕部筹议折》，《钱敏肃公奏疏》，第186页。
② 《清德宗实录》（一）卷二七，光绪二年三月庚子，第407—408页。
③ 《清德宗实录》（一）卷三二，光绪二年五月己卯，第464页。
④ 《清德宗实录》（一）卷三五，光绪二年六月乙巳，第501页。
⑤ 《清德宗实录》（二）卷八三，光绪四年十二月庚寅，第276页。
⑥ 《清德宗实录》（二）卷九九，光绪五年八月庚申，第482页。
⑦ 《清德宗实录》（二）卷一三〇，光绪七年五月壬戌，第866页。
⑧ 《清穆宗实录》（五）卷一七五，同治五年四月辛亥，第157页。
⑨ 《清穆宗实录》（六）卷二二四，同治七年二月癸巳，第70页。

拨一万二千五百两；此前吉林调赴古北口官兵原拨整装银五万两由河南拨解；黑龙江出征官兵五百名需整装银一万一千八百四十六两，由河南驿站存剩项下拨给①，等等。同年八月，奉天开始从河南等省借银发俸饷②。其他银两还有：吉林捕围官兵津贴，河南欠解同治十年（1871）驿站剩存项下一万四千两③；地丁银，河南欠解十一年、十二年（1873）六万两④，每年平均三万两；俸饷银，河南欠解十年至十三年（1874）六万四千两，又欠专饷银八万两⑤；黑龙江官兵俸饷银，至光绪元年（1875），河南欠解三十万两⑥；光绪元年，奉天抽练马步各军，户部请于河南、山东地丁项下各拨五万两⑦；同年，户部奏奉天俸饷银二十六万两，河南负担地丁银六万五千两、驿站存剩银二万两⑧，等等。这些银数似乎并不确定。譬如，光绪四年（1878）十二月，户部奏，河南应解东三省的俸饷是：奉天，地丁银六万两、驿站存剩银一万四千二百八十五两零；吉林，地丁银三万两；黑龙江，地丁银三万两、驿站存剩银三万两。⑨ 此处河南拨奉天的银两与光绪元年就不同。五年（1879）十一月，户部奏定：光绪六年（1880）河南解东三省官兵俸饷，奉天地丁银六万两、驿站存剩银一万六百八两零，吉林地丁银三万两，黑龙江地丁银三万两、驿站存剩银三万两⑩，解奉天的俸饷银又略有变化。因此，就已经见到的资料，还不能确定河南每年究竟应解东三省多少银两。

此外还有每月解固本饷银五千两⑪，以及军兴时期河南负担的大量军火供应、河工费，等等。

总之，从咸丰三年（1853）开始，河南的军饷负担十分沉重，究竟

① 《清穆宗实录》（七）卷三三二，同治十一年四月庚午，第389页。
② 《清穆宗实录》（七）卷三三八，同治十一年八月甲寅，第457页。
③ 《清穆宗实录》（七）卷三三八，同治十一年八月丙辰，第457—458页。
④ 《清穆宗实录》（七）卷三五六，同治十二年八月癸巳，第713—714页。
⑤ 《清穆宗实录》（七）卷三七二，同治十三年十月壬申，第920页。
⑥ 《清德宗实录》（一）卷五，光绪元年三月戊申，第146页。
⑦ 《清德宗实录》（一）卷一〇，光绪元年五月庚戌，193页。
⑧ 《清德宗实录》（一）卷二一，光绪元年十一月甲午，第324页。
⑨ 《清德宗实录》（二）卷八三，光绪四年十二月丙戌，第271—272页。
⑩ 《清德宗实录》（二）卷一〇四，光绪五年十一月戊子，第542—543页。
⑪ 河南巡抚裕宽：《奏报豫省起解本年固本练饷银数事》，光绪十七年六月初八日，录副奏折，档号03－6628－095。

每年需要多少军饷，很难统计出具体数字。同治十一年（1872）八月，河南巡抚钱鼎铭在一份奏折中粗略计算了一下："自军兴，十余年供支军饷，司库早已悉索无余。迨七年肃清以后，张（曜）、宋（庆）两军赴甘协剿，所需饷项及军装一切，仍由豫省支给，每岁共需银一百三十五万余两；加以京饷、工需、旗绿河各营减成兵饷、各官养廉一应杂支，共一百三十余万两；又加固本军饷、东三省饷银、常年甘饷、西路各应协饷一百五十七万余两，统计每年出项已将及四百三十万两之多"[①]，而此时所需军饷当少于"剿捻"时，即便如此，也是河南负担不起的。

2. 豫抚的罗掘之策

河南在清朝中前期为钱粮大省。这一点，我们可以从嘉庆《大清一统志》中看出（见表4－2）：江苏为钱粮第一大省，钱为四百一十九万四千一百五十两有奇，粮亦为各省之最；次为山东，钱三百五十四万四千六百八十三两有奇；河南占第三。事实上，这也是全国前三名的钱粮大省。但是，我们看到，河南的钱粮仅为田赋，税课是载于其他省的相关部分[②]，而"乾隆十八年统计，各行省设常关以征商税者三十五处，豫省独形缺如"[③]，表明豫省钱粮缺乏弹性或财政收入来源比较单一[④]。在非相邻省份中，相对较富的浙江，其财政收入除了田赋外，还有税课：北新关，额征正税银十万七千六百六十九两，铜斤、水脚银一万五千三百八十四两六钱五分五厘有奇，盈余银六万五千两；南新关，额征正税银三万二百四十七两五钱五分有奇；浙海关，额征正税银三万

---

① 钱鼎铭：《豫省库储支绌专协各饷未能依时措解请旨敕部筹议折》，《钱敏肃公奏疏》，第185页。

② 《大清一统志》卷一八五《河南统部》，《续修四库全书》，第616册，第707页。

③ 经济学会：《河南全省财政说明书》上编《岁入部·厘捐》，1915年发行（内部资料），第1页。

④ 当然，河南也有杂税。例如，新蔡县有：行税一千四百一十二两零一分；老税原额银三十二两五钱，老税盈余银七十四两；牙帖原额银六两五钱八分，牙帖新增银七两七钱五分一厘，牙帖盈余银一千零三十三两八钱七分七厘；活税原额银六十两五钱四分，活税新增银七十两八钱二厘，活税盈余银一百二十五两四钱六分（乾隆《新蔡县志》卷三《杂税》，成文出版社1976年版，第162—163页）。扶沟县有：老税银十六两八钱；活税五十二两六钱六厘；牙帖银七两五钱，盈余银八百七十六两六钱二分；府银三两三钱六分；当税银二十两；房地税银无定额，尽收尽解；新增银一百五十两（光绪《扶沟县志》卷六《杂税》，第431页）。其他县的县志也有类似记载，但贾汉复《河南通志》、田文进《河南通志》、阿思哈《续河南通志》均不载杂税。

二千一百五十八两二钱三分三厘有奇，铜斤、水脚银三千七百五十两，盈余银四万四千两；盐课正引、票引共八十万五千三百九十道，额征课银二十九万二千六百八十四两二钱五分七厘有奇；又，宁波府属之定海县不行盐引，征包课银四十二两一钱四分五厘有奇。[1] 相当穷的甘肃，除了田赋外，也有课税：各属商税正项银五千三百余两，盈余四千二三百两不等；西和县等处盐引，共额征正课银一万九千八百四十一两七钱六分八厘，茶引共额征折色银七万八千二百八十九两二钱。[2] 其课税量虽少，而财政来源却不似河南单一。正因为如此，一旦有天灾、战乱，河南的财政收入更容易受到影响。据民国初期河南财政厅的调查，当时的田亩数反较清朝中期减少，其原因之一就是"每值黄河决口，民田忽变河滩，报荒免粮者为数不赀云"[3]。故晚清河南的田赋实际上没有那么多。同治四年（1865），吴昌寿说："豫省岁入之款不足二百万，计其出项中年常缺其半。"[4] 十一年（1872），时任豫抚的钱鼎铭也说："近年灾歉频仍，蠲缓、民欠之外，（每年）征解仅得二百万两，房、杂各税约十余万两。"[5] 有些减免还直接与军饷有关。譬如漕折军需，"此款系由漕折数内每石提银一两作为军饷，岁约收银十二万两左右。嗣经节次减免，向解一两者，减为八钱；向解八钱者，减为六钱，间有因缺苦免解者八县"[6]。

表 4－2　　　　　　　　清中前期河南钱粮与邻省比较表

省	田地数	田赋数 （精确到两）	粮（精确到石）	税课数（精确到两）
河南	775491 顷 17 亩	3479014	米 41272、麦 38919、豆 23074	—
直隶	698609 顷 80 亩	2463115	米 15482、豆 7710、粱 47、粟 36、谷 23、麦 42、粮 61519、米 5	700851
江苏	648746 顷 95 亩	3173332	米 2374508、豆 5143、米 10401	1020818

---

① 《大清一统志》卷二八一《浙江统部》，《续修四库全书》，第 618 册，第 659 页。

② 《大清一统志》卷二五一《甘肃统部》，《续修四库全书》，第 618 册，第 243 页。

③ 《河南新志》，第 304 页。

④ 王定安：《求阙斋弟子记》。参见《中国近代史资料丛刊·捻军》第一册，第 31 页。

⑤ 钱鼎铭：《豫省库储支绌专协各饷未能依时措解请旨敕部筹议折》，《钱敏肃公奏疏》，第 185 页。

⑥ 经济学会：《河南全省财政说明书》上编《岁入部·田赋》，第 73 页。

续表

省	田地数	田赋数 （精确到两）	粮（精确到石）	税课数（精确到两）
安徽	373957 顷 9 亩	1735153	米 415289、麦 10111、豆 22185、漕 284496	504799
山西	525511 顷 5 亩	3036791	粮 110900	352952
山东	883595 顷 28 亩	3344611	漕 345130	200072
陕西	306379 顷 49 亩	1612035	粮 200059	79278
湖北	564147 顷 66 亩	1235874	粮 172888，漕 141220	76519

资料来源：《大清一统志》卷五《直隶统部》、卷七二《江苏统部》、卷一〇八《安徽统部》、卷一三五《山西统部》、卷一八五《河南统部》、卷一六一《山东统部》、卷二二六《陕西统部》、卷三三四《湖北统部》。

这样，为了应付沉重的军饷负担，河南巡抚就不得不想方设法进行罗掘。

首先，设卡征收厘金。由于司库空虚，军饷难筹，咸丰八年（1858）二月，河南巡抚英桂仿照其他省设卡征收厘金办法，在河南省的陕州和淅川直隶厅所辖的荆子关等地设卡抽厘。① 当时定的是试办数月，若既有成效又不滋扰地方，就接着办，否则就停止。当然，这种"试办"不过是官样文章，办厘金不滋扰地方是不可能的。只是河南不比他省，厘金抽收无多。据恒福奏报，陕州总局所收厘税，自咸丰八年（1858）三月初六日起至九月底止，除留支二成经费外，实收银三万四千七百八十五两零，荆子关一千二百两，孟县（今河南孟州市）分局及沿河各卡实收银六百四十六两，共计三万六千多两②，对于河南沉重的协饷负担来说，不过杯水车薪。恒福总结了厘金收入少的原因：一是"连岁歉收，是以商贾稀少，税入无多"；二是"良由地当四冲，本无要隘可据"；三是周围各省都已经设有关卡，"亦未便重加科敛"；四是战乱时期，河南属于兵荒马乱地区，百姓多要依靠商贾带来的货物流通

---

① 河南巡抚英桂：《奏报河南省酌议试办抽厘接济军饷章程情形事》，咸丰八年二月二十八日，录副奏折，档号 03 - 4294 - 047。

② 《清实录》为"六千余两"，见《清文宗实录》（四）卷二七二，咸丰八年十二月丁卯，第 1224—1225 页。

谋生，"若再层层剥削，必致商旅裹足不前，百物腾贵，穷黎生计维艰，实有不堪设想者"。① 这四条之中，前二者是客观情况。河南的商业本来就不怎么发达，来河南做生意的多是晋商，再加上中东部地区多是平原，找不到合适的地方设立关卡，所以只有在邻近陕西易于设卡的荆子关、黄河沿岸等能设卡的地方抽厘金；第三条是虚词，第四条则是担忧。为了筹饷，当时全国上下，几乎是无所不用其极，河南筹饷任务更重，无论英桂还是恒福，都不会因同情商人而少设关卡。但与此相关的是，河南是捻军活动的重要地区之一，若抽厘过重，商贾断绝，百姓生计更加无着，就会追随捻军，其后果确实"有不堪设想者"。

当然，恒福说了一大堆话，并不是想停办厘金，而是怎么抽收才更有效。他一面说"近日之河南，尤不可轻议厘捐也"，同时又强调"惟念军行未已，款项孔多，虽云抽税无几，然得尺得寸，究亦不无小补"。于是，他对抽厘旧章稍作变通：（1）只就水烟、茶叶、药材三项厘税最多的货物抽税，并且即便不设关卡也容易征收，因为此"三项货物或箱或篓，车载驮运，皆可一望而知，无虞偷越，亦无流弊混杂"，"其余毡货、批货以及绸缎布疋之类，近来行销不广，贩运亦稀"，不再征收。（2）裁撤原来专设的厘金局、关卡、委员、丁役，改由地方官员就地征收，以减少抽厘税的费用。如果人手不够，地方官员可以雇"诚实佐杂一二员，帮同照料，所需薪水以及书役、纸张、饭食等项，为数无多，应即在抽款中酌留一成之半，已敷办公"。（3）试办期限为一年，"果有俾于军饷而无病于民生，应即奏请遵办，俟军务告竣，再行停止；设或商贾稀少，有累闾阎，臣惟有据实请旨停撤，断不敢稍事回护，因小利而误大局"。这样，水烟、茶叶、药材三项所收厘金原本已占全部厘金款的"十分之七八"，再加上节省下来的委员、丁役等费用，总体收入与以前相比，"似亦不致悬殊"。② 只是河南与其他省一样，厘金一办起来，有清一代再未停止。

此外，还于咸丰九年（1859）九月增设"洋药（鸦片）"厘局，

---

① 恒福：《奏为体察河南地方税收请旨变通厘捐章程等事》，咸丰八年十二月十七日，录副奏折，档号03-4397-044。

② 同上。

尽管"适值逆捻鸱张，商贩稀少，征银无几"，但或多或少还是有所收益，于筹饷有点滴之助。①

事实上，河南所收厘金数目也确实有限。譬如，边宝琼先后任陕西巡抚和河南巡抚，其所奏报的厘金收入，陕、豫两省差异很大。光绪九年（1883），陕西撤销了八个收厘关卡，其光绪十年（1884），实共抽收百货厘银三十一万九千三百十四两零，抽收土药厘银一万九千十七两零。② 河南光绪十二年（1886）上半年洋药、百货厘银四万三千六百五十四两零③，下半年洋药、百货厘银四万四千八百五十二两零④，合计一年所收不及陕西百货厘的三分之一。其他省如，四川省咸丰八年（1858）仅盐厘一项，收数即达三十六万三百七十六两零，除掉每百两提出五两公费银外，仍有三十四万二千三百五十八两零。⑤ 甘肃咸丰八年、九年，两年所收厘金为：土烟钱四十六万五千五百四十二串零、花布等项钱二万九千四百七十串零、水烟银六万六千六百七十两零。⑥ 以钱二串折银一两，甘肃每年所抽厘金亦超过河南不少。

其次，广招捐输，发行军营饷票。每当有灾荒或战事，大搞捐输是清朝常用的一种解决财政困难的手段。但军兴以后，国家财政崩溃，各地都在搞捐输，河南又豪商巨贾无多，必须另想办法。咸丰五年（1855），安徽巡抚福济为解决庐州军饷问题奏准发行饷票⑦。七年（1857），河南巡抚英桂奏请仿照安徽庐州军营搭用饷票章程，由粮台

<hr />

① 河南巡抚瑛棨：《奏报委解京饷银两数目并起程日期事》，咸丰十年三月初三日，录副奏折，档号 03 - 4313 - 005。

② 陕西巡抚边宝泉：《奏报光绪十年份抽收厘金及支销数目事》，光绪十一年八月初一日，录副奏折，档号 03 - 6495 - 061。

③ 河南巡抚边宝泉：《奏报豫省光绪十二年上半年收支厘金数目事》，光绪十二年十一月二十二日，录副奏折，档号 03 - 6496 - 078。

④ 河南巡抚边宝泉：《奏报河南光绪十二年下半年厘金收支数目事》，光绪十三年闰四月十八日，录副奏折，档号 03 - 6497 - 030。

⑤ 兼署四川总督有凤：《奏报本省咸丰八年份抽收盐厘银两及拨存数目事》，咸丰九年九月二十八日，录副奏折，档号 03 - 4398 - 037。

⑥ 陕甘总督乐斌：《奏为查明甘肃省咸丰十年份抽收水烟等项厘金数目事》，咸丰十一年三月二十六日，录副奏折，档号 03 - 4400 - 030。

⑦ 安徽巡抚福济：《奏报安徽庐州军营发放饷票支抵欠饷情形并请奖在事尤为出力官员事》，咸丰八年四月初二日，录副奏折，档号 03 - 4295 - 002。

搭放本营饷票：

> 窃照豫省军需浩繁，饷糈支绌，各营兵勇口粮未能按数给发，旧欠甚巨，新欠又增。经臣奏请援照安徽庐州军营搭用饷票章程，由粮台搭放本营饷票，准其持票交捐，不作别用。所议捐输条款及奖叙章程，均遵户部议准庐营推广之例，按照筹饷及常例银数核减二成之外，再递减一成，每银一两合制钱一千六百文，一律核收饷票，用广招徕，藉清积欠。钦奉朱批：著照所请办理。钦此。当即钦遵通行。查照并遵部咨，必须粮台饷票方准交捐，不准搀用别项官票，以杜弊混。如以饷票交捐，每饷票银一两，准照发饷章程，仍作制钱二千文，以昭平允。①

由于河南省是当时所谓的"完善之区"，与安徽不同，并且饷票定价比实银已经减去三成，捐生从兵丁手中购买时再次压价，而交捐输时每两又多算四百文，比其他捐纳便宜很多，虽易于吸纳捐款，但对邻省不利。不久，户部发现了这个问题，"豫省搭放各营饷票，由捐项收回，藉以清厘旧欠，非实收现银、现钱可比。该捐生向兵勇购售此项饷票，从中自必减价兑换。其饷票抵银上兑，已属格外节省，乃于减成余银，每两既合钱一千六百文，复以饷票作制钱二千折交捐项，计浮多制钱四百文。核算饷票，每两实溢抵捐银一两二钱五分，是于减三成之外，又得暗减二成，辗转绕算，殊属取巧"。于是确定河南省"于减成外，每饷票一两即抵捐银一两核奖，不准照票折钱，致滋混淆"。这自然遭到河南省的反对。② 安徽的胜保、袁甲三军营搭放饷票是按照河南省奏定的章程办理的，并且其军饷又由河南等省协济，所以对部驳的折算办法也持反对意见。胜保说："在部臣力杜取巧，核实筹办，不为无见，特未为近日之时势计耳。"军营搭放饷票，是由于积欠太多，"无银支给，以票搭放。各兵勇卖与捐生，虽其中不无折耗，究可兑换现

---

① 河南巡抚英桂：《奏为河南省咸丰七年七月至十月等一次收捐饷票各生请奖事》，咸丰七年十二月十七日，录副奏折，档号03-4292-055。

② 河南布政使瑛棨：《奏请将收捐饷票折钱核收等事》，咸丰八年四月二十九日，录副奏折，档号03-4296-018。

银，藉资周转，故皆视票宝贵"。捐生因为捐饷票比捐实银更节省，乐意从兵勇手中购买饷票。如按部咨，在递减三成之后，"每票一两抵捐一两，不准以一六合算"，捐生无利可图，"必致相率观望，票成废纸。即如现在臣营兵勇，自有部臣之议，未领之票，不肯搭收；已领之票，亦以合捐不值、无人购买为词，纷纷退回，虽经粮台委员再四开导，并饬捐局委员照旧核收，而各捐生总存顾虑，因而兵勇亦藉有烦言"。请求仍按河南奏定的章程办理。① 但户部丝毫不让，对于河南要求的依照旧章请奖不予答复、不给执照，以致"胜保、袁甲三因各营捐生催领执照，无言以对，只得暂时支吾"②。"徐州粮台收存豫省饷票，兵勇具领后，毫无去路，搭放为难。"③ 争议的结果是，咸丰八年（1858）十月上谕裁定："此后河南收捐饷票，凡在省局收捐者，自奉旨之日为始，每饷票一两即照一千六百文抵捐银一两，不准再折钱绕算；其河南安设粮台在安徽境内者，仍照安徽章程办理，以示区别。"④ 十一年（1861）八月，户部劾议奏定新的收捐章程："庐营收捐以票抵饷，仍循旧章办理。至河南各局及安省颍局，嗣后收捐豫省饷票，均令酌搭实银二成"⑤，即"每百两按例减二成收饷票银七十二两、实银八两"⑥。但随着各省饷票发行越来越多，其价值也不断下降。到"同治七年，户部议复，皖捐章程准捐生以实银抵饷票上兑，每票百两令交实银二十两"。而陕西捐输章程则"以实银十五两抵饷票一百两"，于是安徽不

① 钦差大臣胜保：《奏为饷票折钱应以河南奏定章程核算为宜事》，咸丰八年八月二十六日，录副奏折，档号03-4298-093。
② 河南布政使瑛棨：《奏请将河南捐输饷票一律按安徽原定章程减成折钱办理事》，咸丰八年九月初三日，录副奏折，档号03-4299-004。
③ 山西太原镇总兵田在田：《奏请徐州局收饷票照旧章办理核收请奖事》，咸丰十一年八月二十二日，录副奏折，档号03-4326-022。
④ 河南巡抚瑛棨：《奏为第九次收捐饷票各官生请奖事》，咸丰九年九月十七日，录副奏折，档号03-4309-066。
⑤ 山西太原镇总兵田在田：《奏请徐州局收饷票照旧章办理核收请奖事》，咸丰十一年八月二十二日，录副奏折，档号03-4326-022。
⑥ 河南巡抚吴昌寿：《奏为河南省第二十八次收捐饷票并搭收一成实银照例请奖事》，同治四年闰五月三十日，录副奏折，档号03-4901-029。

顾户部的规定，也"按票百两以十五两折算"。①

到同治六年（1867）十二月，河南奏报最后一次以饷票收捐的情况是：咸丰十一年（1861）八月按捐输新章收捐之前，"查核省城总局并亳州捐局截至奉文之日为止，归德分局截至十年十二月十五日为止，连前十五次，共收饷票银合钱三百三十六万四千九十九串、票抵银一百七十八万四千四十七两、实银七千一百两"②；之后至同治六年十二月第三十四次收捐结束，"共收一成实银一十八万八千二百八十六两二钱一分、饷票一百一十九万二千五百一十一两、宝钞钱一十九万八千一百八十串五百文、官票四万八千六百六两，又饷票四万四千五百四十三两，一五折银六千六百八十一两四钱五分"③。至于饷票在河南协济他省军饷中的作用，表4-3可以反映一二。

表4-3　　　　　　　豫抚恒福、瑛棨报解军饷表

时间	拨解对象	实银数（两）	饷票数（两）	资料来源
咸丰八年九月十六日	胜保 袁甲三	20000 14000	40000 6000	录副奏折， 档号03-4299-023
咸丰八年十月初五日	胜保	20000	40000	录副奏折， 档号03-4300-004
咸丰八年十月二十九日	皖抚翁同书 胜保 贵州臬司	10000 20000 2000	40000	录副奏折， 档号03-4300-055
咸丰九年正月	徐州粮台	5000		录副奏折， 档号03-4305-037
咸丰九年二月十一日	万年吉地	50000		录副奏折， 档号03-4303-069
咸丰九年三月初一日	胜保 傅振邦	35000 14000	60000 10000	录副奏折， 档号03-4304-001
咸丰九年三月二十二日	安徽粮台 傅振邦	40000 14000	40000 16000	录副奏折， 档号03-4304-033

① 安徽巡抚裕禄：《奏为皖省停发军需饷票及筹办防饷事》，同治五年三月二十八日，录副奏折，档号03-6074-031。

② 河南巡抚严树森：《奏请奖励河南省第十六次收捐饷票各官生事》，咸丰十一年七月十四日，录副奏折，档号03-4326-002。

③ 河南巡抚李鹤年：《奏报河南省同治六年六月至十二月第三十四次收捐饷票实银暨票折银两各数并请奖事》，同治七年闰四月初三日，录副奏折，档号03-4915-006。

续表

时间	拨解对象	实银数（两）	饷票数（两）	资料来源
咸丰九年四月初二日	安徽粮台 翁同书	20000 10000	20000	录副奏折， 档号 03－4305－001
咸丰九年四月二十一日	徐州粮台 安徽粮台	9000 60000	6000 90000	录副奏折， 档号 03－4305－037
咸丰九年五月初三日	安徽粮台 徐州粮台 江北军营	11000 14000 5000	9000 6000	录副奏折， 档号 03－4305－063
咸丰九年六月十七日	安徽粮台 徐州粮台	40000 14000	20000 16000	录副奏折， 档号 03－4306－027
咸丰九年七月初十日	翁同书	20000	10000	录副奏折， 档号 03－4307－022
咸丰九年七月十三日	翁同书	20000	10000	录副奏折， 档号 03－4307－024
咸丰九年八月二十一日	胜保	20000	10000	录副奏折， 档号 03－4308－043
咸丰九年八月二十六日	甘肃	20000		录副奏折， 档号 03－4308－047
咸丰九年九月二十三日	胜保 翁同书	20000 20000	10000 10000	录副奏折， 档号 03－4309－060
咸丰九年十月十四日	傅振邦	14000	16000	录副奏折， 档号 03－4310－020
咸丰九年十二月初十日	胜保	15000		录副奏折， 档号 03－4311－019
咸丰九年 十二月二十八日	袁甲三 翁同书 傅振邦	20000 20000 14000	10000 10000 16000	录副奏折， 档号 03－4311－060
咸丰十年二月初九日	万年吉地	40000		录副奏折， 档号 03－4177－018
咸丰十年三月初三日	京饷	15000		录副奏折， 档号 03－4313－005
咸丰十年三月十一日	袁甲三 翁同书 傅振邦	20000 20000 14000	20000 16000	录副奏折， 档号 03－4313－012
合计		739000	557000	
所占比例（％）		57.02	42.98	

　　由于饷票只能协济他省军营，不能作为京饷，更不能用于建造万年基地，所以，如果仅统计协饷的话，则饷票所占的比例会更高。

搭用饷票固然能给不堪协饷重负的河南解一时之急，然其以牺牲吏治为代价，造成佐杂、劳绩人员分发到豫者过多①，吏治更加腐败，或多或少有挖肉补疮之嫌。

最后，匿灾不报。战争的蹂躏已使河南困苦不堪，再加上连年灾荒，其情形更惨。然而，豫抚为了筹集军饷，往往匿灾不报。这方面最典型的是李庆翱。

李庆翱，字公度，一字小湘，山东历城（今山东济南市）人，咸丰二年（1852）进士。因会办山东团练，以功授山西大同府（治今陕西大同市）知府，调蒲州（治在今山西永济市西南）。同治七年（1868），擢河东道。九年（1870）八月，迁按察使。十年（1871）十二月，擢布政使。光绪元年（1875），迁河南巡抚。②

就在其升任豫抚的当年，河南已有灾荒，原可奏请朝廷于次年春间青黄不接之时拨款赈济，但李氏却于当年十二月奏称：

> 兹据开封、归德、彰德、卫辉、怀庆、河南、南阳、汝宁、陈州、许州、光州等府州查明核议，由司详复前来。臣复查豫省本年入春以后，雨泽延期，麦收减色，自夏及秋，祥符等七十五厅州县被水、被旱、被雹，秋后又复歉薄，业经分饬勘明应征新旧钱漕，奏恳恩施，分别展缓在案。察看民力已纾，二麦播种，收成在望，来春青黄不接之时，均可毋庸接济。③

次年河南"春夏亢旱，河北三府情形尤重"④。在这种情况下，李

---

① 如光绪六年四月，豫抚涂宗瀛奏称，"窃查豫省候补班内，捐纳、劳绩两项人员，自军兴以来，较前已增数倍，久已人多缺少，无法流通……窃官多民扰，亦于吏治大有关碍"，故请停发数年（河南巡抚涂宗瀛：《奏为豫省候补人员拥滞请暂停分发事》，光绪六年四月二十八日，录副奏折，档号03－5150－046）。

② 《碑传集补》卷一五《前河南巡抚李公墓志铭》，《清代传记丛刊》第121册，第6—8页；魏秀梅：《清季职官表附人物录》，第838页。

③ 河南巡抚李庆翱：《奏为查明本年各区被水旱雹灾侵情形来春毋庸再接济事》，光绪元年十二月十八日，录副奏折，档号03－5579－021。

④ 河南巡抚李庆翱：《奏为遵旨查明本年被灾各区情形来春毋庸再接济事》，光绪二年十二月十五日，录副奏折，档号03－5579－070。

庆翱还足额完成了朝廷谕令河南筹集的"疆防"军饷五万两①，实为军兴以来所少有。"入秋以后，祥符登（等）七十五厅州县被旱、被水。"十二月，该抚又称："臣已饬司周酌闲款，委员驰赴邻省购买粮食，并饬各属实力筹维，捐集银米，先事预备。如来春青黄不接之时，必须抚恤，拟即先尽此项动用，可以毋庸再请接济"②。然而，自军兴以来，历任豫抚无不称"府库支绌""罗掘一空"，李氏也承认河南此时"库藏匮乏，度支浩繁"③，不知此"闲款"从何而来？光绪三年（1877）二月，对于上谕所说"去年河南等省水旱为灾，饥民逃亡甚多，各邻省筹款赈济，资送还籍"，李庆翱则说"伏查豫省民情朴鲁，安土重迁，偶遇水旱歉灾，远抛乡里，觅食四方者，较之他省，情形略异"④。似乎河南之灾荒只是偶尔小灾，且河南之民"忍饥挨饿"的能力也超乎寻常。

对于有人参劾河南藩司刘齐衔玩视民瘼、将报灾地方官撤任，李氏一再为刘齐衔辩护，叙刘氏之功，把罪过推给"小民希侥恩蠲、谎报者多"和"不肖官吏，朦征捏报"⑤。又称：

> 据前任西平县知县王乔以该县于（二年）七月初四、五等日得雨深透，平地水深三四尺不等，早晚秋禾被淹受伤，禀请堪办。藩司刘齐衔，当饬候补州判徐玉堂前往查明。该县七月间虽得大雨，并无积水三四尺，亦无四乡绅民请勘之事，显系捏报雨灾，详明撤任，另委候补知县郭麟书前往代理。……又，上年八月间……刘齐衔前来面禀，据卫辉府知府李德均禀报，各属被旱歉收情形，语涉悬揣，恐有不实，应予撤任确查。维时臬司傅寿彤亦来禀见，

① 《清德宗实录》（一）卷三二，光绪二年五月己卯，第464页。

② 河南巡抚李庆翱：《奏为遵旨查明本年被灾各区情形来春毋庸再接济事》，光绪二年十二月十五日，录副奏折，档号03－5579－070。

③ 河南巡抚李庆翱：《奏为沥陈藩司刘齐衔实心任事事》，光绪三年九月二十二日，录副奏折，档号03－5122－159。

④ 河南巡抚李庆翱：《奏为遵旨办理归省灾民抚恤安置情形事》，光绪三年二月二十八日，录副奏折，档号03－5580－015。

⑤ 河南巡抚李庆翱：《奏为沥陈藩司刘齐衔实心任事事》，光绪三年九月二十二日，录副奏折，档号03－5122－159。

回称该府先有提省案件，亟应清厘。李德均审断勤能，札调来省审办，籍以免询地方情形，较为两便。当将李德均调省，赴开封府谳局清厘案件，奏明饬委候补知府马永修前往署理，查明所属各县，秋禾歉收属实，应征钱漕奏请分别征缓，以纾民力；无地贫民，散放积谷，以资糊口，毋庸另筹调剂。核与李德均面禀尚无不符。本年正月，李德均审案事竣，即饬回任，现又调署开封府印务，办理粥赈，甚为得力。①

民国《西平县志》卷三四《灾异志》只记有光绪三年（1877）的大灾②，对于二年（1876）七月的雨水没有记载，无从查证，但前述李庆翱自己奏报有：是年"入秋以后，祥符登（等）七十五厅州县被旱、被水"，占全省州县的百分之七十以上，西平县下一两天大雨的可能性并非没有。而卫辉府（治今河南卫辉市）知府李德均所报灾荒，李庆翱亦称属实，而刘齐衔却说李德均"语涉悬揣"。地方官报灾，藩司派人查核，原属常规，刘氏在查核之前即出此语，确实难免匿灾之嫌。但按李庆翱之说，将地方报灾官员撤任，就纯属巧合了。而据大学士管理吏部事务宝鋆等奏称：河南"解粮均限八分之数，则因上年（即光绪二年）各属钱粮征解已及八分八厘，本年被灾地方上忙钱粮，多有完解五分以上至九分不等，并有地丁耗羡扫数全完之处"。大灾之年，钱粮完解到如此程度，实在难以置信，所以宝鋆也认为御史李嘉乐参奏"严为催比各节，不为无因"。因此，朝廷认定："李庆翱身任封疆，当地方旱荒，饥民众多，虽经请赈劝捐，惟于府县因报灾撤任，无不如详办理；民间连年荒歉，未能早为体查，预筹布置，实属疏忽。刘齐衔于属员禀报灾荒，率以捏报详请撤任，且连年荒歉，亟应蠲缓地方，仍照常饬属征收批解，致民间困于追比，多有流亡，实属办理失当"③，将李、刘二人撤职。

① 河南巡抚李庆翱：《奏为遵旨查明本省藩司并无玩视民瘼事》，光绪三年九月二十二日，录副奏折，档号03-5122-158。
② 民国《西平县志》卷三四《灾异》，成文出版社1976年版，第1036页。
③ 大学士管理吏部事务宝鋆：《奏为遵议豫抚李庆翱等处分事》，光绪三年十一月初十日，录副奏折，档号03-5123-100。

李庆翱、刘齐衔匿灾案是因光绪三年（1877）、四年（1878）北方的灾荒实在太大，朝廷才派人查核，平时之灾则全凭地方奏报，河南巡抚究竟有多少次匿灾以及匿灾到何种程度，就无从查证了。当然，还有比匿灾不报更厉害的。例如，咸丰十一年（1861），因有人奏请蠲免山东、河南两省钱粮，朝廷令豫抚查明覆奏，而当时的豫抚严树森竟奏称："豫省本年应缓钱粮几及十分之半，若将同治元年钱粮豫行蠲免，则京饷及本省兵饷均将贻误，万不可行！"① 这种明目张胆地拒绝蠲免来搜刮罗掘饷糈，较之匿灾之害豫，有过之而无不及。

此外，还有一些增加饷源的办法。例如，钱银折算。咸丰四年（1854）就有人奏，"中州兵差络绎，民力凋疲，自交纳钱粮，有半银半钱之章程，而官之取于民者，依然是银。民执章程以请命，官即以为刁抗，民所以不能甘心，致滋事端。至州县官亦因钱二千作银一两，则耗银无出，办理钱粮，必至棘手"②。到同治二年（1863）张之万为河南巡抚时，御史吕序程奏，河南"各州县征漕，每石浮收二两"，折钱则少者每石二千五六百文，多者三千数百文，且粮贵时加价，粮贱时不减价③，而最终"著为定数矣"④。《河南全省财政说明书》则说：钱银之比价，"以税银论其溢收之处，每两有折钱三千文以上及四千文以上者"⑤。但在军兴时期的军营中、赈灾之时以及办理大型河工的工地上，

① 《清穆宗实录》（一）卷一三，咸丰十一年十二月己巳，第352页。

② 《清文宗实录》（三）卷一三六，咸丰四年七月壬子，第399页。

③ 《清穆宗实录》（二）卷五七，同治二年二月壬午，第87页。关于银与制钱的折算，北京在咸丰六年是1:2000—3000、云南咸丰三年是1:1800—2000、江苏咸丰六年为1:2000、陕西咸丰四年为1:2400—2500、湖南咸丰四年为1:2300—2400、浙江咸丰五年为1:2200—2300、直隶咸丰六年为1:2000、河南咸丰四年为1:2700—3000（参见彭泽益编《中国近代手工业史资料》第一卷，生活·读书·新知三联书店1957年版，第583页），河南是各省折钱最多的。而据彭信威的统计，除了极少数年份外，晚清银钱比都在1:2000以下。例如，自道光十二年（1832）至同治元年（1862），每两白银兑换制钱最多的是道光二十七年（1847）和咸丰四年（1854）的1:2000，最少的是咸丰七年（1857）的1:1190；同治九年（1870）至光绪三十三年（1907），最多的是同治九年至十一年的1:1856，最少的是光绪三十一年（1905）的1:1089（参见彭信威《中国货币史》，上海人民出版社1958年版，第577—578、587—588页）。此二者的不同，疑似是官方征收赋税的银钱比价与市场兑换的银钱比价之差，是晚清官方搜刮民间的一种措施。

④ 《河南新志》上册，第305页。

⑤ 经济学会：《河南全省财政说明书》上编《岁入部·正杂各税》，第48页。

都是钱贵银贱。如光绪十三年（1887）十月十一日，时任河南巡抚的倪文蔚曾说："此间自截留赈饷，银价渐落，刻下已跌至一千三百余文，将来工款数百万两陆续到齐，必致有日减无日增，官民交困，深为可虑。"① 十一月初二日，"银价落至千二百文，官民交困"②。二十二年（1896），"御史陈其璋奏，钱价腾昂，有碍河工"③。三十年（1904），河南巡抚陈夔龙奏"银贱钱荒"④。而到清末，由于各省铸造的银元成色、重量不一，"钱贵银贱"的现象曾普遍存在⑤，才有了各省铸铜元之事。如果像省漕粮每石按二两银计算，以每两三千数百文征收，则每石征至钱六七千文，实合银四五两之多。这使我们能够理解为什么有时河南的折漕会突然大幅增加。早在同治元年（1862）十一月十一日，大学士管理户部事务倭仁奏称：

（豫抚张之万奏：）"大致以河南州县征漕均非本色，大抵折收其价，约每石折制钱六千有零，以现时银价计之，将及四两。而折漕例价本轻，历年办理，直为官吏利薮，请照湖北办理之意变通行之，今年仍行折漕：令各州县均以三两三钱解较司库，以二两一石折为天庚正供，统于年内批解部库——以河南漕粮十七八万石计之，可得银三十五六万两，在近畿一带购买粟米；再以一两作为河南兵饷，可得银五六万两，其余三钱留为通省办公之用"。等语。臣等伏查，河南省应运漕粮，前抚臣郑元善奏请分别折解，每石折银一两二钱五分，当经臣部奏驳……仍令一律征运本色，钦奉谕旨允准遵行在案。兹据张之万奏陈河南折漕之弊，请照湖北章程变通办理……其所陈折漕银数与河南历年办理成案加增一倍有余，于仓储、军需及本省办公经费均有裨益，应请准如所奏办理。……郑元

① 倪文蔚：《郑工纪略·复何小山观察》。参见《中华山水志丛刊·水志》第20册，第499页。

② 倪文蔚：《郑工纪略·复李傅相》。参见《中华山水志丛刊·水志》第20册，第502页。

③ 《清德宗实录》（六）卷三九一，光绪二十二年五月壬戌，第100页。

④ 《清德宗实录》（八）卷五三四，光绪三十年八月丁卯，第116页。

⑤ 何汉威：《从银贱钱荒到铜元泛滥：晚清新币的发行及其影响》，《中央研究院历史语言研究所集刊》第62辑第3分册，1993年，第428页。

善前奏率称"本年秋收核计通省仅止五分有余",显系轻信州县藉词捏报,殊难凭信。①

农业非近代工业可比,岂能一年之间即成倍增长?之所以如此,即便郑元善有所隐瞒或轻信州县之报,恐怕也与漕粮折价计算办法的变更有莫大关系。光绪十年(1884)三月,吏部员外郎周信之等遣抱称:"河南怀庆府属之河内等六县,额征地丁漕粮较他属为重。灾荒后,流民不敢归田,以致赋额愈重,荒地愈多。该属并有代完永城、鹿邑等县应征黑豆一款,例定每石折征银八钱,今概收二两八钱或三两不等,小民苦累,输将尤难。"②

再如咸丰年间(1851—1861)的铸钱。河南奏准建设宝河局,委粮盐道督办,铸造当十、当五十、当百各种大钱。当百重一两四钱,铸"咸丰元宝"字样。新建炉房十座,每座支一炉,共十炉。按月鼓铸,以七日为一卯,除修理炉座外,扣除小建,每月定为四卯,通年可得四十八卯,遇闰加四卯;每卯十炉,正铸铜七千五百斤,系废铜,照七五折算,合净铜五千六百二十五斤,铸造当百大钱三万四千枚、当五十大钱二万八千枚、当十大钱二万枚,合制钱五千串;每卯附铸外耗铜一千九百六十六斤十两零,系废铜,照七五折算,合净铜一千四百七十五斤,铸当百大钱七千枚、当五十大钱八千二百枚、当十大钱九千枚,合制钱一千二百串。③咸丰五年(1855),河南又奏准省宝河局设立四炉、怀局设立二十炉,鼓铸铁钱,分成搭用。咸丰九年(1859),停止铸铁钱④。这些铸钱当然首先是对本省民财的搜刮。

在千方百计罗掘的同时,豫抚对民众抗粮者进行残酷镇压。这方面,史学界已有所探讨⑤,兹不赘述。对于保护厘金、催征钱粮不力或

---

① 大学士管理户部事务倭仁:《奏为议复张之万奏陈河南漕折银两请饬催征解事》,同治元年十一月十一日,录副奏折,档号03-4862-044。

② 《清德宗实录》(三)卷二○五,光绪十一年三月甲子,第915页。

③ 彭泽益编:《中国近代手工业史资料(1840—1949)》第1卷,生活·读书·新知三联书店1957年版,第567页。

④ 同上书,第570页。

⑤ 参见池子华《太平天国时期河南联庄会事件述论》,《历史档案》2007年第3期。

押解疏忽的官员，河南巡抚也一反常态地"秉公参奏"。咸丰八年（1858）六月，英桂奏："河南荆子关试办捐厘，甫经设局，即有兵丁唆令妇女及穷民藉端滋闹。署荆子关副将文志未能约束，署淅川厅同知萧厚均不能弹压禁止，又未能查拏匪犯，均属庸懦无能，着一并摘去顶带，即行撤任。"① 次年十一月，二人捉拿首从各犯结案后，才予以开复。② 八年十一月十五日，恒福特参延津县知县徐保兴失防饷鞘被抢，奏请将其革职留任。此事因为临漳县解八年地丁银三千四百两，路经延津县时被人拦路抢去八百两，恒福以事情发生在延津县，与该县知县保护不周、地方不靖有关，除了责令延津县知县徐保兴赔款外，还将其革职留任，命缉拿"抢匪"。③ 咸丰九年（1859）正月，又查鄢陵、禹州、罗山、西华等县在催征、报解八年下忙钱粮时，都未能如数完成，"实属因循怠玩"，奏参将鄢陵县知县徐承祖、禹州知州程佶、罗山县知县任恺、西华县知县顾守壬一并摘去顶戴，勒限一个月解足下忙分数，"如能依限完解，再请开复。倘仍不知愧奋，逾限不完，另行从严参办，以儆玩泄"④。如此一来，各州县就只能尽力搜刮，而不敢体恤民艰，后来出现李庆翱、刘齐衔那样的抚、藩同时匿灾不报，就不足为奇了。

反之，对于筹饷得力人员也不吝保举。例如，同治二年（1863）五月，张之万为催办僧格林沁军营粮草无误之员请奖⑤；三年（1864）十一月，张氏又奏请破格奖励河内县（今河南沁阳市）知县水安澜催科得力⑥，等等。这类事例很多，不一一列举。

3. 筹饷、解饷不足引起的矛盾及朝廷对豫抚的处罚

尽管河南巡抚想尽一切办法进行罗掘，无奈豫省钱粮有限，且各种

①　《清文宗实录》（四）卷二五七，咸丰八年六月壬戌，第981—982页。

②　《清文宗实录》（五）卷三〇〇，咸丰九年十一月丁丑，第378页。

③　河南巡抚恒福：《奏为特参豫省延津县知县徐保兴失防饷鞘被抢等请革职留缉事》，咸丰八年十一月十五日，录副奏折，档号03-4135-091。

④　河南巡抚恒福：《奏为特参豫省鄢陵县知县徐承祖等经征钱粮完不足数事》，咸丰九年正月三十日，录副奏折，档号03-4138-035。

⑤　河南巡抚张之万：《奏请鼓励催办僧格林沁大营粮草等始终无误文武员弁事》，同治二年五月二十八日，录副奏折，档号03-4610-111。

⑥　河南巡抚张之万：《奏请破格奖励河内县知县水安澜催科得力事》，同治三年十一月十九日，录副奏折，档号03-4612-061。

开支有增无减，于是他们就不断向朝廷诉苦，有的甚至"愿意让贤"。同治元年（1862）十一月，河南的状元巡抚张之万"沥陈下情，请另简豫抚，并调员赴豫带兵"，朝廷温语勉励："张之万既经简署豫抚，惟当力任其难，于一切用人敷（行）政，实力讲求。吏治与军务相为维系，如果守令得人，则民气自靖，盗贼不兴，仍实行保甲团练，以辅助官兵；再能于带兵将弁，任使得人，驾驭有法，必能使地方日有起色，四境渐次肃清。至饷项支绌，各省皆然，所当开源节流，痛裁冗费，又在随时悉心筹划办理。该署抚初膺疆寄，务须任劳任怨，勤求上理，以副委任，不在博退让之虚名也。"① 四年（1865）十一月，吴昌寿又叫苦不迭，声称："臣以县令，不二十年间擢至巡抚，受恩不为不厚；移抚豫疆，已逾半载，竟无补救，负罪不为不深。惟求治以应得之罪，简任贤能，中州幸甚，天下幸甚。"② 朝廷仍温旨抚慰。即使是报解军饷，豫抚照例也要先诉苦一番，诸如"豫省连年办理防剿，各路军需浩繁，加以水旱频仍，捻匪滋扰各属，粮赋或停缓或蠲豁，未能照额征收，以致应解京饷、甘饷诸多积欠"③；"支发浩繁，司库正杂各项，久已搜罗殆尽，其现时提解者，均系随收随拨，从无存留，实属万分支绌。惟甘省需饷孔急，不得不于万难筹措之中，竭力凑解"④，等等。这当中，既有河南筹饷的实际困难，也有为积欠兵饷开脱的意思，有意无意之中，又加剧了积欠。这从瑛棨的一份奏销附片中可以看出：

> 近年军需浩繁，库款支绌，应发各营兵饷积欠甚多，未能按年支发，即难依限造册。前届咸丰八年查办奏销之时，因六年兵饷甫经支发完竣，各镇营销册未齐；七年兵饷又因欠发甚巨，未能按时查造，经臣奏准展缓，一面将六年兵饷赶催营册到齐，补办奏销在案。兹据署藩司贾臻详称，本年地丁奏销届期，将七、八年兵马钱

---

① 《清穆宗实录》（一）卷五〇，同治元年十一月己巳，第1356页。
② 王定安：《求阙斋弟子记》。参见《中国近代史资料丛刊·捻军》第一册，第32页。
③ 河南巡抚恒福：《奏报起解万年吉地购办工料银两数目日期事》，咸丰九年二月二十一日，录副奏折，档号03-4303-069。
④ 河南巡抚瑛棨：《奏报筹解甘饷情形事》，咸丰九年八月二十六日，录副奏折，档号03-4308-047。

粮随同造报，惟七年冬季兵饷尚未清发，八年饷银积欠更多，均难依限核办，自应循案，先将八年地丁奏销，详请具题。所有七、八两年兵马钱粮奏销，容俟兵饷发清，次第造报。①

不仅如此，连年补发欠饷，导致老兵有饷而无兵，新兵有兵而无饷的困窘。为此，刘齐衔想了一个解决办法。同治十一年（1872）四月，豫抚钱鼎铭奏道：

> 自军兴以来，库款支绌，旗绿各营兵饷不能应时支发。上年始将同治六年兵饷发清造报，并于历办地丁奏销时，请将兵饷奏销奏准展缓在案。兹届同治十一年奏销之期，据布政使刘齐衔详称：本年应将七年兵饷奏销，挨次接办，惟上年支发各营兵饷时，因七、八两年均在积欠，若仅将旧欠给发，则新招兵丁必待数年始能食饷，是以先尽九年新饷给发，并按季带发旧欠，以恤兵艰。②

但是，河南军饷不足引起的矛盾并非都这样容易解决，除了前述河南巡抚与其他大员之间的矛盾外，比较典型的案例还有顾嘉蘅冒销勇粮案和皖抚翁同书与胜保争饷案。

顾嘉蘅冒销案前后持续了八年时间，经几任豫抚才得以解决，而其起因不过是区区几万两不清不楚的浮冒报销。咸丰五年（1855）十一月，当时的河南巡抚英桂参奏署南阳府知府顾嘉蘅，在"粤匪逼近豫疆"、各地劝捐募勇之际，"任意铺张捏报，希图冒销入己"，以及"遣令官亲乡友，前赴各属借公济私，勒派滋扰"，"以致物议沸腾，怨声载道"③，将顾嘉蘅奏参革职。顾嘉蘅不服，遣家丁赴京告状。八年（1858）七月，巡抚英桂与署理巡抚布政使瑛棨联衔上奏，除了再次列举顾嘉蘅为官不职的种种劣迹之外，断定其浮冒报销银数为三万三千零

①　河南巡抚瑛棨：《奏为咸丰七八年兵马钱粮奏销事》，咸丰九年六月初一日，录副奏折，档号03-4306-001。

②　钱鼎铭：《请展缓兵马钱粮奏销折》，《钱敏肃公奏疏》，第127—128页。

③　河南巡抚英桂：《奏为特参署南阳府知府顾嘉蘅声名狼藉请革职事》，咸丰五年十一月二十九日，录副奏折，档号03-4111-082。

八十二两，令其自赔。① 次年九月，顾嘉蘅再次遣家丁张顺赴步军统领衙门告状。步军统领端华奏道：

> 据张顺供："……我主人因前任河南巡抚英桂肆意欺蒙，挟嫌参劾及回护原参，有心锻炼，不为昭雪；种种欺蒙，糜帑殃民，偏听左右谗言，捏报胜仗，及贿拜师生。我主人带勇堵御，未领一钱，剿匪数千，保护全郡民命，翻将我主人参革，后英巡抚授意候补道邱文藻等劝我主人应认小错，幕守秦尧曦等劝借款作捐。我主人因系借人之钱，未允。英巡抚因此生气，立意中伤造污。我主人因被参不甘，于上年十一月间，遣抱赵魁来京赴案呈诉，至今不知作何办理。我主人情急，具呈将河南军需局兵勇口粮原详一纸，并各府州县被贼情形一纸，叫我来京赴案抱诉的。我主人只求转奏所供是实"。等语。查咸丰八年十一月间，据已革河南南阳府知府顾嘉蘅遣抱赵魁赴奴才衙门呈诉，前河南巡抚英桂于伊主同绅士捐修城工，不为绅民请奖；领勇粮系伊主劝捐借垫，三年未领正款，后经两司会详，请在通省大捐项下拨还，并将伊主借款即著认赔。伊主拼命杀贼救民，英巡抚拥兵自卫，挟伊主不知敬上送礼之嫌，将伊主知府奏参革职。因借款无力赔补，被参不甘，写就呈词各款折稿，遣令赵魁赴案抱诉。②

赵魁、张顺所控，既为顾嘉蘅鸣冤，又告英桂的劣迹，但所涉及的核心则是勇粮问题。

清廷对于这种属员被参之后反告上司之事，"照例立案不行"，但对此案也存疑问："是否军需局司道从宽核算，以致该革员有所借口？抑系该革员尚有应领之项，英桂概令赔缴，操之过蹙，故不足以折服其心？"因而谕令在任巡抚瑛棨"据实具奏"，"毋得稍存回护，自干咎

---

① 河南巡抚英桂、署河南巡抚布政使瑛棨：《奏为查明已革知府顾嘉蘅报销勇粮任意浮冒等情责令自行赔补等事》，咸丰八年七月十三日，录副奏折，档号03-4131-086。

② 步军统领端华：《奏为已革河南南阳府知府顾嘉蘅遣抱告张顺呈控前任河南巡抚英桂糜帑殃民捏报胜仗一案事》，咸丰九年七月十三日，录副奏折，档号03-4549-058。

戾"。① 十月，瑛棨在奏章中依旧认为顾嘉蘅存在浮冒，并计算了具体浮冒数字，但有三点与以前不同：（1）"前抚臣英桂因访闻其中尚多不实不尽，是以于奏结此案时声明，无论虚实，责令认赔示儆"；（2）"惟查现有锡文德等铺户，遣抱京控顾嘉蘅因募勇借欠钱三万七千六百余千日久不偿一案，是其当时曾向绅富那（挪）借垫发，似尚可信"；（3）"浮开之数，既经删减，实与侵吞入己者有间，应找之款，可否仰恳逾格恩施，俯准自行劝捐归补之处，臣未敢擅便，恭候圣裁。"② "无论虚实，责令认赔示儆"，说明英桂奏参顾嘉蘅并无确凿证据，而锡文德等控告顾嘉蘅借钱不还则证实顾氏实未浮冒，只因瑛棨曾与前抚英桂一同奏参过顾氏，故不肯为其昭雪。

到了同治（1862—1874）初年，情况又发生了变化。同治元年（1862）九月，河南巡抚郑元善奏：

> 遵查，顾嘉蘅三任南阳府知府，俱能讲求实政，轸恤民依。其劝修城工一节，尤属功归实际，后此叠经捻扰，恃以无虞，士民歌颂。臣曩在州县任内，心折其人……（顾嘉蘅）大概才具开展，遇事敢为；发扬蹈厉之情多，而谨逊谦和之意少，是以官场中亦有谓其刚愎任性者，毁誉参半。③

郑氏所肯定者，是顾的劳绩；所批评者，是顾之做事方式，故其所奏实与"心折其人"一致，显然是在为顾鸣不平。次年十一月，继任巡抚张之万的奏章则不像郑氏那样含蓄、圆滑，而是直截了当："窃查已革前任南阳府知府顾嘉蘅，于上年粤逆围攻郡城，该员保守危城十余昼夜，冲锋冒镝，不避艰险，实为异常出力"；"并查得该员从前承造

---

① 《清文宗实录》（五）卷二八八，咸丰九年七月辛巳，第225页。

② 河南巡抚瑛棨：《奏为前南阳府知府顾嘉蘅应找勇粮银两请自行劝捐归补事》，咸丰九年十月十五日，录副奏折，档号03-4146-098。

③ 河南巡抚郑元善：《奏为札调已革南阳府知府顾嘉蘅赴行营察看事》，同治元年九月二十二日，录副奏折，档号03-4935-012。

军装、器械、报销各勇口粮，均无浮冒"。① 经郑、张两任巡抚保奏，顾嘉蘅于"例不准开复"的处罚下，交清赔款，得以恢复原官。

此案中，英桂的"无论虚实，责令认赔示儆"，以及瑛棨前后奏章内容的变化，都说明英桂对顾嘉蘅的奏参有不实之处。但本书要关注的，既不是顾嘉蘅是否真正浮冒报销，也不是英桂有无挟嫌奏参，而是由筹饷引起的地方矛盾。在此案最初涉及的内容中，"浮冒"不过是英桂奏参顾嘉蘅诸多"劣迹"中的一项，但到了后来，竟成了整个案件的焦点，且前后四任巡抚都曾为此不吝笔墨，由此可见军饷支绌给河南官府内部带来的压力和矛盾之一斑。

受到河南军饷支绌影响最重的，当然还是前线。安徽巡抚翁同书与钦差大臣胜保之间的军饷之争，就是其中突出的实例之一。翁同书和胜保所在的安徽前线，军饷由河南、山东、山西、陕西、江苏等省供给，河南藩库空虚，自然会影响两处的军饷发放，恰如咸丰十年（1860）三月翁同书在奏章中所说："惟陕西、山西、河南三省系完善之区，欠数较巨。查上年七月以来，至今年二月分，山西欠解银五万四千两、陕西欠解银十二万两、河南欠解银八万五千两……恳恩饬于河南、陕西、山西等省，立将半年来欠解臣营协饷悉数起拨，严定限期，该限一月内赶解来营，以济眉急。"②

翁、胜军饷之争始于咸丰九年（1859）八月。是月十三日，胜保抱怨江苏巡抚何桂清拨饷不公、翁同书只知提款：

> 臣伏查何桂清原咨内称，奉部拨解赴臣营之每月二万两，未能查明筹拨。其奉旨接济翁同书军营之每月二万两，现在道路梗阻，尚可于此项内先行筹措银数千两或万两，解赴臣营接济。等语。其意盖谓专济翁同书军营之用，以之暂时通融接济臣营则可，若常久专济臣营则不能。臣查，向来用兵省分，统兵大臣，专司用兵；筹饷之责，则在该省督抚。臣在皖省剿贼，本系江南辖境，并不得谓

---

① 河南巡抚张之万：《奏为已革前任南阳府知府顾嘉蘅应赔勇粮筹补完结请开复并免缴捐复银两事》，同治二年十一月十七日，朱批奏折，档号 04 - 01 - 12 - 0496 - 008。

② 安徽巡抚翁同书：《奏请饬河南等省速解军饷事》，咸丰十年三月十八日，录副奏折，档号 03 - 4313 - 025。

之邻省。闻苏省藩库现存二百数十万两，何至皖省每月区区二万之饷，独难筹拨？且又何厚于翁同书而薄于臣也！今江南军营又议添兵增饷，在彼则善益求善，而在臣营则难益加难。同一军务，同一剿贼，何至苦乐不均者若是？若抚臣翁同书，偾事则诿之于臣，争饷则只知有己。窃谓国家饷需，原所以养有用之兵。若并不能将兵，而只知索饷，又安用此军为耶？近日，该抚于各处协饷，或派员往该省守提，或专弁邀截于要路，并未与臣咨商，亦不论如何奏准，凡各省有着之款，该抚尽欲提去，岂非有意使臣营生致饥溃，坏裂全局？①

于是，胜保即将山东巡抚崇恩拨给翁同书军营饷银二万两在徐州截留，运到自己军营。翁同书当然不乐意，上奏说，胜保不仅截留了山东的二万两饷银，而且当年六月答应拨解到翁氏军营的四万二千两饷银，翁氏只收到一万七千两，续拨的二万两因在宿州被捻军阻隔，不能前行，胜保即令折回留用，不再拨解。翁氏大倒苦水说："本年六月间，在定远城外，饷需不至，军士有两日不得一食者。臣不忍独饱，对案不食，流涕而起。此众所共见。若非食尽援绝，何至饥瘦不振？今新挫之后，甫有转机……乃山东协饷，经胜保中途截留，而胜保奏明拨解之款，又复返回。始则望梅止渴，终同画饼充饥，未免将士寒心，兵民解体！"② 但胜保在此之前就抢先一步，向咸丰帝说明原委：

前因定远告急，翁同书军营需饷孔殷，先后抽拨银四万数千两，续又匀出二万两，分起解往。惟臣营自七月以来，陆续收到之饷，仅止三万余两，欠发甚巨，加以添募水勇，制造船炮器械，需用浩繁，且节近中秋，不无犒赏之费；又需筹给李世忠、豫胜月饷营（银）一万两。种种匮乏，万难支拄。适查起前次续拨翁同书饷银二万两，因道梗尚存宿州，未能前进。因思该抚西路军营之

① 钦差大臣胜保：《奏为申饬江苏拨臣营并翁同书军营军饷情形等事》，咸丰九年八月十三日，录副奏折，档号03-4308-026。
② 安徽巡抚翁同书：《奏为山东协饷为胜保中途截留事》，咸丰九年八月二十五日，录副奏折，档号03-4144-090。

饷，两月内各省解往者，已有十万余两之多，而臣营如此急迫，不堪言状。无可如何，只得将现存宿州未经解往西路之饷银二万两，仍行就近截回五河军营，以应急需。该抚于应解臣营之山东月饷二万两中途提去，臣今即将此款扣抵。①

对于山、陕之饷，胜保也同样加以截留。为防止翁、胜军饷之争愈演愈烈，清廷不得不再次强调各省协饷在两军之间的分配，"山陕月饷，就近拨归翁同书军营；河南月饷，两营分拨"。谕令河南巡抚瑛棨："将山陕协饷应拨翁同书军营者，经过豫省时，不得截归胜保军营，以昭平允而顾大局；其豫省应解饷银，仍着均匀分拨。"② 同时，又训斥翁同书"胶柱而鼓""是己非人"③。

咸丰帝虽知筹饷艰难，对前线之苦还是缺乏了解。譬如，他在胜保的折子上批道："今非昔比，统帅兼领筹饷，固觉难而又难，然阖省军营，锱铢必较，太觉小气！"④ 对胜保、翁同书各打五十大板，训斥了事，并未斥责河南抚、藩。但对于未解京饷，朝廷上下则有切肤之痛，咸丰帝就不客气了。咸丰七年（1857）八月，户部奏参"河南省应解京饷藉词搪塞、军需用款并不报销"。八月，谕曰：

> 河南省三次部拨银共三百五十万两，除解过连镇等处银三十万两外，余俱未解部库，经该部屡次奏催，置若罔闻。至军需动用，并不照部定章程按期造报，任意延宕，显系借军需为名目以掩各属亏那（挪）情弊。该省额征正杂钱粮甲于北省，似此因循疲玩，该大吏等天良安在？若不加以惩创，何以重国帑而儆效尤！河南巡抚英桂、布政使瑛棨，均着先行交部议处，所有应解京饷银每月十

---

① 钦差大臣胜保：《奏为截饷以应军营急需事》，咸丰九年八月十九日，录副奏折，档号03-4308-030。

② 《清文宗实录》（五）卷二九四，咸丰九年九月丁丑，第298—299页。

③ 安徽巡抚翁同书：《奏为训诲感激事》，咸丰九年八月二十五日，录副奏折，档号03-4220-066。

④ 钦差大臣胜保：《奏为截饷以应军营急需事》，咸丰九年八月十九日，录副奏折，档号03-4308-030。

万两，着按期解部，毋许迟延；其历年军需动用各款，着勒限三个月造册报部核销。倘敢仍前延玩，定将该抚等严惩不贷。①

但是，藩库空虚如故，英桂、瑛棨难为无米之炊，积欠京饷越来越多。朝廷在多次议处无效之后，只好动真格的。咸丰十年（1860）正月，吏部尚书全庆奏：

> 自九年七月奏催后，已届三月，河南一省欠解银数为最巨。检查历年指拨该省银两，除划拨外，于八年解到银十万两，其余银一百九十五万两均未解报。该省（对）节次奏咨飞催各案，置若罔闻。京饷待放孔殷，似此漠不相关，实属有意迟延，应请旨将历任河南巡抚、藩司先行交部议处，责令该巡抚、藩司将历年欠解银一百九十五万两赶于年内拨解，统于十年正月内解齐……咸丰九年十一月初九日朱批：依议，速办。若再有意迟延，于正、腊以前不能解齐，必将该督抚、藩司等一并严惩。钦此。钦遵知照到部，当经臣等咨查户部……应请将前任河南巡抚调任山西巡抚英桂、前任河南巡抚升任直隶总督恒福，均照协拨兵饷不筹款抵解降二级留任例，降二级留任。前任河南布政使、今任河南巡抚瑛棨，其前任内处分，照正项京饷藩司委解迟延半年以上革职例革职；其现任内处分，应照巡抚不筹款抵解，以致迟误兵饷例，再议以降二级留任。又，查河南布政使祥裕系九年六月初五日任事，今户部于十一月初九日奏参，核计及半年，应照委解京饷迟延三月以上降一级用例，降一级调用。②

这样，河南的连续三任巡抚和两任布政使受到处罚，是晚清豫省大员所受到的最重处分。其次就是前述李庆翱和藩司刘齐衔被解职，其他交部议处者亦不少。事实上，河南巡抚与藩司处于既要按时解饷，又不

① 《清文宗实录》（四）卷二三四，咸丰七年八月乙亥，第643页。

② 吏部尚书全庆：《奏为遵旨议处河南省前任巡抚英桂等员前任布政使瑛棨等员解饷迟延事》，咸丰十年正月十二日，录副奏折，档号03-4149-025。

能"玩视民瘼"的两难境地，曾国藩所说的督抚难当，张之万、吴昌寿的请求"另简贤能"，并非全是虚词。而先任河南布政使后任巡抚的裕宽，在其布政使任内的"光绪四五年间，灾荒极重，各属钱粮大半停缓，库储一空，独能于万分拮据之中，多方筹措，如数解齐嵩武军饷，使无缺乏"[1]；在任巡抚时又解清甘饷[2]，虽先后受到朝廷奖叙，却屡被言官参奏[3]，以致连朝廷也认为"裕宽官声不好"[4]，确实坏了名声。

第二节 反抗侵略与恭迎回銮

晚清河南虽未直接遭受列强的军事侵略，但每次对外战争都或多或少与河南有关。到庚子之役，八国联军占领北京，两宫"西巡"，河南、山西成为西安行在的最后屏障，而南方"勤王"、供奉行在的贡品均由河南入陕，河南真正成为"中原缩毂"。河南官员不惜一切拱卫、供奉行在，迎接两宫回銮，地方百姓则深受其累。

一 反抗军事侵略

从第一次鸦片战争前的禁烟到庚子之役，西方列强的每次侵略都牵动河南，但河南地处堂奥，没有直接遭受侵略，故其反对列强军事侵略是零星的。

1. 禁烟与援助前线

道光十一年（1831），朝廷谕令各省查禁鸦片，时任河南巡抚的杨国桢奏报不清，被道光帝申饬。

杨国桢能身膺封疆，在很大程度上是因为"宣宗推恩"，而《清史

---

① 河南巡抚鹿传麟：《奏为前广东巡抚裕宽筹济军饷不遗余力请奖励事》，咸丰十一年正月二十四日，录副奏折，档号03-6095-020。

② 《清德宗实录》（五）卷三一八，光绪十八年十一月丁未，第123页。

③ 礼科给事中张廷燎：《奏为特参河南巡抚裕宽人地不宜据实直陈事》，光绪十七年九月十七日，录副奏折，档号03-5283-014；礼科给事中张廷燎：《奏为续参河南巡抚裕宽各款请旨饬查事》，光绪十七年九月二十六日，录副奏折，档号03-5283-060。

④ 河南布政使刘树堂：《奏为遵旨查明河南抚臣裕宽居官声名情形据实复奏事》，光绪二十年五月，朱批奏折，档号04-01-12-0563-111。

稿》谓其"历官皆有声"的评价则有美化杨氏之嫌。杨氏在河南任巡抚近七年，是晚清豫抚任期最长者之一，而其最大的"功绩"就是在道光帝的大造贞节牌坊运动中，连续31次奏报旌表11332人（见表4-4）。

表4-4　《清宣宗实录》所载杨国桢疏报河南贞节妇女人数表

时间	人数	出处	时间	人数	出处
十一年四月	17	三，第972页	十二年十二月	86	四，第395页
十二年十二月	280	四，第405页	十三年五月	280	四，第550页
十三年五月	10	四，第554页	十三年六月	11	四，第564页
十三年八月	41	四，第633页	十三年九月	255	四，第636页
十三年九月	95	四，第642页	十三年九月	436	四，第650页
十三年九月	184	四，第655页	十三年十月	379	四，第662页
十三年十二月	769	四，第703页	十四年二月	866	四，第752页
十四年二月	128	四，第760页	十四年三月	243	四，第780页
十四十年四月	1006	四，第796页	十四年三月	242	四，第781页
十四十年四月	544	四，第807页	十四十年四月	346	四，第798页
十四年五月	265	四，第822页	十四年五月	1608	四，第814页
十四年六月	441	四，第842页	十四年六月	538	四，第832页
十四年八月	280	四，第894页	十四年六月	72	四，第853页
十四年十一月	418	四，第960页	十四年九月	412	四，第905页
十七年八月	54	五，第669页	十五年四月	1026	五，第62页
合计			11332人		

注释：在这场大造贞节牌坊运动中，各省都有大量疏报，即使如名督抚林则徐、邓廷桢等亦采访、疏报不少，但豫抚杨国桢采访疏报如此之多，则属"凤毛麟角"；其奏报有两次是同月同页，并之，故表中只有30次。

这位"贞节牌坊"巡抚在奏报河南禁止鸦片方面却有点不清不楚。道光十一年（1831）五月十五日，杨氏奏道：

豫省地土高燥，兼有沙碱，罂粟芳花既非土性所宜，而民间亦并不知出浆熬土之法，是以自无种植。昨奉谕旨，遵复饬属，逐细确查。现据陆续覆到，均无种卖，似属可信。臣仍将刑部现议严禁种卖章程新例刊刷通颁，务俾周知，以儆未然，并责成地方官于编查保甲时，实心稽察，俟年终取具该发道府切结，由臣复核具奏，以昭慎重外，伏查豫省民风淳朴，省外州县卖食鸦片之人尚少，惟省城通衢，各省五方杂处，匪徒卖食，在所不免。是以节经查拿，前曾缉获烟贩赖逢、韩长盛、刘添宠等，按例拟以军徒，治结有案。兹复饬属密速侦捕。据祥符县知县邹鸣鹤先后报获烟贩赖秦荣、赖荣廷、何二、郭三、郭照庭、杨松林、何六、刘在心、赵坦、陈柱等十起，并河内县知县刘原滋拿获烟贩江瑶芳一起，现由臬司分别首从，照例核办。又先经出示晓谕：如从前卖食之人，果能悔过自新，永不复食，限一月内将烟管呈缴，即免其治罪。业据陆续缴出烟管一百余杆，似卖食之人，亦已咸知凛畏。①

朝廷原是要求各省不仅要查明有无种植、贩卖，而且要制定禁烟章程，列清具体做法，而杨氏之奏，语涉含糊，道光帝十分不满："折内仅称申明例禁，以防未然，并未将如何查禁之处明定章程。豫省为各省通衢，五方杂处，匪徒卖食，事所必有，该抚何得以各属具报均无种卖，遂信以为实？所称申明例禁，出示晓谕，均属徒托空言，何以使地方官实力奉行，奸民知所儆惧？着遵前降谕旨，悉心妥议，将兴贩奸商及买食之人，并民间种植，应如何设法严禁、分别惩治之处，明定章程具奏。"② 半个多月之后的六月初七日，杨氏复奏：

> 查豫省地广民稠，现虽查无种莳罂粟等花，日久难保无奸民私种渔利，自应严申禁约。除园圃之间偶种数本（株）以供赏玩者在所不禁外，如有盈丘成段种植林立，即属造蓄鸦片之用，应将种植之人及知情故纵之地保，照例科以军徒，田地入官；地邻人等容

---

① 河南巡抚杨国桢：《奏为查明豫省并无种卖鸦片并严禁兴贩买食事》，道光十一年五月十五日，录副奏折，档号03-4005-027。
② 《清宣宗实录》（三）卷一八九，道光十一年五月癸酉，第992页。

隐不首，照知人谋害人不首告例拟杖；若先举告，即以所种之地给赏，以示惩劝。又，豫省通衢四达，并无关隘勾缉，外来兴贩，易于混迹，应责成店户及居停地主人等，严密稽查。盖贩户不能不私自售卖，地主耳目切近，易于觉察，一经得实，即应密报官司搜捕，视贩烟之多寡，酌赏次之重轻，自数十两至百两为率，官为捐复，以奖首报之人。若地主知情容隐，或受财故纵，即照地保容隐之例，从重治罪。其买食之人，为子弟者，责诸父兄；无父兄者，责诸牌保，准其自行举首，将本犯业已改悔缘由，切实声明，均从宽免罪。倘容隐不首，将纵容之父兄、牌保照失察犯窃例责惩。本犯初次依例科罪，再犯酌加枷号，以为怙终者戒。至造卖烟具，则以制造赌具论罪。其各衙门如尚有买食之人，则本官不能辞其咎，察出应即先行严参。以上各条，现在实力奉行，并于省外各府州属，商贾辐辏之朱仙镇、周家口、赊旗店、北舞渡、楚旺镇、道口镇、清化镇、乌龙集、往流集、会兴镇等十处，派员协同地方官严密侦查，以期有犯必获。仍责成各州县，将地方有无种卖兴贩各情，按季具结，切实禀报。倘以有报无，或侦捕不力，别经发觉，即将结报之员特参革坐，庶官民咸知凛畏，而搜查渐可尽绝根株。①

这是清季河南首次颁发"禁烟令"，似乎十分周密且处罚严厉，但一则官方能否严格执行，有很大疑问，因为杨氏是在道光帝申饬之下才勉强颁发此令，并非自觉为之。巡抚如此，其他官员可知；二则受全国大环境的影响，四通八达的河南确难令行禁止，故贩卖、吸食鸦片案件不降反增。

随后，根据上谕，河南巡抚每年上奏豫省查处的贩卖鸦片案件。道光十一年（1831）十二月奏报，济源、祥符等县续获刘为蕙、冯五、何三等三案，多系外来游民，或于随身搜出食烟器具，或搜出烟土一二

---

① 河南巡抚杨国桢：《奏为遵拟查禁种贩鸦片章程事》，道光十一年六月初七日，录副奏折，档号 03 - 4005 - 032。

两，照例审办。① 十二年（1832），祥符县拿获孙东清、李九二案②。十四年（1834），祥符等县拿获贩卖烟土之张四、樊体潮等二案，并获买食之邱新华、孙玉林、王广、王言等；其烟土均自远省带来此，所买烟土数钱至数两不等。③ 至道光十九年（1839）正月，豫抚桂良所报拿获的烟贩，明显较以前多：陈州府（治今河南淮阳县）督率淮宁（今河南淮阳县）、西华、项城等县拿获贩土者八人，烟土三千零八两；南阳县拿获一人，烟土、烟膏三百四十两；一逃犯家里搜出烟土一千六百两，另一逃犯搜出烟土一千七百两；汝阳县（今河南汝南县）获烟贩二人，烟土五十两；信阳州拿获四人；内黄县拿获听从贩土一人；封丘一人，烟土五两；开封府祥符县十九人，烟土、烟膏七千六百九十三两。截至十八年（1838）十二月，共计获兴贩烟土人犯三十六名，烟一万四千六百九十二两，且祥符县查出候补县丞萧炳辉素食鸦片、候补布都事萧巽元亦曾吸食。④

第一次鸦片战争爆发后，豫抚牛鉴因在抗灾中获得道光帝好感，被调署两江总督，并很快实授，河南也开始援助前线抗击侵略。其一，援助军用物资、武器。道光二十一年（1841）八月，福建巡抚刘鸿翱奏请河南、山东二省各拨硝二十万斤、磺四万斤。⑤ 十月初一日，浙江需要长矛，道光帝令署理河南巡抚鄂顺安选取数百杆解往⑥；三十日，鄂顺安奏：连以前浙江巡抚刘韵珂咨拨，已解浙江二千七百四十杆，而扬威将军奕经所需用矛杆二千一百杆，已经如数办齐，但其所需枪头、枪钻须怀庆府打造，已饬办。⑦ 至十二月初六日奏报白蜡矛杆并枪头、枪

① 河南巡抚杨国桢：《奏为查明豫省并无自卖鸦片烟土事》，道光十一年十二月十八日，录副奏折，档号03-4005-055。

② 河南巡抚杨国桢：《奏为查明豫省本年并无种卖鸦片烟土事》，道光十二年十二月十二日，录副奏折，档号03-4006-028。

③ 河南巡抚桂良：《奏为查明豫省本年并无种卖鸦片烟土事》，道光十四年十二月十一日，录副奏折，档号03-4006-034。

④ 河南巡抚桂良：《奏报豫省查禁鸦片拿办烟贩大概情形并特参祥符县候补县丞萧炳辉等吸食鸦片事》，道光十九年正月十三日，录副奏折，档号03-4009-008。

⑤ 《清宣宗实录》（六）卷三五五，道光二十一年八月甲申，第404页。

⑥ 《清宣宗实录》（六）卷三五九，道光二十一年十月辛巳，第480页。

⑦ 河南巡抚鄂顺安：《奏为奉旨如数办就白蜡杆等委员解赴浙江军营事》，道光二十一年十月三十日，录副奏折，档号03-3028-067。

钻均已如数办就，分起解一千一百杆、一千杆赴奕经军营，及刘韵珂处二百六十杆①；又先后解往浙江火药五万斤、火绳三千盘②。二十二年（1842）五月，为了加强天津防务，朝廷令山西、河南解抬炮、抬枪酌量挑选二三百杆，委员解赴天津交直隶总督讷尔经额收存备用③；六月，河南解抬枪、抬炮共二百三十六杆赴津④。其二，奉命调军队赴前线作战。二十一年九月，宁波失守，浙抚刘韵珂求援，道光帝令河南派兵一千名援助⑤，又调河南都司刘天保、外委罗锦川速赴浙江军营听候差委⑥。十一月，吴淞口防务紧急，牛鉴奏请调河南兵一千名由河北镇标游击陈平川管带赴苏。⑦ 二十二年六月，英军侵入长江，镇江陷落，道光帝令河南挑精锐兵丁数百名，派令曾经出师之员迅速管带前赴清江浦（今属江苏淮安市），并着多备抬枪、抬炮一并带往⑧；七月，因山东无法抽调兵力，又令河南调精兵一千名，备带军火器械迅赴清江浦。⑨ 当时，豫省绿营武职各官通共三百二十五员，马守兵丁一万三千六百七名，到二十二年三月，已经调往或正在调往前线的士兵有三千名、带兵武官一百三十多名。⑩ 此外，甘肃、陕西、山西等省所派官军要经过河南赴前线⑪，沿途供应、弹压，河南亦须承担。

　　当然，由于众所周知的原因，第一次鸦片战争失败了，河南的军火供应、派兵赴前线参加作战，也没能起多大作用。

　　① 署理河南巡抚鄂顺安：《奏报遵旨购办浙省白蜡矛杆全数起解并起程日期事》，道光二十一年十二月初六日，录副奏折，档号03－3029－037。

　　② 署河南巡抚鄂顺安：《奏为筹拨豫省火药火绳解赴浙局起解日期并由豫省赶造补还事》，道光二十一年十一月十一日，录副奏折，档号03－3029－015。

　　③ 《清宣宗实录》（六）卷三七三，道光二十二年五月戊辰，第718页。

　　④ 《清宣宗实录》（六）卷三七四，道光二十二年六月甲申，第742页。

　　⑤ 《清宣宗实录》（六）卷三五七，道光二十一年九月庚申，第456页。

　　⑥ 署理河南巡抚鄂顺安：《奏报遵旨调遣刘天保罗锦川前赴军营事》，道光二十一年九月二十日，录副奏折，档号03－2916－033。

　　⑦ 《清宣宗实录》（六）卷三六一，道光二十一年十一月己未，第518页。

　　⑧ 《清宣宗实录》（六）卷三七六，道光二十二年六月庚子，第773页。

　　⑨ 《清宣宗实录》（六）卷三七七，道光二十二年七月己酉，第791页。

　　⑩ 署理河南巡抚鄂顺安：《奏为河南武职不敷差委请将现在所遗各缺于未经保举之佐领等官内委署事》，道光二十二年三月二十四日，录副奏折，档号03－2918－060，

　　⑪ 《清宣宗实录》（六）卷三六二，道光二十一年十一月丁丑，第534页；卷三七二，二十二年五月己未，第704—705页。

2. "勤王" 引起的抚藩互参案

咸丰九年（1859）二月，为了加强天津海防，朝廷调河南巡抚恒福为直隶总督，并派僧格林沁驻防天津。次年六月，咸丰帝因担心英法联军水陆并进，又谕令河南等省禁止私贩马匹①；七月，河南解送抬枪一千杆、火绳二万盘、铅丸四万斤赴京②；八月，令河南巡抚庆廉于新募彝勇及各起川、楚勇中挑选得力者数千名，派副将黄得魁、游击赵喜义管带迅速赴京③，随后又令庆廉亲自带兵北上。不想庆廉"勤王"未成，反而引起了清代河南绝无仅有的抚、藩互参案。

九月，庆廉奏称挑选兵勇一万二千余名、饷银十万两援京。但是，由于战局急转直下，朝廷又恐河南防务空虚，捻军乘机北上，使京畿地区防务雪上加霜，令庆廉驻扎直隶境内，听候调遣。但大军行动，粮饷需求紧急，庆廉飞饬藩司贾臻拨解实银十万两赴军营，同时请求其他省协济。藩司贾臻解饷不及时，庆廉一怒之下奏参贾臻，贾臻也毫不客气地予以回击。

贾臻，字退厓，直隶故城人，道光十二年（1832）进士，改庶吉士，散馆授编修。十五年（1835），典试广西。十九年（1839），充顺天乡试同考官；任科道，巡视中城，摧抑豪猾，政声藉藉。二十九年（1849），授河南府知府，清积牍五百余事，囹圄为空。咸丰三年（1853），调开封府知府，守卫省城有功，特简浙江宁绍台道。九年（1859），擢河南按察使。十年（1860）三月，任河南布政使；八月，巡抚庆廉领兵"勤王"，贾臻署理河南巡抚。

十月初一日，庆廉参奏贾臻：

> 该司自接藩篆以来，志骄气盈，恃才妄作。钱粮重务，征收支放，不分缓急，任意更章；补缺署事，荐劾属员，则悉凭一己恩怨，以致物议沸腾。臣悉事驳正，即大拂其意。臣缘时事多艰，尝以"正身率属，洁己奉公"等词，曲意开导，冀其悔悟。贾臻反以臣为

---

① 《清文宗实录》（五）卷三二二，咸丰十年六月癸酉，第760—761页。
② 《清文宗实录》（五）卷三二八，咸丰十年八月乙亥，第884页。
③ 《清文宗实录》（五）卷三二八，咸丰十年八月壬申，第879页。

迂腐，更觉得意，遇事拡专，不作秉承……臣奉旨统师入援，臣即告知贾臻，现在夷逆扰及畿甸，京都需饷孔殷，急须报解，以济要需。至于臣处应需兵勇口粮十万两，及制备军火器械，均系该司专责。况臣急欲克期北渡，屡次札催面嘱，真不特三令五申。讵该司竟视同膜外，多方刁难，百计迁延，至今定只与臣兵饷三万两，断不多筹；及臣所催欠解京饷二十万两，迄今未闻报解，何其该司不明缓急乃至于此，不知是何居心？辜负圣恩，莫此为甚！①

如前所述，庆廉一带兵北上"勤王"，就向朝廷索要粮饷，请饬下山西、陕西各解饷十万两。②咸丰帝为了自身安全，准其所请，令两省先各解五万两至直隶豫军大营。③有了皇帝的支持，庆廉便无所顾忌。以其奏参贾臻的"罪状"看，二人此前已经不和，庆廉隐忍未发，此次借"勤王"之名奏参，并列举藩司"拒解"京饷之过，实是借题发挥，想把贾臻置于"不忠"之地，未免有些骄横，于属僚亦有失厚道。

面对庆廉的咄咄逼人，贾臻不甘坐以待毙，于两日后反参庆廉：

抚臣自六月间奉命督剿，未出省会，专以制办军装为事，仪仗旌旗务极华焕。其最甚者，所用大纛，令以真金盘龙为之，因工料无法购求，饬军需局委员赴京定制；中军帐房，必用西洋房。或臣俱未能照办，因令差遣委用之已革总兵崇安制造账房一架，费至一千四百余（两），沿途用大车七八辆运至归德，架置城外，抚臣未尝一日入居之也。在城中安居公所，一切铺陈，俱取之粮台。寝帐用绣花绉绸，床帏用绣花洋呢，铺垫用摹本缎，甚至脚凳亦用绣呢为罩，他物亦皆称是。……粮台每月供送实银三千两，名为赏项，而遇有赏项则仍向粮台支领；名为薪水，而日用所需则仍须粮台供应。合之厨中之馔具、马匹之喂养及家人食用需索，一月之中，抚

①　河南巡抚庆廉：《奏为密陈藩司贾臻声名事》，咸丰十年十月初一日，录副奏折，档号03－4156－004。

②　河南巡抚庆廉：《奏请饬下山西陕西巡抚各拨银十万两以资兵食事》，咸丰十年九月初七日，录副奏折，档号03－4317－027。

③　《清文宗实录》（五）卷三三〇，咸丰十年九月丁酉，第910—911页。

臣一人约共需银七千余两，而例支之廉俸、盐折，仍照常支用。抚臣面谕粮台委员、河南府通判闵春涛，此项开销或归入制造，或归入米粮，而粮台账目亦可不究诘矣。归德枪银，奏定月需八万两，本统计兵勇名数、杂支款项，核定此数，断无不足。省中每月按三次批解，不但数目不缺，时日亦无稽迟。乃抚臣至营之日，清厘积欠，又解去饷票八万两、实银二万余两，而所欠尚未全清，无非胺削兵勇口粮，以肥一己囊橐，此积欠从何而来？无怪乎钱粮日增，而荷戈之卒俄疲日甚，怨谤繁兴，一遇贼而相率溃散也。抚臣在军中两月有余，止高辛集一行，此外未出城关一步。旋闻匪警，以居中调度、严防北岸为词，折回郡城。盖至是而官绅团练均知进剿之无期，人心涣散，实由于此。洎贼入豫境，开、归、陈、许、南、汝、光七府州之地烽烟相望，而抚臣奏报，犹以为派兵追击，贼踪未敢深入，不知必如何处为深入耶？野猪冈之役，几于（乎）全军（覆灭），阵亡文武数十员，而抚臣乃掩饰其甚败之迹，分案奏报，两次不及十人，以尚为未查清下落耶？而都司衔守备何天保、杨玉文等之阵亡，均已札知军需局有案。该员等捐躯报国，竟不得上达宸听，早霑卹赏，何以慰忠魂而作士气！大抵抚臣办事糊涂而又果于自用，其习为欺饰亦不自知其非。如奉旨查办之幕友余赓，久居抚署，乃奉旨后旬余，始行移出，人所共知共见，而覆奏竟以不在署为词，不料封疆大吏，肆行欺罔至于如此？至其举动之乖谬，尤有可诧者。候选道恩麟，抚臣之子也，习成纨绔，既无文才，又无武略，且跛足不良于行。如果抚臣北上，随侍军中，原无不可，乃竟奏派带勇，充为前敌。恩麟亦遂侈然自大，以督师道为名，标之旗帜，设立营务文案、巡捕，分派文武委员，靡费无算；又照其父赏顶薪水之例，月索银二千两，家人月索规礼一百四十两，家人所役之重儓，亦月索制钱六十千，其余车马酒席，当站州县处处办差。临行时，祥符供应稍略，即将办差家丁肆行鞭笞。抚臣不惟不加约束，反因此怒及属吏，传谕申斥，几挂弹章。又饬军需局刊刻木质关防，仿照官员到任拜印之仪，公然在抚署大堂众目观瞻之地，鼓吹鞭炮，公服叩印，传齐委员、巡捕、戈什多人，为之排班，巷议街谈，传为笑柄。即此一端，乖谬已可概见。至其平时喜怒任情，不洽舆论，间巷已形之歌谣。又纵令伊子与多年管账之姚姓及看门家丁，表里为奸，招摇纳贿，中州绅民以为数十年来所未有。因无确证，臣尚不敢强为指实。其自抵任以来，署中服食所需，皆索之于首县。如玻璃大穿衣镜三架、自鸣钟七座、银碗碟三桌四五百件，索取之件几于无日无之，稍不如意，即掷还原物，呵斥县官，甚至假借公（务）记过罚银，而又多病健忘，衙期见官太晏，文书批发太迟；不识将吏之姓名，不知刑钱之例案，以此而治军临民，鲜有不偾事者矣！①

即使贾臻所参的上述内容全部是事实，对于晚清督抚来说，也算不上什么不可饶恕的罪状，尤其是贾氏在自己被参之后才将这些罪状揭露出来，其动机原本就不纯。所以，与其说二人是为了国事争吵，毋宁说是各逞义气。在国难当头之际，抚、藩大员竟如此不识大体，实在令人难以置信。有鉴于此，朝廷将二人双双撤任，交由新任豫抚严树森查办。② 但是，此类案件，照例是查不清的。严树森两次上奏研讯情况，大体是各打五十大板。③ 因涉及军饷问题，最后由户部尚书全庆等据严树森查的结果，给出处理意见：

> 据严树森覆奏，"以贾臻征收钱粮，尚非擅改旧章；贻误军饷，系因支绌……庆廉自奉旨督办剿匪后，仅提过赏勇银两，数目相符。贾臻因饷银解足，尚有积欠勇粮，遂怀疑庆廉入己情事。归德伤亡员弁，节经庆廉奏请恤典……所参呵斥首县，借公记过，亦无证据；庆廉之子候选道恩麟，并无招摇纳贿情事，惟带勇出省，妄立名目，有乖体制"。等语。庆廉与贾臻互参各款，虽据严树森查明，均无确据，惟庆廉以巡抚大员，不能正己率属，以致属员得

---

① 布政使贾臻：《奏为密陈特参巡抚庆廉贪婪欺罔举止乖谬事》，咸丰十年十月初三日，录副奏折，档号03－4156－066。

② 《清文宗实录》（五）卷三三三，咸丰十年十月庚辰，第973页。

③ 严树森：《奏为遵旨查办前抚庆廉与藩司贾臻互参一案据实复奏事》，咸丰十一年二月初四日，录副奏折，档号03－4159－050；严树森：《奏为查明前抚庆廉被参肥囊入己等款情形》，咸丰十一年三月二十六日，录副奏折，档号03－4161－001。

以藉口；贾臻不能与庆廉和衷共事，辄负气参揭，均有不合，著一并交部议处，庆廉著来京听候部议……应请将前任河南巡抚庆廉、前任河南布政使今授安徽布政使贾臻，均照不应重私罪律，议以降三级调用。[1]

朝廷基此给予庆廉降一级调用、贾臻降四级留任处分[2]。此时，贾臻已任安徽布政使，庆廉不久亦任江西布政使，可见朝廷也是在搞平衡：庆廉降级少而降职，贾臻不降职而降级多。但从其他官员的奏折看，庆廉确实不胜封疆之任。其在任浙江藩司时，浙抚晏端书就曾密奏："藩司庆廉在浙日久，从前服官，颇知奋往，惟自莅任藩司以来，将及一载，于理财用人诸大端，缓急轻重之间，指置多未合宜；复与同寅未能和衷共济，不独应办案牍每多积压，而于办理档务，将原吏易绅代，时召递言。屡经臣谆切劝导，至再至三，迄无见酾。"[3] 任豫抚后，又有人怀疑其能否胜任——"素闻现任河南巡抚庆廉浑厚有余，廉明不足。该抚前在浙江署理藩司，有'庆糊涂'之名；今在河南，口碑仍属平常。该省现当军书旁午之际，责重事繁，是否该抚所能胜任，圣心自有权衡"[4]。严树森查案时，也认为庆廉"忠厚有余，明察不足，未能正躬率属"[5]。到咸丰十一年（1861）十二月，终被朝廷勒令休致[6]。

无论怎样，豫抚在第二次鸦片战争中亲自导演的"勤王"闹剧结束了，虽没有起什么作用，然如上谕所说，庆廉此举"足见该抚敌忾同仇，甚为勇往"[7]，也算是表明了其反抗侵略的态度。

① 吏部尚书全庆等：《奏为遵议前任河南巡抚庆廉与藩司贾臻互参处分一案事》，咸丰十一年五月初九日，录副奏折，档号03-4162-045。
② 《清文宗实录》（五）卷三五二，咸丰十一年五月己亥，第1198页。
③ 浙江巡抚晏端书：《奏为密陈藩司庆廉办公不力事》，咸丰七年十月十二日，录副奏折，档号03-4124-057。
④ 山东道监察御史高延祐：《奏请权衡河南巡抚庆廉能否胜任事》，咸丰十年四月二十八日，录副奏折，档号03-4238-009。
⑤ 严树森：《奏为遵旨查办前抚庆廉与藩司贾臻互参一案据实复奏事》，咸丰十一年二月初四日，录副奏折，档号03-4159-050。
⑥ 《清穆宗实录》（一）卷一三，咸丰十一年十二月辛未，第356页。
⑦ 《清文宗实录》（五）卷三三○，咸丰十年九月丁酉，第910页。

3．豫军抗日

李鹤年任豫抚时，为了"剿捻"，扩充豫军，建毅军，以南阳镇总兵宋庆统之；建嵩武军，以前布政使改用总兵张曜统之①，"自是，豫省始有敢战之师"②。"平捻"之后，宋庆、张曜各率其军随左宗棠西征，屡立战功。张曜后任广西、山东等省巡抚，成为"中兴名臣"之一，而嵩武军及其更改为武卫右军之一部后，也长期驻扎山东；宋庆则一直统帅毅军，驰骋疆场。

宋庆，字祝三，山东莱州人。家贫落魄，闻同里宫国勋知亳州，往依为奴。亳捻孙之友伪就抚，庆察其意叵测，请击之。国勋壮其志，署为州练长。之友降，遂接统其众，号"奇胜营"，荐授千总。自是守宿州，剿豫"匪"，释凤阳围，保徐、泗后路。逾三岁，擢至总兵，赐号"毅勇巴图鲁"。既贵，过亳，谒旧主，仍易仆厮服，执事上礼益恭，人传为美谈。③ 同治四年（1865）正月，宋庆被任命为河南南阳镇总兵④，从此成为豫军将领。

光绪六年（1880），沙俄觊觎中国东北，朝廷令宋庆率领裁减后仅有九营的毅军往奉天，归曾国荃节制⑤；次年，又归李鸿章节制。甲午战争爆发后，朝廷令宋庆驻义州（今辽宁义县），添募三十营参战⑥。关于宋庆及其毅军在战争中的表现，《清史稿·宋庆传》云：

> （光绪）二十年，中日失和，庆统毅军发于旅顺，与诸军期会东边九连城。军未集而平壤已失，廷旨罢总统叶志超，以庆代之。庆与诸将行辈相若，骤禀节度，多不怿，以故诸军七十余营散无有纪。又坐守江北一月，以待日军过义州，庆顿中路九连城，严戒备。日军渡鸭绿江，战失利，直趋凤凰城，退扼大高岭。旅顺围亟，朝命聂士成守之，敕庆往援。顿盖平，屡捣金州不得进，而旅

---

① 朱孔彰：《张曜传》，《中兴将帅别传》，第300页。

② 《清史列传》卷六三《李鹤年传》，《清代传记丛刊》第103册，第731页。

③ 赵尔巽：《清史稿》（缩印本）第4册《宋庆传》，第3259页。

④ 《清穆宗实录》（四）卷一二八，同治四年正月辛酉，第45页。

⑤ 《清德宗实录》（二）卷一一五，光绪六年六月己未，第680页。

⑥ 《清德宗实录》（五）卷三四七，光绪二十年八月壬戌，第450页。

顺已失。庆退守熊岳，自请治罪，被宥。未几，复州又失。日军西陷海城，庆亟赴之，击敌感王寨。前军方胜，后队讹传敌抈背，骇溃，复退守田庄台，辽阳益危。庆凡五攻城弗能拔，朝廷思倚湘军，命庆与吴大澂佐刘坤一军。庆率徐邦道、马玉昆兵万二千人顿太平山，战却之，大澂败入关。庆方以三万人驻营口，闻警，还扼辽河北岸；而日军尽以所获炮列南岸猛攻，庆军溃而西，于是辽河以东尽为日有矣。诏褫职留任。

对此，《清史稿》的作者评论道："中日之战，淮军既覆，湘军随之，唯豫军强起支撑。庆与玉昆先后失利，亦不复能自振焉。"[1] 然而，对于晚清河南来说，总算是有成军队伍参加抗击外国侵略，较之以前仅派零星军队参战，是一大进步。此后，毅军留下三十营，改名武卫左军，驻扎锦州，庚子之役又参加抗击八国联军。

在中日战争爆发之际，朝廷为了使豫省更好地支持李鸿章，将到京祝祜的河南巡抚裕宽开缺另候简用，升布政使刘树堂为巡抚。

战争之中，刘树堂竭力支援前方。一是派援军充实毅军。光绪二十年（1894）十月初五日，刘氏电称："豫军得力防军全赴前敌，新募三营，训练未久，赶紧添募十营，令归德镇杨玉书先带数营迅速赴京，余亦陆续前进，还期多多益善。"[2] 朝廷令将杨玉书撤回，另由总兵牛师韩带领前往，刘氏立即照办[3]，又派能"身先士卒"的李永芳及其"向亦奋不顾身"的侄子、荆紫关（在今河南淅川县西北）副将李葆珠率军前往助战。[4] 二是供应武器。例如，"李永芳自带前堂洋枪一千二百杆、后堂七响洋枪四十杆、十七响洋枪四杆、背枪三十二杆，李葆珠带前堂洋枪一百二十杆，培

①　赵尔巽：《清史稿》（缩印本）第4册《列传二四八·论曰》，第3261页。

②　收护理河南巡抚刘树堂电：《为豫军迅速赴京事》，光绪二十年十月初五日，电报档，档号2-02-12-020-1381。

③　收署河南巡抚刘树堂电：《为杨玉书回任李永芳募营开拔事》，光绪二十年十月十四日，电报档，档号2-02-12-020-1466。

④　收署河南巡抚刘树堂电：《为李永芳赶赴京等事》，光绪二十年十月二十一日，电报档，档号2-02-12-020-1534。

忠续解前堂洋枪、张春霆解背枪一百二十杆，潘庆祖又解背枪一百二十杆。"① 另称，豫省还有抬枪八百杆，李永芳用多少，可以随时解往。② 这些武器虽大多比较落后，但对于河南来说，已经是尽了最大努力。

刘树堂虽攀附李鸿章，但在对《马关条约》的态度上，却与李鸿章不同。《近代名人小传》说：刘树堂，"故滇人，其服官则称皖宣城籍。以军功起家，官道员，李鸿章调归北洋差遣……虽荐自鸿章，而不尽奉其指挥。乙未疏主战。鸿章览之，曰：景韩（按：刘树堂字景韩）亦逐人后难我耶！"③ 作者之意多含讥讽。刘树堂改籍贯是光绪十九年（1893）六月。当时，安徽巡抚沈秉成奏称：浙江布政使刘树堂说自己祖籍为安徽宣城，因康熙年间祖上游幕云南，遂改籍，现在有族人持家谱劝其改回原籍。④ 此时，淮系势力如日中天，刘氏此举不无巴结李鸿章之意。但中日一战，李鸿章"一生事业扫地无余"，刘树堂也加入非议之列，其主要表现就是电奏"不惜再战"：

　　第听（议和条款）内有割台湾及辽河以南地、赔款二万万两，一年内付一万万，余分六年付给各节，则似有不可允行者。台湾为南洋一户，列圣经营多年，始行内属；辽沈尤为我朝根本重地，一旦割而与人，不独失士民向北之心，启外洋窥伺之渐，为足虑也。倭人构难，已逾半年，于我朝并无大损，是其兵单饷绌已可概见。台湾有险可扼，即使□铳往攻，亦恐非旦夕所能得手。且辽河以南，逼近畿疆，拱扼山海，使敌据为巢穴，陆则抚我之背，水则扼我之吭，早发夕至，防不胜防，是纵豺狼于肘腋之间，权纾患而患转甚也。

　　朝廷岁入有经，现闻并厘税□项，亦不过六七千万两，量入为出，尚属不敷，更安从还得两万万两先填此壑谷？靠取之民，是敛怨也；

　　① 收河南巡抚刘树堂电：《为查明李永芳军械兵饷续解事》，光绪二十年十二月初五日，电报档，档号 2 - 020 - 12 - 020 - 1851。

　　② 收河南巡抚刘树堂电：《为李永芳派赴前敌军械随各队发过事》，光绪二十年十一月二十三日，电报档，档号 2 - 02 - 12 - 020 - 1781。

　　③ 《近代名人小传·官吏门·刘树堂》，《清代传记丛刊》第 202 册，第 557—558 页。

　　④ 安徽巡抚沈秉成：《奏为浙江布政使刘树堂呈请改归安徽宣城县祖籍事》，光绪十九年六月二十六日，录副奏折，档号 03 - 5307 - 086。

借之外洋，是重累也。我朝轻徭薄赋，深治民心；沿海雄狮，星罗棋布，但使各处置臣将帅悬不赏之赏，定失律之诛，兵卒严加选汰，统将各专责成，未必不可转弱为强，歼此丑虏。纵使仍如前此，屡次败挫，数月所失，不过如此。且失者尚可望得，费者尚不难筹。拦□于一朝，无仍坐失数千里险要之地、二万万难筹之款也。①

此电报档原文字迹比较潦草，不太好辨认，但大意还是很明白的。刘氏对割地赔款的危害看得比较透彻，主张再战的理由也有几分道理，唯独对积重难返的大清朝缺乏清醒的认识，况且惨败之余，即使不惜再战，也必须有一个重整旗鼓的喘息机会。故其激昂慷慨的"爱国"热忱固然可嘉，然当和谈大局已定之时，与其徒为"再战"空言，不如劝朝廷卧薪尝胆，以图将来。而其由攀附李鸿章到"落井下石"，蹈官场之恶习，为后世史家所诟，亦属应得。

二 排斥洋教

第二次鸦片战争后，西方传教士利用不平等条约的保护，来河南传教。河南巡抚则根据有关协议，对教会的发展加以限制，即便迫于朝廷的压力，不得不曲意"保护"教会，目的也是为了地方静谧，不生事端，对教案的处理更是为了息事宁人。

近代在河南建立最早的教堂在南阳，一开始即陷入民教之争。② 同治（1862—1874）初年，法国天主教士以河南主教身份来到南阳，因教堂问题与当地士绅发生纠葛。一是传教士指南阳县城内的浙江会馆为原教堂（按：指雍正朝禁止天主教之前的教堂），要求"归还"，但该会馆系在南阳经商的浙江人在原南阳县丞衙署旧址上建的，无法证明是教产，而"该会馆首事因宛郡绅民不愿，以致江浙两省商民，均系寄居南阳，亦心怀疑惧，不愿捐让"③，是以教会的企图未能实现。二是购买民宅之争。南阳县民人周宗耀在县城有一处私宅，该县举人曹学彬

---

① 收河南巡抚刘树堂电：《为陈己见事》，光绪二十一年四月初二日，电报档，档号 2 - 02 - 12 - 021 - 0525。

② 柴俊卿：《南阳教案与近代首座教会圩寨的出现》，《史学月刊》1992 年第 5 期。

③ 光绪《南阳县志》卷一二《杂记》，成文出版社 1976 年版，第 1427—1435 页。

因南阳旧有崇正书院被捻军焚毁，即以三千八百串钱买下周宅，改建为书院。但周宗耀在舞阳县教民刘清波的撮合下，又以四千二百串钱将该处房屋卖给传教士贺安德为教产。根据河南省与法国公使此前议定，民人卖给教会房产须先报官，经批准后方可买卖，而周氏卖房给教会时并未报官，且河南官方认为曹学彬买房建书院是义举，不能把周宅判给教会。三是教会又要旧衙署的官仓、盐池，地方官又以系为官地，仓厩、监狱都是紧要之处，也不便给教会作教堂。事实上，传教士之所以如此，目的是想把教堂建在南阳县城，但无论是地方士绅还是河南官方，都不愿看到此。于是，河南巡抚李鹤年即以"合郡绅士高树序等一百四十余人又复联名合词峻拒，语多愤激……且豫省民情素称刚劲，不愿该教士在城立堂传教，非独宛郡为然。若令杂处城市，必不能彼此相安"为由，加以拒绝，指定"郡城以西十二里靳冈地方，前于咸丰十一年法国教士安恩理格来宛，曾在该处传教，村落清幽，地方宽广。闻该教士有欲在该处修筑圩寨，既可建堂，复能自卫，民教无相交涉，庶几两得其平"。这样，近代河南的第一个天主教堂便建在靳冈。①

这一时期，鹿邑、裕州（今河南方城县）、桐柏、镇平、武安、辉县、舞阳等州县，都有传教士传教。②光绪十六年（1890），有英国人到开封传教，被祥符县学生驱逐；二十三年（1897）复来，又为大梁书院的学生赶走。③

大约从光绪二十四年（1898）年底开始，河南邻省民间反洋教的苗头有所显现，朝廷令河南巡抚裕长密切注意事态的变化，遇有交涉事务，

---

① 光绪《南阳县志》卷一二《杂记》，成文出版社 1976 年版，第 1427—1435 页。

② 关于河南教堂建立的情况有不同说法。《河南新志》载："耶教之入河南，其始在南阳府之靳冈建设教堂，继在光州、襄城。"（上册，第 196 页）光绪二十四年十二月，豫抚裕长说："惟南阳、卫辉府属设有教堂"（河南巡抚裕长：《奏为奉旨复奏洋务交涉遇事与总理衙门和衷商办谢恩事》，光绪二十四年十二月十一日，录副奏折，档号 03-5368-098）。而光绪《南阳县志》说："福音教堂在县东北赊旗店，光绪十七年筑。"（卷一二《杂记》，第 1435 页）民国《许昌县志》卷四《宗教》有："光绪年间，有主教安西满由南阳至许昌，先在龙曲保牛庄买地建天主堂布教，后又在西关建天主堂扩充教务。"（成文出版社 1968 年版，第 340 页）

③ 《河南新志》上册，第 176 页。

与总理衙门协商。① 义和团进入直隶后，直接影响到河南，教案频发：

> （光绪二十六年）夏间拳匪起衅之初，直隶南境啸聚蔓延。河北彰德、卫辉等府与直境处处毗连，向有匪徒往来窜诱。又值天时亢旱，人心浮动，民教杂处，平时已多疑忌，至此更启猜嫌，甚或教民自相攻噬，加以饥民乘间窃掠，地方官非不极力弹压，而变起仓卒，时势所迫，种种为难。是以彰德府属，则有孤悬直隶境内之武安县，首被邻省乱民勾窜入境，焚烧高村教堂，困逐教士，掘动已故教士坟墓，以致境内教民仇愤愈深。旋有教民持刀纠党抢夺，激怒居民，放炮转斗，彼此互有杀伤之案……涉县有温村教堂屋顶烧毁，教民失去钱物之案；临漳县教堂封锁，则有教民门窗被毁，数家失去财物之案；汤阴县则有教民毁教，自相讹索之案；内黄县则有续指乡民李得安抢掠四村教民财物，毁屋讹钱之案；卫辉府属虽无杀害教民、匪徒倡乱情事，而附郡汲县城内教士由该府县护送出境暂避，所存教堂门窗突遭折毁；滑县小寨村教堂及齐继等村教民房屋均有伤损，并有教民隐匿教士衣物之事；……辉县高庄、范家岭两处教堂器具房屋各有残缺，教民被毁房屋二十余家。此外，新乡、获嘉均有教民被掠之事。②

其他地方受此影响，也发生了教案。如襄城有教士携家由南阳赴汉口，途经新店时被杀③；南阳甚至还有进入湖北襄阳、德安"与教寻仇"者④。一些地方官对民间反洋教斗争也持同情态度："河北道岑春荣出示污谤，仇视西教；南阳府傅凤飏，英领事谓其仇视西人；郑州、河内、荥泽、西华各州县，周家口汪通判，俱苛待教士，不肯护送；武安县陈世伟，不肯保

---

① 河南巡抚裕长：《奏为奉旨复奏洋务交涉遇事与总理衙门和衷商办谢恩事》，光绪二十四年十二月十一日，录副奏折，档号03-5368-098。

② 于荫霖：《河北各属法国教案一律完结折》，于翰笃编《于中丞（荫霖）奏议》，文海出版社1968年，第398—400页。

③ 《河南新志》上册，第176页。

④ 湖广总督张之洞、湖北巡抚于荫霖：《奏为鄂省事机紧急饷项支绌暂借洋款以应急需事》，光绪二十六年九月初六日，录副奏折，档号03-6159-050。

护，致教尸被毁；南阳张令，有杀害教民、抢毁房物之咎。"①

与直隶、山东等地教案不同的是，义和团运动高潮过去之后，河南民间、官方对洋教的排斥依然存在，甚至发生了较大的教案。北方反洋教高潮过去之后，一些地方的教民"反攻倒算"，"往往殴打乡民，勒索银钱"，河南亦有此风②，遭到民间的反抗和官方的反感。光绪二十七年（1901）十一月，祥符县禀承，有英教士包崇德来汴卖书，经县派人保护，嗣闻教士欲在汴赁房传教，并嘱县代出告示，该县以未奉传教明文，且省城向无教堂，风气未开，恐滋事端，商令缓办。英国驻上海领事致电署理河南巡抚锡良，要求允许租地建教堂。锡良以"风气未开，遽设教堂，诚难不滋事端，且据公约章程，传教租房，均有专条，此次未奉大部明文，尤未敢遽准"，加以拒绝。③当然，在当时的大背景下，这种拒绝只能是一时的，传教士最终还是在开封南关设立教堂，城内也陆续有天主教堂、福音堂等建立。④二十八年（1902），河北教案处理尚未结束，南阳又发生震动全国的泌阳教案，"高店等处乡民因挟教堂赔款之恨，纠集多人，至楚洼地方，杀死教民叶姓一家四命，又至程店杀害教民一名；又将桐柏县乌金沟教堂焚毁，烧毙教民四命、杀死五命，均无洋人"⑤；"外国教士二名得脱险难，尚有一名难保性命"⑥。为了处理河南教案，朝廷一连换了三任巡抚。

对于河北教案，于荫霖的处理是：

　　所有教堂被毁之武安、涉县、临漳、汲县、滑县、辉县、内黄、汤阴八县，估计共赔银十一万两；教民毁坏房屋、失去财物之

---

①《奉旨著于荫霖确查滑县等县教案各员无衔名者电复事》，光绪二十七年二月二十九日，电报档，档号1-01-12-027-0137。

②《清德宗实录》（七）卷四八五，光绪二十七年七月丙戌，第414页。

③收署河南巡抚锡良电：《为英教士欲在豫赁房传教事》，光绪二十七年十一月三十日，电报档，档号2-04-12-027-0007。

④《河南新志》上册，第176页。

⑤外务部发河南巡抚锡良电：《奉谕泌阳教案著妥为抚恤》，光绪二十八年二月十六日，电报档，档号2-03-12-028-0131。

⑥外务部发河南巡抚锡良电：《为希查明南阳教士伤情事》，光绪二十八年二月十六日，电报档，档号2-03-12-028-0132。

武安、涉县、临漳、汲县、滑县、辉县、内黄、汤阴、获嘉、新乡十县，共赔银六万两，二共银十七万两。遵奉谕旨，先付银五万两，其余十二万两，分作三月、七月、十一月四期清结。其避患迁徙教民，急宜抚恤，前已由司德望筹发银一万余两，议明无庸偿还外，再由各县动发仓谷，武安县一千二百石，滑县六百石，涉县、辉县各三百石，临漳、内黄、汤阴各二百石，交教士转发穷民分领仓谷；不敷，每石折银一两，照数核给……武安县，前经知县陈世伟捐赔修墓、赁屋、抚恤各项银一万三千二百两，仓米二百石；涉县境内前由知县车均筹给购房银二千两，捐放小米二百石，及代赁民房、养伤、杂用约计银二百两……其案内滋事各犯，惟武安县最重，除命案要犯另行严缉外，余议查缉案犯至多不过十五名，分别轻重，枷责锁押。其余各县案犯，多不过十名，分别发落，亦不愿办一死罪。内有直隶成安县武举刘尚哲一名，另行咨革……其有回境教士无可栖止，归地方官捐赀赁屋暂住，以二年内教堂修齐可住为止，仍由地方官优待保护。……涉县知县车均……撤任后业已禀准开缺回籍；武安县知县陈世伟……早已撤省；……河北道岑春荣先经撤任，办理未善，实属咎有应得，应请革职。此外，如内黄、汤阴、汲县、辉县、新乡等县，均已先后拣员更调，既将各属教案一律办结，均即概予免议。①

此外，于荫霖还奏请朝廷将法国主教司德望"赏给三品顶戴"②。嗣后又经锡良议结武安县教案③，河北教案才算完竣。

锡良对泌阳教案的处理是：

一、议首要各犯，除席小发等三名业经正法，两次开仗格杀罗臭粪等多名，又擒获多名，分别讯办外，所有张沄卿、程劳十、罗

① 于荫霖：《河北各属法国教案一律完结折》，于翰笃编《于中丞（荫霖）奏议》，第400—406页。

② 于荫霖：《法主教司德望请赏给三品顶戴片》，于翰笃编《于中丞（荫霖）奏议》，第407—408页。

③ 锡良：《议结武安教案折》，《锡良遗稿奏稿》，第229页。

振杰严办并杀死教民凶犯抵偿单内所开，分别轻重商办；其余胁从一概宽免，以安众心。一，议逃往靳冈教民，由陈道委员分别送交唐、泌、桐县官传各地方绅士首事出结保护，以期永远相安；如保护不力，惟官绅、营汛是问。设教民内有不愿归里者，由地方官协同教堂司事刘宝森等，将伊产业按公变买。一，议泌阳县西关、桐柏西乌金沟、唐县东北乔庄三处教堂全被扒毁，及堂内所失器物等件并来往打电、送信各项花费，以及唐、桐、泌三县各教民家被扒毁房屋，抢掠器物、牲口、粮食等及抚恤被杀教民家属，总共议结赔款汴平银二万六千两……一，议泌阳西关教堂既经被毁，应由地方官妥将泌城内另寻一宽大宅基，其价若干，由教堂发给。①

另有淅川厅（治今河南淅川县）"议结所有教堂失物，统共赔银八千二百十三两六钱四分"②。

值得注意的是，在上述教案办理的过程中，河南巡抚的任免受到了教会的干预。先是二十六年（1900）闰八月，河南巡抚裕长调任湖北巡抚，英国人以"该抚在豫有极恨泰西人之心，似应另予处分……请将此事设法奏罢，并凡有交涉之缺，不得将其补放"。故奕劻、李鸿章请朝廷可否将裕长"酌补不理交涉之将军，以免外人口实，亦可保我主权"③。朝廷谓"英使所称裕长心恨泰西人，系揣度之词，况湖北交涉事件向由总督专政，非巡抚所得主持，务当向各使力为辩明，勿侵中国用人之权"④。但九月二十六日，还是将裕长开缺，另候简用。⑤ 次日，裕长病死⑥。大概由于河北教案的办理没能使传教士满意，又被英国人认为替"仇视各国人民，通饬所属卫辉曾守培祺杀害教士"的藩司延祉辩护，二十七年（1901）正月，于荫霖调任湖北巡抚时，英国

① 锡良：《议结泌阳教案折（单一件）》，《锡良遗稿奏稿》，第 227 页。

② 锡良：《淅川厅教案赔款议结片》，《锡良遗稿奏稿》，第 218 页。

③ 收庆亲王奕劻等电：《为英使异议豫抚裕长调补鄂抚事》，光绪二十六年九月十八日，电报档，档号 2 - 02 - 12 - 026 - 0015。

④ 《清德宗实录》（七）卷四七三，光绪二十六年九月丙戌，第 216 页。

⑤ 《清德宗实录》（七）卷四七三，光绪二十六年九月甲午，第 227 页。

⑥ 收河南布政使电：《为抚臣裕长因病出缺事》，光绪二十六年九月二十九日，电报档，档号 2 - 02 - 12 - 026 - 0034。

人又说："该员嫉视西人，众所共知，任鄂抚时，办理甚不妥善，设非调豫，早经照请他调；今回本任，碍难允从。"① 二月，朝廷将于调任广西巡抚，英国人依然反对，称："据梧州英领事电，于荫霖调广西巡抚，舆情闻信，多半惶怖。本省大局虽颇不安，而交涉事件尚称妥洽，倘调派于抚院必有成见之员前来，恐难照旧若平。"② 朝廷只得将于荫霖开缺，于也一直寄居南阳，直到死。③ 锡良办理教案，法国人比较满意，当锡良调任热河都统时，"河南法国主教安西满函称，顷闻有更调锡中丞之说。此耗果确，大为可惜！诚以目前交涉繁兴，锡中丞无不切实留心，以期允当，金谓：'豫省有锡帅，交涉之件，从此协矣。'众方钦佩，倏有警耗，大失众欢。除电致领事外，可否设法告请外务部或政务处，奏留锡帅仍抚豫疆，庶民教之福、交涉之福。"④ 锡良本人却对张之洞、端方竟替传教士转达此电不满，他密奏朝廷：

> 泌阳教案，奴才督饬缉匪保教，不遗余力，原系慎重邦交，保全地方，尽职守之所宜尽。迨至奴才奉旨升授热河都统，天恩高厚，感激方深，故虽触发旧疾，未敢遽陈下情，专俟调任抚臣张人骏到汴交卸后，即行北上。而南阳主教安西满电鄂督抚臣保留奴才在豫，张之洞、端方竟据情转电军机处、外务部。夫督抚为天子股肱之臣，非他人所可轻为毁誉、意为轩轾者也。主教仅僧道主持之类，非司朝纲之柄而操月旦之评者也。无识者流，远者寄电，近者致函，且复密为暗透消息，走相告而行相庆，举国若狂，以为难逢之奇遇。奴才于此不禁为之惭懼！土耳其至弱也，不受命于俄；特拉司华列至小也，不受制于英；何以堂堂中国，封疆大吏竟为外教所挽留！一身得失荣辱不足惜，特恐狥其所请，则主教可留巡抚，

① 收庆亲王奕劻等电：《为英使不允河南巡抚于荫霖调回湖北原任事》，光绪二十七年正月二十六日，电报档，档号 2－02－12－027－0082。

② 收庆亲王奕劻等电：《为英使不允于荫霖调任广西并陈己见事》，光绪二十七年三月初二日，电报档，档号 2－02－12－027－0248。

③ 赵尔巽：《清史稿》（缩印本）第 4 册《于荫霖传》，第 3210 页。

④ 收湖广总督张之洞电：《为法国主教闻有更调锡良事》，光绪二十八年五月二十九日，电报档，档号 2－04－12－028－0513。

教士即可留司道，下至府厅州县教民亦可愿去愿留，惟其所欲，势必至竞乞外援，无复廉耻，流弊不可究极。况士大夫之从违，即民情之向背，设使自主之权尽失，尚谁肯为我皇太后、皇上尽力，以挽回时局乎?! 言之可为痛哭流涕者也。①

或许是锡良此奏切中要害，抑或是安西满的"权威性"不够大，此次朝廷竟不为所动，仍将锡良调走。同时，我们还应该看到，锡良虽在处理泌阳教案上令法国传教士满意，而其内心对传教士干涉中国内政却十分愤恨。也正因为如此，豫抚对传教士的排斥一直存在。

三　拱卫行在与恭迎回銮

庚子之役，京师再度失守，光绪帝与慈禧太后仓皇"巡幸"西安，河南"中原缩毂"的地位更形突出，拱卫行在、供奉粮饷、迎接回銮，豫省文武官员为了这难得的"孝敬"两宫机会，顿时忙碌无比，所苦累者唯地方百姓。

1. 拱卫行在

甲午战争后，毅军、嵩武军编入武卫左军和武卫右军，分别驻扎锦州、山东，以拱卫京师，河南已无大军驻防。庚子之役的失败，使京畿地区已沦于敌手，慈禧太后带着光绪帝仓皇"西巡"，山西、河南成为拱卫西安行在的第一线。

光绪二十六年（1900）六月，朝廷谕令："现在中外构衅，海运不通，军械粮饷，专恃水陆运道。东西两道，延袤甚广，深恐外人勾通奸匪，从中梗阻。着裕禄、刘坤一、张之洞、松椿、裕长、袁世凯、于荫霖、聂缉规各就该省分拨练军，沿扎各处，联络保护，毋稍疏虞，是为至要。"② 河南巡抚裕长增募四营，与原有马、步七营，每营添足五百人，以加强豫省兵力。③ 但是，随着八国联军西进的传闻越来越多，河南、山西本省的兵力显然不足。闰八月，岑春煊奏联军抵达保定，诚恐

---

① 锡良：《密陈自重主权折》，《锡良遗稿奏稿》，第231页。
② 《清德宗实录》（七）卷四六五，光绪二十六年六月癸巳，第96页。
③ 《清德宗实录》（七）卷四六六，光绪二十六年七月甲寅，第117页。

西趋，朝廷谕令："河南、山西防务最关紧要，各路布置是否周密；与洋人交锋，避炮驳之法，以地营为第一要策。着裕长、于荫霖、锡良通饬分扎各营，酌度地势，迅速办理。敌情叵测，万不可因现办款议，稍懈军心。"① 九月，两宫驻跸西安之后，谕旨又再次叮嘱：裕长奏河南布置防御情形"尚属周密。于荫霖计日即可抵豫，著再行酌度形势，察看将领是否得力，加意妥筹，务期防范严密，以固疆圉。现在正将开议和局，万不可决裂。如果敌兵临境，先行遴派妥员前往劝阻，固不可轻启衅端，亦断难听其直入。此中机宜，该抚等务当稳慎筹画，总以毋碍大局为要"②。并令"董福祥、程文炳统率所部，分驻潼洛、河北一带，择要严防"③。十月，新任河南巡抚于荫霖为了加强河北地区防务，奏请调"朴实老练，血性过人"的记名总兵李南华、"朴诚勇敢，精于地营"的游击刘应贞和"习于战阵，纪律严明"的山东登州镇总兵夏辛酉来豫。④ 因夏辛酉刚被东抚袁世凯调回山东，朝廷令将总兵李南华、游击刘应贞调归于荫霖差遣。⑤ 十一月，于荫霖又奏调拔贡知县陈正源等二员差委，并申明：向章奏调人员，只准差遣，不准委署，请略为变通，遇有要缺，酌委代理。亦获俞允。⑥ 十二月，议和大纲虽已签字，但联军未撤，朝廷仍不放心，寄谕于荫霖：

> 河南地方，关系紧要。程文炳所统各营，系属各省援军凑集，究竟能否得力，著于荫霖确切查明，如果尚属可用，即会商程文炳认真整顿操防。其河南本省防营若干，如何分布防守，是否足备缓急之用？于荫霖向来办事认真，练兵为疆臣专责，务当督饬各营加

---

① 《寄谕裕长等著饬分扎各营酌度地势以防洋兵》，光绪二十六年闰八月二十八日，电报档，档号1-01-12-026-0184。

② 《寄谕裕长等著酌度形势察看将领是否得力加意妥防事》，光绪二十六年九月十三日，电报档，档号1-01-12-026-0215。

③ 《清德宗实录》（七）卷四七二，光绪二十六年九月辛巳，第209页。

④ 收河南巡抚于荫霖电：《为请调陕西安徽及山东各官赴汴事》，光绪二十六年十月十八日，电报档，档号2-02-12-026-0083。

⑤ 《奉旨著饬李南华等速赴汴交于荫霖差遣事》，光绪二十六年十月十八日，电报档，档号1-01-12-026-0297。

⑥ 《清德宗实录》（七）卷四七五，光绪二十六年十一月戊子，第264页。

意训练，总期悉成劲旅，有备无患，无稍疏懈。①

接着，宋庆奏，和议恐不足恃，请另练三十营，直、东、晋、豫联络一气，拟选将赴河南扼要驻扎。朝廷以库款支绌，巨饷难筹，晋省防营不少，着宋庆在马玉昆所统三十二营内酌拨若干营赴豫分扎，不必另行募练，以节饷需。② 随即令所拨各营由副将郭殿邦带领训练，以备急需。③ 于荫霖即与提督程文炳会商，实力将驻豫各路援军加以整顿，分守布防④；外省援军则在彰德府（治今河南安阳市）驻扎，"福建、浙江两军挖有地营二处，安徽援军挖有地营一处，江西援军挖有地营一处，共计四处。每处皆系两营，脉络贯通，地沟环绕，联成一气，合之为四座，暗中实分八座"⑤。直到次年三月中旬，议和大局已定，程文炳所统带的五省援军才撤回各省，而宋庆、马玉昆所部则仍在豫省河北地区择要驻扎⑥，为后面的两宫回銮保驾。

2. 供奉粮饷

光绪二十六年（1900）七月二十一日，慈禧带着光绪帝、皇后、瑾妃、大阿哥仓皇出逃，随扈者仅那彦图、赵舒翘等六人⑦，一切用度，全靠地方临时供奉。二十三日，借用怀来县印寄谕："朕钦奉慈舆暂行巡幸山西，随扈官兵为数众多，饷项一切，深虞不继。所有河南应解京饷，著裕长提前筹措，全数解送山西，切勿迟误。"⑧ 到西安之后，

---

① 《寄谕于荫霖著查明豫各防营加意训练事》，光绪二十六年十二月初九日，电报档，档号 1－01－12－026－0372。

② 王彦威：《西巡大事记》，《续修四库全书》，第446册，第706页。

③ 《寄谕于荫霖等著酌量分拨豫防事》，光绪二十六年十二月二十四日，电报档，档号 1－01－12－026－0415。

④ 《清德宗实录》（七）卷四七九，光绪二十七年正月癸未，第318页。

⑤ 调补广西巡抚河南巡抚于荫霖：《奏为查明各省援军地营座数核与程文炳原奏相符事》，光绪二十七年三月初二日，录副奏折，档号03－5740－011。

⑥ 王彦威：《西巡大事记》，《续修四库全书》，第446册，第782页。

⑦ 同上书，第609页。另说人数多于此，见李希圣《庚子国变记》（《中国近代史资料丛刊·义和团》第一册，神州国光社1951年版，第23页）。岳超回忆说的人数也较此多（《庚子一辛丑随銮纪实》，《文史资料选辑》第34辑，第234页）。

⑧ 《寄谕裕长等著措饷迅解行在应急事》，光绪二十六年七月二十三日，电报档，档号1－01－12－026－0048；王彦威：《西巡大事记》，《续修四库全书》，第446册，第610页。

岑春煊奏称：行在需粮浩繁，陕西适值荒歉，米价奇昂。朝廷“即着裕长无论何款，速提银十万两购买米麦，由陆路迅即运陕。此项米石，待用孔亟，该抚务当迅速设法购运，以济要需。如该省无现款可筹，即由各省京饷过境时，截留借拨应用”。又令调拨河南赈余粮三四万石运赴行在。① 到十月二十五日，河南先后运大米一万七千余石至陕西②。十一月，河南又“将司仓备荒京斗小麦一千七百石、黄豆八百石，共二千五百石，作为头批，委候补知县吴寿祺等管解。又京斗小米二千石、小麦五百石，共二千五百石，作为二批，委候补知县胡德元管解”③。此外，还有二十六年河南应解直隶军饷十万两，于荫霖“于无可设法之中，勉力挪凑银三万两……下余七万两委实无可再筹”④。

采办这些粮食，豫省抚藩诸官固然少不了折腾，而对于百姓则不啻灾难。其一是河南连年灾荒不断。从前面的表4-1可以看出，光绪二十四年至二十七年（1898—1901），河南的灾荒州县较多，而实际情况比表4-1中所列更糟。例如，二十四年十二月，有人奏“豫省连年歉收，今年遽遭阴雨，秋禾尽淹，灾重地方与光绪三年相同”⑤。其他省的灾民也流向中州：“河南地方，流民络绎而来，不特山东兰、郯等处之人，即江北徐海各属灾民，亦复接踵而至。”⑥ 二十五年（1899）春，“河南被灾州县，粮价甚贵，小民转徙流离”⑦；夏，“河南省雨泽稀少”⑧；接着，“河北三府，本年秋禾歉收；经冬无雪，二麦不能播种，

① 《寄谕裕长著提银购米麦运陕事》，光绪二十六年闰八月十一日，电报档，档号1-01-12-026-0154。

② 于荫霖：《请将存拨甘军米石先行运陕片》，于翰笃编《于中丞（荫霖）奏议》，第280—281页。一说为一万四千石，见河南巡抚于荫霖《奏为河南采办第二批大米解赴陕西事》，光绪二十六年十一月初九日，录副奏折，档号03-6653-112。

③ 于荫霖：《起解备荒米麦并查明遏籴截粮拿车各节暨运道为难情形折》，于翰笃编《于中丞（荫霖）奏议》，第316页；收河南巡抚于荫霖电《为遵旨会商妥办疏通商运以济民食事宜事》，光绪二十六年十一月初五日，电报档，档号2-02-12-026-0118。

④ 河南巡抚于荫霖：《奏为河南筹解直隶协饷事》，光绪二十七年正月初三日，录副奏折，档号03-6655-014。

⑤ 《清德宗实录》（六）卷四三五，光绪二十四年十二月壬午，第713页。

⑥ 《清德宗实录》（六）卷四三五，光绪二十四年十二月己亥，第719页。

⑦ 《清德宗实录》（六）卷四三九，光绪二十五年二月丁亥，第775页。

⑧ 《清德宗实录》（六）卷四四四，光绪二十五年五月庚戌，第851页。

灾情甚重"①。二十六年（1900）七月，豫抚裕长奏："河北三府暨开、归、河、陕、汝等属，旱灾已成。"② 二十七年七月，兰仪（今河南兰考县）、考城（在今河南兰考县东北）两县被水灾③。同时，官府苛敛较以前有增无减。例如，有人奏，豫省丁、漕折价过重，"州县征收钱粮，竟有折价至三千文以上者。似此任意浮收，殊属不成事体"④。裕长覆奏说："豫省征收丁漕，并非概有赢余。现拟择尤酌减，定价完钱之处，至多不得过二千六百文；汝、光所属，内有差徭，以三千文为率，不准再加。"⑤ 实际上承认了完粮折价过重的事实。其他还有州县办案，"勒掯钱财；征收钱粮，加派苛罚；又复私自变卖仓谷"⑥，等等。所以，从河南购买粮食供奉行在及随扈各军，无异于夺民口中之食，以致阌乡等县"绅民不许米粮出境"⑦，供奉行在之米石到此受阻。

其二是运输困难。"由豫西行入陕，路最崎岖，往往危岩峭壁中仅有一线行径。当此冰雪填拥，路狭泥深，人畜均难跋涉，粮运艰阻"⑧，何况"考城、兰仪、商邱、鹿邑、夏邑、渑池、灵宝、阌乡等县……地僻民贫，并无大车可雇"⑨，复又"自闰八月以后，东南各省方物、粮饷、军械络绎而来，冲要处所，动辄需车数百辆不等；河南府陕州一带，向非商贾辐辏之区，原备之车不敷"⑩，而"旬余以来，连番大雪，西路既多深沟，并多山险，由铁谢运至会兴镇三百数十里，泥淖股胫，日行十余里，沿途骡马倒毙，车夫多弃车而逃。现自陕州之会兴镇运至

① 《清德宗实录》（六）卷四五五，光绪二十五年十一月乙丑，第1001页。

② 《清德宗实录》（七）卷四六六，光绪二十六年七月己酉，第111页。

③ 《清德宗实力》（七）卷四八五，光绪二十七年七月甲申，第413页。

④ 《清德宗实录》（六）卷四五〇，光绪二十五年九月丙辰，第945页。

⑤ 《清德宗实录》（六）卷四五四，光绪二十五年十一月己酉，第988页。

⑥ 《清德宗实录》（六）卷四五四，光绪二十五年十一月壬子，第989页。

⑦ 于荫霖：《起解备荒米麦并查明遏籴截粮拿车各节暨运道为难情形折》，于翰笃编《于中丞（荫霖）奏议》，第318页。

⑧ 于荫霖：《请将存拨甘军米石先行运陕片》，于翰笃编《于中丞（荫霖）奏议》，第280—281页。

⑨ 于荫霖：《过境差车请由各省发价折》，于翰笃编《于中丞（荫霖）奏议》，第284页。

⑩ 于荫霖：《起解备荒米麦并查明遏籴截粮拿车各节暨运道为难情形折》，于翰笃编《于中丞（荫霖）奏议》，第319页。

西安，车脚每石加至银三两，驼价每石加至银三两五钱，尚皆裹足不前"①。这样，他省有粮难以运往行在，河南无粮且承担不起运输。

此外，河南还要疏通驿传。河南原为陆路交通枢纽，驿站甚多，但其传递是由南向北，东西向的驿站则较少，为了沟通行在与各省的联系，就不得不重新设立驿站。于荫霖奏道：

> 东南诸省本折文报，向系取道中州北上。现在乘舆巡狩长安，西路限行文件络绎不绝，向不当站州县一旦变为冲繁通衢，不能不变通整顿，以肃邮政。……两湖、两广文报由南路信阳州入境，江皖等省文报由东路永（城）县入境，云贵及荆州将军文报由南路新野县入境，均至河北安阳县出境……一切文报向由河南北上者，今皆改道西行，地方向非通衢者，今皆为成为大驿；加以军情转运，文报紧急，五六百里排单源源而来，各州县额设驿马无多，难资周转……拟请自归德府永城县起，至陕州阌乡县止，共二十二驿；酌量分别一驿或添马十五匹，或添马十四，总计添马三百五匹。所需马匹由各该州县赶紧自行采买，入解当差。②

在供奉及军饷运输都十分困难的情况下，虽区区三百余匹马，购买起来，又谈何容易！

3. 恭迎回銮

光绪二十七年（1901）八月底，慈禧、光绪帝由西安回銮。自九月初五日进入河南境，至十一月十二日出境，共计两个月零八天（锡良计算是六十九天），驻跸二十五处、馈十四处、进茶四处③，各项费用达一百八十七万余两（见表4-5）。各行宫的情况，我们可以从一则地方志的记载中略见一二：

---

① 于荫霖：《请将存拨甘军米石先行运陕片》，于翰笃编《于中丞（荫霖）奏议》，第281页。

② 河南巡抚于荫霖：《奏为豫省驿站饭食免其加派恳请仍照原额支解兵部事》，光绪二十七年正月十三日，录副奏折，档号03-6655-012。

③ 王彦威：《西巡大事记》，《续修四库全书》，第446册，第862—890页。

表 4-5　　　　　　　　　　豫省迎接回銮事项及费用表

用项	花费银两（两）
恩赏兵弁、轿班、水手及敕赐各庙匾额等项	12261.076
修建行宫 69 座工程	491686.6
内廷供支 69 日	145929.61954
陈设铺垫 59 处	229796.823
修建跸路 1300 余里，桥梁 65 座	185212.032616
修造御舟，柳园口 5 只，孟津预备 3 只	35493.0832
轿班 316 名暨随时雇用挑抬、纤夫等役	38448.344
扈从公寓 10978 处，供给 69 日	195696.5875
车辆 4536 辆、骡驮 628 头、渡船 262 只	438710.45584
麸料、草、豆支应 55 处，供给 69 日	98430.0848
合计	1871664.68894

资料来源：《锡良遗稿》，第 234—235 页。

（回銮的）先数月，即命跸路大臣黄履中相度驿路，修理行宫，于是征集民夫，凡境内东西孔道，尽平治成坦途。时值饥馑之后，民不堪命。黄履中禀请豫抚拨款发给工资，应工始形踊跃。境内设行宫四处，一石桥镇，一城内道署，一磁钟镇，一张茅镇。各镇行宫墙壁，以红黄色涂之，辉煌耀目；门屏格扇，都令雕刻极其精致；御榻用黄缎绣，龙墩、厕所皆以红毡叠铺；御膳房所需一切器皿皆新置，大厨房山珍海错，每味各归一处专司。两宫至，从官山积，马如云囤。沿途人民跪道左瞻谒。有贡献石榴果者，帝赏给银两；以银牌颁赐耆老……是役也，所过之处，供张甚丰，而余物抛弃狼藉，虽开支正款，地方已不堪其扰。某生咏行宫七绝二句云：无限苍生膏与血，可怜只博片时欢。①

虽说"此次启銮回京，一切用费，均开正款，不至扰累民间"，且免所过之处当年钱粮②，"而贸易佣趁，转得藉谋糊口"，但"民间不惟

① 民国《陕县志》卷一《大事记》，第 58 页。
② 锡良：《豁免跸路经过地方钱粮折》，《锡良遗稿奏稿》，第 158 页。

无丝毫扰累"、无"损上益下"① 恐怕难免粉饰之嫌。譬如，河南府知府文悌，为了迎接回銮，向河南布政使延祉要银八万两，延祉只给三万，文悌"怏怏而回，仍就地罗掘以供所需，故一切部署，无不力从丰赡"；"沿途烽候堆房，皆一律新修，焕然耀目……行宫，则局势宏丽，陈设皆备极精好。（当地人）谓文守惨淡经营，已逾数月，殊（令人）不免有人劳鬼劳之感想"；"行宫工程，原估二千四百串，现用至三万余两"；"又以重贿深结李莲英，终日在李室，手持水烟袋当户而立，与出入官员招呼点首以示得意。豫中同僚，皆心鄙之"。② 次年正月，文悌即迁升贵西道，时任豫抚的张人骏说其"伪多诚少"③。然而，豫省官员想趁此讨好慈禧、李莲英以求升官发财者，又岂止一个文悌？故开封有民谣说："银如山，金满屋，不要钱，李太叔（指李莲英）。"④ 说的是李莲英索贿金银如山，还说不要钱。正因为随銮与赶赴行在的官员行贿受贿、敲诈勒索公行，才出现了有人"冒充王公仆从，于各州县供给，恃强攫食毁器"⑤ 之事。

至于各路援军及赶往行在的官员对河南民众的骚扰，亦不亚于回銮。各省援军，如岑春煊所说："洋兵虽图西进，果能因应得宜，或尚易止。可虑者，驻晋客军庞杂。如马玉昆所部，现驻晋者，尚有二十余营。该军半系溃勇，专以剽掠为能。又，方友升、张德朝所统两湖之军，多半票会匪类，将骄卒悍，统驭实难。"⑥ 可谓"援军猛于洋鬼子也"！而这些军队后来都到了河南驻防。差役之累，可以从豫抚于荫霖的奏折见其一斑：

> ……马号号夫，按节向大小客店索大钱二百文；麸料系粮房与饭店支应，按节各索大钱三百文……自屡过兵差，所需草束遂藉端加倍，仍复出自民间……查陕州大小客店共六家，兵差滋扰不堪。

① 锡良：《恭办要差请开单具报折》，《锡良遗稿奏稿》，第 194 页。
② 吴永：《庚子西狩丛谈》，岳麓书社 1985 年版，第 101—102 页。
③ 张守中编：《张人骏家书日记》，第 152 页。
④ 王天奖、邓亦兵：《辛亥革命在河南》，河南人民出版社 1981 年版，第 6 页。
⑤ 《清德宗实录》（七）卷四八七，光绪二十七年九月癸亥，第 435 页。
⑥ 王彦威：《西巡大事记》，《续修四库全书》，第 446 册，第 768 页。

店户衣服被兵抢掠，控州代为要回……至马号应用麸料、草束，经管号家人段姓以过兵为名，多索麸料，折价勒交：其草先以三斤为一斤，后乃以十二斤为一斤。民不堪苦，咸为切齿，至聚众数百，将期寻杀，该家人逃至灵宝藏匿……旋据该州境五路小饭店公同呈诉，内称：各饭店常被州号勒索。支应麸差向交湿麸，照京斗每斗约重六斤，每日交麸八斗九升四合，共重五十余斤；交麸一石，向发价银一两，立有碑记可查。近来麸差加重，复勒交干麸，甚又每斗改为四十斤，日交斗数如前，净重三百五十余斤，应得麸价分文不发……此外，旧章尚有摊自民间者，每亩捐钱三十文，每年约共收钱六千六百余千。本年该州商同局绅，两次每亩地复加派四十文，民已交怨。嗣又藉办兵差，每亩又添派二十文，百姓哗然，遂有先缴农器，而后来州算账之举……灵宝县……兵差过境，有先兵而逃者，有后兵而归者……麸料、草束向系民间支应，尚未格外加增，但催取时，差役轮流下乡，需索饭钱数十文或一二百文，为数无几，而催索频繁，乡民未免恶其滋累。阌乡县……马号草料取之民间，号麸征之饭店。本年兵差，马号即藉此为词，多加数目。草料由乡间加摊，系属众力，惟麸片只有饭店两家，未免苦累，致有怨声；且催取时系差役经手，每遇下乡，动辄需索饮食，或数十文至百余文不等，名曰"催费"。①

所以，迎接两宫回銮，对于河南官员来说，是一次表现"忠心"的大好时机；对于那些随扈官员、援军、官差经过地方的河南百姓，说是一场劫难，似亦不为过。

由以上可见，豫抚及其管辖下的河南，在筹饷上，对镇压捻军、平叛新疆至关重要；豫军则从弱变强，在对外反抗侵略的战争中，做出了一定贡献。直至庚子之役，两宫"西巡"，河南成为行在最后的军事屏障和经济生命线，在一定程度上起到了"中原缩毂"的作用。当然，我们还应注意到，晚清豫抚在反对列强对河南本省的经济侵略方面，也

---

①　于荫霖：《查明州县被参按站扰累各节据实覆陈分别拟办并拟妥定章程以善其后折》，于翰笃编《于中丞（荫霖）奏议》，第294—299页。

有所作为，史学界对此已有不少研究①，不再赘述。也正因为如此，兵燹之余的河南雪上加霜，精疲力竭，使得清末豫省新政缺乏必要的经济支撑。

①　这些研究主要有：杨炳延：《1897—1904 年英国福公司侵占河南矿山阴谋活动》，《史学月刊》1964 年第 8 期，及《1909 年河南人民反对英国福公司就地售煤斗争》，《史学月刊》1965 年第 3 期；郑永福：《试论辛亥革命前河南人民收回矿权的斗争》，《河南大学学报》1984 年第 4 期；何玉畴：《清朝末年河南人民向英商福公司收回矿权的斗争》，《兰州大学学报》1985 年第 2 期；薛世孝：《清末河南人民收回福公司矿权的斗争》，《史林》1990 年第 1 期；王敬平：《英商福公司与焦作近代煤炭工业城市形成》，《焦作工学院学报》2000 年第 2 期；徐有礼：《清末道清铁路》，《中州今古》2004 年第 3 期；薛毅：《英商福公司与道清铁路》，《中州学刊》1984 年第 6 期；李玉：《尽一份力，保一份权——河南官员与晚清福公司办矿交涉》，《中州学刊》2000 年第 1 期；景东升：《论近代河南官民对英国福公司经济侵略的斗争方式》，《三门峡职业技术学院学报》2004 年第 4 期；[美] 吴应铣：《发展、经济落后与衰退的现象——河南铁路运输的引进》，《殷都学刊》1992 年第 2 期；黄天弘：《论 1897—1915 年英国福公司对河南矿产资源的掠夺及其影响》，郑州大学 2002 年硕士论文；王守谦：《政治变迁中的中外企业竞争——福公司矿案研究（1898—1940）》，华中师范大学 2007 年博士学位论文；[台] 张德纯：《平汉铁路与华北经济》，台北"中央研究院"近代史所专刊，1991 年，等等。

第五章　缺乏创新的豫省新政

河南原有的工业基础并不算太薄弱，但在晚清新政的浪潮中，河南却落后了。豫抚的所作所为，多是援案、效仿他省，以及依靠其他督抚，直至清末，虽然不得不执行朝廷的新政命令，但对新政累民及其后果又充满疑虑，使得河南新政缺乏创新性。

第一节　他省改革的模仿者

晚清的各项改革或多或少都带有被迫的性质，河南地处堂奥，没有直接受到列强的军事侵略，其改革也往往步他省之后尘，抑或依赖其他督抚，缺乏自身的独创性。

一　不太薄弱的手工业基础

河南地处中州，曾是古代中国的政治、经济中心之一。清兵入关之后，河南的传统手工业发展在整体上有所下降，但其水平并不算太低。

清代河南传统手工业的衰退，可以从一些行业得到证明。其一，一些地方的炼铁业被废。贾汉复《河南通志》记载：铁，出禹州（今河南禹州市），其淇县、济源、巩县、宜阳、登封、嵩县、新安，南阳内乡、汝州，所产尤多，旧俱有冶，今废。① 晚清来河南的西方人也有类似记载："在早先这里（指河南省鲁山县）的铁冶工业也很可观，附近到处都（是）熔炼厂的遗迹。这些厂子或者是规模很大，或者是经营了很长的时期。黑蓝色含铁很多的矿滓堆是惊人的高大。人家告诉我

---

① 贾汉复：《河南通志》卷一三《物产》，第 2 页。

（李希霍芬）说，这都是明朝时候留下来的，这种工业是由于随着明朝灭亡而来的事变而没落了。现在的居民已经不会炼矿的技术，并且无意从（重）新学习。矿石是采自村的附近。"① 《禹县志》记载：炼铁，"道光时，有张法礼者，居屈沟，依大雄山，因富矿质，始专设犁面炉于上官司，仿伊阳造法，外售襄、许、叶、邓等处。后遂沿之，及于党寨。党寨而西，铁矿质不可胜用。惟炼铁须柴，而山少林木不给鼓铸，未免货弃于地。"② 事实上，禹县煤矿矿藏极富，可以炼铁，之所以不能用煤炼铁，亦与官府有关。

其二，对煤矿开采的限制。河南煤蕴藏量极大，煤矿开采获利亦丰，往往引起诉讼乃至犯罪，地方官为了减少管理麻烦，常将煤窑一关了之，即使让开采，也加上种种限制，使煤矿开采业难以发展壮大。最令人费解的是，无论是贾汉复所修《河南通志》还是田文镜所修的《河南通志》，在物产卷竟然都未提到煤矿。根据中国人民大学清史所与档案系合编的《清代的矿业》一书所辑录的资料，清代河南煤矿最早的记载是乾隆五年（1740）五月河南巡抚雅尔图的奏章：

> 兹拿获各犯饬发安阳县知县陈锡辂讯供，详禀前来。缘安阳县水冶地方，有陈涵芬家煤窑一座，关系阖邑泉源，久已讦讼关闭。讵有薛瑄、王彝、尚四等觊觎厚利，不惜多金各处托人钻谋复开。乾隆三年八月间有艾学曾、郑爱公钻寻履亲王门上太监李姓谋干此事，议定谢银一千五百两，缘李姓有侄李纶现任开封府粮捕通判，李姓即差家人许姓来豫，嘱托伊侄李纶探听，因询知奉禁难开，事遂中止。至乾隆四年七月间艾学曾又同李鉴、王用起受命钻寻诚亲王嬷嬷之子赵七，亦议定给银一千五百两，赵七应允，指称转求王爷事属易行，并令艾学曾等寄字与王彝云：谕帖文票一体下去。又云二十四日约见王爷，择定日期必令有人下去等语。今原字现在起获，后因讲说不妥，事亦未行。至八月内郑爱公又同程大汉并诚亲王门上人艾三即艾连滋，访有江苏举人候选知县陆碧寓居京城十间

① 彭泽益编：《中国近代手工业史资料》第二卷，第133—134页。
② 民国《禹县志》卷七《物产》，成文出版社1976年版，第629—630页。

房翰林吴乔龄家，称系前抚臣尹会一亲戚，可以请托，议定银三千两。十月间陆碧遂与艾连滋等同至安阳，因前抚臣尹会一赴京，伊等始散去。迨至十二月内臣莅任之后，艾学曾又各处寻觅门路，有兵部书办程五计图撞骗，与之说合，因无现银，事遂不果。至本年二月内艾连滋又托王用起在京欲图钻营臣衙门之门路，经臣访闻，拿获程涵芬、薛瑄、王彝、尚四、郑爱公、李鉴、王用起到案饬审，供认不讳。①

这里，陈涵芬家的一座煤窑关系到整个安阳县的"泉源"，官府仅仅因为"讦讼"就将其长期关闭，而薛瑄等人千方百计，想通过官方人物打通关节，不仅未成，反而成了"罪犯"。雅尔图之奏，得到乾隆帝的赞赏："此奏甚属可嘉，着将案内有名人犯解交雅尔图审拟。"② 六月，大学士赵国麟奏请弛煤之禁，雅尔图又奏称，赵国麟是受试图打通采煤关节者的蛊惑，"亦不免堕其术中"，复获得乾隆赞许。③

有些州县虽然允许民间采煤，却又加上种种限制，其中固然不乏防止犯罪及保护矿工利益之处，但关键是规定窑户及其采煤工人都必须是本州县人。④ 河南富商巨贾甚少，这种限制无疑大大阻碍了煤矿业的发展。正如《禹县志》所说："他商皆可随本大小，惟矿本须有大无小。不足则出之息借，息借多则直为人作计，利之归己者后矣。此煤矿所以亏多而赢少也。"⑤ 其结果就是像禹县这样煤矿、铁矿俱全之地，竟然"未免货弃于地"。

其三，将煎硝业收归官营。清代河南所产硝，经历了管制——放开——管制——官营的过程，而放开对于民生是有利的。乾隆二年（1737）七月，河南巡抚尹会一奏："豫省硝觔，自改听民间交易以来，

① 中国人民大学清史所、档案系中国政治制度史教研室合编：《清代的矿业》下册，中华书局1983年版，第451页。
② 《清高宗实录》（二）卷一一七，乾隆五年五月戊辰，第717页。
③ 《清高宗实录》（二）卷一一九，乾隆五年六月戊戌，第747页。
④ 中国人民大学清史所、档案系中国政治制度史教研室合编：《清代的矿业》下册，第452—455页。
⑤ 民国《禹县志》卷七《物产》，第627页。

殊于贫民有益。惟是每当邻省采买之时，数多不易足额；及至买毕，又硝多无从出售，贫民煎熬度日，转觉生计难资。请嗣后产硝地方，听收硝行客运往售卖，仍将硝觔数目及运卖处所，禀明州县官，给发印结，以凭关会查验。"① 这是说，硝由民间自由买卖对于民生的好处，但需要规范管理，本是好意，不料工部却认为"查采办硝觔，最严夹带。今若听行客贩运，恐不肖商行易启将多报少、私行夹带等弊。且如江浙两省皆近海滨，湖广地方苗猺杂处，倘有透漏，所关尤巨，应仍令遵照定例，不许私贩出境"②。乾隆帝听从了工部之议。但利之所在，并非一纸谕令所能禁止。九年（1744）八月，巡抚硕色再次奏请严禁私贩，其办法是："地方凡殷实之家愿开官硝店者，如官盐店例报官准开；贫民零卖硝觔，听照时价收买，并设印簿，逐日登填，月底送州县查核，庶免偷漏。" 工部的意见是："查设立官店，可杜囤户私收……但恐挟资贸易之人，图利居奇，难免轻出重入、抑勒价值等弊；且官为给照，易启胥役需索，应令该抚严饬地方官，务令店户按照时价，不得短价收买。遇采办官硝及本地匠铺需用，须验明印批，始行发卖，并严禁胥役，毋得需索。岁底将各店户收发价值及硝觔数目，逐一开明，出具并无偷漏甘结详报外，仍严饬文武员弁，实力稽查，毋致私贩出境。"③ 二十八年（1763），豫抚叶存仁所奏对怀庆府民间所产之煎磺的管理也是如此④。硝属于军用物资，严格管理，本无可厚非，但如此则不免给地方管理增加诸多麻烦，且要真正禁止私贩也非常难。到阿思哈为豫抚时，就以此为借口，不惜减产、涨价以收归官营。三十年（1765）十一月，他上奏说，河内县（今河南沁阳市）让民间煎硝，一是"愚民罔利私贩，颇有获犯治罪之案"；二是"官役稽查甚为周章"。解决的办法是"改为官办，弊端易绝"：由于采矿规模小，由官方同时开采没有可持续性，阿思哈采取将原有六窑分三批，每批开二窑；将原来分散的二十七窑户的七十余炉废弃，由官方另建一座总厂；官办成本增加，

① 《清高宗实录》（一）卷四七，乾隆二年七月戊申，第814—815页。
② 同上。
③ 《清高宗实录》（三）卷二二三，乾隆九年八月辛酉，第874页。
④ 中国人民大学清史所、档案系中国政治制度史教研室合编：《清代的矿业》下册，第638—639页。

就把每斤硝的价格由原来的三分银增至四分，每年一万余斤即增加百两，足以敷用。①

硝磺官营，管理是容易了，但其成本增加，浪费加大（废原炉建总厂），价格上涨，产量减少②，再加上官府与民争利，对河南硝磺业的负面影响可想而知。且硝磺出于采罢的煤窑，煤业发展规模受限，硝磺产量亦受制约，到晚清军兴以后，国家用硝量大增，而河南每年解四十万斤的毛硝常常积欠。③

此外，还有禁止烧锅（做酒曲）。河南是产粮大省，灾荒亦多。为了保证粮食供应，乾隆朝开始禁止用粮食做酒曲。乾隆二年（1737）七月，署理河南巡抚尹会一奏请禁止用麦子造酒曲："麦乃五谷之精良，非若高粱质粗易朽，惟禁曲既以节二麦之费，更以清造酒之源"④。次年河南麦子丰收，尹会一的看法又有所改变，奏请"麦收丰稔之时，亦当听民间自为流通"。编修程元章亦称，禁止卖酒曲，"以致民间所收之麦、所造之曲，皆废弃于无用之地，民甚不便"。但乾隆帝认为，即使是苦涩不堪食的高粱，也不应该用来酿酒。⑤随后，雅尔图继任豫

---

① 中国人民大学清史所、档案系中国政治制度史教研室合编：《清代的矿业》下册，第639—641页。

② 闽浙总督苏昌奏称，浙江军用硝按部定价在江南、河南购买，因江南产硝不敷咨浙停买，只好到河南购买，"讵该省于乾隆三十年，亦因产硝稀少"，毛硝涨价，原定部价不敷用（闽浙总督苏昌：《奏为豫省加赠硝价浙省部价不敷请画一找给事》，乾隆三十一年九月初二日，朱批奏折，档号04-01-12-0120-040）。

③ 例如，同治四年四月谕，"直隶、山东、河南等省，累年拖欠硝斤"［《清穆宗实录》（四）卷一三七，同治四年四月甲午，第605页］；光绪二年，河南欠解二十八万七千余斤［《清德宗实录》（一）卷四〇，光绪二年九月己未，第566页］；三年，河南欠解五十六万七千七百斤［《清德宗实录》（一）卷五四，光绪三年七月己卯，第754页］。其他还有河南巡抚鹿传霖：《奏为应办光绪十一年分硝斤援案请缓至十二年办解事》，光绪十一年二月二十八日，录副奏折，档号03-6096-012；河南巡抚边宝泉：《奏为豫省应办光绪十二年分毛硝请缓至十三年办解事》，光绪十二年二月二十八日，录副奏折，档号03-6101-007；河南巡抚裕宽：《奏将光绪十九年毛硝缓至二十年采办事》，光绪十九年三月初八日，录副奏折，档号03-6101-007；河南巡抚裕宽：《奏请将豫省应办光绪十七年硝斤照案缓至十八年再行办解等事》，光绪十七年四月十五日，录副奏折，档号03-6466-005；二十二年四月，刘树堂奏，"豫省产硝不旺，采买为难，请将奉派按年加办二批，准予邀免。下部议"［《清德宗实录》（六）卷三八九，光绪二十二年四月壬辰，第79页］，等等。

④ 《清高宗实录》（一）卷四七，乾隆二年七月癸卯，第809页。

⑤ 《清高宗实录》（二）卷九七，乾隆四年七月壬申，第474—475页。

抚，采取折中办法，勒令民间将已造之酒曲限期卖完，而后全面禁止卖曲①，但禁而不止。七年（1742）三月，雅尔图为了调动地方官查禁酒曲的积极性，又制定了奖励办法②，效果仍不理想，所以次年四月又有请禁之奏③。之所以如此，是因为丰稔之年，农民丰产不丰收，且田赋又须交钱。光绪四年（1878），朝廷又谕令河南、山东、山西、陕西等省禁止烧锅，河南巡抚涂宗瀛奏称，豫省烧锅本不如他省多，粮食收成中等，请允许原有烧锅者照旧开烧，以资谋生，而"此后但许歇业，永远不准新开，以示限制"④。即便如此，次年修武县还是出现了"斗麦值钱不及二百，农大困"⑤的现象。

当然，也有一些豫抚采取措施发展河南种植、养殖业。一是栽树。乾隆三年（1738），尹会一奏称奉旨劝谕民间种植："自桑柘榆柳以至枣梨桃杏之属，遇有闲隙之地不可种谷者，各就土性所宜，随处栽植，加意培养。今各府查，一年之内实在成活之树木共计一百九十一万有余。"⑥九年（1744），豫抚硕色又实行奖励制度，乡耆士民"有能劝种一千株者，给以花红示奖；州县官有能劝种二三万株者，分别记名"⑦。二是养蚕。与种植桑树、柞树相应，即以桑叶养蚕。山东有两种蚕，食椿叶者名椿蚕、食柞叶者名山蚕，河南加以引进。硕色奉旨劝谕，在开封、彰德、怀庆、河南、南阳、汝宁（治今河南汝南县）及汝州、陕州、光州等府州产有柞、槲等树，喂养山蚕；祥符等七十九州县不产青

① 河南巡抚雅尔图：《奏报销完旧曲查禁新曲情形事》，乾隆五年五月二十六日，录副奏折，档号 03 - 0976 - 017。

② 河南巡抚雅尔图：《奏请定获曲议叙之例事》，乾隆七年三月，录副奏折，档号 03 - 1195 - 014。

③ 河南巡抚雅尔图：《奏请严禁运曲以裕民食事》，乾隆八年四月十九日，录副奏折，档号 03 - 0976 - 038。

④ 河南巡抚涂宗瀛：《奏为河南原业烧锅各户可仍开烧无庸议禁歇业永远不准新开以示限制等事》，光绪四年十二月十四日，录副奏折，档号 03 - 5584 - 048。

⑤ 民国《修武县志》卷一六《祥异》，成文出版社 1976 年版，第 1174 页。

⑥ 《清高宗实录》（二）卷八三，乾隆三年十二月庚子，第 313 页。

⑦ 河南巡抚硕色：《奏为劝导各属广栽树木事》，乾隆九年四月初六日，录副奏折，档号 03 - 0865 - 035。

柞等树，植桑以养家蚕。① 但这样以行政命令的方式推广种植、养蚕也不是没有问题。例如，乾隆五年（1740），豫抚雅尔图曾奏，河南省沿河的河滩地"经前任巡抚富德题准，画为区号，栽植桑柳以为经界……（但这些地方）时常被水，土埂虚松，即栽植桑柳，不能存活，以致岁岁画区，迄无成局"②。光绪二十九年（1903），豫抚陈夔龙说："查省城本有桑园一区，年久废置，殊觉可惜。"③ 省城桑园尚且如此，其他地方可想而知。

总之，由于朝廷及河南地方官为求地方稳定，对河南的手工业进行了种种限制，对某些行业甚至"一刀切"地全面禁止，导致了豫省手工业的衰退。

如果说，上述从反面反映出河南原有的手工业基础及工业资源并不薄弱的话，那么，"剿捻"时期河南对他省的军火供应和军兴以后一直为朝廷采办汴绸等项，则从正面说明了河南的手工业实力。

表 5-1　　　咸丰八、九年瑛棨署、任豫抚时奏报拨解军火表

时间	对象	军火数量	资料来源
八年九月十六日	袁甲三翁同书	火药五千斤、火绳六千盘，抬枪、鸟枪、马枪铅丸共二十箱，计重一千四百斤，大号铁砂三百斤； 火药三千斤、火绳三千盘，抬枪、鸟枪铅丸三十箱，计重二千一百斤，抬枪一百杆配带什物一百份、鸟枪二百杆配带什物二百分、白蜡杆一百根。	录副奏折，档号 03-4299-023
八年十月初五日	胜保翁同书	白布帐房二百二十架、火药五千斤、火绳八千盘、大小铅丸二十箱计一千四百斤、大箭二百枝、梅针箭三千枝； 天门炮五十尊、抬枪五十杆、白蜡杆二百根、铁矛□二百个。	录副奏折，档号 03-4300-004
八年十月廿九日	翁同书胜保	帐房二百架、杆橛俱全、火绳一万盘、火药五千斤、火绳五千盘。	录副奏折，档号 03-4300-055
九年三月廿二日	胜保、翁同书	火药一万一千斤、火绳一万一千盘，大小铅丸三十箱。	录副奏折，档号 03-4304-033

① 河南巡抚硕色：《奏明遵奉喂养椿山二蚕缘由事》，乾隆九年九月二十五日，录副奏折，档号 03-0856-047。

② 《清高宗实录》（二）卷一三〇，乾隆五年十一月己卯，第 906—907 页。

③ 陈夔龙：《筹设商务农工局折》，《庸庵尚书奏议》，第 303 页。

续表

时间	对象	军火数量	资料来源
九年四月廿一日	安徽粮台	火药五千斤、火绳六千盘，抬枪、鸟枪铅丸共二十箱，梅针箭五千枝、大箭五百枝。	录副奏折，档号 03-4305-037
九年五月初三日	安徽军营	抬枪五十杆、鸟枪二百杆、大小铅丸十箱、净磺二千斤、白布帐房一百架、蓝布夹帐房十六架。	录副奏折，档号 03-4305-063
九年五月十二日	江北粮台	火药二万斤、火绳二万盘。	录副奏折，档号 03-4305-074
九年六月十七日	安徽粮台	抬枪一百杆、火药六千斤、火绳一万盘、梅针箭五千枝、火箭五百枝；火药六千斤、火绳一万盘、火箭五百枝。	录副奏折，档号 03-4306-027
九年七月初十日	安徽粮台 翁同书	抬枪一百杆、鸟枪二百杆配带俱全、火箭五百枝、火药五千斤、火绳六千盘；火药五千斤、火绳七千盘、抬枪五十杆、鸟枪一百五十杆配带齐全、大小铅丸共二十箱、火箭二百枝。	录副奏折，档号 03-4307-022
九年九月廿三日	翁同书	铜炮十尊随带炮车什件全五百斤、铁炮二尊、火药五千斤、火绳五千盘、合堂炮子一千二百出、大小铅丸十箱。	录副奏折，档号 03-4309-060
九年十月十四日	胜保 翁同书	天门炮一百尊、抬枪一百杆俱配带全、抬枪铅丸十箱、鸟枪铅丸十箱、天门炮子三千出、九十六两重炮子一千出、三十六两重炮子八百出、二十两重炮子一千出、十六两重炮子二千出、十二两重炮子三千出、八两重炮子一千出；劈山跑三十尊、战弓二百张、梅针箭五千枝、喷筒一百个、净磺二千斤。	录副奏折，档号 03-4310-020
九年十二月廿八日	袁甲三	火药一万斤。	录副奏折，档号 03-4311-060

　　表5-1是咸丰八年（1858）、九年（1859）豫抚瑛棨拨解军火的数量及频率。此时，河南正处在"剿捻"的最艰难时期，而瑛棨则是晚清唯一因在布政使任内解饷不足而被解职的豫抚，但其拨解军火却从未延误。由此可见，河南虽号称钱粮大省，历任豫抚却在解饷上叫苦连天，与此形成鲜明对照的是，没有一任河南巡抚为拨解传统军用物资而诉苦，足以说明当时的河南虽饱受灾害、战争蹂躏，但其传统手工业在炼铁、铸造、纺织及制造军火等方面，既有较高水平，亦有相当大的规模。

　　至于河南的纺织业，我们可以从光绪十七年（1891）十二月河南巡抚裕宽的一份奏片见其一斑：

再，准内务府咨，奏派河南采办绸、绫、布匹等项解京应用，并准黏单内开各色汴绸三百匹、汴绫三百匹、汴绉三百匹，每匹均长五十尺、宽一尺五寸；绵绸三百匹、大布三千匹，宽长尺寸，均照案制办。等因。遵即转行遵办去后。兹据布政使廖寿丰详称：豫省奉派前项绸、绫，从前由江南苏州、杭州各织造办运。嗣因各该省均遭兵燹，于同治元年由内务府奏明，改派豫省采办接济，俟江南等处克复后，仍按旧制，例扎行各处织造办理。当因豫省绸、绫恐未合用，购备各色绸样，呈由内务府验明照办。嗣于光绪六、七年间，因江浙收复已久，豫省库款支绌，屡请规复旧制，咨请内务府扎行各织造办理。旋准咨复，以关税停征，各织造未能办解全运，历年仍派豫省照案采办在案。本年派办匹数与历届相同，惟向办汴绫、绉，每匹二十六尺、幅宽一尺四寸，现各加长二十四尺、加宽一寸。照此尺寸牵算，需款较前逾倍，无论库藏未裕，筹拨为难，且自奉文后，详确咨访，豫省作织绸绫，宽无过于一尺四寸、长无过于二十六尺，推原其故，山蚕产丝捅茧，兼以缲练无方，本不如南丝之绵长匀细，而商机抒抽，向有定式，经纬均难多受，机匠只能就料成材，故仅得此宽长尺寸。今照现开尺寸定织，商机既不合用，各机户亦以器具、手工，相习已久，不敢承办。查豫省所办绸绫，历系就市采买，按尺计价，果能放样织造，该机户亦所乐从。无如既限于机张之成式，复围于匠工之所习，以致碍难照办。①

　　裕宽此奏表明，一方面，河南的传统纺织业水平与皇家各织造相比，还有一定差距，此外也相当分散。例如，"棉布一项，每年额办三千九百六十八匹，散在开封等府州属之祥符等四十八州县承办"②；另

---

　　①　河南巡抚裕宽：《奏为织户只能就料成材请准将内务府派办绸绫仍照历年宽长尺寸照案采办事》，光绪十七年十二月初三日，朱批奏折，档号04－01－14－0085－044。

　　②　河南巡抚裕宽：《奏为豫省欠解历年黄蜡牛筋及带办远年棉布采办维艰委难起运请援案追价解部以清悬欠事》，光绪十九年十二月二十四日，朱批奏折，档号04－01－12－0561－023。

一方面，当江南织造因战争不能供给皇家之后，河南纺织品成为其所选的替代品之一。事实上，即使后来沿海、沿江地区有了近代工业，此项采办亦未停止，直到宣统三年（1911）依然如故。[①] 同时，户部也经常在河南采办同类纺织品。例如，光绪四年（1878）十月，"准户部咨，奏派河南省采办南阳绸一千匹、汴绸一千匹，添办阔布五千匹"[②] 等。光绪二十三年（1897）六月，刘树堂奏说："鲁山县向产土蚕，每年缫丝自七八十万斤至百万斤不等。"[③] 由此可以断定，河南的传统纺织业应居于全国先进之列。

然而，鸦片战争之后，河南既处堂奥，豫抚亦缺乏创新精神，原本不算落后的工业基础未能在近代化的大潮中发扬光大，反而常常步人后尘。

二 对他省改革的效仿与依赖

1. 军兴时期的"援案"

如前所述，军兴时期，豫省兵饷两绌。为了增加饷源、扩充军队，豫抚绞尽脑汁，但其所作所为多为"援案"，即仿照他省做法，缺乏"独创"。

（1）漕粮改折

豫省漕粮以怀庆府最重，其源头在元朝末年当地人协助元将守城，被朱元璋罚以三倍加征漕赋，清沿明制，故清代河南漕粮亦颇重。豫省的漕粮改折，最初是因为漕米引起的。康熙十五年（1676）因用兵需饷，豫省漕粮改征折色，后又以各省漕米截留太多，复令买米起运。二十二年（1683）二月，豫抚王日藻奏："豫省漕粮二十五万余石，历来各州县金差官役，前赴大名府小滩地方买米交兑。越境采办，囤户、牙行任意腾贵，官民交困，请行改折"，获得俞允[④]。三十二年（1693

---

① 河南巡抚宝棻：《奏报委解派办各色汴绸等件起程日期事》，宣统三年六月二十二日，录副奏折，档号 03 - 7563 - 016。

② 河南巡抚涂宗瀛：《奏报采办绉绸布匹数起解日期事》，光绪五年二月初十日，录副奏折，档号 03 - 5665 - 003。

③ 《清德宗实录》（六）卷四〇六，光绪二十三年六月癸酉，第 304 页。

④ 《清圣祖实录》（二）卷一〇七，康熙二十二年二月乙酉，第 92—93 页。

六月，河南巡抚顾汧以同样理由奏请改折，九卿议覆"应无庸议"，谕旨改"令该抚将改折银两，亲至大名府所属地方，照数采办，验看起运"①。至于折价，每漕米一石折银六钱五分，而四十二年（1703）荒歉，米价腾贵，豫抚徐潮奏请改折，亦获俞允。② 六十一年（1722）十二月，豫抚杨宗义奏，"河南所属不近水次州县，征收折色米一十五万一千三百八十石，每石折银八钱，照例节省一钱五分解部，存银六钱五分，令粮道采买。今年秋收歉薄，市价每石需银一两五六钱，与部内所定之价大相悬殊，且恐采买如许漕粮，米价更贵，贫民艰于得食。请将附近水次州县应征本色，现在征收；其不近水次州县折色银两征银解部，或于来年秋后丰收，分作三年采买搭运"。旨不许，只免河南运送，将运费折银。③ 由此可见，前期豫省漕粮改折，一种情况是因军需饷银，另一种是因运输不便或灾荒，但不论何种情况，豫抚每次所奏只是当年折征，不为定例。

除了折银之外，还有以豆抵米的。例如，乾隆五年（1740）闰六月，河南巡抚雅尔图奏，"民间多种麦、豆，少种粟米，购买本属艰难，况漕粮系刻不容缓之事，各州县争先采办，一时蜂拥，市集为空，以致商侩居奇抬价，小民深以为苦。……查豫省雍正十年以后，两次奉文将漕米改征黑豆七万石"④。十六年（1751）六月，豫抚鄂容安奏："豫省地方，粟、豆兼产。以贱价之豆，抵贵价之米，乐于输将，改征一二万石，民情并无未便。应请自本年为始，于应征粟米内，改征黑豆二万石。除永城等十九州县相离水次窎远，向系折征，毋庸改派外，所有祥符等三十一州县，均匀摊派，将额征粟米，照数除抵。仍通行晓示，不得以粟贵豆贱多少滋弊。"得旨：如所议行⑤。

河南也是晚清最早漕粮改折的省份之一，但与此前不同，是援他省之案。咸丰四年（1854）二月，由于运道阻隔，河南巡抚英桂因钦差大臣胜保之奏，请将豫省咸丰三年（1853）漕粮改折解拨，所援之案

---

① 《清圣祖实录》（二）卷一五九，康熙三十二年六月庚寅，第749页。
② 《清圣祖实录》（三）卷二一三，康熙四十二年八月甲申，第159页。
③ 《清世宗实录》（一）卷二，康熙六十一年十二月戊辰，第60页。
④ 《清高宗实录》（二）卷一二〇，乾隆五年闰六月甲辰，第761页。
⑤ 《清高宗实录》（六）卷三九三，乾隆十六年六月壬子，第156—157页。

是上年湖南、湖北、江西三省，"亦因贼氛梗阻，奉部奏准，将各该省咸丰三年应征漕粮，由官折价解京"；"今豫省漕粮阻滞情形，事同一律，自应援照部议江广折解章程，责成官为变价折银解京，不与民间相涉，办理可期无弊。查漕运例载，河南省每漕米一石折征银八钱，以六钱五分办本色起运，一钱五分作为节省，解交粮道……当国用维艰之际，力筹变通尽利之方，稍有盈余，均应核实归公，未便仍以成例折价银数为则。向来豫省漕粮，系分米、麦、豆三项征收，通盘酌议。查照各属现在粮价，均匀牵计，应请无分粟、米、麦、豆，每石折银一两二钱五分"，本省仍按惯例，留一钱五分。① 三月，谕令河南"将本届应运正耗米、麦、豆石按数折银，除蓟粮项下应拨保定等处兵俸等米一万五千余石，照例定每石八钱之数划出，径解直隶藩库外，其余并着按照户部所议，全数批解到部，以备采买资本"②。四年（1854）五月，河南又将漕粮变价银九万两、银票一万两，委候补知府高应元管解起程，赴部交纳。③ 六年（1856）十月，又因运道经常有"匪踪出没，道路难行，抽兵运米，为费不赀；且自八月以后，沿江圩田稍有收成，非如六七月间之缺米"，安徽巡抚福济请将河南协济米、麦折价二万八千两，克日运往庐州。④ 这三次漕粮折银，一次因胜保之奏而援两湖、江西之案，一次为福济奏请，一次不明，多非豫抚主动为之。更有甚者，河南漕粮改折，竟有按照他省章程折价的。八年（1858）三月，皖抚福济再次奏请河南将应协济漕粮折价解往，不同的是，此次要求按照山东折价章程，每石按一两四钱折算⑤，而豫抚英桂竟然也照办："分次拨运本色六千石，其余一万六千石，按山东省折价章程，每石一两四钱，一次解银九千八百两，合米七千石，系由司库筹款；一次解银一万二千六百两，合米九千石，系动用七年丁地，按半银半钞分搭解兑清楚。"⑥

---

① 河南巡抚英桂：《奏为变通豫省漕粮折解事》，咸丰四年二月二十三日，录副奏折，档号03-4365-026。

② 《清文宗实录》（三）卷一二五，咸丰四年三月甲子，第197页。

③ 《清文宗实录》（三）卷一三一，咸丰四年五月壬戌，第329页。

④ 《清文宗实录》（四）卷二一〇，咸丰六年十月己酉，第320页。

⑤ 《清文宗实录》（四）卷二四八，咸丰八年三月庚寅，第836页。

⑥ 河南巡抚英桂：《奏为遵旨查明解皖漕粮折价银两委系援照成案办理等事》，咸丰八年四月初十日，录副奏折，档号03-4371-030。

导致这种现象出现的原因，一则，当时漕粮折价刚刚出现，各地折价不一；二则，如第四章所述，河南的实际官收折价高于一两四钱；三则，此次解交安徽漕粮折价，有一部分是贬值的官钞。因此，晚清河南漕粮改折，既是仿效他省，又没有客观地对本省折价进行论证，使豫省在改折的同时不至于过分搜刮地方百姓。

（2）"试办"厘金

河南试办厘金始于咸丰八年（1858），仍是胜保见他省办理厘金有成，奏请各省办理，上谕饬令有军务各省督抚体察情形试办。河南巡抚英桂于二月二十八日奏称：

> 豫省现值粤逆、捻匪纷扰，各路军营征兵募勇，分投剿办；筹备饷糈、军火，支用浩繁，军营及各粮台需饷尤殷。司库历年筹拨军需正杂各项，业已搜罗殆尽。上忙开征未久，年前旱蝗各属，征解钱粮，未能踊跃，势难按时接济。从前尚有捐输可济一时之急，现在捐者寥寥，军饷万分紧急，竟至无款可筹。窃思胜保奏请普律抽厘，亦权宜救急之一法。若于客货往来扼要之地，设局抽收厘捐，按货物之贵贱，酌定厘捐之数目，在客货所捐无几，不致病商；而逐日抽收，积少可以成多，于军饷不无裨益。惟按货抽厘，必须于商贾聚会之区，验货抽厘，方不致有名无实。豫省之周家口、刘家口、朱仙镇、赊旗店、北舞渡，虽向为商贾会聚、客货过载之区，惟或因逼近贼烽，现设防堵；或曾经粤匪、捻匪窜扰，商贾稀少，客货无多。兹查陕州地方，虽非商贾辐辏之区，而西接潼关，北滨黄河，中无歧路，凡西货南行，南货西行，均须于该州境内经过，是该州实为客货往来要路，自应即在该州境内扼要之地，设立卡局，试办抽厘。节经委员会同陕州知州堪明，该州之南关，系水路扼要总路。又，会兴镇为北路，由茅津渡过河必经之地，且系代贩运盐聚集之处。请于二处各设一局，验货抽厘，并于东路之硖石驿、西路之太阳渡各设一卡，巡查偷漏，验照放行，以期周密。拟以南关为总局，会兴镇为分局。其分局所抽厘捐，仍由总局汇报，以免分歧。
>
> 各货中，本重利厚、行销最广之物，□不外盐斤、药材、烟

叶、茶、客货、毡货、棉花、绸缎、布疋数宗，而计货抽厘，又以盐斤为大宗。第就商抽厘，恐于正课有碍。潞盐本系商运代销，引商将盐运至会兴镇卖与代贩，由运贩运赴各处销售。若就代贩已卖之盐抽收厘捐，于商人成本课项均无关碍。惟盐斤抽税，业经湖广督臣官文试办，奏明水路之盐，每百斤抽税四百文，以三百二十文为报部正税，以八十文为外销经费；陆路之盐，每百斤抽税二百文，为报部正税，不再另提经费。潞盐系由陆路贩运，现在湖北改为就地抽税，每百斤抽税钱二百文。此次豫省抽厘，系在代贩装车载运之时抽收，拟照湖北就地抽收之数，每百斤抽收厘捐钱二百文，仍照湖北水路盐税章程，以八成归于军需项下济饷，以二成作为外销经费。此外，如药材、烟、茶、皮货、毡货、棉花、绸缎、布疋等货，即应议定抽收确数，亦以八成为报部正税，二成为外销经费，以归一律。其米粮及肩挑负贩之物，概免抽厘，以示体恤。①

故豫省之厘金，是奉旨而行，仿效湖北章程，河南抚藩所做者，仅是何处设卡、何货收厘而已。同年十二月十七日，继任巡抚恒福对厘金进行整顿，"专收水烟、茶、药三大项，其余概行优免"②。

厘金中的"洋药"（进口鸦片）厘至迟在咸丰七年（1857）九月的福建已经开局征收③。同年十二月，闽浙总督王懿德奏："军需紧要，请暂时从权，将进口洋药量予抽捐，以济眉急。得旨：'依议。别项洋货，皆可假为名目'。"④ 河南开局征收"洋药"厘是在九年（1859）九月十七日⑤。第二次鸦片战争后，鸦片贸易合法，全国开始征收"洋药税"，但"洋药厘"并未停止，可河南却非常彻底地贯彻"洋药厘改

① 河南巡抚英桂：《奏报河南省酌议试办抽厘接济军饷章程情形事》，咸丰八年二月二十八日，录副奏折，档号03-4294-047。
② 河南巡抚恒福：《奏为体察河南地方税收请旨变通厘捐章程等事》，咸丰八年十二月十七日，录副奏折，档号03-4397-044。
③ 《清文宗实录》（四）卷二三六，咸丰七年九月己亥，第670页。
④ 《清文宗实录》（四）卷二四一，咸丰七年十二月丁巳，第736页。
⑤ 河南巡抚瑛棨：《奏报委解京饷银两数目并起程日期事》，咸丰十年三月初三日，录副奏折，档号03-4313-005。

税"，把"洋药厘"取消了。结果，十一年（1861）正月，严树森在奏报"洋药税"时遭到朝廷申饬："洋药抽厘，与药税并行不悖，何以豫省自厘改税以后置抽厘于不问？足见因循玩泄，更难保无隐匿分肥情事，殊属可恶。"① 况且这种将"洋药""寓禁于征"是利国利民的大好事。如前文所述，严氏在豫对财权把持甚紧，在厘金征收上也是如此。河防大臣联捷想染指河北三府收厘，令府县委员设卡参与其事，虽早有谕旨令河南厘金由抚臣一手经理，严氏还是"告状"似的上奏，惹得朝廷大怒："前既有旨，甚为明晰，原应归河南委员一手经理。朕之谕旨，非为汝等排解之具也。"② 如此贪权的严氏，竟不知"洋药税"之外还可以抽收"洋药厘捐"，直到朝廷申饬之后，才重新开抽③，足见这一时期豫抚的"援案"色彩之重。

（3）组建防军、练军

军兴以后，河南兵少饷缺，军队战斗力不强。咸丰十年（1860），豫抚庆廉奏请从南汝光道郑元善所募罗山、正阳练勇中挑取一千名，填补抚标营额空缺，加以训练，"较临时雇募者，自属得力"，其口粮作正开销。但由于军饷所限，咸丰帝仅允其补齐省城调出之兵额。④ 这是晚清河南第一次试图以勇丁充实绿营，提高绿营战斗力。

同治六年（1867）正月，巡抚李鹤年奏请"将豫省京、协各饷，及历届漕折，暂行停拨一年，为添兵剿贼之用"⑤。经户部奏准，"将本年京饷银二十万两、历年欠解漕折银十一万两，均准暂缓；其本年额解漕折银四十万两，亦准暂缓一半"，其余照解。⑥ 利用这些款项，李鹤年仿照湘、淮军，扩建宋庆的毅军，令张曜"招募步队十五营"组建嵩武军。同治七年（1868）九月，河南裁汰勇营，"拟于嵩武、毅字两军内，挑选归并，各留十营，共计二十营，酌令宋庆驻扎归德，张曜驻

①　《清文宗实录》（五）卷三四〇，咸丰十一年正月壬寅，第1058页。

②　河南巡抚严树森：《奏为彰德等三府办理厘捐宜请将府县派办委员撤回归并办理事》，咸丰十一年五月初七日，录副奏折，档号03－4400－035。

③　河南巡抚严树森：《奏报河南省咸丰十年十二月至十一年三月征收洋药税银数目事》，咸丰十一年七月二十八日，录副奏折，档号03－4400－061。

④　《清文宗实录》（五）卷三二〇，咸丰十年五月丙辰，第721页。

⑤　《清穆宗实录》（五）卷一九五，同治六年正月辛未，第488页。

⑥　《清穆宗实录》（五）卷一九五，同治六年正月己卯，第495页。

扎河南，分资控扼"①，成为河南的防军或防勇，也是该两军与以往所招勇队"因事而募，事毕即撤"的不同之处，是晚晴河南兵制改革之始。

但嵩、毅两军四处征战，很少驻扎本省。为了绥靖地方，巡抚钱鼎铭仿照直隶练军组建了河南练军。同治十二年（1873）四月，钱氏于河南三镇中"每镇抽练步兵一营、马兵一营，三镇共马、步六营，每营步兵五百名、马兵二百五十名。挑选精壮兵丁、骠健马匹，各择冲要适中之地，挖濠筑墙，逐日训练，使知坐作、出入、进退之节，火器、刀矛讲求精熟，申严儆备，如临大敌，以联其涣散之心而作其果毅之气……一应军营积习，尽行革除"②。马队营下设哨，哨下设棚，加上伙夫、马夫等，每营共计三百一十六人③；步队营下设哨，哨下设队（共八队，一、三、五、七用火器，二、四、六、八用刀矛）④。次年十一月，又将抚标亲军二营改为练军。⑤ 其饷章亦与直隶完全相同，高于其他省，亦高于本省绿营。⑥

其他还有饷票是效仿安徽庐州军营的做法，前已述及，不复赘述。

2. "洋务"上对其他地区及督抚的依赖

（1）豫军武器初步近代化对外省的依赖

中国的近代化进程是由沿海向内地逐步推进的，且是先军工后民用。河南地处堂奥，在近代化的过程中，对沿海地区的依赖是不可避免的。这种依赖，首先表现在军火上。豫军装备、使用洋枪的确切时间，尚不得而知，但同治四年（1865）十月，豫抚吴昌寿上"诉苦折"之后，朝廷谕令说："豫兵不习火器，无以制贼。苏省所制火器，较为精良，着李鸿章将洋枪、铅丸、火药酌量提拨，派员迅解豫省；并着曾国藩、李鸿章各拣派熟悉火器弁勇赴豫，交吴昌寿调遣，令其教演豫兵，

① 《清穆宗实录》（六）卷二四二，同治七年九月丙子，第351页。
② 钱鼎铭：《豫省规划练军陈报大概情形折》，《钱敏肃公奏疏》，第360—361页。
③ 钱鼎铭：《河南练军营制、口粮清单》，《钱敏肃公奏疏》，第705—706页。
④ 钱鼎铭：《河南练军步队营制、口粮清单》，《钱敏肃公奏疏》，第711—713页。
⑤ 钱鼎铭：《抚标亲军二营改照练军章程片》，《钱敏肃公奏疏》，第719页。
⑥ 皮明勇：《晚清练军研究》。

俾利攻剿。"① 曾国藩与吴昌寿不和，李鸿章是否以及何时拨解洋枪到豫，未见到资料。六年（1867）三月，豫抚李鹤年赴周家口与李鸿章商议军务，河南马队（即善庆所率吉林、黑龙江骑兵）拨归淮军将领刘铭传指挥；召张曜到河南军营，李鹤年拟令其招募步队十五营，"所需洋枪军火……经李鸿章借拨购买"②；善庆所部也装备了洋枪，捻军将领任化邦（任柱）后来被该部以洋枪打死。③ 七年（1868）正月，李鹤年奏请借拨军火，朝廷谕令："张曜、宋庆两军所需细洋火药，并大小铜帽，均着崇厚酌量速拨，解赴该营。"④ 三月十七日，崇厚奏：发交张曜部"洋枪铅丸四万出、铜帽二万粒、洋火药一千磅"⑤。说明此时张曜、宋庆两军已经配备近代武器。⑥ 所以，虽不能查明豫军使用近代化武器的确切时间，但可以肯定，河南军队首次学习、使用近代化武器，是靠曾国藩或李鸿章的帮助。

此后，河南援助边疆反侵略战争和供应豫军军火，都是从沿海购买。例如，光绪十年（1884）三月，"河南巡抚鹿传霖奏，派员赴上海购办洋装枪炮接济广西边军"⑦。十月，张曜奏请拨解军火，朝廷谕令豫抚鹿传霖购后膛兵枪一千杆，随带子药。⑧ 鹿传霖奏，豫省赴上海所

---

① 《清穆宗实录》（四）卷一五八，同治四年十月戊午，第 686 页。

② 《清穆宗实录》（五）卷一九八，同治六年三月五庚申，第 548 页。

③ 河南巡抚裕宽：《奏为已故前河南巡抚李鹤年与已故山东巡抚张曜功绩卓著请准合建一祠事》，光绪十八年五月十八日，朱批奏折，档号 04 - 01 - 14 - 0086 - 028；郭豫明：《捻军史》，第 439—440 页。

④ 《清穆宗实录》（六）卷二二二，同治七年正月丁卯，第 30 页。

⑤ 三口通商大臣崇厚：《奏报发交左宗棠张曜外洋军火数目事》，同治七年三月十七日片，录副奏折，档号 03 - 4818 - 119。

⑥ 黄曾元在《毅军沿革谈》中说，"毅军在甲午之前所用者皆鸟枪、抬枪、刀矛、藤牌之属旧式武器，炮则旧式铜火炮"（《文史资料选辑》第十辑，第 140 页）似有不确。晚清中国自产的第一批近代武器是前装火帽枪（有别于中国古代的前装火绳枪），分为前装滑膛枪和更先进的前装线膛枪两种，后者在 1867 年由江南制造局最先仿制英、法、德等国的前膛来复步枪和马枪（参见王志光等《中国近代兵器工业——清末至民国的兵器工业》，国防工业出版社 1998 年版，第 26—27 页）。从清廷的谕旨和崇厚的奏片看，毅军、嵩武军使用的洋枪应是前装火帽枪，已属于近代兵器。

⑦ 《清德宗实录》（三）卷一七九，光绪十年三月戊寅，第 493 页。

⑧ 《清德宗实录》（三）卷一九九，光绪十年十二月丙子，第 802 页。

购军火恐缓不济急，请先由北洋借拨，随后由河南还枪或还款。① 直到刘树堂创办河南机器局，豫省才能制造一些简单的武器弹药。

（2）先天不足的机器局

光绪二十三年（1897）三月，河南巡抚刘树堂创办机器局，指拨厘税局罚存洋药漏税一款，修建厂房，制造军火。② 此时离江南制造总局的开办，已经过去了三十二年，东南省份不说，西北的陕西、甘肃，东北的吉林，与河南同未受到西方列强军事侵略的山西等省，也早就有了机器局，河南机器局可谓姗姗来迟。此时，恰好遇到一个良机，河南如果能抓住，对机器局的建设十分有利。

甲午战争使中国沿海地区不再可恃，朝廷为了国家安全，有意在内地省份发展现代军事工业。光绪二十三年（1897）十二月，谕曰：

> 近来中国战舰未备，沿海各地易启他族觊觎。从前制造厂局，多在江海要冲，亟应未雨绸缪，移设堂奥之区，庶几缓急可恃。兹据荣禄奏称，"各省煤铁矿产，以山西、河南、四川、湖南为最，请饬筹款设立制造厂局，渐次扩充，从速开办，以重军需；至上海制造局，似宜设法移赴湖南近矿之区"。等语。自系为因地制宜起见。着刘坤一、裕禄、恭寿、张之洞、胡聘之、刘树堂、陈宝箴，各就地方情形，认真筹办，总期有备无患，足以仓卒应变，是为至要。③

荣禄之奏与朝廷谕旨说明，沿海地区乃是军工近代化的首选之区，只是在受到列强侵略而清朝又无力保证海疆安全的情况下，才退而求其

---

① 河南巡抚鹿传霖：《奏为遵旨购办后膛枪迟速难定请饬北洋先行借拨事》，光绪十年十一月二十八日，录副奏折，档号03－6093－100。

② 《清德宗实录》（六）卷四〇二，光绪二十三年三月癸巳，第254页。《清实录》说动用的是"洋药漏税"罚款，刘树堂所奏是"土药漏税"（见收河南巡抚刘树堂电《为将土药漏税购买机器等事》，光绪二十三年五月二十九日，电报档，档号2－04－12－023－0045）。豫省"土药"税甚少，当为"洋药"，后面刘树堂另奏，亦为"洋药"（见河南巡抚刘树堂《奏为遵旨筹议扩充制造厂局并先行筹款添购机器等事》，光绪二十四年正月三十日，录副奏折，档号03－7127－040）。

③ 《清德宗实录》（六）卷四一三，光绪二十三年十二月庚辰，第405页。

次，想到了内地省份，这是河南机器局迟来的根本原因之一。但无论如何，此时朝廷的意向给了河南一个难得的机会。正在创办机器局的豫抚刘树堂却抱着投机心理，提出了一个"唯我独尊"的扩建豫省机器局的建议，没有把握住机遇。二十四年（1898）正月三十日，刘氏奏称：

> 豫居腹地，去江海辽远，设有缓急，无意外之虞，一也。矿产丰富而精良，煤、铁可就近取资，省转般（搬）之费，免掣肘之虑，二也。海疆有警，可以联属南北洋之气脉，源源接济，三也。泝卫、河而上，可以直达津沽；沿淮、泗而下，可以径通江、皖；□□居于上游，转运捷速而便利，四也。地居天下之中，四通八达，各省有所取求，转输亦易，五也。具此数端，诚天然一设巨厂之区，较之山西、四川、湖南等省情形，固迥乎不同，即衡之目前南北洋情势，亦似豫省较为稳慎。是以臣上年于经费极绌之时，竭力筹款，请购造弹机器来豫，复请截留洋药漏税一款，建造厂局，以冀为始基之立。第规模大小，经费难筹，竭本省财力，无论如何扩充，总难合炼铁炼钢、造快枪快炮、造无烟火药各项机器全行购置，有一不备，仍须仰给于人，是厂虽设而仍不可恃也。谕旨令山西、河南、四川、湖南等省各设法筹款，扩充制造厂局。该三省财力若何，能否如原奏已举各项机器全行购办，臣等未便臆断。若以豫省之情形观之，或仅能添购机器一二种，炼铁而不鞬炼钢，造子而不能造药，设有缓急，仍难仓促应变，是故虽多而不可恃也。臣愚以为，局厂不必求多，而制造则惟其备……与其设局厂于偏僻各省，异时之缓急难资，何如设巨厂于适中之区，全局之机关皆活？与其捐数省之财力，分设置小厂，实用少而糜费多，何如合数省之筹指，经营一大厂，用力省而工强，功较易取？望各疆臣不分畛域，竭力维持，倘能凑集巨款，力扩规模，实于大局裨益不少。拟请旨饬下总理衙门、户部核议施行。臣仍当就本省情形，极力筹指，作得尺则尺之计。查上年本省购置造弹机器一具，现已来豫，机器局房建造，已粗有规模，一俟锅炉安放停妥，机件位置齐备，即当开炉制造。惟此项机器，马力甚微，仅敷造弹之用，不能兼造枪药。臣与司道等再四筹商，拟趁此工作未竟之时，设法筹款添购

造药机器，以期一气贯输。据支应局详称，上年遵旨裁节七营饷项，应积存银八万两，由局代存候拨，嗣经臣奏明，以粮道库存盐斤加价余款，照数划抵，是以原存节饷未动。计截至上年十月分止，共存银五万五千余两……拟即就此项存银全数提用，发交机器委员添购造药机器一付、造枪车床一具，并配齐厂料、零件等项，速运来豫。①

就"雄心壮志"而言，刘氏此奏，确实比一贯因循的其他豫抚更有利于河南的近代化，然而，其论证既不详细，独建豫省机器局以支撑全国军事更不现实，不可避免地遭到总理衙门的驳斥。闰三月初五日，奕䜣等奏：

臣等查各项机器，除用风帆、簧索、手足所能搬运小机具外，无论用水用汽，其局厂总以近水为便——浑浊之水未经澄汰，动形粘滞，适足损伤机器。该抚设厂处所是在河南，抑在河北，原奏并未声明。炼铁、炼钢，本系两事，机炉既不相假，局厂即有区分。二者并举，则所费不赀；专办一项，又未明言是铁是钢。且此时总须附近煤、铁矿地，该抚于煤、铁诸矿曾否办有成效，所出之铁是否上等，宜于炼钢，均未咨报有案。快枪、快炮系何名目，口径若干，出数若干，原奏亦未提及，应请饬下该抚逐层声复，以凭稽复。豫地四通八达，固易转输。惟各省矿产丰饶，既皆弃不设厂，专恃豫省转输，倘或道途梗塞，一时未能遽达，亦恐贻误。本年正月初六日，臣衙门会同礼部议奏贵州学政严修请设专科一折，业已奉旨允行，内有考工一科，凡考求名物、象数、制造、工程者隶之。是制造一事，现在已设专科。我以此课士，士即以此课功，必各省皆有局厂，附设学堂，而后闻见有所资，心思有所寄，观磨（摩）试验，确切有程，不徒以纸上空言弋取富贵……该抚所请废各省局厂一节，似应毋庸置议。外洋机器，月异日新，（新）者出

---

① 河南巡抚刘树堂：《奏为遵旨筹议扩充制造厂局并先行筹款添购机器等事》，光绪二十四年正月三十日，录副奏折，档号03-7127-040。

则旧者废，其价直（值）虽廉，究非佳品。采买不得其人，或以重价收废物，既糜巨款，且资讪笑。是以臣衙门于光绪十一年十月初二日奏定章程，各省如有采办军火机器，应由该督抚、将军咨行出使各国大臣，简派熟悉人员代购，即责成该大臣验收，筹运回华，俾免弊端而昭核实。当经通行各直省督抚、将军照办在案。该抚上年二月咨称，委派直牧廖溥明赴沪上洋行购买，系就中国通商海口办理，今且未声明所派何员，将来能否免受欺蒙、价直（值）有无浮冒，尚难豫料。如谓豫省现存枪枝，本系旧物，但得旧式机器，制造各弹，以供平时操演，而缓急不足恃……至无烟火药，中国急应自行制造。豫省若有其人，于军务实有裨益，应由该省认真考验，量加奖励，使之广传其法，以便随时制造。此外尚有毒烟火药、开花猎弹，虽公会所禁用，要不可不讲求其法，以备不时之需。所谓兵可备而不用，不可用而无备也。该抚目击时艰，情殷经武，果能实事求是，谋定而后动，将来逐渐奏功，诚未可量。①

奕诉此奏，除了指出刘树堂对扩建河南机器局的论证不够充分、具体之外，我们还从中看到，豫省机器局虽属新建，实已落伍，是豫省既有枪支陈旧和刘氏在购买程序上违规操作所致，而其"豪言壮语"则被看成了"徒以纸上空言弋取富贵"的官场投机。更为糟糕的是，刘氏在奏折中提到了朝廷不许动用的经费，致使奕诉劾称，河南"所有添购机器等款，统由该抚另行设法筹措，不得动用节饷银两，有误指拨要需"。朝旨从之②。真可谓"偷鸡不着蚀把米"。

对于总署之奏，刘树堂亦无话可说。直到六月二十七日，刘氏在奏请机器局扩充立案时，才为自己辩护，但已无足轻重，我们要从中了解的，只是河南机器局的具体情况：

查豫省现设机器厂局，在省城南门外卓屯地方，与惠济河相

---

① 总理各国事务王大臣奕诉等：《奏为遵旨会议河南巡抚刘树堂奏扩充制造局并先行筹款添购机器一折事》，光绪二十四年闰三月初五日，录副奏折，档号03-7127-043。

② 《清德宗实录》（六）卷四一五，光绪二十四年二月乙丑，第433页。

近，水极清澈。造弹机器业已安置停妥，派委候补道李企晟总理其事，招募工匠，于三月二十九日开工。续购造枪药及造抬枪车床，亦将次运到，并订购钢筒五百枝，拟先造后膛抬枪五百杆，以资应用。①

在清单中，刘氏列出了各项开支：购买厂基地亩共银一千两，盖造机器局厂房共银四万七千两，购买造弹造药机器、造枪车床并进口税银等项共银九万九千两；购买火药分局厂基地亩共银二千两，盖造火药分局厂屋砖瓦木石各料共银二万六千两，购买造弹机器厂物料等项共银五千二百四十两，委员司事薪水等银二千六百一十六两，转运车船脚价共银三千两。以上共支银十八万五千八百五十六两。②

至于机器局产品的质量及存在的困难，十一月初七日，刘氏奏道：

> 自本年三月开局制造，迄今已逾半载，考验制成子弹，试之旧存枪枝，均合膛及远。现各军操演打靶，一律皆用自造之子弹。造药机器、造枪车床，已由外洋运存沪栈，刻已委员前往迎解，约明年二三月间可以到汴。将来两厂并举，造弹造药，一气灌输，军火之需，可以自给，无须仰给于外人。若由此扩充推广，始基既之，亦易为功。此臣所以当库款极绌之时，而亟亟以此为先务也。惟是开办之初，诸多棘手者，通商转运，则诸多繁费；艺非素习，工匠须募自海疆。臣颇虑靡费不赀，难收速效。③

这些话等于不打自招：库款不足、运输困难、技术人员缺乏，怎能支撑前面所说的建立一座供应全国军火的机器局？证明刘氏前奏，确有"徒以纸上空言弋取富贵"的投机心理。二十七日，刘氏又奏请拨机器

---

① 河南巡抚刘树堂：《奏为河南机器局扩充购机请咨部立案事》，光绪二十四年六月二十七日，录副奏折，档号03-7127-064。

② 河南巡抚刘树堂：《呈河南创设机器局盖造厂房购置机器收支银两数目清单》，光绪二十四年六月二十七日，录副奏折，档号03-7127-087。

③ 河南巡抚刘树堂：《奏为河南机器局用过银两数援案恳请核销事》，光绪二十四年十一月初七日，录副奏折，档号03-6045-045。

局常年经费二万两。① 光绪二十五年，机器局常年经费增加到二万六千两，宣统三年（1911）的机器局"额支料价，连同运费，全年共合银二万七千两"②。

至于机器局的产量，到光绪二十九年（1903）底，河南机器局共制造各项子弹一百一十万颗，无烟子弹四万颗，两磅炮开花弹一万二千颗，毛瑟抬枪五百杆，单响毛瑟枪一百杆，新式智利毛瑟样枪二杆，仿两磅克虏伯钢炮二尊，洋刀二百把；共用银十五万两，购材料并添购机器用银七万五千五百六十两。③ 这种规模，正如后来任豫抚的裕长所说，不过是"因陋就简，仅能制造子弹……整顿操防所需枪炮件，仍从南北洋采办，路远费巨，购运维艰"④，离刘树堂的"无须仰给于外人"目标还相去甚远。

庚子之役期间，因无法购到洋枪，朝廷谕令河南机器局用土法造背枪、抬枪。豫抚裕长接旨后又想起朝廷在内地建设兵工厂的谕旨，认为河南机器局太小，"固难与南洋并论，即较之山东等省，亦不及十之二三"，"所造子弹，仅供本省各营每年操防之用，所需火药，尚系支应局用土法造成，搭配应用，补其不足……（并且）所制枪子，皆以收回旧铜壳重装子药，轮替试用，并不能创造新子"。因而提出扩建设想：（1）派人"驰往湖北、江南等省访有轧钢机器，拟即筹款匀购一具，辇运来豫，以资熔铸"；（2）"现闻天津已被残毁，一时难以兴复，可否饬下北洋练兵大臣，于海防经费项下，先行指拨银二十万两划交到豫，以为推广制造之用"；（3）"现闻天津军械所中匠人均已四散无存，如能款项稍充，即可前往招募上等巧艺数名来豫，分派各厂指示监造，

① 河南巡抚刘树堂：《奏请拨河南机器厂局常年经费并准立案事》，光绪二十四年十二月二十七日，录副奏折，档号03－7127－075。

② 《宝棻为河南机器局加造子弹需添筹款项事致陆军部之咨文》，宣统三年十月十八日，《中国近代兵器工业档案史料》第1册，国防工业出版社1998年版，第493页。

③ 《河南布政司等呈河南机器局光绪二十四年至二十九年造成枪炮子弹及用款清册》，光绪三十年正月二十五日，《中国近代兵器工业档案史料》第一册，第492—493页。

④ 河南巡抚裕长：《奏请将原存军火留豫作为南洋协拨之项事》，光绪二十五年，朱批奏折，档号04－01－03－0184－019。

以广流传。"① 不幸的是，反抗八国联军侵略的战争很快失败，且巨额的赔款也使朝廷不可能拨海防经费到豫，所以，裕长之请被"下部议"② 之后，就没了下文。

河南为了用土法造背枪、抬枪，前后两次共拨湘平银二万两到机器局③。光绪二十七年（1901），因物料用尽，于荫霖在州县漕折加复项下借银二万二千两，委员到上海采购，因铜料缺，仅购得钢铁等料。次年，因轧钢机器安设完毕，锡良奏拨银三千两购买铜料。④ 二十九年（1903），张人骏认为"河南省机器局制造军械，规模未备，亟应增购枪炮子弹需用铜铁各料"，并想扩建机器局，自造毛瑟快枪和无烟火药。⑤ 三十年（1904），陈夔龙认为，河南机器局"并未讲求新法，究非长策"，要扩大该局，"至少须添购机器十部及一切应用物料，并拟续购两磅钢炮坯二十尊、四磅钢炮坯十尊"，共拨银三万五千两，委员到上海考察购买⑥。三十一年（1905），陈氏又奏拨机器局购造枪炮子弹原料银一万五千两⑦。三十二年（1906），为购买制造枪炮子弹物料，张人骏拨款八千两到机器局⑧。次年，林绍年奏拨购买物料银一万两⑨。宣统二年（1910），宝棻拨银二万两购买物料⑩。三年（1911），河南"机器局订购新式锅炉一座，实马力六十五匹，内带小抽水机一部，吸

---

① 河南巡抚裕长：《奏为豫省机器制造不敷分用请拨经费推广制造事》，光绪二十六年六月二十九日，录副奏折，档号03-7128-022。

② 《清德宗实录》（七）卷四六六，光绪二十六年七月癸卯，第104页。

③ 河南巡抚松寿：《奏为机器局制造背枪等需银数解清事》，光绪二十七年五月三十日片，录副奏折，档号03-6163-017。

④ 锡良：《筹拨机器局制造银两片》，《锡良遗稿奏稿》，第219页。

⑤ 赵尔巽：《清史稿》卷一四〇，志一一五，兵十一，制造。

⑥ 《陈夔龙奏续拨款项为河南机器局添购机器料件片》，光绪三十年三月二十三日，《中国近代兵器工业档案史料》第一册，第997—998页。

⑦ 河南巡抚陈夔龙：《奏报筹拨豫省机器局续购制造枪炮子弹原料经费事》，光绪三十一年十月三十日片，录副奏折，档号03-6172-028。

⑧ 河南巡抚张人骏：《奏报筹拨减平项下银两发豫省机器局续购物料制造枪炮器械事》，光绪三十二年十一月初五日片，朱批奏折，档号04-01-36-0119-052。

⑨ 河南巡抚林绍年：《奏为筹拨河南机器局续购物料银两事》，光绪三十三年十二月十四日片，录副奏折，档号03-6181-029。

⑩ 河南巡抚宝棻：《奏报筹拨河南机器局制造子弹枪炮物料银两事》，宣统二年十月十八日片，录副奏折，档号03-7495-030。

水管俱全，并出气管至马力为度，油杯、气表零件全系原带，铁脚不用砖砌。新式引擎一部，实马力五十六匹，进气管、回气管、八尺飞轮并皮带盘、油杯零件俱全"①。到民国元年（1912），河南机器局共有：

> 锅炉二座，引斯二部，造枪机器三十六部，造子机器五十三部，熟铁机器、翻砂机器各一部，木样机器二部，装药机器五部，白箪机器四部，能造七米粒九小口径毛瑟马步各枪，并克鲁伯炮与湖北五生的七过山快炮及小口径子弹、老毛瑟子弹等件。若无修理枪枝等事，每日可造七米粒九小口径毛瑟枪一枝，全年可造三百枝，小口径枪子弹三千粒，全年可造一百万粒。如改造老毛瑟枪子，每日可造五千粒，全年可造一百五十万粒。但弹头、无烟药，均须购买。②

无论怎样，机器局的开办，总算使河南有了近代军火工业，是刘树堂对河南近代化的一大贡献。而其对沿海地区的依赖，以及建立时就已落后，则注定河南机器局很难适应局势的变化，因而在有了机器局之后，河南还要到香港等地购买武器。③

此外，清末新政时期此类仿效与依赖也很多。例如，河南高等学堂是"仿照山东学堂章程试办"，而其肄业生考试晋级则是援照山西之案④；河南培养军官要挑选学生报考直隶保定陆军速成学堂⑤；河南仕学馆毕业生发给文凭、奖章是"仿照直隶成案"⑥；河南官报局附设印

---

①　《陆军部为河南机器局订购锅炉引擎立案事致河南巡抚之咨文（稿）》，宣统三年二月初四日，《中国近代兵器工业档案史料》第一册，第253页。

②　《张镇芳关于河南军火制造局情形电》，民国元（1912）年7月5日，见张侠等《北洋陆军史料（1912—1916）》，天津人民出版社1987年版，第404—405页。

③　河南巡抚张人骏：《奏为筹拨银两遴员赴香港订购快枪并子弹以备演习请饬部立案事》，光绪三十二年八月二十七日，录副奏折，档号03-6176-005。

④　河南巡抚张人骏：《奏为豫省高等学堂肄业生请援案考试进级事》，光绪三十二年六月初十日，录副奏折，档号03-7218-011。

⑤　河南巡抚林绍年：《奏为河南挑送保定陆军速成学堂学生筹措经费事》，光绪三十四年三月十七日，录副奏折，档号03-6183-016。

⑥　河南巡抚林绍年：《奏为河南仕学馆拟改法政学堂学生援案按分给凭差委等事》，光绪三十四年二月二十一日，录副奏折，档号03-7223-032。

刷局是"仿照江西办法，专卖官用各纸"①；督练公所的石印机器是购买于天津，"将关于军用之书籍、图画，皆用石印印成，分送各军，以资研究"则是"仿照北洋"②；舆论亦呼吁，河南欲振兴农工商业，须学上海、天津设立劝业、储蓄两类银行③等，直至地方治安仿照广东"由省遴派大员带兵前赴各县，督同地方官亲历各村巡察。凡村内平日积惯为匪为窝之人，责令首事、族长逐一交出"④、"土药"设立货栈"拟仿上海招商局货栈之意"⑤。这些仿效、依赖在晚清河南新政中有很多，兹不一一列举。

总之，能够向沿海、沿江先进地区学习，以其之长补己之短，原是中国近代化过程中内地省份常有之事，河南如此本无可厚非，但河南机器局的建立晚于山西、陕西、甘肃等内地省份，甚至一向为"土匪渊薮"的河南在"治匪"上也要学习广东，则只能说明豫抚及其属僚们的创新能力过于贫乏。

第二节　矛盾的新政执行者

清末新政是在"百日维新"被强行中断三年之后由慈禧太后的一纸谕令而发动的，既没有充分的舆论准备，亦没有相应的经济基础。河南地处堂奥，财政收入来源单一，豫抚对新政并不完全理解，然而作为朝廷简派的大员，又不能不执行新政命令。

---

① 林绍年：《林文直公奏稿》。参见《清末民初史料丛书》第20种，成文出版社1968年版，第763页。

② 《本省纪事》，载《河南官报》光绪三十二年（1906）第一百四十七期。

③ 《河南宜开设劝业储蓄银行说》一文说："惟欲振兴农工商之营业与收集藏匿耗散之资财，则以劝业、储蓄两种银行为最要，上海、天津已渐设立推广。河南土田沃衍而地利不兴，生货充斥而工商不竞，非尽农之惰、工商之愚也，资本缺乏，无力振兴，实一大原因也。"见《论说》，载《河南官报》光绪三十二年（1906）第一百二十八期。

④ 《南召县陈令吉樟筹拟缉捕窝匪办法禀并章程》，见《文牍》，《河南官报》光绪三十二年（1906）第一百三十期。

⑤ 《河南土药通税局总办方芑南观察劝各商设立公栈议》，《河南官报》光绪三十二年（1906）第一百二十六期。

一　对新政的疑虑

清末的河南，"盗匪"遍地，社会动荡。豫抚既要搜刮民财以支撑新政，又怕加剧地方不靖，进退两难，思想保守者不免对新政顾虑重重。

1. 对修建黄河铁桥和铁路的顾虑

卢汉铁路的修建，对一向闭塞的河南来说，不啻为促进交通及经济近代化的催化剂，然而，对于清末的河南巡抚来说，并非完全如此，他们对黄河铁桥能否建成、桥墩对河工的影响以及由于铁路修通可能带来的中外交涉，顾虑重重。

在黄河铁桥修建之前，当时已调任广东巡抚尚未交卸的河南巡抚张人骏就满心狐疑。光绪二十九年（1903）闰五月，张氏查勘河工后上奏朝廷，说"建造长桥或不能无意外之虞，管见所及，实不胜鳃鳃过虑"，理由有四：（1）"沙松土疏，立根不牢可虑也"。黄河水泥沙含量大，冲蚀作用强，"若建长桥则以十数丈之钢柱必须如栉如比，亘峙河心，在急流则激水之怒，盘涡穿底，蛰陷频仍；在浅滩则分水之势，逐渐挂淤，停滞易壅，即使签钉实已着地，而水为桥阻，久之，全河工程同受其病矣"。（2）"地势南高北下，拖溜旁趋可虑也"。南岸荥泽以上，有群山束水，北岸济源以下，仅靠一线长堤；水遇到南岸阻挡而北，与中流合冲北岸，"水合则流迅，流迅则势猛；势猛则新沙不停，旧沙尽刷，而河亦愈深。是则增培隄岸，此外并无上策。而建桥则数千年无闻焉。平时隔岸涨一滩嘴、筑一挑坝，对岸即生奇险。若层层桥柱，岂惟滩嘴、挑坝而已？势必至于流缓沙停，别寻去路，而谓北岸卑薄之隄，其力足以抵御乎？夫既不能顺其就下之性，又畴（何）能禁其泛滥而四溃也。设或河一改道，则桥亦焉所用哉？"（3）"黄沁交汇，顶托倒灌可虑也"。"黄之去路不畅，则尚有来源无所宣泄，于是黄涨则牵摄沁河；沁涨则夺入丹河，挟势并归卫河，循运而下，其入海之道，不于庆云即于天津矣……直豫东三省交界数府之地，尽成泽国，财赋民生，何堪设想？况当度支奇窘，欲堵卫则后患仍在，欲筑堤则巨款难筹。夫建桥必欲成功者，比公司所计及也；至于桥成而河受其病者，比公司所不及计也。此不可不熟筹者也。"（4）"凌汛暴涨，水能漫桥可虑也"。张氏列举了此前黄河凌汛漫堤,"冰凌积高几与城墙"为据,说:黄河铁桥高出水面"不过数丈,如所激必至漫桥而行,四出溃溢;北岸则武陟、原武等属受其害,南岸折而东趋,省城开封等属亦受其害,姑无论轮路冲刷,火车不能开驶,□两岸机房、车站、市厘、码头亦将沦为乌有,而小民荡析之灾,恐害有不可胜言者矣"。基于此,张氏的结论是:"工成则虑掣大局,工不成则虑虚掷巨款。"于是提出自己的"万全之策":"昔人有在河阳三城建造浮桥,咸赖其利者,若能仿而行之,或多造渡船,则北端、南端干路虽不能一气衔结,中间易车而舟,亦无甚耽延之处,且于帑项尚能节省,不至临时束手。"①

无独有偶,对黄河铁桥的疑虑并非张人骏一人,其继任者几乎异口同声。陈夔龙在参加铁桥通车典礼之后,就不像其所创办的《河南官报》那样乐观。在向朝廷奏报通车典礼时,他说,"惟桥工落成之日已届河流顺轨之时,将来大汛届临,能否坚固不摇,尚无把握。转瞬行车卖票,臣之愚虑,总宜多备车头少带车辆,庶几压力较轻,益形稳固"②。林绍年说:"黄河自铁路桥成,水势即时有变更,盖缘桥柱之下抛石无数,以致涨沙分流处处不同……查桥西上游,南有广武诸山,尚毋庸虑。所最易生险者,尤在北岸民埝。桥东下游,则北岸又觉稍轻,而南岸四厅,极形吃重,盖铁桥名虽南北横过于河堤,实自东北而向西南。故水本东流,因过桥亦转成斜趋之势,既因石涨沙,因沙分流,北岸则坐湾可虑,南岸则尤苦当冲。年来险工丛生,悉由于此。"③

张氏之顾虑看似有理,实则失之片面。只看到可能的危害就否定黄河铁桥架通南北干线的巨大作用,本身就是一种畏缩,此其一。其二,前述光绪十三年(1887)、十四年(1888)的河工已经证明,兴办大工需要铁路。原来的黄河之所以屡堵屡决,重要的原因之一是附近无山可以采石,故河工多用秸料,堤岸难筑易塌,郑工改用石块、水泥后,直至清朝灭亡,郑州一带黄河再无大患,故铁路之畅通于河工大为有利。其三,只看到比公司与中国利益的对立,没有看到双方的互利。以河南

① 张人骏:《奏为体察河南省黄河铁桥工情形事》,光绪二十九年七月初六日,录副奏折,档号03-7141-038。
② 陈夔龙:《阅视黄河桥工片》,《庸庵尚书奏议》,第620页。
③ 林绍年:《黄河铁桥与河工关系情形片》,《林文直公奏稿》,第693—694页。

为例，在铁路修通之前，河南的百货厘金半年收数是三万八千一百两左右①；修通之后，总分各局并鄂豫合办火车货捐局半年收百货厘金六万二千七百三十两零②，增加将近一倍。正如《河南官报》所说："今兹桥成，若以郑州为宿站，则南北交通之商旅，向之泛江浮海以及远历川陕险阻而后至者，必由此节经无疑，必以郑州为商货辐辏之区亦无疑。是桥者，非特斯路之枢纽，亦郑州之纲领也！"③ 当然，如果仅就河南而言，不修铁桥所带来的眼前经济效益更大，但此损害全局，其不足取何须多言？至张氏的后继者，一方面确实是因为铁桥对河工或多或少有些影响；另一方面则是延续军兴以来历任豫抚向朝廷叫苦邀功的习惯，难免无病呻吟之嫌。

　　与铁桥相关的，还有铁路的修筑也引起个别豫抚的焦虑。一是对洋人来豫增多恐引起交涉事件的忧虑。例如，裕长说，河南"向来民情笃实，风气未开，每遇洋人来豫，率多疑忌。现在芦（卢）汉铁路所过……以后洋务交涉事件必较往日增多。奴才服官外省二十余年，向未办过洋务，深虑不得数要"④；"豫省民情质朴，鲜知朝廷柔远之意，风气未开，所以民教尚不惬洽，端赖地方文武保护开导，始得安辑无事，然犹不免时有龃龉。又值开办芦（卢）汉铁路，洋匠往来作工，均需兵弁伴送防护"⑤。二是恐"匪徒"增多滋事。例如，陈夔龙说："近值芦（卢）汉铁路开通，北自安阳县境，南至黄河铁桥，数百里间，轨道联贯，商旅络绎，诚恐匪徒滋事，为患亦多"⑥。卢汉铁路固然会使"匪徒"来往更为便利，但朝廷调动军队也同样便捷，后来北洋军镇压辛亥革命就是证据，豫抚的疑虑不过是一贯"怠政"的一种表现。

---

　　① 河南巡抚裕长：《奏报光绪二十五年上半年抽收厘金数目事》，光绪二十五年十二月二十七日，录副奏折，档号03－6411－005。

　　② 河南巡抚张人骏：《奏报河南省光绪三十二年上半年抽收厘金数目事》，光绪三十三年正月十二日，录副奏折，档号03－6517－002。

　　③ 《随节贺桥记》，见《论说》，《河南官报》光绪三十一年第六十八期。

　　④ 河南巡抚裕长：《奏为奉旨复奏洋务交涉遇事与总理衙门和衷商办谢恩事》，光绪二十四年十二月十一日，录副奏折，档号03－5368－098。

　　⑤ 河南巡抚裕长：《奏为密陈南阳镇总兵刘永福恣纵桀骜请旨发调两湖事》，光绪二十五年十一月十一日，录副奏折，档号03－5935－018。

　　⑥ 河南巡抚陈夔龙：《奏为卢汉铁路开通请旨将武陟县管河县丞移驻詹店以兼管铁路缺分事》，光绪三十一年六月初四日，录副奏折，档号03－5519－019。

2. 张人骏对新政的否定

张人骏是晚清两次出任河南巡抚的二人之一（另一个是李鹤年），也是清末新政中以思想保守著名的督抚之一，他虽在督抚任上一直执行朝廷的新政谕令，但内心却对新政持完全否定态度。张氏说："今日诸如练兵之派，王公铁良之查考，各省商部之欲派各省商局议员，此等举动，似又欲蹈庚子已（以）前之辙，深不可解。"① "自改变新法以来，民气嚣然不靖。立宪之说一行，其势更剧。近则又有要求国会之说，起于上海，各省风靡。刺无可刺，非无可非。禁之不可，止之不能。祸恐不远。"②

一是张氏认为新政对民间的搜刮过甚。他说："赵次珊（即赵尔巽）抱毒太深，求新过甚。此番一入户部，必不能十分安静。然民力竭矣，再加搜括，恐成土崩之祸。即如近日各处办理学堂，因筹学费而激成聚众者不知凡几。然仅恃寻常书院所入，岂能供学堂之靡费。而朝廷督促甚严，将来不知如何结局也。"③ "近日改革政治，日新月异，不察民情，不体国势，不计财力之盈绌，不论人才之短长，发言盈庭，要皆道听途说。而朝廷视为奇谋秘略，一事未成，一事又出，大臣藉此固宠，小臣藉此希荣……民力已竭，而不知人心已去，而不知袭康梁之谬论，堕东洋之狡谋，而犹期以此为治安之计，恐无是理也。……从前督抚以能安民为第一义，今之督抚以能扰民为第一义。呜呼！此官岂可久作乎！"④

甲午之战、庚子之役，巨额的赔款以及办理新政的各项新增开支，确实对民间搜刮太甚。光绪二十一年（1895），河南陈州府属州县劝捐，令绅董跪烈日中听派捐数，民强从命，因以破家。⑤ 次年，邓州因新章加抽烟叶税，该州知州借此欲加亩税，以致民心不服。⑥ 二十四年（1898），昭信股票业已奉旨停办，舞阳县知县张庆麟办理昭信股票，

---

① 张守中编：《张人骏家书日记》，第50页。
② 同上书，第119页。
③ 同上书，第51页。
④ 同上书，第121页。
⑤ 《清德宗实录》（五）卷三七一，光绪二十一年六月丁亥，第857页。
⑥ 《清德宗实录》（六）卷三九五，光绪二十二年九月戊戌，第152页。

勒令钱商买银三万两，每两比市价减一百文。县试第一柴姓，言明领票十五张，并不予票，工于取利。考城县知县周应麟，以地丁万余两之邑勒派至二万余两，拘传责抑，商民赴省控诉者二三百人；柘城县知县丁炳文监押铺商，几至罢市；西华县知县马嘉桢意存见好，性复贪婪，该县连年歉收，仍勒派至五万两，民怨沸腾。① 二十五年（1899），河南信阳州知州饶拜扬徇法营私，于办理命案，勒掯钱财；征收钱粮，加派苛罚，又复私自变卖仓谷。② 二十九年（1903），河南武安县知县周光昌浮收钱粮，贿卖词讼，朝廷令陈夔龙查，陈氏奏"浮收钱粮、勒索当规二事，查系传闻失实"，但"玩视人命"属实，周光昌被革职，永不叙用。三十一年（1905），有人奏署偃师县知县温绍梁，贪污残忍，苛派勒罚，并有滥刑毙命情事，陈夔龙查"多系传闻失实"③。三十二年（1906），有人奏南汝光道朱寿镛苛敛虐民，朝廷令张人骏查明具奏，张氏说"均无其事"④；又有人奏，署睢州知州郑鸿瑞"贪劣庸葸"，朝廷令张氏查明具奏，张称郑氏并"无贪劣畏葸情事"⑤；复有人参郑氏贪酷虐民，藉端苛敛，令张人骏查⑥，没见下文。如此等等，这些河南官员被参案件豫抚查的结果，没有一件浮收案"属实"，岂非怪事？其具体情况，我们可以从刘树堂查办河南昭信股票案后的奏章窥见端倪：

> 复查豫省奉文劝办股票，即经臣奏明，责成地方官办理，不另派员会办。各州县以令在必行，事有专责，明知劝办匪易，未敢畏难推宕，其欲集借巨款，亦为共济时艰。而商民众多，心志不一。当劝办之际，或邀请略涉敦迫，或词义稍为严正，便足取谤招尤，洵如原奏所云"事非易集，情有可原"。至若藉端勒派，臣先已刊发告示，大张晓谕，各听量力出借，不准苛派抑劝，商民共见共

---

① 《清德宗实录》（六）卷四二六，光绪二十四年八月乙酉，第596页。
② 《清德宗实录》（六）卷四五四，光绪二十五年十一月壬子，第989页。
③ 《清德宗实录》（八）卷五四八，光绪三十一年八月己酉，第276页。
④ 《清德宗实录》（八）卷五五七，光绪三十二年三月癸未，第383页。
⑤ 《清德宗实录》（八）卷五六六，光绪三十二年十一月丁酉，第490页。
⑥ 《清德宗实录》（八）卷五六八，光绪三十二年十二月丁亥，第522页。

闻。且钦奉谕旨，三令五申，严行戒饬，各州县当亦有所顾忌，曷
敢显蹈僭尤？今舞阳、考城、夏邑、西华等县被参各节，均经查
明，委无勒派、责押各情，办理尚无不合，亦别无贪黩营私情事，
均请免其置议。①

　　其中的"当劝办之际，或邀请略涉敦迫，或词义稍为严正"已说
明一切，而朝廷、豫抚之所以不追究此类事件，即在于这些州县官
"欲集借巨款，亦为共济时艰"。所以，刘树堂、张人骏等人明知地方
官搜刮百姓，也无可奈何，只能当以"扰民"为第一义的巡抚。仅就
新政累民而言，张人骏所说并非没有一点道理。

　　二是张氏认为编练新军为"肇乱"之源。"会匪以河北最多，去年
春夏前尚未如此。大抵上年秋，掺随湖北军人阑入者，竟是南边一派。
前已屡派人密查，匪首多在直隶、湖北两省。……本省虽多入会之人，
而无大头目，只可渐渐设法。若操之过急，恐立生变动，转难收拾。近
来所获匪徒，竟无一案非军队出身之人。曹州之匪，多是袁军旧部。练
兵之效如此，可叹也。而陆军部尚操更番挑练之说，以为如此，则可以
通国皆兵。我恐数年之后，将成通国皆贼。一旦揭竿而起，其祸恐不可
收拾矣。"② 清末新政，直隶与湖北办理最佳，有"中国各省新政之布，
必资模范于北洋"③ "各省推行新政，皆取法于湖北"④ 之说，前述河
南在河工、新政方面对北洋的依赖等亦说明此。张人骏虽与袁世凯是儿
女亲家，关系密切，但对袁氏的一些做法并不赞成。例如，对于袁氏倡
导改革官制，张氏说："慰帅因改官制一事，颇犯众怒。兵权一撤，将
来如何办事，难保无意外之事，深可虑。……礼乐征伐乃天子之事，非
臣下所宜强预。慰帅正坐读书太少耳。"⑤ 且袁氏又是练新军起家，张

　　① 河南巡抚刘树堂：《奏为遵旨查明舞阳等县知县张庆麟等员被参各款情由事》，光绪
二十四年九月二十九日，朱批奏折，档号04－01－12－0586－064。
　　② 张守中编：《张人骏家书日记》，第94页。
　　③ 甘厚慈：《学员李廷玉臧守义陈宝泉和陈清震等筹议义务教育办法十四条禀并批》，
《北洋公牍类纂》卷一一，北京益森印刷有限公司光绪三十三年版，第2—3页。
　　④ 张继煦：《张文襄公治鄂记》，湖北通志馆1947年版，第57页。
　　⑤ 张守中编：《张人骏家书日记》，第66—67页。

氏说"土匪""多是袁军旧部"，实是对袁氏练兵亦不赞成。后来的事实似乎也证明张氏的担忧并非杞人忧天，正是湖北新军与北洋新军成为直接促成清朝灭亡的军事力量。

三是张氏认为创办新式学堂、向日本派留学生会导致革命。"况日本之于中国，无事必包藏祸心。中国贫弱，自甲午始。而中外达官，迷信崇奉，沉沦不返。一年数千万流入东洋。所谓学成而返，好者，不过目的影响数百新名词，全无实际。否则革命排满自由而已。而不惜以数千年圣贤授受之学，三百年祖宗创垂之典，尽弃所学而学焉。此固开辟至今未有之奇祸也。"① "大学堂诸生有聚众滋事者，言新政者，动谓人才出于学堂，非西学不能自强。朝廷信之，广设学堂，利未可卜，而弊已如此。康梁群党二字实欲祸我大清。而衮衮诸公适堕其术中，十年之后其祸不知所极也，言之可叹。"② 徐锡麟刺杀安徽巡抚恩铭后，张又说："日日言维新，日日言游学，所获效验如此。"③ 日本灭亡中国之心自不待言，辛亥革命亦与中国在日本的留学生有莫大关系，河南也是如此。④

如此说来，张人骏站在清朝的立场上反对新政似乎是正确的，其对清朝灭亡的预料也十分准确。但是，如所周知，庚子之役后，清朝已经病入膏肓，搞新政或有一线生机，不搞新政则必然灭亡。如果说，张氏预见到新政可能直接导致清朝的灭亡是对的，那么，他对灭亡原因的分析则是错的。

3. 陈夔龙创办尊经学堂

张人骏的继任者是另一位以保守著称的豫抚陈夔龙。

光绪二十六年（1900）正月，庚子之役前夕，时为内阁侍读学士的陈氏就上奏请求整顿学校，提倡周、孔"正学"：

　　窃维尧舜周孔之道，灿著经传，炳如日星。人伦之范围，国家

---

① 张守中编：《张人骏家书日记》，第114页。
② 同上书，第162页。
③ 同上书，第100页。
④ 参见王天奖、邓亦兵《辛亥革命在河南》；王德昭《〈河南〉杂志·河南留日学生·河南辛亥革命》，硕士学位论文，华中师范大学，2007年。

之矩炽，胥于是乎！……承学之士，果能实事求是，身体力行，何至见异思迁，动为奇衰所中近。今学校之弊，其始病在专习时文，而不求实学，名为代圣贤立言，实则揣摩剿袭，无关要道……至于康有为、梁启超二逆，变本加厉，丧心病狂，乘朝廷力求自强之际，悚以危言，竟欲删改圣经，崇尚异学。浮薄之士，靡然从风，佉卢旁行之字，几徧天下，一若不通外教、不效舌人，举不得为士者。士风至此败坏极矣，实为古今奇变。非圣无法，罪通于天……是宜提倡正学，阐扬圣教，以涤其旧染而定其指归，庶几圣道大光，群言尽熄，以复我国家稽古右文之盛治……拟请饬下京师管学大臣，各省督抚、学政，凡有教士之责者，务各宣明圣学，加意提倡，严定课程，宽筹经费，多购正经正史，一切经济、性理有用之书，慎选生徒，专门肄习，俾成有用之才……诸生中果有品端学粹，扶翼圣教，志在匡时者，随时从优奖拔，俾底于成。其有内行不修，乡评不许，放言高论，气质嚣张，沾染康梁恶习者，严斥而痛惩之，不稍假借……礼教以束其躬，《诗》、《书》以扩其志。此教士之本也。世变亟矣，非昌明圣学，无以祛积惑而挽横流；不拔取真才，何以济时艰而培国脉？圣经贤传之所，即人伦风化之所关；学术不谬，士习自端，人心自正。①

陈氏视康梁为"逆贼"，而以儒家经典为救世良方，其思想几与"中兴"时期的守旧派一样保守。任豫抚之后，虽遵旨办理新政，却不忘将自己的理想付诸实施。光绪三十一年（1905）十月，其趁朝廷谕令办理学堂之机，奏明设立尊经学堂：

臣等窃维孔孟之教，炳如日星，千古不易，后世强分之曰经学、理学、经济、文章，而其根柢无不本于经学……夫经学者，朝廷教化之原，而国运所视以为盛衰者也。今者叠奉明诏，饬各省建立学堂，固已树教迪之先声，得育才之要道矣。然学堂分设科目，

① 内阁侍读学士陈夔龙：《奏为亟应整饬学校提倡正学敬陈管见事》，光绪二十六年正月二十一日，录副奏折，档号03-7210-067。

力求通达时务，究未能专心经学，是以奏定学堂章程，京师大学堂内设立经学专门，暨政法、文学各分科并特设通儒院，以示优崇……为今之计，尤以培植穷经之士，以保存国粹为先务，应略仿通儒院之意，于省会设立尊经学堂，以为通儒院之基础。①

同时，他还与河南学政王垿联衔上奏《尊经学堂章程》，具体规定了该学堂的教学内容及学制、教规十六条。教学内容主要有：（1）"尊经学。群经为载道之书，自汉迄国朝，训诂、注疏，递有阐明，至详且尽。诸生宜就钦定诸经奉为准的，博采诸家经说，以求会通其研究之法"。（2）"精研理学。孔门博文，继以约礼，实即后世理学之宗。凡宋元明学案及国朝学案诸书，均宜切实研求。如有心得，可以汇纂成书"。（3）"博览史学。《尚书》开廿四史纪传之先，《春秋》采百廿国宝书之广，后世始分经史为二，而诸史往往足以证经。凡历代政治得失之由，风俗成衰之故，以及兵农典礼、嘉言懿行，均应分类采辑。外国史译本典雅者，亦可供涉猎。至舆地一门，与史学相表里，允宜考订"。（4）"兼通艺学。古者，称六经为六艺；而礼乐射御术数，亦称六艺。况格致为大学，始基周髀，乃姬公遗法。诸生于枕经葃史之暇，宜各就性之所近，分认一门或数门，以尽游艺之长"，等等。教规有"星期放假本系西例，今遵经学堂内无西教习，自应遵国家朔望谒庙之制。学堂内供奉至圣牌位，朔望由教务长、监督及全学人员，率诸生行三跪九叩首。礼毕后，诸生齐向教务长、监督、教员三揖，即于是日放假。其恭遇皇太后、皇上万寿圣节，至圣诞辰及端午、中秋，均照《学堂管理通则》，放假一日"等②。这些规定中，虽也涉及外国史及"财政、兵事、交涉、铁路、矿务、警察、外国政法等事"，但其核心与根本则是"尊经"。

在文化变革的过程中，保存国故，本属正常。例如，光绪三十三年（1907）五月，张之洞在湖北成立存古学堂。张氏在奏折中开头即明确

---

① 陈夔龙：《拟设尊经学堂及师范传习所折》，《庸庵尚书奏议》，第609—614页。
② 河南巡抚陈夔龙、河南学政王垿：《呈改设尊经学堂章程清单》，光绪三十一年十月初五日，录副奏折，档号03－7215－024。

说："窃维今日寰球万国学堂，皆最重国文一门。国文者，本国之文字、语言历古相传之书籍也，即间有时事变迁不尽适用者，亦必存而传之，断不肯听其澌灭。"① 一年之后，江苏巡抚陈启泰在该省效仿，亦成立存古学堂②。宣统三年（1911）二月，皖抚朱家宝在安徽也筹办存古学堂③。但陈夔龙所为虽以"保存国粹"为名，实际上却与"存古"有本质区别，他把儒家经书视为唯一"国粹"，只能说明其对新政心存疑虑。当然，办此类书院或学堂者，陈夔龙不是第一个，也不是最后一个。光绪二十年（1894），四川就曾创办尊经书院④；三十二年（1906），湖南巡抚庞鸿书综合大学堂通儒院、河南尊经学堂及湖北存古学堂各章程，将"校士馆"等改为学堂，"以保国粹"⑤，但河南新政较川、湘二省相去甚远，唯"尊经"与之同，不禁令人为之一叹：同为内陆省份，河南何以仅在"尊经"上堪与他省"媲美"！

4. 吴重憙对新刑律的批评

清末新政中，新刑律的制定是法制近代化的重要环节，但各省督抚对此的看法却不尽一致。宣统元年（1909），《修正刑律草案》告成，各地督抚针对新刑律的内容进行讨论，有涉及具体法律条文的，也有评议立法的总体原则的。时任河南巡抚的吴重憙参与了讨论。

吴重憙，字仲怡，山东海丰（今山东无棣县）人，同治元年（1862）举人。光绪五年（1879）五月，授陈州府知府。十五年（1889）十月，调补开封府知府。十八年（1892）二月，署理开归陈许道；六月，署理南汝光道。二十二年（1896）十月，补授江安粮道。二十六年（1900）闰八月，补授福建按察使。二十七年（1901）九月，补授江宁布政使。二十八年（1902）四月，调直隶布政使。三十二年（1906）正月，补授仓场侍郎；三月，署理江西巡抚；六月实授；十一

---

① 湖广总督张之洞：《奏为湖北省城创立存古学堂情形事》，光绪三十三年五月二十九日，录副奏折，档号03-7220-084。

② 江苏巡抚陈启泰：《奏报江苏省城仿设存古学堂事》，光绪三十四年五月十五日，录副奏折，档号03-7223-121。

③ 安徽巡抚朱家宝：《奏为陈明皖省筹办存古学堂情形事》，宣统三年二月二十八日，录副奏折，档号03-7573-057。

④ 《清德宗实录》（五）卷三五三，光绪二十年十一月乙亥，第572页。

⑤ 《清德宗实录》（八）卷五五四，光绪三十二年正月丁丑，第347页。

月，调邮传部右侍郎。三十三年（1907）三月，邮传部左侍郎。三十四年（1908）八月，任河南巡抚。①

吴重憙对新刑律草案有肯定的地方。例如，他认为："窃维刑与礼相维系。《白虎通》曰：'礼为有知设，刑为无知设。'唐律犹承此旨，前明未戾唐制。我朝损益变通，如秋审制度之规定，已具博爱主义。近年复免除凌迟、枭示，停止缘坐、笞杖，薄海同钦。惟自中外交通，刑法互异；通商口岸裁判之权移于领事，诚有不得不改之势。"② 这是从传统君主的仁慈与时势所迫两方面对新刑律的肯定，仍带有君主专制色彩，显然不如东三省总督徐世昌从现代法律尊重人权、尊重生命以及平等原则等方面对新刑律立法精神的理解那样准确。徐氏说："详绎总则草案，大抵以生命为重，以平均为义，以宥过为宗旨，故过失皆得减刑；以人格为最尊，故良贱无所区别。"③ 当然，吴氏所论也不像陕西巡抚恩寿、两广总督张人骏、湖广总督陈夔龙那样保守。恩寿认为："新订刑律草案，经修订法律大臣采取各国成法斟酌纂订。惟兹事体大，不厌详求。如君民共和、父子自由、夫妇平权，在列邦视为故常，在中国则论以悖谬，甚至危犯乘舆，大逆不道。"④ 张人骏认为："刑律草案应改者数端：曰正文义、明等差、重名教、尊国制、慎机务、维风俗。"⑤ 陈夔龙认为："惟中外风俗不无异宜，人民程度亦多差等，似有不得不就政教民情再加讨论者……五伦首重君亲，设有杀伤，不得以过失而宽减；叛逆大干法纪，若系首要，应处以唯一之死刑。至强奸不科死罪、亲属相奸未著专条，亦无以维名教之大防。"⑥ 所以，吴重憙的看法大体居于中间。

在具体法律条文上，吴重憙对三个方面的规定有异议：

① 秦国经：《清代官员履历档案全编》，第 7 册，第 328—330 页；《碑传集三编》卷一六《海丰吴抚部墓志铭》，《清代传记丛刊》第 125 册，第 103—104 页；魏秀梅：《清季职官表附人物录》，第 965 页。

② 《清德宗实录》（九）附《宣统政纪》卷一三，宣统元年五月壬戌，第 271 页。

③ 《清德宗实录》（九）附《宣统政纪》卷一一，宣统元年三月乙丑，第 224 页。

④ 《清德宗实录》（九）附《宣统政纪》卷一一，宣统三年三月乙丑，第 224—225 页。

⑤ 《清德宗实录》（八）卷五九五，光绪三十四年七月癸巳，第 851 页。

⑥ 《清德宗实录》（九）附《宣统政纪》卷八，宣统元年二月丁卯，第 150—151 页。

一曰流刑暂缓废止也。总则主刑之种类，死刑之下直接徒刑，分有期、无期，俱禁之狱，定其劳役。其无期徒刑监禁逾十年以上仍许假出狱，此系用日本最新学说。第查日本旧时刑法，徒流人犯不分无期、有期，移居岛地，后经停止。中国腹地诸省，生齿日繁，罪人日增；边省户口畸零，地多遗利……盖此项因徒罪不致死，禁之内地，督令服役，何如流诸边境，俾充垦荒开矿等苦力较为有益？臣以为，无期徒刑不如改为无期流刑，其配所除东三省外，新疆、藏、蒙一律遣派；其情节凶恶者，或到配后酌加监禁年限，或以兵法部勒之。其有期徒刑之最长期以下，不妨执行于内地监狱。

一曰比附未可删除也。比罪之法最古，亦以人情万变，科条不能赅。唐代出罪举重明轻、入罪举轻明重，诚不能无爱憎之弊。明律改为引律比附，加减定拟。问刑者有所依据，以律为衡，即不能凭空比引。我朝益昭慎重，凡援引比附者，均请旨遵行。原奏采日法指斥比附，于第十条明定律无正条，不论何种行为，概不为罪，亦虑执简御繁，不无渗漏，遂于一罪悬数等之刑，并列数十圆以至数千圆之罚则，由裁判官伸缩于临时，窃恐不肖官吏，初无畏难苟安之心，转有舞法营私之便。

一曰罚金不合定为主刑也。现行律例于收赎诸条，大率施之于情节较轻及应授笞杖人犯；其常赦所不原者，概不准收赎。《草案》于罚金定为主刑，凡因过失致尊亲属于死或笃疾者，按照《律例》俱在不原之列，悉以罚金科之，既失之宽；而于俱发罪之执行刑期，有以罚金与拘留徒刑并科者，又失之严。如四十三条之例，受五等有期徒刑及拘留，得以一日折算一圆易以罚金，刑既可以易金；四十五条之第二项，罚金确定后无资力完纳者，以一日折算半圆易以监禁，金又可以易刑。是使豪财者玩法，绌赀者罹刑，止奸不足，长恶有余！且监禁日数不得逾三年，罚金定额多至三千圆；以半圆折一日计算，三千圆之罚，应处六千日之监禁——乃以不过三年为限，负罚愈巨，处分愈轻，尤非情法之平。

其他关于帝室之罪、奸非之罪、杀伤之罪，修订者芸人舍己，未免自坏礼防。签注者义正词严，所以力持名教。要之，根本中之根本，以宽施教养为先务，但使人民知识日进，游惰者少，不至轻罹刑网，目阔节疏，或能适用，否则刑罚不中，民之手足无措，遑论有裨时艰。①

　　吴氏此论虽在某些方面考虑得更细致，亦非全无道理，但总体上不太恰当。关于流刑，日本既已废止，吴氏仍引以为据，本身即不当，而其立论的事实依据更站不住脚，因为刑法不能因为国家利益而侵犯个人权利，况且若因需要实边即保留流刑也使法律失去公平：内地人犯罪流放人烟稀少的边疆，而人烟稀少的边疆人犯同样的罪就不必流放。关于比附，新刑律规定"法律无正条者，不论何种行为不为罪"，是体现"以法律为准绳"的现代法治精神，正是为了防止"不肖官吏，初无畏难苟安之心，转有舞法营私之便"，较之于《大清律》的"引律比附，应加应减，拟定罪名，转达刑部议定奏闻"，更是强调法律大于皇权。关于罚金为主刑，是现代法律中的普遍现象，虽不免有"在金钱面前法律上并非人人平等"之嫌，但其适用的只是犯罪情结较轻、社会危害不大的案件，即使有不平等现象，也不会在社会上产生多少不良影响。至于吴氏所指责的新刑律"自坏礼防"则是现代法律与君主专制法律的标志性差别之一，它使原有的礼法合一变为礼法分立，体现了现代立法的基本原则。② 所以，吴重憙对新刑律的批评是保守的，也表明他对新政改变传统充满了顾虑。

二　对全国新政的空论与"抗议"

　　晚清新政于中国为创始，许多事情并不知该如何做，故每有新举措，朝廷必令内外臣工讨论，一来征询意见，二来也作思想动员。河南巡抚对武科、币制等具体问题似乎不太擅长，因而空谈应付差事较多，但对于涉及地方督抚职权的地方官制问题，则不惜"抗议"，反对朝廷旨意或中央馆、部的方案。

----

　　① 《清德宗实录》（九）附《宣统政纪》卷一三，宣统元年五月壬戌，第272—273页。
　　② 这方面，学术界已有一些研究，如张仁善的《清末礼法分离的社会动因和文化动因新探》，《南京大学学报》1995年第4期；朱昆的《〈大清新刑律〉与中国法制近代化的启动》，《河南大学学报》1998年第3期，等等。

1. 空谈武科和货币改制

（1）空谈武科改制

晚清的内忧外患使得地方大吏对武科考试产生了怀疑。光绪四年（1878），两江总督沈葆桢最先对武科发难，他认为武科既虚耗本已支绌的经费，又不出人才，应予停止以节经费①，引起朝廷不满："国家设立武科，垂为定制，其中不乏干城御侮之材。沈葆桢辄因撙节经费，请将武闱停止，率改旧章，实属不知大体，着传旨申饬！"② 五年（1879），丁日昌又请停止武科，仍未获允。③ 甲午战争后，武科取才的弊端进一步暴露。二十一年（1895）十月，翰林院侍讲学士秦绶章奏称：

> 军兴以来，其能杀敌立功者，武科曾有几人？执此以求将才，千百而不获一二焉，亦何取此一日之长哉？臣愚以为，废武科则已，如不废，则以改用洋枪为宜，据中靶之多少以验其准头，更用机器转换别为一靶，视中否以试其巧捷；其他杂技，亦以临阵所切用者，设为程式而试之。若夫山川险要之区，水陆战攻之要，营制规画之备，阵图变化之奇，皆习武者所当知；宜兼试策论，以觇才识；惟不能策论者，仍勿求备，斯勇夫力士，不至屈抑。夫武臣之选，原不必责以文字，然由膂力而进以技艺，由技艺而进以韬略，不弃专长，不遗兼美。识拔将才，由此其选。其中者，居乡可为团练之长，入官可为陆军、海军之将佐，庶武试不致虚设也。臣窃闻军中来者言，洋兵随身皆有地图册记，诠说甚详；至用兵机宜，亦各出己见，以附其后。又新式枪炮，其机括中皆有算法，以取远近高下之准，吾兵皆茫然不省，实堪愧愤。又闻洋兵皆先入水师武备学堂预为肄习，而后随其优绌而任使之，其法颇与武试相合。可知

---

① 邵之棠辑：《皇朝经世文统编》卷七一《经武部二·武试》，上海宝善斋光绪二十七年石印本。
② 《清德宗实录》（二）卷七一，光绪四年四月壬午，第96页。
③ 《清德宗实录》（二）卷一〇二，光绪五年十月甲子，第524页。

身列戎行，亦不可无学问矣。①

秦绶章之奏，定下了后来武科改试枪炮的基调，但兵部认为，"武场改习枪炮，与私藏火器之禁有碍"，而改试策论，仍不免替代之弊，均"毋庸议"。② 两年之后，协办大学士荣禄在奏片中重提此事："武科之设，原期得折冲御侮之才。自火器盛行，弓矢已失其利，习非所用，与文科举时文试帖之弊略同，积弱之端未始不由于此。"荣禄估计，全国的武童有三四十万人，若把这些人训练成军，较之临时招募之兵有五利："年富力强，无老弱滥竽充数，利一；弓马娴习，教练易成，利二；有志上进，与苟谋衣食者不同，利三；姓名、宅里有籍可稽，无逃亡之弊，利四；有室有家，散则归农，不至流为盗贼，利五。"并建议"每省设一武备学堂，挑入（合格武童）学习重学、化学、格致、舆地诸学，分炮队、枪队、马队、工程队诸科"，学习三年，合格者送入京师武备学堂肄业，成绩优等者，可入营伍带兵；原设武科，减半进行。③ 接着，兵科给事中高燮曾明确提出武科"习洋枪、洋炮"④，胡燏棻"请于各省府厅州县分设学堂教习"⑤。此时，光绪帝锐意新政，按照军机大臣与兵部议奏，不设特科，但武科改试洋枪："各直省武乡试自光绪二十六年庚子科为始、会试自光绪二十七年辛丑科为始、童试自下届为始，一律改试枪炮，其默写《武经》一场着即行裁去。"⑥ 于是，各省将军、督抚、学政等围绕武科改试枪炮和设武备学堂展开讨论。河南巡抚刘树堂也参与其中，于二十四年（1898）六月十一日连上两折，阐述其看法。在正折中，刘氏写的是几点具体意见：

①　翰林院侍讲学士秦绶章：《奏为集公司办团练课书院改武科考积弊课实效谨陈管见事》，光绪二十一年十月十六日，录副奏折，档号03-5613-005。

②　《清德宗实录》（五）卷三七八，光绪二十一年十月癸未，第940页。

③　协办大学士荣禄：《奏为改革武科考试旧制敬陈管见事》，光绪二十三年，录副奏折，档号03-5922-013。

④　兵科给事中高燮曾：《奏为遵议设武备特科敬陈管见事》，光绪二十四年正月初六日，录副奏折，档号03-5616-002。

⑤　《清德宗实录》（六）卷四一四，光绪二十四年正月己酉，第422页。

⑥　《清德宗实录》（六）卷四一五，光绪二十四年二月庚辰，第439—440页。

——童试宜改归巡道取中也。好勇斗狠，武夫积习，管辖铃制，责在有司，是宜以有司而兼摄考试之权。盖耳目近，则稽查易周；功名重，则犷悍知警学。臣闻岁一临试，毕辄去，仅能较一日之短长，而难司平时之赏罚。近日改试策论，学臣舍旧图新，精力恐难兼顾，拟请武童院考一场，改由巡道取中，于转移风气之中，即寓防患未然之意……

——武童应试宜增论题也。……自古名将，目不识丁实鲜。且取□后，部章尚须选入学堂，讲求格致、舆地诸学，马步枪炮、工程诸科，若不克通晓中国文理之粗成，更何由窥见西国学术之精微？是泛绝港而求至海也。拟请武童□后试时，应核各生面试论题一则，但能字义通顺，即为合格；若文理不通及不能完卷者，枪炮虽列高等，仍勒令学习文艺，归入下届取中……

——弓刀石仍旧也。……枪炮机括灵巧，演习至为轻便，不足验气力。若并弓刀石裁去。行之久，久（众）生童将尽流文弱，恐非国家勤求武备之意。泰西各国，训练之精，已造兵家止境。至于剑戟交撞、血肉相薄，或逊中土。

——筹画火器可恃而不可尽恃也。拟请自童试以迄乡、会（试），仍留弓刀石三项，于次场演示，虽不必凭为去取，而不及格者不准取中，则技巧与勇力并重矣。

——乡、会试宜增专门兵学也。此次武科改制，原以储谙晓韬略者，备圣代干城之选，非仅求卒伍粗材也。枪炮即能叠中，不过尽兵丁勇目之长，于平时训练，临敌调遣，固未窥涯涘……现乡、会各场，仅试枪炮，并未设立专门兵学。而欲武生之群入学堂，争相淬厉，非趣趣不前，即浅尝辄止。拟请取中武生后，挑选姿性灵敏、志趣远大者，调赴省城学堂，令其认兵学一门，专心学习，三年后始准应试；时时就所习之门，命题考试，不得仅凭枪炮，会试亦同一律……

——武进士宜尽数入营，武举、武生未便入营也。……窃经绿营、营汛节次裁并，为数无几；新操练、防各营，调遣迁移，均无定时定地。武生、武举入营后，若不视同弁勇，则既无升阶可冀，势将纷纷隐退，不愿羁留；若竟编入营哨，则逐日须事操演巡稽，何如更入学堂？且一逢乡会两试，咨送赴考，什伍一空，亦非所以慎重地方。至武进士，殿试以后，其名列一二三甲者，均奉旨授侍卫，萃处京师，虚縻岁月，仅供奔走之劳，全无操演之责，技艺久而生疏，志气久而偷惰，于人才实无裨益。拟请武进士尽数归入京营及直省练防各营，分别充当营哨教习，因材器使。报考水师出身者，发往沿江沿海省分。①

　　刘氏此论，大多与其他大员相同或相近，如武童应粗通文理，原有的弓、刀、石要保留以训练体魄等，而关于武童的管理则比其他大员粗略。例如，署湖广总督谭继洵提出"武童宜均归团练练操"②，广东学政张百熙提出"寓兵于民，并寓考试之人于团练"③，广西巡抚黄槐森提出"武童宜编为团丁，以便操练约束"④，还有贵州学政傅增淯的"合武试于乡兵，联科举于营伍"⑤ 等，都比刘氏的仅"归巡道取中"更为具体可行，因为乡试自有督抚、学政，其耳目离武童的远近与巡道之间，不过百步与五十步之差，不如团练直接管理贴近；由团练推荐、督抚与学政考试，改动少而易行。

　　或许是意犹未尽，同日，刘氏又附奏一折，以补充自己的意见。附奏的内容主要有三点：其一，"武科当与文科并，乃可得大将之材；营制必与学堂合，乃可收偏裨之用"，"拟请武科不必另设，将中额及新章归并文科"，理由是"方今各国凭陵以威力相胜，非士皆习武、人尽知兵不能转移天下之风气，化弱以为强"。其二，弛枪炮之禁，因为"枪炮例禁极严……只能禁良民，不能禁莠民；只阻遏华商之制造，不

　　① 河南巡抚刘树堂：《奏为敬陈武科改章管见事》，光绪二十四年六月十一日，录副奏折，档号 03 - 5616 - 011。

　　② 兼署湖广总督谭继洵：《呈遵议改试武科章程六条清单》，光绪二十四年四月初五日，录副奏折，档号 03 - 5615 - 049。

　　③ 广东学政张百熙：《奏为敬陈武科改制条陈事》，光绪二十四年七月初六日，录副奏折，档号 03 - 5616 - 024。

　　④ 广西巡抚黄槐森：《奏为遵议改试武科章程敬陈管见事》，光绪二十四年六月二十三日，录副奏折，档号 03 - 5762 - 009。

　　⑤ 贵州学政傅增淯：《奏为改革武科举事》，光绪二十四年六月二十四日，录副奏折，档号 03 - 5364 - 104。

能禁洋商之私售，诚不如全弛其禁，俾小民多一生计，兼可开民厂之先声也"。其三，武备学堂教育专业化，即"查武备之节目繁多，如水师之驾驶、测量、占风候、测沙线、探礁石、轮船布阵、安设雷艇，及制造阻船封口各物；陆师之体操、常操、图学、算学、辨阴晴风雨之差、练身心耳目之准，以及制造、营垒、工程、行军、炮台、行军电线、安放地雷等项，皆行军切用之艺，非一人能兼集之长。拟请就各省现设武备学堂，举以上各项，分为专门，令入堂肄习者各精一艺，不责兼长"①。

这三点中的第一与第三自相矛盾。前者讲求的是综合，文武不分以培养将帅之才；后者是专业化，即武科之中也只能专习一技之长。显然，刘氏知道将帅之才需要很高的综合素质，而临阵官兵又得有专业之长，却不知道如何使二者统一起来。从根本上说，这是中国缺乏近代化教育体系造成的，仅仅想在相当于高等教育的阶段上把综合素质与专业素质统一起来，是不可能的。刘氏既要二者兼顾，就难免陷入逻辑混乱。第二点则是从朝廷到封疆大吏最担心的问题，大多数督抚的意见是要严格枪支管理。例如，兼署湖督谭继洵说："火器之利，与众共之，而营汛分设无多，不独教习难以徧及，防范亦恐难周。"② 陕甘总督陶模说："由士子购买洋枪，如此，是令犷悍之徒，鲁莽从事；既无中西名师益友之指授，又无各国新书、奇器之观摩，所能勉强习用者，惟枪弹一事，从此假公济私，漫无限制……转致家家购置火器，先召变法之祸。"③ 浙江巡抚廖寿丰说："部臣有枪炮必须存放学堂，黄槐森有洋枪士子自卖，设有挟私斗狠，聚众抗官，纵有姓名刻于枪竿，何从禁止？"④ 刘氏所说能禁良民不能禁止莠民、能禁华商不能禁洋商固是实情，但处于风雨飘摇中的清朝严禁民间持有武器尚且朝不保夕，倘若不

① 河南巡抚刘树堂：《奏为附陈武科改试枪炮管见事》，光绪二十四年六月十一日，录副奏折，档号03-5616-003。
② 兼署湖广总督谭继洵：《奏为遵议改试武科章程事》，光绪二十四年四月初五日，录副奏折，档号03-5615-048。
③ 陕甘总督陶模：《奏为变通武科敬陈管见事》，光绪二十四年四月二十日，录副奏折，档号03-5615-053。
④ 浙江巡抚廖寿丰：《奏为遵议变通武科设立学堂等具陈管见事》，光绪二十四年六月十五日，录副奏折，档号03-5616-021。

禁，后果何堪设想？况且河南向称"盗匪渊薮"，作为河南巡抚，对如此重大的问题竟能"举重若轻"，只能说是"无知者无畏"！

此外，还有两个关键问题被刘氏忽略了。一个是经费问题。众所周知，自军兴以后，朝廷财政捉襟见肘，各省督抚也叫苦连天；甲午之后又加巨额赔款，要搞新政，最大的问题就是财政困难，武科改制也不例外。甘肃新疆巡抚饶应祺说：武科改试枪炮虽是势所必然，"然初试只可考枪，不能考炮，以枪可人自购备，炮则各府州县未必尽能备办"，且炮弹昂贵，"亦难筹此巨款"。① 山西巡抚胡聘之说："惟思武备学堂规制宏远，事繁款巨，仅于省城设立已属不易，此外府厅州县断难同时徧设。"② 兼署湖督谭继洵说："不独新式小口径快枪价值昂贵，即所需药弹，费亦不赀，力难措办，公款又无可代筹。"③ 如前所述，河南财政十分困难，厘金收入甚至不如甘肃，刘氏竟然置如此重大的问题于脑后，可见其所论之空泛。这就造成了他对第二个问题的忽略，即如何筹办河南武备学堂。无论是武科考试枪炮还是刘氏自己所说的武备学堂教育专业化，都需要办武备学堂，刘氏及河南学政朱福诜的奏章④竟都未谈及本省如何筹建武备学堂。所以，刘氏针对武科改制所发表的言论只是纸上谈兵而已。

（2）"独树一帜"论币制⑤

光绪二十九年（1903）二月，国际黄金涨价，中国以银赔款受亏

---

① 甘肃新疆巡抚饶应祺：《奏为遵议武科改章敬陈管见事》，光绪二十四年六月十三日，录副奏折，档号03－7202－059。

② 山西巡抚胡聘之：《奏为庚子武科乡试难用新章拟筹简易之法等请饬部核议事》，光绪二十四年五月初八日，录副奏折，档号03－5615－062。

③ 兼署湖广总督谭继洵：《呈遵议改试武科章程六条清单》，光绪二十四年四月初五日，录副奏折，档号03－5615－049。

④ 河南学政朱福诜：《奏为遵旨议复改武科章程事》，光绪二十四年六月十一日，录副奏折，档号03－5616－002。

⑤ 关于晚清币制，学术界已有不少研究，其中最主要的有杨端六：《清代货币金融史稿》，生活·读书·新知三联书店1962年版；叶世昌：《晚清关于本位制度的讨论》，《中国钱币》1992年第4期；卓遵宏：《中国近代币制改革史（1887—1937）》，台北"国史馆"1986年版；彭信威：《中国货币史》，上海人民出版社1965年版；张振鹍：《晚清十年间的币制问题》，《近代史研究》1979年第1期；［韩］丘凡真：《精琪的币制改革方案与晚清币制问题》，《近代史研究》2005年第3期。

甚巨，外务部请变通币制，铸银元。① 三十三年（1907）三月，吏部尚书鹿传霖、湖广总督张之洞、直隶总督袁世凯联衔上奏，主要以维护国家主权为核心，对建议币制用元的各种观点进行驳斥，主张铸造十足以两为单位的主币和减色铸造九成辅币。② 但内外臣工意见仍旧不一。年底，朝廷电令各省督抚对新币制用两还是用元及其成色进行讨论，限一月内据实覆奏。③ 各省督抚的意见，大致如见表5－2所示。

表5－2　　　　　　　　　　各省督抚讨论币制意见表

币制	督抚	意见
两	署直督杨士骧	减成一两为主币
	东督徐世昌	九成一两主币
	署川督赵尔丰	九成一两
	新抚联魁	九成一两、五钱为主币
	陕抚恩寿	用两为便，主币、辅币一律减成
	湘抚岑春蓂	九八色一两、五钱为主币，九六色一钱、五分为辅币
	署鲁抚吴廷斌	九成一两、五钱两种为主币；一钱、五分两种为辅币，成色再次
	陕督升允	十足一两及五钱、一钱及五分银元
	苏抚陈启泰	十足一两及五钱之银元及九成小元
	江督端方	足色一两、五钱为主币，一钱、五分为辅币，多铸五钱，币名为半两
	晋抚宝棻	一两十成主币，九成辅币
元	云督锡良	减成之七钱二分并三钱六分，及一钱四分四厘、七分二厘
	湖督赵尔巽	减成七钱二分银元，以十小元当一大元，铜元十枚当一小元
	广督张人骏	九成七钱二分银元，其余小元银色递减
	吉抚朱家宝	九成七钱二分定为币位

① 《清德宗实录》（七）卷五一二，光绪二十九年二月壬寅，第672页。

② 湖广总督张之洞：《呈为币制宜用一两重量十足成色事条陈》，光绪三十三年，录副奏折，档号03－6685－087。

③ 《奉旨整饬庶政币制银两银元计行用孰著各督抚各抒所见事》，光绪三十三年十一月二十六日，电报档，档号1－01－12－033－0210；《奉旨议制主币足色二说孰著并案议复事》，光绪三十三年十二月初二日，电报档，档号1－01－12－033－0215。

续表

币制	督抚	意见
元	黑抚程德全	九成七钱二分主币，每一银元作为十角，每角作为铜元十枚
	赣抚瑞良	七钱二分九成为主币，三钱六分、一钱四分四厘、七分二厘九成辅币
	浙抚冯汝骙	七钱二分
	黔抚庞鸿书	九成七钱二分银元为主币、小银元数等为辅币
	豫抚林绍年	七钱银元
两或元	闽督松寿	以个数行，不必以一两与七钱二分为拘
	皖抚冯煦	暂仍元两并用，总以先谋信用为急，分量轻重尚在其后
	桂抚张鸣岐	先定金币单位，先设币制调查局，从两从元，俟金本位定后再议

资料来源：《呈各省督抚遵议币制节略》，光绪三十三年，录副奏折，档号 03 - 6685 - 092。

在表 5 - 2 中，主张用两者十一省，其中四省足色、七省减成；用银元者九省，其中仅河南巡抚林绍年主张用七钱银元；三省主张两、元并用。

此次讨论币制，主张用两者的理由大体与鹿传霖、张之洞、袁世凯等人所奏相同，主要是维护国家主权和中国传统习惯。例如，署山东巡抚吴廷斌认为：中国币制"自应以两、五钱两种为主币，一钱、五分两种为辅币，上尊主权，下便民用"[1]。署直隶总督杨士骧认为："七二银元来自墨西哥，各省仿其式鼓铸龙元，特为一时权宜之计，而通国赋税、廉俸、饷项以及关税、偿款皆以两计。若定七二为国币，则一切制度皆须更定，不但上下大扰，且零整折合断难适（应）。"[2] 主张用元者的理由主要是沿海地区银元流行已久，且与国际贯通。例如，两广总督张人骏说："粤省通商最早，习用七钱二分银元，一切商场贸易，民生日用，多以元计，推之各口岸，莫不皆然。即由赋、税、厘、俸、饷、赔款数目，虽属计两，出纳仍皆用元。前因洋元输入，商民乐用，禁止为难，是以仿照洋银一元、半元、两角、一角、半角重量、成色铸造各

---

[1] 收署山东巡抚吴廷斌电：《为陈币政三端并请饬各省同时鼓铸事》，光绪三十三年十二月二十日，电报档，档号 2 - 04 - 12 - 033 - 1367。

[2] 收署直隶总督杨士骧电：《为议复国币分制成色事》，光绪三十四年正月十二日，电报档，档号 2 - 04 - 12 - 034 - 0038。

华银元，并铸当十铜币、一文铜币相配行用。铜币十枚、五枚之价准之一角、半角小元，数适相等，而无折算之烦，故商民喜其利便，市面得以流通，洋元行销渐少。"① 江西巡抚瑞良说，近年各省所铸造和各国流入的都是七钱二分银元，通行日久，商民称便，而计元即无所谓足色不足色；以七钱二分九成银元为主币，再铸三钱六分、一钱四分四厘、七分二厘九成银元为辅币，与先行银元同，外人无所藉口。② 署吉林巡抚朱家宝说："我国沿用银币，频年商战受制于人，所以倡议实行，无非金本位者，无非以谋抵制；欲谋抵制，在新币信用可通行中外；欲通行中外，在新币制度与各国画一。"③ 争论双方都有一定事实依据，唯独豫抚林绍年提出用七钱银元显得不伦不类。

林绍年，字赞虞，福建闽县（今福建福州市）人。同治十三年（1874）进士，以编修历充乡、会试同考官。光绪十四年（1888），改御史。会以忧去，服除，补山西监察御史。十九年（1893），授云南昭通府知府。二十六年（1900），迁云南布政使，擢巡抚，兼署云贵总督。三十一年（1905），移广西。明年，内召，以侍郎充军机大臣，兼署邮传部尚书，授度支部侍郎。三十三年（1907）七月，出为河南巡抚。④

林氏主张用七钱银元的理由，大致是想综合两、元之长：

> 夫币必有制者，所以存主权、便民用也。惟无定准，权乃不存；惟甚淆杂，用乃不便。东西各国，均有本位主币之目，而其辅币行使，悉有限制，所以价目永无涨跌不止，其民便之，即外人亦莫不便之。中国从来向无本位主币，致涨跌任意，淆杂无章。官中所收发，民间所往来，币混争执，几于无处不然。此而不定，诚必

① 收两广总督张人骏电：《为新币宜主行七钱二分等五种银元事》，光绪三十四年正月初二日，电报档，档号 2 - 04 - 12 - 034 - 0004。

② 收江西巡抚瑞良电：《为新币宜改银为元并以划一为根本事》，光绪三十三年十二月二十日，电报档，档号 2 - 04 - 12 - 033 - 1366。

③ 收署吉林巡抚朱家宝电：《为新币宜以九成七钱二分定为币位事》，光绪三十三年十二月十一日，电报档，档号 2 - 04 - 12 - 033 - 1334。

④ 赵尔巽：《清史稿》（缩印本）第 4 册《林绍年传》，第 3177 页。

不可。然欲求一法使处处适合其宜，亦必不能。何也？本来通国平色种目繁多。以绍年所到之地亲见之民情，有用生银者，有用银元者，有纯用小元者，且有不用银而用钱者，更有用钱不计数而计重竟名为"称钱"者。今定一币制，其必不能尽同，而不免处处有折算之劳者，势也。然有定制，不过经此一番折算，以后可免无数葛藤，较之旦夕价值无定，弊正相寻者，其得失何可胜计？两害相形，当取其轻，则无宁受一时之纷扰，求永久之便利。此国家必定币制之正理也。为今之计，所以宜以七钱减色为主币者，则以各国币制不同，无从相袭，我亦何取七钱二分以随人？墨元等项所以易流通者，乃喜其无须计量较色，非喜其七钱二分也。经济学谓单位不宜过高，恐长人民奢侈之风。此言极有至理。况中国小民生计，用钱者多，其程度不特不能用金，抑且亦少用银。若以十进位，无取其零，小民但知每元值钱千文，自不惊扰，实与市井日用之常，间阎妇孺之细，计算甚便，极易通行，则与其以两为元、以七钱二分为元，又不如以七钱为元之尤愈也。既可略存用两之习惯，又不至与墨元相袭，而单位尚不甚高，于钱价或尚得中，可以由十进位，不必奇零。有此数善，而所谓初行折算之难，仍不过用两、用七钱二分相等，实且有较便之处。所以敢言其惟此为最愈也。①

可见，林氏的理由与其他督抚大致相同，无非为国家主权与民用便利着想，唯其认为用七钱银元"初行折算之难，仍不过用两、用七钱二分相等"之说站不住脚，因为虽同为折算麻烦，但范围、程度不同：用两是传统，无论东南省份或西北省份，都能习惯；用元虽西北诸省尚未习惯，但东南诸省已习以为常，且国外也认同，只有七钱银元国内、国外无不生疏。所以，林氏之说，要么是过高估计了朝廷在金融上的控制能力和信用度，认为只要一纸谕令作出规定，民间就自会通行；要么是根本不懂金融，纯粹是"独树一帜"的空谈。

---

① 收河南巡抚林绍年电：《为新币重在信用以便民为利不以多铸为利事》，光绪三十三年十二月二十七日，电报档，档号 2 - 04 - 12 - 033 - 1405。

其实，林氏对币制并不十分关心。由于曾任过度支部侍郎，其关注的重点亦与一般督抚不同。在发出讨论币制的电报之后，林氏又恐自己的意思没有说清，故重拟一折说明：

> 今日之尤可虑者，则与各国交易，年短千余万，又加以赔偿之款，其漏出已不可胜计。国之有财，如人之有膏血，如此剥削，将何以堪？然今犹幸存者，则以人虽取我之财，而尚未全辇以去，或存之银行，仍散借于我；官商来者日众，用费仍耗之内地。所以我国日用，仅见竭涩，尚勘敷衍，其实则所有之财，已改属之他人者，不知凡几矣！将来彼之制我死命，何持刀兵？是币制所关固巨，而求富之道，更不可视为缓图。中国人情，惟重官而不重实业，人争趋于官，故贫弱遂尔至此。向者，亦既特颁明诏，凡办工商之有效者，爵赏皆所不惜，而闻者仍自漠然。近者亦又特降谕旨，令旗人各自谋生，而惮者尚复如故。无他，皆向重官而不重实业之习误之也。今欲改定币制，讲求理财，似尤非特重赏实业不可。然振兴实业，又必先有巨费培植人材，则全视朝廷之意向如何。臣愚，窃以为他事可缓，惟此实业为最急。应恳圣明特为留意，饬主计者，时时于利用厚生研究正理；各省应办诸事，亦均饬计其缓急，勿徒袭皮毛而耗真财，转至置本图于不暇顾，其得失所关，洵不可以道里计也！①

林氏对国运的担忧、对中国官本位的批判固然有理，振兴实业的大方向亦对，然而，他并没有提出如何才能使国家摆脱目前的困境。朝廷在经济上既然拿不出钱来鼓励民间办理实业，除了赏赐徒有其名的虚衔之外，又能怎样？如此空谈，还不如宣统二年（1910）邮传部候补参议龙建章的以低薪逼官员经商之说。龙氏说：官员薪水应低到仅"俾其足资糊口，若欲藉官以图利，不如弃而为商……可使聪明智慧之士专

---

① 林绍年：《电陈币制恐译转错误另录进呈折》，《林文直公奏稿》，第701—703页。

心举办农工商矿"①。此说固然亦难施行，但好歹算是一个办法，比林氏的徒呼"圣明"来得具体。

由于币制迟迟未定，次年六月，林氏又奏请速铸国币，而其所奏再次暴露出他徒然为国计民生担忧而毫无实际可行之策的弱点：

> （此前）各省开铸铜圆，为救钱荒，又资余利，初计何尝不善？而不料为饮鸩止渴，流弊至此极也！……中国百姓用钱居多，而又不能不以钱合银。从前民间之钱值银一两者，近只值至七八钱，通计全国之钱，何止数千万万？若概七折八折，小民已所失无算，况物价因之愈贵。长此不已，所折即更不止此，民生安得不穷？闻近来私铸输入日甚一日，不早设法，将何以勘？臣前陈币制，请速定国币，并必须以钱为补助货（币），停铸铜圆者，实期隐杜此弊，且谓不必拘于用两、用七钱二分，总以一国币足抵千钱。凡百钱以下，始用铜圆；十文以下，始用制钱。如此限法，自无充斥之患，私铸当不禁自停。亦知各省钱价不同，一时遽议以六钱、七钱之币抵一千，断难画一。然先声所播，其高下有必渐趋于平者。开铸国币，势须一年半年，其间正可以先后发用，隐为调剂。若徒多过滤，是永无可定之一日。现刻奉旨，饬查州县出入之款，定为公费，是以后所有平余、火耗、杂款、陋规及折钱盈余，无不悉成公款。若不趁此厘定，凡向取于民者，无论为钱为银，定为国币若干奇零者，始以铜圆补助，又待何时？②

既然此前所铸铜元是饮鸩止渴，怎能保证新的国币不重蹈覆辙？铸铜元未能阻止私铸，新国币怎能让"私铸当不禁自停"？既然前面说用"七钱银元最善"，此处何以又说"不必拘于用两、用七钱二分"？这些问题林氏并未给予论证，足见其对此次币制改革所谈意见多属想当然。

---

① 邮传部候补参议龙建章：《奏为厘订官制敬陈管见事》，宣统二年十二月初五日，录副奏折，档号03－7448－045。

② 林绍年：《请速铸国币片》，《林文直公奏稿》，第755—756页。

总之，这些根本不懂金融的一帮督抚在讨论币制问题时，有的站在本省的立场上，有的为既有的银元局铸币余利所牵制，还有的则根本没有立场，林绍年便属于最后一种。这种讨论原本就是政治意义远大于币制本身，想从中找出解决货币困境的良方，无异于缘木求鱼。

2. "抗议"外省官制改革方案

清末地方官制改革有两轮讨论，学术界所重视者是光绪（1875—1908）末年的第一轮讨论，因为这是创始，当时的河南巡抚张人骏也参与其中。由于学术界对此已有研究①，此处仅就与地方官制相关的司法问题略谈一下豫抚的不同意见。

其一是反对司法独立。如前所述，张人骏本来就对新政没有好感，对于司法独立，他一本军兴以来豫抚奏事先叫苦的习惯，说：按官制馆所拟方案添官佐理，"新增之费为数甚巨，取之于公，则空虚之余无此财力；取之于民，则宪法未备，民智未开，苛敛适以召乱"；继而则提出反对的理由："词讼与地方庶政无一不相关涉，合之则脉络贯通，分之则权限易紊。州县不司裁判，则与民日疏；疆吏不管刑名，则政权不一。"②湖广总督张之洞也极力反对，其理由与张人骏大致相同。③结果，朝廷亦只得妥协，仅将臬司改为提法使，司法独立因此受挫。④

其二是与司法独立相关的就地正法问题⑤，各省督抚与朝廷意见不一。河南巡抚林绍年对于刑部的"各省遇有应行就地正法之犯，由各

① 刘伟：《晚清督抚政治——中央与地方关系研究》，湖北教育出版社2003年版，第193—198页。
② 《河南巡抚来电》，《近代史资料》第76号，中国社会科学出版社1989年版，第61—62页。
③ 《湖广总督来电》，《近代史资料》第76号，第83—84页。
④ 欧阳湘：《试论清末地方司法改革中的中央馆部与地方督抚之争》，《比较法研究》2008年第4期。
⑤ 关于"就地正法"，学术界已有一些研究。例如，李连贵：《晚清"就地正法"考》，《中南政法学院学报》1994年第1期；邱远猷：《太平天国与晚清"就地正法"》，《近代史研究》1998年第2期；韩广道：《"就地正法"辨析》，《濮阳教育学院学报》2001年第2期；王瑞成：《就地正法与清代刑事审判制度——从晚清就地正法之制的争论谈起》，《近代史研究》2005年第2期；娜鹤雅：《清末"就地正法"操作程序之考察》，《清史研究》2008年第4期。

厅州县解归该管道府州复审明确，禀候督抚批饬正法"一节，提出变通办法，其主要理由是："豫省民情强悍，盗风本炽，近年如河北三属与直、东、江三省壤地相错，在园、大刀各会匪到处煽惑，隐患堪虞；东路则与曹、单毗连，频年匪扰，至今根株未尽；西路河、陕、汝一带，山径丛杂，刀匪横行无忌；南路与鄂、皖相接之处，尤多邪教，结党拜会，时有所闻；而中央各属，抢劫案件亦几无处无之，苟非随地惩创，实无以遏乱滋而资慑服。"又因他省亦有成案在先，如"直隶等省多委邻封州县，或另委专员会讯禀办，以期迅速，匪徒较为震慑。豫省自可仿行"。奏请"此后豫省办理就地正法案件，除附郭首县并道所驻地方，仍令解审外，其余各厅州县概令先行录供，禀由院司批饬该管道府州县，就近遴委邻封或正印候补人员，驰往提讯。如果供情无异，详拟罪名，会同原问官禀候臣复核情罪相符，再行拟饬，即在原地正法，免解府解道"①。既有成案在先，朝廷亦无异议。

第二轮地方官制讨论是宣统二年（1910）年底开始的。这年九月，宪政编查馆奏，由于官制未定，当年颁布《官俸章程》碍难厘订，请变更原有《逐年筹备事宜清单》所定的时间表，将原定第五年颁布《新定内外官制》提前一年，将试办官制提前二年，获得俞允②，由此引起了第二轮外省官制讨论。时任河南巡抚的宝棻参与其中，其意见颇与他省督抚有相同之处，即希望朝廷不要过分削弱督抚的职权。

当年十二月初一日，针对外省官制的改革问题，宝棻认为"督抚对于一省有完全之责任，即应有完全之职权"，具体提出四点意见。

　　一则督抚权限之分析宜加慎重也。……今司法已经独立，外交则遇有正当交涉，向无不由部主持，划归中央自无不可。惟军事一项，虽属国家威权作用，不应分隶督抚，然一省之大，往往当欧洲一国而有余。目前乡镇巡警尚未成立，巡防营队但备缉捕，尚苦不敷，固属暂难议裁；新军则督抚虽为督练大臣，每有调遣，亦须咨

_____

① 河南巡抚林绍年：《奏请变通办理豫省就地正法案件事》，光绪三十四年三月十八日，录副奏折，档号03－7295－016。

② 《清德宗实录》（九）附《宣统政纪》卷四二，宣统二年九月甲寅，第757页。

商处部，并无完全统属之权，若竟并此夺之，一有警告，何以迅赴事机？夫国家以数千里之地方付之督抚，而顾（复）令其徒手以谋安谧，其可得乎？此臣所谓督抚权限之分析不可不加审慎者也。

一则各司行政权限应加限制也。督抚既于一省负完全之责任，则事权必须专壹，方能尽其职务。现制司道得以直接各部，论者且议以各司为中央分设机关，直接中央，不尽由督抚承转。此两歧之道也。夫权责不专，则督抚有卸过之地；距离既远，则中央穷应付之方。欲求改良计，惟削各司直接中央之权，令其辅助督抚执行政务，而督饬考核，统归督抚，庶一切纷糅牵缀之弊除矣。此臣所谓各司行政权限不可不加限制者也。

一则地方行政官厅宜裁道留府以资督察也。中国地广民众，交通不便。今既裁巡道一级，地方官吏已少一层钤制，若复并裁府缺，专恃督抚各司，考查于数百千里之外，诚恐国侨之智、旌娄之明，亦将有所不逮，吏治窳坏，可立而待矣……此臣所谓地方官职宜裁道留府以资督察者也。

一则地方行政与司法略宜参合也。……中国地方官向兼二权，一旦分割太清，而人民程度不足，恐地方官威权太轻，不能管辖人民，推行法令。如以检事职权违警罪裁判、司法、巡警，仍责成地方官兼管，或可收变法之功，无意外之虑，而于经费亦可稍有。此臣所谓地方行政与司法宜略参合者也。[1]

如果说前面在武科、币制的讨论中，河南巡抚与其他督抚意见有很大差距的话，这一次则是非常接近。譬如，关于督抚的军事权，江西巡抚冯汝骙说："陆军只负（责）国防，然巡防、绿营逐渐裁减，遇有地方匪警，亦不能必资其震慑以卫治安。是以训练之权可隶于中央，而平时之节制、临时之调遣，似不得（不）假督抚以便宜。此又地方安危所系，亟应变通者也。"[2] 两江总督张人骏说："我国疆域广远，疆臣奏

———————

① 河南巡抚宝棻：《奏为酌定外省官制敬陈管见事》，宣统二年十二月初一日，录副奏折，档号03-7474-057。

② 江西巡抚冯汝骙：《奏为厘定直省官制敬陈管见事》，宣统二年十二月二十日，录副奏折，档号03-7440-010。

事不能直达，必致贻误事机。今应申明一切具奏事件，悉仍旧制……军政仍责在督抚。然有为中央集权之说者，欲将外省军政直隶内部，将领不归督抚任用节制，一旦有事，缓不济急。今应申明督抚有调遣兵队、节制进退将领之权。"① 关于督抚职权及司道与督抚的关系，江西巡抚冯汝骙说："地方官直为督抚固有之责，中央宜畀以全权，不掣其肘，使之得尽其才，以展布其政略……司道为督抚辅助机关，只宜直接督抚。凡一省行政得失，督抚对于中央完全负责，司道对于督抚分事负责。而中央对于督抚、司道实皆有监督考察之权，正不在直接、间接之分；行省之制，督抚司道必如身使臂、如臂使指，始能互相维系，共策进行。"② 甚至驻藏大臣亦奏请将驻藏帮办大臣裁撤，于前后藏各设参赞一员，"禀承办事大臣"，并由驻藏大臣奏保勘补人员请旨简放，"则办事大臣既有专一之权，又收得人之效"，以免"内启番旗之轻藐，外贻友邦之讪笑"③。当然，其中也有不同之处。例如，宝棻认为外交权归中央没有问题，张人骏则认为涉及各省内的交涉事件应由督抚办理："至外交虽统属于外部，然通商、游历、传教皆在外省，遇有事端，若在外了结，可免国际交涉。今应申明督抚有办理本省外交之权"④。但不论怎样，在中央与地方的权力之争中，豫抚与其他大多数督抚一样，反对中央过分集权而削弱督抚职权。

总之，在清末新政时期，豫抚参与对全局问题的讨论与其他督抚相比，空谈较多，虽到后来逐渐与其他督抚一同"抗议"⑤，较为务实，但已离清朝灭亡太近，作用不大。

三　"两处其穷"办新政

河南巡抚对新政有着不同的态度或意见，但或出于对朝廷的忠心，

---

① 《清德宗实录》（九）附《宣统政纪》卷六〇，宣统三年八月丙午，第1078页。

② 江西巡抚冯汝骙：《奏为厘定直省官制敬陈管见事》，宣统二年十二月二十日，录副奏折，档号03-7440-010。

③ 《清德宗实录》（九）附《宣统政纪》卷四七，宣统二年十二月己亥，第856—857页。

④ 《清德宗实录》（九）附《宣统政纪》卷六〇，宣统三年八月丙午，第1078—1079页。

⑤ 这种"抗议"还表现在请求开国会上，参见第二章。

或出于时势所迫，虽称"人才、物力两处其穷"①，却仍能在河南推行新政。

1. 军事改革

（1）编练常备军、陆军

如前所述，豫军使用近代化装备大约开始于同治四年（1865）十月。此后，经历任豫抚筹款购买，豫军装备逐步近代化。到刘树堂创办河南机器局，河南可以自己生产少量近代军事装备。但河南真正以新式操法训练军队则在光绪二十四年（1898）。

是年五月，豫抚刘树堂接到朝廷谕旨，内有"今日时势，练兵为第一大政，洋操尤为第一要略"，故遵旨以新式洋操训练军队，"现已咨请北洋新建陆军，酌拨数员前来，以资训课"②，获得俞允。③ 刘氏又筹银一万两，订购十响新式毛瑟枪一千五百支，以供新操之用。④ 十一月二十七日，刘氏奏报了校阅豫军新操情形：

> 臣督同营务处司道，悉心考校，责成两军翼长督操训练。教操之序，先步法，次身法，次枪法，次瞄准命中，功课以次而进升。考校之法，由营哨而教习，而队长，而分演合操，全军归于齐一……（校阅之时）各营步法一律整齐，快、慢步之起落，身、手、眼之安放，皆能合法；抓枪、卸枪，亦皆娴熟。复就册自营哨以□丁勇抽点若干，各试令打靶，中靶分数约在六七分以上。臣当场分别奖励。统观各营操法，较前此已改观。连日复将新操中功课，如越壕、筑垒、掘地营之法，旗令、灯令、行军简明各令，陆续发出，以次演习纯熟。⑤

---

① 陈夔龙：《核定常备军营制并变通办法折》，《庸庵尚书奏议》，第272页。

② 河南巡抚刘树堂：《奏为遵旨核饷筹练洋操事》，光绪二十四年五月二十八日，录副奏折，档号03-5761-048。

③ 《清德宗实录》（六）卷四二一，光绪二十四年六月辛卯，第521页。

④ 河南巡抚刘树堂：《奏为订购新式毛瑟枪请旨动支军饷银两数目事》，光绪二十四年十二月二十一日，录副奏折，档号03-5997-067。

⑤ 河南巡抚刘树堂：《奏为校阅豫正左右两军新操情形并分遣各营出巡地方事》，光绪二十四年十月二十七日，录副奏折，档号03-5997-063。

光绪二十九年（1903），河南开始组建常备军。已调广东尚未离任的豫抚张人骏拟定营制、饷章①，练成步队三营，并订购德商九响毛瑟枪五千支、无烟子弹一百五十万粒②，以资训练。后来实际买到枪四千九百五十支、子弹一百四十七万八千粒，其中子弹有二十三万八千粒受潮不能用被剔出。③ 同年十一月，继任豫抚陈夔龙因此前政务处奏称，河南新练常备军营制仍是"旧日规制"，故对营制进行重新变通核定：

　　　　现拟改定豫省常备营制，于长夫一百六十名内裁减六十名，腾出的饷改募正兵三十六名添入各棚，即以各棚操法较好之兵升为副目兵三十六名，每副目兵月支饷银四两四钱。各营既有正兵三百六十名，又添副目兵三十六名，合之正目兵三十六名，约计兵额除号兵、护兵不计外，已得四百三十二名之谱，与北洋、山东实无甚出入；而长夫一项，则不过百名，一转移间，即与政务处原议符合。其他待练之炮队、马队均照此类推。此其宜改者也；其不必骤改者，如"统带、帮统皆兼坐营"一节。兵之于将，平日非有父兄子弟之亲也，以营辖哨，以哨辖排，以排辖棚，均取相维相制之义焉。湘、淮各军统带、帮统皆带坐营，论士气则易于团结，有兵力则足以钤制……夫旧日营制流弊诚不能无，然采用各国善策，兵之口食既经粮饷局监放，兵之缺额复有营务处稽查，防弊之法至今日可谓綦严，而强弱仍不系乎此者，则以统带、帮统得人否耳。查北洋常备军，每协统领一员月支薪、公银五百余两，每标统带一员月支薪、公银四百余两，饩廪亦云厚矣。豫省此时，不但无此财力，而新军如此，未改之精锐、豫正等营又何以处之？臣愚以为，开办之始，操法必须力求其新，规制无妨间用其旧。④

　　陈氏此处仍是新旧兼用，在每营人数分配上进行增减，以便与北

　　① 《清德宗实录》（七）卷五一七，光绪二十九年五月乙酉，第821页。
　　② 《清德宗实录》（七）卷五一八，光绪二十九年六月甲戌，第846页。
　　③ 河南巡抚陈夔：《奏为核销购买枪弹等件所用款价银两事》，龙光绪二十九年十二月十八日，录副奏折，档号03-6167-123。
　　④ 陈夔龙：《核定常备军营制并变通办法折》，《庸庵尚书奏议》，第273—275页。

洋、山东一致，但在统带、帮统兼坐营以及军饷上，则根据河南实际，沿用张人骏之旧。可见，陈氏之奏名为更订营制，实则在为河南的做法辩解。此时朝廷亦无一定标准，故总理练兵事务王大臣奕劻等虽仍不太满意，也只能听之，奏道："前政务处于此二端（按：指'统带、帮统皆兼坐营'和两司经理营务处）之所以奏请更定者，实为整饬武备，讲求尽善起见。惟该抚臣以现在绌于饷力，仍请暂照前奏办理，亦属实在情形。现臣处正在筹拟营制画一章程，拟俟奏明恭请钦定后，通饬遵办。其未改订新章以前，应暂准其照拟试办。"①

次年二月，经将驻省精锐两营改为常备军，并添募一营，合计步队三营，作为常备军左翼②，使豫省常备军增至六营。九月，常备军马队一营、炮队一营也正式成军。其大体情形是：

> 现时采买战马尚未到豫，拟先发马六十余匹以应目前调御练习，其应领炮位即在支应局旧存之炮、豫正军缴回之炮拣选四磅炮二尊、两磅炮十二尊，合之新购鄂厂快炮四尊，共十八尊，连同马枪四百枝、护炮新式毛瑟步枪二百枝，统交常备军军械所存储擦洗，以备次第训练。至常年经费，计炮队一营，每年约需银二万九千九百余两，由粮道库极力挪凑，先在盐斤加价项下拨银四万两，一切杂支额款、活款由豫正军以炮改步案内节省银四千余两悉数拨给应用；马队一营，每年约需银三万一千余两，由藩库裁并局所项下拨银一万三千两，厘税局拨银一万七千两，下余不敷仍由司另行筹措，以济急需。③

光绪三十一年（1905）七月，陈氏据练兵处奏定《陆军章程》，在省城原有河督行辕设立督练公所。陈氏自兼督办，布政使瑞良、按察使钟培为总参议官，候补道吴肇邦为参议官，设正副文案各一员、随员一员、先锋官数员；委候补道吴對为兵备处总办，下设提调一员、筹备军

①　总理练兵事务王大臣奕劻等：《奏为遵旨议奏河南巡抚陈夔龙奏常备军变通办法复陈事》，光绪二十九年十二月二十日，录副奏折，档号 03－5763－112。

②　陈夔龙：《常备军左翼三营成军折》，《庸庵尚书奏议》，第 341 页。

③　陈夔龙：《常备军马队炮队成军折》，《庸庵尚书奏议》，第 414—415 页。

需合科委员一员、考功执法合科委员一员、正副文案各一员；参谋处当时事务较简，设立测绘科，及谋略、调派均暂由兵备处会同参议兼办；分省补用知府景启暂派为教练处帮办，下设提调一员、校兵科委员一员、正副文案各一员；候补道许葆连为粮饷局总办，候补道何廷俊为军械局总办，其下酌设委员以资差遣。公所及各局、处应用之书目、兵夫，俱按其事务之繁简分别人数之多寡。① 八月，练成军乐队，计一等乐兵二名、二等乐兵二名、三等乐兵二名、学习乐兵二十四名、伙夫三名。② 如此，豫省常备军计有八营一队，初具规模，因即按照《陆军章程》再次变通营制及军饷章程（见表5-3和表5-4），将常备军改为陆军。

表5-3　　　　　　　　　　　　河南陆军营制表

协	统制官1	一等参谋官1	执事官1	一等书记官2	执法官1	军需官1	军械官1
	军医官1	马医官1	司药官1	司号官1	书记长4	司书生6	弁目1
	马弁8	护目1	护兵15	伙夫2			
标	统带官1	教练官1	执事官1	掌旗官1	副军需官1	副军械官1	副军医官1
	副马医官1	司号长1	二等书记官2	司书生2	弁目1	马弁4	护目1
	护兵8	伙夫2					
步队	管带官1	督队官1	队官4	排长8	见习士官4	司务长4	正目36
	副目36	正兵72	副兵288	军需长1	医生1	书记长1	司书生6
	号目1	号兵8	护兵18	枪匠1	皮匠1	医兵2	伙夫38
	军医长1	护目1	匠目1	备补兵36	驾车兵4	餧养夫4	随营车4
	驾车骡12						
马队	管带官1	督队官1	队官4	排长4	见习士官4	司务长1	正目16
	副目16	正兵32	副兵128	军需长1	医生1	查马长1	马医长1
	书记长1	司书生6	号目1	号兵8	护兵12	枪匠1	掌匠1
	皮匠1	医兵2	伙夫18	马夫28	战马227	护目1#	匠目1#
	马夫目4#	备补兵16#	驾车兵4#	餧养夫4#	随营车4#	驾车骡12#	

① 陈夔龙：《设立督练公所折》，《庸庵尚书奏议》，第578—580页。
② 陈夔龙：《添练军乐队片》，《庸庵尚书奏议》，第595页。

炮队	管带官1	督队官1	队官3	排长6	见习士官3	司务长3	正目27
	副目27	正兵54	副兵216	军需长1	军械长1	医生1	查马长1
	马医生1	书记长1	司书生5	号目1	号兵6	护兵18	铁匠1
	炮匠1	掌匠2	木匠1	皮匠1	医兵2	伙夫29	马夫24
	炮18	弹药车9	炮用马162	骑马50	马医长1#	护目1#	匠目1#
	马夫目3#	备补兵27#	驾车并6#	餧养夫6#	铁炉车3#	零件车3#	备用弹车9#
	随营车6#	车用马36※	随营骡18#	预备马36#			
山炮队	管带官1	督队官1	队官3	排长6	见习士官3	司务长3	正目27
	副目27	正兵54	副兵216	军需长1	军械长1	医生1	查马长1
	马医生1	书记长1	司书生5	号目1	号兵6	护兵18	铁匠1
	炮匠1	掌匠2	木匠1	皮匠1	医兵2	伙夫29	马夫24
	炮18	驮马144	骑马16	军医长1#	马医长1#	护目1#	匠目1#
	马夫3#	备补兵27#	管驮兵18#	餧养夫18#	备驮弹马90#	炉件驮马18#	营驮马36#
	预备马※						
乐队	队官1	一等乐并2	尔等乐兵2	三等乐兵2			
	学习乐兵24	伙夫3	排长1#				

注释：#表示暂缓设，※表示只有战时配备。

资料来源：河南巡抚陈夔龙《奏为豫省常备军遵章编改酌拟营制饷章事》，光绪三十一年九月初六日，录副奏折，档号03-5764-042。

表5-4 　　　　　　　　　河南陆军军饷表（两/月）

官职	薪水	公费	官职	薪水	官职	薪水	官职	薪水	官职	薪水
统制	200	300	一等书记	42	教练	70	执事官	35	一等参谋	105
马管带	70	80	二等书记	28	督队	40	执法官	35	步标副军需	42
统带	140	200	见习士官	8	乐队官	40	军医官	35	马两营副军需	28
炮管带	70	160	军需长	21	军需官	35	掌旗官	21	炮两营副军需	28
炮队官	35	14	乐队官	21	排长	17.5	司务长	14	炮两营副军械	28
步队官	35	10	司号官	16.8	军械长	21	查马长	21	步标副军医	42
马队官	35	8	司号长	11.2	书记长	16.8	医生	16.8	马两营副军医	28
步队管带	70	140	马医	14	司书生	8.4	弁目	10.5	炮两营副军医	28

续表

官职	薪水	公费	官职	薪水	官职	薪水	官职	薪水	官职	薪水
正目	5.1		副目	4.8	护目	6	号目	6	马两营副马医	18.66
马弁	8.4		正兵	4.5	副兵	4.2	护兵	4.5	炮两营副马医	18.66
号兵	4.5		医兵	4.2	枪匠	6.6	炮匠	6.6	铁匠	6.6
一等乐兵	9		二等乐兵	8	掌匠	4.5	木匠	4.5	皮匠	4.5
三等乐兵	7		学习乐兵	4.5	马夫	3.3	伙夫	3.3	马掌缠/匹	0.24
马干/匹	3		炮费/尊	2						

注释：统带官兼统两营每月津贴60两，军需官兼管军械事月津贴20两，军医兼管马医事月津贴20两。

资料来源：河南巡抚陈夔龙《奏为豫省常备军遵章编改酌拟营制饷章事》，光绪三十一年九月初六日，录副奏折，档号03-5764-042。

需要说明的是：第一，此次变更营制是按照十营陆军编订，把计划招募的两营亦算在内，至当年十二月，另练马、炮各一营才正式成军①，而其最高军官统制则是按镇设置，可见陈氏的目标是练一镇陆军。陈氏想把毅军撤回，即可练成一镇②，无奈未获俞允；又请将供应毅军之饷截留③，清廷亦不许，令河南仍旧按月解饷④。第二，由于款项支绌，陈夔龙并未完全按照《陆军章程》办理，"护号、医工等项为定章所有，亦宜酌量从省，以纾饷力。又查备补兵一项，虽为定章所有，而合十营计之，共应添设三百余名，需款过巨，目前亦只可从缓。然有万不可少而又不能全设者，如马炮队之皮匠、铁匠、马夫各项，亦应量为核减，添设敷用。他如各营驾车兵、喂养夫、随营车辆、驾车骡，炮队之铁炉车、零件车、备用弹药车、预备马等项，嗣后军队或调往他省，或出境援剿，再行酌核筹备"。军饷的发放也酌减，"计目前陆军甫及一镇之半，统制薪公似可减半开支；两标统薪公亦可酌减，其兼理马炮队事务，另外筹给津贴；督队官、乐队队官薪水按定章八成发

---

① 陈夔龙：《陆军续练马炮两营折》，《庸庵尚书奏议》，第645页。
② 陈夔龙：《调回毅军改编陆军一镇折》，《庸庵尚书奏议》，第521—524页。
③ 陈夔龙：《毅军倘难抽调拟恳截留旧饷片》，《庸庵尚书奏议》，第527—528页。
④ 《清德宗实录》（八）卷五四四，光绪三十一年四月乙巳，第224页。

给；自管带以下军官、军佐等员薪水则照定章七成发给"①。总计陆军十营一队，官长从统制到司书生三百四十名，目兵、匠夫四千四百八十四名，马八百二十二匹，炮三十六尊。②

尽管河南已经尽力，但仍难令人满意。光绪三十二年（1906）二月，总理练兵事务王大臣奕劻等遵旨议覆：

> 该省陆军改编十营，合计官弁兵丁尚不足一镇之半，应令暂编为混成一协；拟设统制，改为统领官兼辖马炮队，毋庸令步标两统带兼理，一以专该管之责，一以杜兼理之纷杂，并令按一协统领官项下应有参军官等员名夫马，悉行照设。该混成协统领既兼辖马炮队，事烦责重，应令添设二等参谋官、执事官、副军医官、司药官、副军需官、副军械官、副马医官各一员，以资赞助而分责任。此外，书记长、司事生、司书生、马弁护兵、伙夫等项，均按统制项下四分之一酌量添设。其原拟设之统制项下一等参谋官、执法官、军需官、军医官及马炮队副军需官、副军械官、副军医官、副马医官，均应一律裁去；马炮队四营，原拟设马医生二名，现既令将拟设该各营之副马医官裁去，应令照章于马炮队每营设马医生一名，共四名，俾敷使用。又，《饷章》内薪费，原奏清单变通者有八成至三成五之别，殊不一律。查臣等议覆《福建变通薪费章程》内声明，军官薪费，令按八成支给，军佐以下按七成支给；作为署理者，按六成支给。应饬该省照办，以免参差。至该混成协统领，费用较繁，应按月另加公费银二百两，与军官同按八成支给，以免赔垫而期画一……原奏每队拟减排长一名，改设见习士官一员，查定章并无见习士官名目。又，定章步马各营，每棚均设正兵四名、副兵八名。前据江西、福建等省奏咨变通办法，于每棚正、副兵亦无核减之议。诚以军制兵为根本，断无减设正兵之理；且该省亦止须添征五百余名，即可补足，合计人数、饷数，均不为多，应仍令

---

① 陈夔龙：《编改豫省常备军变通办理情形折》，《庸庵尚书奏议》，第598—601页。
② 河南巡抚陈夔龙：《呈常备军改制营制饷章单》，光绪三十一年九月初六日，录副奏折，档号03-5764-043。

每棚补设正兵二名。排长关系较重，他如马炮队匠目、马夫目、掌匠等，各有专责。前据江西请缓设匠目，亦经奏驳，应均仍照定章，一一补设，毋得迁就。弁目等应支乾、掌、缰银，原单均拟缓领。查定章，弁目等均设有马匹，断无令垫乾、掌等项银两之理，应令乾银照该省减数核发，掌、缰银照定章支给，以免窒碍。①

奕劻之奏，既表明豫省陆军与定章不符，也说明河南与其他省在练军方面有一定差距，因而最终按一混成协编订营制、饷章。② 但河南军费支绌，其不能令朝廷满意者亦不仅此。光绪三十三年（1907）八月，陆军部定河南练陆军一镇，限四年完成，但到宣统二年（1910）十月底，还缺步队一协，马、炮队各一营，工程两队，辎重一营。③ 十二月，军谘府、陆军部电令河南裁防营，增编陆军，宝棻坚称河南"防营万难裁汰"④。经反复电商，朝廷也只能听之任之⑤。此后辛亥革命爆发，河南陆军终未成镇。

（2）培养近代军事人才

编练常备军或新式陆军的另一项内容是建立武备学堂。由于河南没有讲武堂，光绪二十九年（1903）五月，张人骏奏常备军营制、饷章时，"拟就应募中士农工商子弟，及文武生童、武举、武进士等，挑选年纪较轻、质性聪颖者，遵旨咨送北洋、湖北练将、武备各学堂，分门肄习，并拟添设随营学堂，以广造就"⑥。而按袁世凯咨送的北洋定章，河南应送将弁三十员、兵目一百五十名。由于种种原因，陈夔龙仅选合

---

① 总理练兵事务王大臣奕劻等：《奏为核复陈夔龙奏变通豫省陆军营制饷章等事》，光绪三十二年二月初六日，录副奏折，档号 03－5765－014。

② 河南陆军最后编为一协，其营制与薪饷参见经济学会编《河南全省财政说明书》下编《岁出部·军政费》，第 13—28 页。

③ 河南巡抚宝棻：《奏为财政困难添练新军未能依限成镇请旨展限事》，宣统二年十二月二十八日，录副奏折，档号 03－7515－042。

④ 河南巡抚宝棻：《奏为遵查豫省捕务紧要原有绿防各营万难裁汰事》，宣统三年四月二十四日，录副奏折 03－7480－025。

⑤ 军谘大臣载涛：《奏为遵议河南巡抚宝棻奏豫省财政困难陆军应编一镇请展限办理一折应准如所请事》，宣统三年五月五月十七日，录副奏折，档号 03－7480－028。

⑥ 河南巡抚张人骏折：《奏为豫省开练常备军酌议营制饷章事》，光绪二十九年五月二十日，朱批奏折，档号 04－01－01－1059－075。

格将弁十员、兵目一百五十名，于是年八月送往北洋。① 三十年（1904），陈氏按照直省建设武备学堂的谕旨，参仿北洋、湖北、山东成案，暂行试办河南武备学堂。具体情形是：

> 省城南关地方建造学堂一区业经落成，遴委藩臬两司、常备军翼长、道员袁世廉为督办，札派候补道吴尉总办该堂事宜；其监督、总教习、提调各员，分别次第檄委。一面妥拟章程，一面出示招考学生。暂以八十名为额，内分招考学生四十名，由本省民籍、驻防旗丁挑选随营弁兵四十名——由常备各军挑选原支饷项拨归学堂，按章同招考学生一律发给，是谓之官费生。此外，如有愿备资斧来堂肄业者，无论土著、客籍，作为附额二十名，同官费学生一律教授，是谓之私费生。该学生等均以三年报满，届时察酌是否卒业，分别办理。如得有优等文凭，或援案咨送，并择委差使，以示鼓励。惟本省练兵伊始，在在需才，就其中资秉殊异、曾经阅历戎行者，拟选择各种切要学术，督饬肄业，如能考取优等，亦可随时酌委军事。至常年经费，撙节估计，额支之款约需银二万数千两，一切活支各款及异时延订洋员之需尚不在内。②

河南武备学堂章程规定，立学宗旨为"凡战阵攻守之策，切实讲求，合中西而兼用，即以合文武为一途"。学堂除由藩臬两司与常备军翼长督理全堂事务外，设总办一员、监督一员、总教习一员、提调一员、舆地测绘各种算学教习一员、炮学教习一员、枪学军器教习一员、防守学工程学教习一员、水雷地雷教习一员、中文教习二员等。教学内容，讲授兵法、阵图、舆地、算学、测绘、形势、军械、雷电，一切武备、行军机要之法；操场习演马队、步队、炮队、工程，以及行军、侦探、围攻、狙击、防守、沟垒、桥梁、燃放地雷、各种林操野操，以及运枪、用架、越险阻等操；中文学习历代兵书、战略及经史子集中有关武备者。聘请教习，选高等卒业学生、才艺出众者，分授内堂、外场课

---

① 陈夔龙：《选派弁兵赴北洋学操片》，《庸庵尚书奏议》，第279页。
② 陈夔龙：《拟定武备学堂试办章程折》，《庸庵尚书奏议》，第422—423页。

程，为武教习；选精通史事、谙练掌故、洞达兵机时务者，为中文教习；至于教授一切新法，自宜聘请洋员。学生要求，身体健壮、粗通文义，年龄在十五岁以上、二十五岁以下，由父兄出具切结，加具条结，经考试录取入学。学堂考试，每月初二、十二和二十二日各课试一次，为散课；每月中选一日全天考试，为月课；每季由总办禀请抚宪定期亲临考试，为季考。各考试评定甲乙等次，择优奖赏。①

大概是朝廷认为各直省这样仓促办理不甚妥帖，不久练兵处即咨照各省办理陆军小学堂，已有武备学堂者即行改办。河南武备学堂本来就不具备条件，因即于武备学堂开办当年的冬季，别购地基落成陆军小学堂，另行招生，于次年三月初二日开学。原有武备学堂八十名学生中，挑选五十名送日本留学，其余三十名按章拨归营伍学习。②留学日本的五十名学生原拟进入日本振武学校，分习步、马、炮、工、辎各科，结果有六名被退回，留下者在振武学校学习陆军的二十七名、宏文普通十一名、东海学校四名、警视厅一名，改文科者十七名。③只是河南没有了武备学堂，较高级的军事人才仍依赖他省。

按练兵处章程，河南陆军小学堂学生额定二百一十人，如自愿，亦可展限至三百名。限于经费，河南定招官费生二百一十名，分三年招齐，每年七十名。校舍于光绪三十一年（1905）冬建成，次年春按照章程招生，录取定额七十名作为第一班学生，于三月初二日开学。④ 三十三年（1907），招正额七十名、附学二十四名，于二月二十二日开学；嗣因剩馀者众，又招自费生六十名。⑤但这批自费生大多无力缴纳学费，经一年学习，因交不起学费自愿退学和学无进益被剔退的有十八人，其余四十二人经林绍年奏请，准其参加三十四年（1908）第三班

---

①　《河南建设武备学堂开办章程》，《东方杂志》1905年第1期，"教育"栏第14—18页。

②　河南布政使瑞良：《奏报河南武备学堂改设陆军小学堂开学日期事》，光绪三十二年四月二十日，录副奏折，档号03－6003－039。

③　河南巡抚张人骏：《奏为豫省陆军小学堂派员赴东瀛振武学校肄业分习各科情形事》，光绪三十二年八月二十七日，录副奏折，档号03－6003－083。

④　护理河南巡抚布政使瑞良：《奏为河南改设陆军小学堂开学日期事》，光绪三十二年四月十四日，朱批奏折，档号04－01－38－0193－036。

⑤　河南巡抚张人骏：《奏为试办陆军小学堂自费生入学事》，光绪三十三年四月二十七日，录副奏折，档号03－6004－043。

官费生招生考试。①

光绪三十三年（1907）三月，陆军部考核各省旗开办陆军小学堂情形，按与定章相符程度、是否详细咨报及办学情况等，将各陆军小学堂分为三列，河南属于第一列。但接着，陆军部派员进行实地考察办学情况，将所考察的十一省一旗分列三等，河南与陕西最次。② 河南主要是因为总办不得其人。据林绍年奏称：

> 乃陆军小学堂开学业已两年，办理多不如法。今夏季考，因饬臬司李经迈认真考试，据复，程度实多不及。……查该堂总办、三品衔河南试用道朱恩诗，军学本非素习，而性又优柔；所用教员，亦多失当，叠经指饬，迄未能振作。相应将该总办立即撤换，暂以协军校陶叔懋先行代办，另选精于军学之员接充，籍资整顿，以免贻误诸生；并请将该员摘去三品衔，以为办事因循者戒。③

陶叔懋代办不久即离职，又委特用道胡鼎彝接充总办。据吴重憙宣统二年（1910）奏称，胡鼎彝"久办学务，成效卓然。自接办陆军小学堂以后，遵照章程，力加整顿，督率教授、管理各员，训迪学生，恪守规则。两年以来，学生内堂功课既已大有进步，外场操法亦复秩然有序，顿改旧观。现在造就多材，业经两届；举办毕业，成效照（昭）然"。故请将胡鼎彝交军机处存记，奖叙其功。④ 年底，胡鼎彝调署河南劝业道，又由邹道沂接办。据称，邹道沂自光绪三十一年（1905）经陈夔龙、张人骏派充陆军参议，赞画戎政，深合机宜；于军事教育，"尤能切实讲求，章制亦均谙悉"⑤。

总体上看，河南陆军小学堂的办理尚有一定成效。光绪三十三年

① 河南巡抚林绍年：《奏为河南陆军小学堂自费生无力缴费请归于第三班官费生内招考事》，光绪三十四年二月十二日，朱批奏折，档号 04 - 01 - 38 - 0196 - 010。

② 罗尔纲：《晚清兵志》（第五、六卷），中华书局 1999 年版，第 46 页。

③ 河南巡抚林绍年：《奏为撤换陆军小学堂总办试用道朱恩诗仍以藩臬两司兼充事》，光绪三十四年六月十二日，朱批奏折，档号 04 - 01 - 12 - 0665 - 073。

④ 河南巡抚吴重憙：《奏请将豫省陆军小学堂总办胡鼎彝交军机处存记事》，宣统二年三月二十五日，朱批奏折，档号 04 - 01 - 01 - 1113 - 027。

⑤ 河南巡抚宝棻：《奏为委令邹道沂接河南陆军小学堂总办事》，宣统二年十二月十八日，朱批奏折，档号 04 - 01 - 01 - 1113 - 013。

（1907），按照陆军部咨，河南送四十名本省陆军小学堂学生投考保定陆军速成学堂，考上三十九名①；宣统二年（1910），陆军部要求各省选非陆军小学堂学生报考同一学堂，河南选十五人赴考，录取十人。②两项对比，可见陆军小学堂教学质量之一斑。

在开办陆军小学堂的同时，陈夔龙、张人骏又筹办了河南陆军测绘学堂，校舍用陆军小学堂内剩馀的数十间房舍，"拟即考选六十人，分班肄习，限二年卒业；堂内提调、教习，即以测绘科各委员兼充"③。测绘学堂首届学生毕业后，因经费困难，暂停招考新生，即在毕业生中挑选成绩较优者，率同诸生，分赴各属实地测绘军用地图，将测绘学堂改为陆军测绘所。④

（3）对旧式军队的改造

甲午之战、庚子之役，沉重的赔款与增强国防相冲突，编练新军经费无着，绿营便被列入裁减之列。河南绿营先于光绪二十三年（1897）、二十四年（1898），奉旨裁减三成；二十九年（1903），又奉旨再裁二成，陈夔龙即拟定自三十年（1904）正月起，弁自千把以下，兵则无论马兵、守兵，统按实支饷数裁汰二成，综计裁汰官弁兵丁一千五百余名，每年节省之项按照部章实支七成核算，约银三万三千余两，全数留作咨送北洋学堂弁兵常年经费及创练巡警军之用。⑤ 接着对抚标、镇标练军进行裁减。三十一年（1905）三月，陈氏奏称，"合抚、镇标练军马、守兵实存总数通按三分之一续行核减，计裁守兵二千八百三十二名；武职自都司以下酌量裁汰，计裁官弁三十九员名"，并将侦探马匹悉数裁去，"每年统共节省银约三万六千余两。除留备练军加饷银八千余两不计外，下余银二万七千余两即拨归常备军，以为添练马队

---

① 河南巡抚林绍年：《奏为河南挑送保定陆军速成学堂学生筹措经费事》，光绪三十四年三月十七日，录副奏折，档号03－6183－016。

② 河南巡抚宝棻：《奏为筹集豫省赴保定陆军速成学堂学生经费事》，宣统二年七月十一日，朱批奏折，档号04－01－38－0202－010。

③ 河南巡抚张人骏：《奏为河南省设立测绘学堂以资军用事》，光绪三十二年九月二十二日，朱批奏折，档号04－01－38－0194－038。

④ 河南巡抚吴重憙：《奏为改设陆军测绘所实测各属军用地图事》，宣统元年五月初六日，朱批奏折，档号04－01－01－1098－013。

⑤ 陈夔龙：《遵裁绿营兵饷腾济实用折》，《庸庵尚书奏议》，第293—296页。

一营之用"①。三十二年（1906），又"拟将抚、镇各标营现存守兵二千九百数十名悉数裁汰，其原挑马步练兵一律改作巡防队，仍归抚标中军参将及三镇统带"，"副将、参将、游击共计十五缺，酌裁四缺；都司九缺、守备二十缺、千总三十缺、把总五十三缺、经制外委六十一缺，均应裁减三分之一"②。

对于裁余之营伍则进行近代化改造，统一习新操。光绪二十九年（1903）十二月，抚标、三镇及开封营一律改练新操③。三十一年（1905）正月，对驻省满营进行整顿，从兵马步甲约共八百余名中，挑精壮三四百名，"编为步队一营，另派熟悉新操之员管带训练，于省城南关外驻扎，与常备军声息相通，藉资学步，以便逐日教演。比照防练各军，一律归营务处司道稽查约束，冀一变旧日痼习"④。至三月成营，计"精壮甲兵三百五十二名，添派教习、哨官以及丁夫人等，拟分四哨，作为步队一营。官弁、教习、护号兵薪饷，则参酌防军章程；兵丁则每名酌加津贴：什长三十二名，除底饷外每名月加津贴银二两四钱；正兵三百二十名，除底饷外每名月加津贴银一两五钱；伙夫三十六名，均由闲散内选充，月各支银一两八钱，以归一律"⑤。

光绪三十三年（1907）四月，豫抚张人骏又将练军改为防营，更定营制、饷章⑥，最终完成了河南练军改制（见表5-5）。宣统二年（1910）十二月，豫抚宝棻又奉旨对绿营武官进行裁减，计有三镇总兵三缺、副将二缺、参将五缺、都司八缺、守备十一缺、千总二十缺、把总三十四缺、经制四十二缺，共计一百二十九缺，拟于宣统三年（1911）、民国元年（1912）分四期裁完⑦，并开列出每期裁撤清单，最

① 陈夔龙：《续裁绿营兵饷腾济要需折》，《庸庵尚书奏议》，第511—512页。

② 陈夔龙：《裁撤绿营弁兵分别办理折》，《庸庵尚书奏议》，第670页。

③ 河南巡抚陈夔龙：《奏为防练各营改练洋操事》，光绪二十九年十二月十七日，录副奏折，档号03-6000-037。

④ 陈夔龙：《整顿满营大概情形折》，《庸庵尚书奏议》，第481—482页。

⑤ 陈夔龙：《旗兵成军及筹办情形折》，《庸庵尚书奏议》，第493—494页。

⑥ 河南巡抚张人骏：《奏为豫省练军改编巡防营更定营制饷章事》，光绪三十三年四月二十九日，录副奏折，档号03-6178-012。

⑦ 河南巡抚兼管河工事务宝棻：《奏为议裁绿营详细办法事》，宣统二年十二月初一日，录副奏折，档号03-7479-021。

后是宣统四年年底裁撤三镇总兵①，绿营痕迹基本清除殆尽，只是这一计划尚未完成，清朝就灭亡了。

表 5-5　　豫省练军改营制、饷章表（薪水为月薪/人，单位：两）

原有营制	改后营制	职务	人数	薪	公费	津贴	备注	职务	人数	薪	备注
抚标一营亲军一哨	抚标亲兵营：步队三哨、马队二哨，共四百九十四员名	营官	1	50	80	50	不扣建	文案	5	※	
		副营兼操	1	50		30	不扣建	哨官	3	12	扣建
		哨长	3	6			扣建	哨书	3	3.6	扣建
		总教习	1	10			扣建	护勇	6	4	扣建
		小教习	3	4.5			扣建	队长	30	4.8	扣建
		正勇	300	3.5			扣建	伙勇	34	1.8	扣建
		马哨官	2	18			扣建	马哨书	2	7	扣建
		马队长	10	9.5			扣建	马正勇	90	7	扣建
豫东、豫南、豫北防营步队各一营	豫东、豫南、豫北巡防中营，每营计五百一十二员	营官统带兼	1	100	100	40	不扣建	文案	5	※	
		哨官	4	12			扣建	哨长	5	6	扣建
		哨书	4	3.6			扣建	总教习	1	10	扣建
		小教习	4	4.5			扣建	护勇	4	4	扣建
		队长	40	4.8			扣建	正勇	400	3.5	扣建
		伙勇	44	1.8			扣建				
三镇练军步队各一营	豫东、豫南、豫北巡防左营，每营五百一十二员名	营官	1	50	100		不扣建	文案	5	※	
		哨官	4	12			扣建	哨长	5	6	扣建
		哨书	4	3.6			扣建	总教习	1	10	扣建
		小教习	4	4.5			扣建	队长	40	4.8	扣建
		正勇	400	3.5			扣建	护勇	4	4	扣建
		伙勇	44	1.8			扣建				

---

①　河南巡抚宝棻：《呈分期议裁绿营弁缺数清单》，宣统二年十二月初一日，录副奏折，档号 03-7479-035。

续表

原有营制	改后营制	职务	人数	薪	公费	津贴	备注	职务	人数	薪	备注
三镇练军马队各一营	豫东、豫南、豫北巡防右营，每营二百六十一员	营官	1	50		50	不扣建	文案	5	※	
		哨官	4	18			扣建	副哨官	1	12	扣建
		队长	25	9.5			扣建	正勇	250	7	扣建

注释：※为营官从公费中酌发月薪。抚标亲兵营大建月支银二千四百零二两五钱，小建月支银二千三百三十一两零八分三厘；每年按六大建六小建，共支银二万八千四百零一两四钱九分八厘。巡防中营三营，每营按大建月支银二千零四十七两六钱、小建月支银一千九百八十七两三钱四分六厘，每年合六大建六小建，共支银二万四千二百九十两六钱七分六厘。巡防左营三营，每营按大建月支银一千九百五十七两六钱、小建月支银一千八百九十七两三钱四分六厘，每年合六大建六小建，共支银二万三千一百二十九两六钱七分六厘。巡防右营三营，每营按大建月支银一千九百九十六两五钱、小建月支银一千九百二十三两二钱八分三厘，每年合六大建六小建，共支银二万三千五百七十八两六钱九分八厘。共改编防营十营，官弁勇丁四千三百四十九员名，按大建每月支银二万零四百零七两六钱，按小建每月支银一万九千七百八十五两八钱。通计常年六大建六小建共支银二十四万一千一百五十五两六钱四分八厘，遇闰照加。

资料来源：河南巡抚张人骏《呈豫省练军改编巡防营拟定营制饷章清单》，光绪三十三年四月二十九日，录副奏折，档号03-6178-013。

宣统元年（1909），吴重憙根据部咨《巡防队暂行章程》，将陆军以外的所有河南军队改变为五路巡防队：左军马步五营、游击队马步二营编为中路巡防之步队五营、马队三营，豫南马步三营及毅军一营编为前路巡防之步队五营、马队二营，豫东马步三营编为左路巡防之步队三营、马队二营，豫北马步三营及毅军二营一哨编为右路巡防之步队七营、马队二营，右军马步五营编为后路巡防之步队五营、马队二营，其抚标亲兵马步一营改为步队一营、马队一营，并新募游击队二营，共计步队二十八营、马队十二营。①

总之，在清末新政中，豫抚对本省军队进行编练、改制，从装备、操法到营制，基本实现了豫军的近代化建制。

———————

① 经济学会：《河南全省财政说明书》下编《岁出部·军政费》，第38页。

2. 改革官制

（1）局所的废置

军兴以后，各省局所因事而设，一方面为军事所需；另一方面督抚职权扩大，事务增多。"中兴"以后，朝廷便以节约经费为由，谕令各省裁局减员。河南所设各局大致可分两类。第一类是因救灾、河工临时设局、厂等。例如，光绪四年（1878）为赈灾设立赈抚局，次年又设筹备局①；办理郑工时设有郑工局、郑工善后局、工赈营、留养局以及正、杂料厂，以及清末的清源局等。这些局都是遇事而设，事竣而撤。如光绪三十年（1904）设立清源局，是为了清理历次黄河决口淹没又涸出复垦的土地，开局时陈夔龙即奏明"一俟事竣即行撤局，免致糜费"②。次年三月查竣后，即将该局裁撤③。第二类是长期设置的，如粮台、军需局、报销局、筹防局、厘税局、水利局、忠节局、官钱局等。随着战争的结束，这些局也进行了改设、归并：军需局与报销局合并为善后报销局，改筹防局为善后事务局附设水利、忠节二局。鹿传霖任豫抚后，又裁减局员二十余人，改粮台为善后支应局，报销局裁并，内设四所，即收发所、文案所、军械所、报销所，仍负责嵩武、毅、精锐各军及本省勇营的粮饷、军备供应；善后事务局改为善后保甲局，附设水利、忠节二小局；厘税局仍旧，但裁去帮办数员；臬司的励劝局改为督审局，并归发审局委员兼办；清查局事竣即撤，吏治局则因是前抚臣涂宗瀛捐廉生息银供给经费，仍留；各局委员裁减四十人，书吏、杂役大加裁汰，每年可节约经费二万两左右。④ 至光绪二十四年（1898），朝廷又一次谕令裁并局所时，河南只剩下四局：厘税局、保甲局、支应局和新设的机器局。豫抚刘树堂实在裁无可裁、并无可并，只得裁员："拟就支应、机器二局极力删减，计裁去支应局收发所委员一员、报销所委员一员、文案所委员二员、军械所委员二员、看守军装局武弁二员，共计裁去文武

① 河南巡抚涂宗瀛：《奏为筹商裁撤筹备局目将赈抚局归并一处事》，光绪四年六月十三日，录副奏折，档号03－5582－092。

② 陈夔龙：《开办清源局片》，《庸庵尚书奏议》，第365页。

③ 陈夔龙：《杞县等处荒地请缓免升科并撤局片》，《庸庵尚书奏议》，第507页。

④ 河南巡抚鹿传霖：《奏为豫省各局人员浮多请分别裁并删减以节经费事》，光绪十一年四月初十日，录副奏折，档号03－5093－002。

委员八员；机器局提调一员、执事委员五员，计共裁六员。"① 对刘氏的做法，朝廷先是电谕重申旨意："认真裁汰系专指局所冗员，前降谕旨甚明。至实缺大小各员，均有地方之责，自未便轻议裁汰。该抚毋得误会前旨，以致拘泥迁就，转多窒碍。"② 嗣对拟裁减委员，均予俞允③。

当然，豫省各局所也不是只裁不增。例如，光绪二十七年（1901）正月，为了处理河北教案，豫抚于荫霖即在臬司署内设交涉局④；二十九年（1903）十月，陈夔龙奏请在道口镇设立粮货捐局⑤；三十年（1904）四月，陈氏又奏请设立筹款所⑥；三十一年（1905），陈氏复奏请设局稽征芦盐加价⑦，等等。也正因为如此，光绪三十年（1904）五月，朝廷又谕令裁局，豫抚陈夔龙将"原设之厘税局应即附入筹款所，省城矿务局兼豫南公司应即附入交涉局，仍存厘税及矿务公司之名，而原用员弁则大加裁汰，原支经费则极力核减。又，查支应局及营务处应各裁委员数名，吏治局专课杂职各员应即裁撤归并课吏馆经理。其余各项委员，凡于本差之外兼充他差者，但准领本差薪水，其兼差应领之项一概停给。以上统计，每年约可节省银一万二三千两"⑧。同时，还有少量裁官缺的，比较重要的如宣统元年（1909）豫抚吴重憙裁粮盐道，因是时漕运已经停止，粮盐道的事务不多，即将其裁撤，粮盐事务归并藩司兼管。⑨ 后来在办理新政的过程中，又根据情况随时置废局所，故局所的裁并在一定程度上是清末河南官制改革的先声。

（2）分科治事

宣统二年（1910）十二月，河南巡抚宝棻根据考核官制王大臣奏定《各省官制清单》第四条、第五条关于督抚衙门各设幕职及幕职执

① 河南巡抚刘树堂：《奏为查明豫省办公各局所碍难归并拟将委员再行裁减事》，光绪二十四年八月二十八日，朱批奏折，档号 04-01-12-0586-015。
② 《清德宗实录》（六）卷四二七，光绪二十四年八月辛丑，第613页。
③ 《清德宗实录》（六）卷四二九，光绪二十四年九月己未，第635页。
④ 收河南巡抚于荫霖电：《为遵旨办理武安等县教案情形事》，光绪二十七年正月初三日，电报档，档号 2-02-12-027-0008。
⑤ 陈夔龙：《道口镇设立粮货捐局片》，《庸庵尚书奏议》，第267页。
⑥ 陈夔龙：《设立筹款所片》，《庸庵尚书奏议》，第361页。
⑦ 陈夔龙：《规复芦盐加价由豫设局稽征折》，《庸庵尚书奏议》，第543页。
⑧ 陈夔龙：《裁并局所差使折》，《庸庵尚书奏议》，第403—404页。
⑨ 《清德宗实录》（九）附《宣统政纪》卷一八，宣统元年七月甲子，第339页。

掌的规定，针对河南实际情况，对巡抚衙门幕僚进行官职设定：

> 比值筹备期迫，宪政益当进行，应即遵章改设幕职，以期各专
> 责成，藉资臂助。惟原章秘书员只有一员，综理一切机要，实觉不
> 敷，应即参照各省办法，酌量添派，以期集事。又，河工事宜现归
> 臣署兼管，无可附隶，亦应专设参事一员。其余各科，就事务、人
> 才酌量分配，共分八科，设参事七员。查有调河南道员用直隶候补
> 知府陈毅，堪以委充秘书员；分省知县张堉，堪以委充副秘书员；
> 通判衔监生程葆真，堪以委充度支并吏、礼科参事；分省补用同知
> 赵基年，堪以委充法科参事员，均兼秘书员。咨调河南浙江补用同
> 知直隶州知州许元，堪以委充交涉科参事员；江苏试用知县金彭
> 年，堪以委充民政科参事员；候选州判汪裕安，堪以委充河工科参
> 事员；候补知县吴家珍，堪以委充军政科参事员；候补知县祝鸿
> 元，堪以委充农工商邮传科参事员。①

此外，根据光绪三十三年（1907）总核官制大臣奏定《直省官制
通则》，吴重憙在巡抚衙门设立会议厅，定期召集司道以下各官开会，
商议紧要事件。又准宪政编查馆奏定《各直省会议厅规则》，将"所有
现任司道府厅州县官、各局所总办及臣（宝棻）署幕职，概行派充考
事科科员。其番（审）查科员额，由臣酌量规定遴选；司道暨通晓法
律者六员，复由谘议局公推士绅复选三员充之，以符定章"②。

同时，由于按察使改提法使，根据宪政编查馆奏颁官制，河南提法
使衙门计分设总务、刑民、典狱三科，每科设科长一员、一等科员一
员。总务科事较繁杂，拟设二等科员二员，每科拟设书记员五员；"原
有之督审局、统计处、筹办审判处，俱行裁撤，腾出房屋，设立公所，
以为各员办公之地；旧设属官曰按经历、曰司狱，亦即裁缺。被裁之
员，详加甄别，以职官录事及相当之职调用"。至于新设各科公费、薪

---

① 河南巡抚宝棻：《奏为豫省遵章改设幕职分科治事事》，宣统二年十二月十八日，朱
批奏折，档号04－01－12－0689－115。

② 河南巡抚宝棻：《奏为遵章另行编制现任司道等各官分科职掌事》，宣统二年十二月
二十七日，录副奏折，档号03－7474－079。

水，"公费拟科长每员月给银一百六十两，一等科员每员月给银一百二十两，二等科员每员月给银一百两，书记员每员月给银三十两，遇闰照支，仍遵度支部驳案，统按九成核发。合之各员伙食支□，薪工公所杂用，年共需二万六千九百六十四两，有闰之年，需银二万九千二百一十一两，业已列入豫（预）算，应由藩库按月支发"①。

（3）培养新政官绅

河南地处堂奥，新政人才极度匮乏。为了培养新政官员，光绪二十八年（1902）六月，豫抚锡良仿照京师大学堂设立仕学院的办法，于豫省大学堂之内，附设课吏馆，"盖以初到省人员或吏治未谙，或学养未裕，用之则恐偾事，弃之则虑遗才，故特为设馆课习，以广国家作人之化。凡候补同、通、州、县现无要差者，概须考选入馆肄习；其现当要差有自愿入馆者听。佐职人员有愿入馆者，报名听候考选"；课程："一曰掌故之学。凡《大清会典》、《十朝圣训》、《东华录》，各种奏议及近时谕折，首令诵阅，以立政体。二曰本省情形。如《河南通志》及河工、水利、树艺、牧畜各等书籍，皆令详细考究。各员既筮仕中州，自宜尽心于此，以为异日敷政之本。三曰律例交涉。凡刑案、章程、约章、公法，皆令悉心参究，免至居官之日，事理茫然，致滋贻误。四曰时务之学。凡中外史鉴、舆图及经世文正续编、各种报章、《西国近事汇编》等书，皆令周观博览，以扩识见。""在馆各员，如有欲习英、法语言文字及算学者，自行陈明，即由大学堂西文教习指授。"② 三十一年（1905）九月，根据朝廷颁发《鼓励官绅游学章程》，河南派官绅十二人，去日本专习法政速成科，以一年半为毕业，并允许展限半年考察各种实政，酌给津贴，以资费用；毕业回来后，察其造诣，分别从优委任。③ 三十二年（1906）二月，陈夔龙将课吏馆改为仕学馆，"专设仕学速成科，其课程约分八门：曰修身，曰刑法，曰理财，曰交涉，曰学务，曰警察，曰地舆，曰工艺。大抵以中国政学为基

① 河南巡抚宝棻：《奏为河南改设提法使遵照馆章拟定分科设官各项办法事》，宣统二年十二月十二日，录副奏折，档号03-7448-146。

② 锡良：《河南遵设课吏馆折（单一件）》，《锡良遗稿奏稿》，第223—225页。

③ 河南巡抚陈夔龙：《奏报选派本省候补官员游学事》，光绪三十一年九月初六日，录副奏折，档号03-7224-061。

础，以各国政学为进步，仍照直隶办法，以六个月为一学期，以四学期为毕业，卒业奖励亦照章分为三等……设总教习一员及提调一员，会同督率研究；教习暂设二员。洋教习经费过巨，暂不延订，拟于他省法政毕业生中就近访聘。学员额设四十名，同、通、州、县三十名，内分十五名为内班，十五名为外班；佐杂十名，内分五名为内班，五名为外班……本省绅士亦准附入肄业，额定二十名，照直隶章程稍为变通，令其酌缴学费"①。三十四年（1908）二月，林绍年仿照京师法政学堂，将河南仕学馆改为法政学堂，先办预科讲习科，俟其毕业，接办正科，并另设官班讲习科，"凡在省实缺、候补正班各员，除了已习法政及仕学馆外，无论正途与否，考列一二三四等，一律选送学堂，分行政、司法两堂，暂先定额一百六十名，限六个月先习紧要数科。毕一期后，即先尽此项人员分别委任。再将未得入堂及省外差缺期满回省各员，照选如额送入。经数班后，其已习一学期各员即再令补习未学各科，仍以学完三学期为毕业"②。

3. 办理工艺、林业

光绪二十九年（1903）十二月，设立商务农工局，"凡全省种植、工艺、商务统归该局经理，务期上下相孚，联络一气，以官督商办为宗旨，以开民智、收实效为指归"③。措施主要有二：

> 一曰兴办蚕桑。中国出口土货以丝茧为第一大宗，获利既丰，见功亦速。臣前在漕督任内，曾奏请试办江北蚕桑，冀开清淮风气。豫省土性沃暖，地本宜桑。如南阳、鲁山等处，向亦讲求蚕事。惟饲蚕未尽如法，土桑种亦不佳，以致所织丝绸销路不畅，亟应由官提倡，广劝种桑。查省城本有桑园一区，年久废置，殊觉可惜……先将旧有之树，择其尚可生发者，量加修葺；一面筹款赴湖州采购，接桑十万株来豫补种，并分发河北等处栽植，兼募浙省匠

---

① 陈夔龙：《课吏馆改为仕学馆并设速成科折》，《庸庵尚书奏议》，第654—655页。

② 林绍年：《开办法政学堂折》，《林文直公奏稿》，第723—725页。

③ 陈夔龙：《筹设商务农工局折》，《庸庵尚书奏议》，第302—304页。另设有省城工艺局，具体时间不详（经济学会：《河南全省财政说明书》上编《岁入部·官业收入》，第30页）。

师数人来教本省子弟，讲求栽桑、养蚕、摘茧、缫丝诸法……一曰创建农务实业学堂。……兹查河内县城东有荒地数十顷，堪为设立此项学堂之用……派委候补道韩国钧前往该处择地建屋，妥订课程，购书延师，招考肄业，举凡化分土质、精审籽种、占测气候以及浇培粪壅之法，务令考究研求，实有心得，卒业后转相传授。并于学堂附近设试验场，广购各种植物，分别试种，以资实验。①

同年，开办省城蚕桑局，宣统元年（1909）附设蚕业讲习所。该局专管种桑、养蚕、缫丝。② 后来成立劝业公所，并附商务农工及矿政调查二局于其内，分总务、农务、工艺、商务、矿务、邮传六科。其中，商务和邮传共科，故设科长五员。③ 光绪三十年（1904）十一月，设立罪犯习艺所，"所习工艺以磨面、编筐、打绳暨织席、织带、织布、纺纱、编草帽缏等类为多，亦有试织毛巾、仿制洋皂者，类皆民生日用要需，造成尚易出售"④。

光绪三十年（1904）十二月，豫抚陈夔龙又将河北农务实业学堂改为中等蚕桑实业学堂，"凡有益蚕务，如东文蚕学大意、春夏蚕实习等科，以及□植物、理化、土壤、肥料等学之类，酌量增订，期于精益求精"；选择"文理较优者，经入豫科学习一年，再入本科学习二年，统限三年，作为毕业"⑤。这样不仅使学堂名实相符，而且更专业化。由于生源好，有许多人愿意附在正取额之外学习，三十二年（1906）十一月，豫抚张人骏正式奏定设立附属学堂，"以饷来学之忱而广实科之习。现计续收附额生二十名，连原额学生共五十名；附属学堂学生共收一百四十名，统计收二百名……今拟将该堂学额连附额生扩充至五十名，下届再招新班，即定为一百名，附属学堂学额定为一百四十名。仍

---

① 陈夔龙：《筹设商务农工局折》，《庸庵尚书奏议》，第302—304页。另设有省城工艺局，具体时间不详（经济学会：《河南全省财政说明书》上编《岁入部·官业收入》，第30页）。

② 经济学会：《河南全省财政说明书》上编《岁入部·官业收入》，第30—31页。

③ 经济学会：《河南全省财政说明书》下编《岁出部·实业费》，第45页。

④ 陈夔龙：《遵设罪犯习艺所折》，《庸庵尚书奏议》，第443—444页。

⑤ 河南巡抚陈夔龙：《奏为开办河北中等蚕桑实业学堂遵照定章变通办理事》，光绪三十年十二月十九日，录副奏折，档号03－7206－022。

饬各该教员等分班授课，随时考验，以期日起有功，庶几以增额励入校之人才，不难以一隅开全省之风气"①。因办学规模不断扩大，三十三年（1907）六月，该学堂由河内县清化镇迁入怀庆府府城，进一步改善办学条件。②

光绪三十三年（1907）正月，荥阳县赵村设立中等蚕桑实业学堂，"集资二百股，每股一百两；其不能入整股者，则以十两为一零股……各属士民已集有八十股，共计银八千两，因就荥阳境赵村原设尚未开办之高等小学堂改设中等蚕桑实业学堂，量加扩充，添建屋舍，购置图书、仪器什具等物……现定学生正额一百名、副额四十名，延聘浙江蚕学馆毕业生二员、国文教习一员，拈选质性开敏、文理较优之学生入堂肄业，共计□得四十八名，已于本年二月初一日开校；不足之数，随时招补，另立新班……并拟援照本省河北蚕桑学堂变通办法，定为豫科一年、正科二年，统限三年毕业，届时考验，如列优等，即核照中学毕业奖章，用资鼓励"③。

光绪三十四年（1908），林绍年在省城南关设农事试验场，制定章程，分普通园艺、畜牧、肥料、水产、森林六科，每科技手一人、助手一人。④ 至于各州县办理工艺、种植情形，我们可以从张人骏奏报考核各州县官员业绩的清单略知一二（见表5-6和表5-7）。宣统三年（1911）二月，豫抚宝棻奏报河南办理工艺、农林的大致情况，

表5-6　　　　　　　　光绪三十二年底前各州县工艺表

州县	工艺局（所）厂及产品	州县	工艺局（所）厂及产品
祥符	所1，木、藤器	陈留	所1，局1，带、毯、衣、包、床帏；轧花厂1
通许	局1，绵线、床毯、地毯	杞县	厂1，绸、绉、线毯、绒，木料
洧川	厂1，所1，花布、巾、带	尉氏	厂1，所1，洋布、罗布、带、木器

① 河南巡抚张人骏：《奏为河北中等蚕桑实业学堂增设附属学堂培育人才有益事》，光绪三十二年十一月二十六日，录副奏折，档号03-7219-048。

② 河南巡抚张人骏：《奏为河北蚕桑学堂拟由清化镇移入怀庆城核办情形事》，光绪三十三年六月初四日，录副奏折，档号03-7220-085。

③ 河南巡抚张人骏：《奏为荥阳县赵村公立中等蚕桑实业学堂援案办理请立案事》，光绪三十三年正月十二日，录副奏折，档号03-7220-002。

④ 经济学会：《河南全省财政说明书》上编《岁入部·官业收入》，第30页。

续表

州县	工艺局（所）厂及产品	州县	工艺局（所）厂及产品
夏邑	蒲席、线、带、花布	中牟	所1、局1、席、巾、线、带
兰仪	所1，学纺纱、织布、帽辫	禹州	所1，学轧花、织布、编席
新郑	所1、局1，带、绳，锡、铁器	密县	所1，学绳、竹器、丝带； 厂1，布、绵线、花布
宁陵	局1，学织布、带，编草帽	商丘	所1，绳、席、压花； 局1，万寿绸、花布、木器
鹿邑	局1、所2，花布、巾、帽辫	永城	所1，学蒲扇、帽辫、绳； 厂1，洋布、斜纹布、巾
虞城	所1、线、布、帽辫	鄢陵	所1、局1、土布、线、带、帽辫
柘城	所1、草帽辫厂1	睢州	局1、所1、布、巾、线毯、衣、包
考城	所1、局1、带、线、桌、椅	淮宁	所1，学织布、带、绳；厂1，教绣花、织布
商水	所1、线、带、头绳	西华	所1、局1，刚购机具，尚无产品
项城	所1，学粗布、线、带、面粉	沈丘	局1、绸、绫、帕花、素纱、罗
确山	所1、局1、线带、丝绸	太康	所1、局1附养蚕所1、布、 带、绸、绉、巾、帕
泌阳	所1、竹器、织带	襄城	所1、局1、席、绳、线毯、被套、袋
临颍	厂1、所1、绵绸、毛巾	郾城	所1、床1、纱、罗、绸、绉、布、苇席、帚
郑州	所1、局1、布、巾、辫、线	长葛	所1附厂1、花布、线、带、辫、巾
荥泽	所1、厂1、帽辫、木器、布	荥阳	厂1、所1、布、纱、绸；艺徒学堂1
唐县	所1、编席、织带	镇平	所1，学织带、布；局1、石器、毛毯、线毯
邓州	所1	汜水	所1、布、丝带、线带、丝绸、秫席
南阳	所1、局1、花布、玉器、书简	许州	所1、厂1、巾、带、毛毯、褥、鞍
桐柏	所1、布、带、草帽	南召	局1、竹器、毛毯、蒲扇、茧、绸
新野	所1、织布、帽辫	内乡	所1、厂1、绵布、线带、花石
叶县	局2、所1、木器、绳、带	舞阳	局1附商务农工所，丝绸、 线毯；所1，学织带、绳
汝阳	局1、布、带、绳、穗	裕州	所1、局1、线带、苇席、茧、绸
上蔡	所1、织带、头绳、席	扶沟	所1、局1、线毯、被囊、布、带
正阳	局1、所1、绸、绫、线带	罗山	局1、所1、藤器、花布、线、带
西平	所1	遂平	所1、局1、巾、带、绸子、绢
新蔡	所1、棉布、棉线、绳、带	信阳	所1附局，学纺纱、织布、弹花、竹器

续表

州县	工艺局（所）厂及产品	州县	工艺局（所）厂及产品
光州	所1	光山	所1，学织布、纺线；局1，尚未开办
淅川	造纸厂1、所1、工艺厂1	息县	局1、所1，铜、竹器，毛巾、线、带
商城	所1附局1	固始	所1，棉布、线、带、竹筐、草鞋
汤阴	厂1，毛毯	安阳	所1、局1，布、带、绳、帚及木、藤、金、漆器
临漳	所1，学轧花、织布	林县	所1、厂1，洋布、毛毡、席
涉县	所1	武安	所1、局1，花、素布，巾、毡，附畜牧场1
内黄	所1，学纱布、棉线、头绳	汲县	所1，学竹器、席、布；绅办局1，斜纹、直纹、漂白布
新乡	所1、局1，毛巾、花布	辉县	所1，学苇席、绳、带；局1，尚未开办
获嘉	所1、局1，棉布、棉线、腰带	淇县	所1，学羊油蜡烛、毛毡
延津	所1，苇席、麻绳	滑县	所1，学编席、织带；厂1，毛巾、花布
封丘	所1	浚县	所1、局1（艺师未到，尚未开办），艺徒学堂1
济源	所1，织布、带、络线、穗	河内	所1、局1，带、布、竹器、草帽
修武	局1，巾、花布、毛毯	登封	所1，织布、带、巾、绳；局1，木、油、雕刻、织、染
孟县	所1，学织带、纺线、编席	巩县	所1，学织布、带、纺线；石料厂1，石器
原武	所1，苇席	洛阳	所1，桌、椅、茶壶、头绳、辫子、毛巾
阳武	所1，棉布、洋巾	偃师	所1、厂1，衣箱、皮箱、床、桌
温县	所1	孟津	局1、所1，油漆、桌套、彩扇、绳、线
武陟	所1、局1，竹床、桌、椅	伊阳	所1、厂1，线毯、被套、衣包、口袋、竹器
永宁	所1、厂1，木盆、桶、竹器	新安	局1、所1，包头、腰巾、毡、毯、马褥、口袋、草帽
嵩县	局1，木器、织布	渑池	所1、局1，线、带木器
陕州	局1、所1，羊毛毡、棉线、带	灵宝	局1，织布、毛巾、轧花
阌乡	工艺未办	卢氏	所1，苇席、织线带
汝州	局1、所1，巾、罗布、线、带	鲁山	厂1、所1，毛巾、罗布、线带、辫
郏县	所1，花布、线带、草帽、苇席	宝丰	所1、厂1，毛巾、罗布、草帽
伊阳	所1，丝绵、带、辫、绳		

注释：统计包括罪犯习艺所、习艺所、工艺局、工艺厂。

资料来源：河南巡抚张人骏《呈河南省光绪三十二年各厅州县衔名任卸日期及该管事实分别注考列等清单》，光绪三十三年五月十三日，录副奏折，档号03-5482-057。

表 5 - 7　　　　　光绪三十三年底前各州县农艺种植表

州县	种植机构、场地、植物	州县	种植机构、场地、植物
祥符	农林会 1，柳树	陈留	桑园 1、桑苗，柳树
杞县	园区 1、柳、土桑、湖桑	通许	农桑局 1、试验场 1，湖桑、瓜果、树
洧川	官桑园 1，湖桑 600 余株	尉氏	桑园 1、果木场 106、试验场 1，树木、果木
中牟	境内多沙，无种植	鄢陵	湖桑活 950 株、杂木 1100 余株
禹州	场 2，湖桑、杂木	兰仪	桑园 1，劝种、梨、枣、柿
新郑	种杨、柳、桐、榆	密县	劝种榆、桐、杨、柳 1 万株
商丘	桑园 2，湖桑 2190 余株	宁陵	官桑园 1，桑 300 余株
鹿邑	试验场 1，湖桑、杂树	永城	官桑 3，湖桑 800 余株
虞城	劝种湖桑、杂树	夏邑	劝种湖桑、土桑、杨柳、蒲草
柘城	桑地 1、活湖桑 200 余株	睢州	桑园 3、桑秧 600 株、苇荻、荷藕
考城	劝种杨树 1 万 3 千余株	西华	试验场 1、桑园 1，湖桑 800 株
淮宁	桑园 2、种植湖桑	商水	桑园 1、湖桑 600 株，土桑、杨、榆、桐、椿 1 万 3 千余株
项城	劝民种植杂树	太康	桑园 2，湖桑 1200 余株，柳树、土桑 5000 余株
沈丘	6500 余株杂树	扶沟	桑园 1、农园 1，湖、土桑 1400 余株、麻根、茶子、杂树万余
临颍	湖桑、柳树 3600 余株	许州	湖、土桑、杨、柳、桐、槐活 1900 余株
襄城	杂树 600 余株、橡、桑	长葛	桑园 1、地 9 亩，湖、土桑
郾城	地 5 处，土桑、湖桑	郑州	桑园 3、湖桑，民设果园 21、梨、李、桃、杏
荥泽	桑园 1、活湖桑 240 余株	荥阳	桑园 1，桑 4 万余株
汜水	湖桑、土桑、杂树 3 千余	南阳	蚕桑局 1，湖桑、土桑、杂树 2 万 8 千余株
南召	场 2，桑、棉、榆、果树	唐县	官桑场 1、民桑场 5，杂树 2 万 2 千余株
泌阳	桑园 2，湖桑	镇平	湖桑、土桑、杂树 4800 余株
桐柏	活湖桑 400 余株	光山	桑园 3，湖桑 1100 余株，劝民种橹、松、椿、柳
邓州	桑园 1，湖桑	内乡	桑园 3，湖桑、土桑、杂树
舞阳	有场地，土、湖桑 1 千余	裕州	桑园 1，湖、土桑 2800 余株
叶县	官桑园 4，湖桑、杂树	汝阳	桑园 1，湖桑、榆、柳、槐、桐
上蔡	劝种湖桑、杂树	正阳	桑园 1，湖桑、杂树，民种杂树 2000 余株
确山	湖桑、杂树 12400 余株	信阳	园 1、地 1，湖桑 2700 余株

续表

州县	种植机构、场地、植物	州县	种植机构、场地、植物
西平	场地2，杂树、湖桑	遂平	湖桑、土桑、杂树2400余株
新蔡	有北关外场地种湖桑	罗山	园场19，湖桑、土桑、椿树，柳树
新野	桑园1、湖桑、土桑	光州	有园地，湖桑、杂树、松、桃、柳、椿21000余株
固始	湖桑	息县	桑园1，湖桑2100余株
商城	桑场，土、湖桑2100余株	安阳	林业公所1，杨、柳、榆、椿等6000余株
淅川	场4，桑、漆、榆、椿	汤阴	桑园1、桑树
临漳	桑园1，湖桑190余株	林县	檞树70余、杂树3000余株
武安	杂树2800余株	新乡	湖桑、土桑、杂树1500余株
内黄	场地、土桑1100余株	汲县	场地3，桑园10，桑、柳、榆、槐
涉县	场地1、湖桑	辉县	土桑、杂树
获嘉	劝种榆、柳树等	浚县	试验场1、桑园1，湖桑800余株，杂树1700余株
延津	榆、柳、椿、杨	滑县	杂树、杨树、柳树、桐树、榆树等2400余株
淇县	无种植	河内	湖桑场1、湖桑
封丘	无种植	济源	橡树场6，劝民种榆树、杨树
修武	无种植	武陟	土桑3000株
孟县	未种植	温县	官桑园1、土桑
原武	未种植	阳武	城外东南种榆树、柳树
洛阳	无场地	偃师	无场地
巩县	无种植	孟津	无种植
伊阳	种柏树3200余株	登封	劝种柏、枣、桃、柳
永宁	劝农所1，青竹、花竹	新安	湖桑园2、土桑园2、柿园5、橡坡5、杂树林12
渑池	无固定场地	嵩县	桑田1、土桑5000株
陕州	无种植场所	灵宝	劝种植杂树
阌乡	无种植场所	卢氏	劝多种漆树
汝州	木棉、橡、檞、湖桑	鲁山	大路边种杂树
郏县	湖桑200余株	宝丰	桑场1、湖桑、杂树
伊阳	劝民种橡、檞树		

资料来源：河南巡抚张人骏《呈河南省光绪三十二年各厅州县衔名任卸日期及该管事实分别注考列等清单》，光绪三十三年五月十三日，录副奏折，档号03－5482－057。

可以算是一个成果总结：

> 豫省荒地多系沙荒，现据查出禀报者，计有三万三千余顷，除沙厚水占之区无从垦种外，余可约分为三等，曰轻沙，曰平沙，曰重沙。轻沙劝令试种五谷，分别等第，限年起租；平沙、重沙劝令试种花生及各项杂树，以兴地利。现计劝垦地亩，尉氏县一百六十顷零四十亩、开封县五十九顷八十余亩、通许县一百二十三顷二十余亩、中牟县四百五十九顷、河内县及开封农务总会各四百余顷。此外，若济源、郑州、杞、浚、延津、封丘、光山等县，或劝垦二三十顷、或三顷、或五顷不等，均饬各就土宜分别种植，为地方多开一分荒田，即为小民多生一分生计。此筹办垦务之大概情形也。
>
> ……近年省城设立蚕桑总局、农务总会、农事试验场，复饬各属筹设农务分会及蚕桑实业。各学堂现禀报成立者，计中等蚕桑学堂六处，中等农桑学堂三处，初等蚕桑学堂三处，初等农业、农林各学堂共十二处。此外，如河内垦务公司、祥符牧业公司、中牟树艺公司、卫辉蚕桑讲习所，提倡开办，均与农务不无裨益。惟查农业之中，以蚕桑之利为最普久，宜尽先倡办，以（广）利源。查各属历年领种湖桑已有十四万余株，惟购自远方，往往易致枯萎。现饬省城蚕桑总局自覆桑秧已不下五六万株，今春一律接成湖桑，即可分发各属试种。又查该局内附设蚕桑讲习所，原定章程在省城招考生、徒生入所肄习，每年至夏蚕毕时为止。现拟扩充办理，通饬各属选送学生来省肄□，以三学期为讲习期，限期满准其派充各属蚕业技师，以期普及；并饬南阳、光州、汝宁所属普栽橡、柳、青、桐等树，沟求小□，风气渐能开通，闾阎自沾其利益。此筹办农务之大概情形也。
>
> 豫省林业，屡饬各属，多方劝办。现计上年禀报成活树木共一百九十六万一千余株，节经饬属保护维持，以期成材利用。惟是此项树木，或于乡头畦畔，或于官路两旁，大半零星栽植，尚无大段森林。现饬农务会于省城附近选择地亩，分区栽种各项树株，作为官有森林，以为模范，并通饬汇款购寄四川桔木子种，现已购到，

拟即发令试种，徐图推广。复查祥符至中牟一代，延袤六七十里，弥望荒沙，拟即分别官地、民地，劝令试种柳、榆等树，一面招商集股开办公司，籍资倡导，总以地无旷废、野无游民为唯一之宗旨。此筹办林业之大概情形也。

豫省工艺，虽以限于财政，未能大事扩充，而近年设法改良，竭力劝办，成绩亦稍可观。如彰德府庆益纺纱公司之棉纱，长葛县永兴合之织绒，密县王豫顺之取丝绸、工艺局之毡毯，上年运送南洋赛会，均蒙审查，分别奖给超等、优等文凭。至各属之工艺局厂禀报开办者，已有三十余处，或染织花布、毛巾，或仿造洋胰、洋灯，屡经调□查验、制造各法，亦尚能逐渐改良。近又联合绅商，在于省城创设全省第一商场，将官办之劝工陈列所迁并其内，以期官商合为一体，俾收互相观摩之效。复查省城工艺局地方卑湿，房屋湫溢，不合工厂之用，现派员在于商场左近估工建筑，一俟落成，即可添设科目，招选工徒开工兴办；并以洋纱充斥，上年饬据南洋赛会委员购买湖北之弹纺机全部到豫，近又选送学生赴鄂学习使用各法。此机价值颇廉，用亦简便，将来辗转传习，家喻户晓，能使土纱渐次振兴，以供纺织之用……此又筹办工艺之大概情形也。①

清末新政是一场由官方主导、自上而下的改革。张人骏在奏折中详细列举河南一百余州县的新政办理情况，以此为准对各州县官出年度考语；宝棻所奏，亦以官方作为为主。这样做的长处是能在短期内办出较明显的成效，各州县在工艺、种植等方面或多或少都有新举措、新进展；其弱点则是遍地开花，没有投资重点。河南既无豪商大贾，司库亦复支绌，州县官为了自己的政绩，各自为阵，表面上看轰轰烈烈，实际上则不能形成"拳头"企业，缺乏竞争力，工艺厂（局）难以自我繁殖、持续发展。

---

① 河南巡抚宝棻：《奏报办理农林工艺大概情形事》，宣统三年二月十七日，录副奏折，档号03－7528－029。

4. 工矿铁路建设①

河南原本就有一些煤矿，如"开封属之禹州、密县，卫辉属之汲县、新乡，怀庆属之河内、济源、修武，河南属之新安、宜阳、登封，均有出煤窑井"，但规模较小，"其出煤畅旺，每县三四五处不等，每处日出煤数十筐至数百筐不等"②。光绪二十四年（1898），福公司利用翰林院检讨吴式钊、分省补用道程恩培等人，以合股名义成立豫丰公司，借款一千万两，请求在怀庆府开煤矿，豫抚刘树堂奏称："臣以私意揣之，大约洋商出财，华商出力，隐其名于华商，名为借洋款，实则以洋商而借洋款。据吴式钊、程恩培亦直言不讳，而臣之愚见，尚以为可行者，窃以开矿非巨款不办，巨款非集股不成；集洋股则易，集华股则难，而定章则以集华股为先，集洋股为禁。是以洋商歆于美利，欲染指而无由；华商绌于资财，愿效劳而寡助……且即以华商独办而论，无论资本或集或借，而开矿、炼矿之器具，验矿、化矿之工程，仍需仰给于外人，是以自有之财办自有之矿，利仍不免外溢，况此资本实出自洋商也。"③故请准其开办。其开矿章程内规定，将来开办以后之余利，"按百分匀派，以五十分归洋商，即作拨还借本论；以五十分归中国。其中国应得之五十分内，以三十五分报效中国朝廷"；"将来六十年届期，均应报效中国朝廷，不得丝毫隐匿"。④只是刘树堂并不知道，所谓豫丰公司不过是个空名，实际是福公司单独开矿，而不是华洋合股。朝廷见有利可图，即予以批准，福公司从此插手河南矿业，以致河南人在相当长的一段时间内都十分痛恨吴式钊、程恩培，大骂二人"何等妖物……食肉寝皮宁足尽其罪万一耶！"亦怨刘树堂"引狼入室"⑤，并

---

① 这方面学术界已有研究，例如，王天奖：《清末河南的民族资本主义》，《中州学刊》1984年第1期；袁中金：《河南近代铁路建设与经济发展》，《史学月刊》1993年第4期；[美]吴应铣：《发展、经济落后与衰退的现象——河南铁路运输的引进》，《殷都学刊》1992年第2期，等等。

② 河南巡抚刘树堂：《奏为饬属试办煤厘济饷事》，光绪二十一年五月二十三日，录副奏折，档号03-6636-132。

③ 河南巡抚刘树堂：《奏为河南矿务请归商人自借洋款承办事》，光绪二十四年二月初七日，录副奏折，档号03-7124-042。

④ 河南巡抚刘树堂：《呈河南拟设豫丰公司商人议定借款开矿合同清单》，光绪二十四年二月初七日，录副奏折，档号03-7124-043。

⑤ 佚名：《豫北矿务交涉始末记》，成文出版社1968年版，第3、4页。

进行了收回矿权的斗争。①　随后，卢汉铁路修建。二十九年（1903），盛宣怀又与比利时公司签订修筑开封至洛阳的铁路。事实上，外国公司插手河南路矿业虽不免在短期内造成对河南的经济掠夺，但在客观上对河南开风气，兴办工矿、铁路起了一定的刺激作用。

光绪二十七年（1901），庆亲王奕劻等奏请饬下山西、河南办铁路、矿务，以保利权，朝廷谕令岑春煊、锡良"遴选股实公正绅商，迅速定章，督饬妥为筹办，以免利权旁落"②。二十八年（1902）三月初八日，锡良电奏成立豫南公司，派员筹股，办理豫省黄河以南大小矿务。③　不久，因所议条款与《路矿章程》不符，锡良拒绝了前据京汉铁路总监工锡乐士禀请开禹州三峰山煤矿的要求④，并同时上奏朝廷，正式成立豫南公司开矿⑤。二十九年（1903）十二月，设立河南矿务局，"将豫南公司事宜归并，兼办所有全豫各属已办、拟办、未办各矿，除福公司现在请办之处不计外，余悉归该局经理。派委布政使瑞良、按察使觉罗钟培为督办，并查有现办豫南公司之候补道于沧澜于矿务颇为熟悉，堪以委充总办，用专责成"⑥。宣统元年（1909）七月，增设劝业道，"办理实业交通各事宜"⑦。

在朝廷新政谕令的推动下，河南官、商创办了一批工矿企业（见表5-8），但带有明显的地方色彩。其一，投资规模小。河南本乏富商巨贾，司库亦异常空虚，极大地限制了企业投资规模。资本最"雄厚"的广益纱厂，投资不超过七十万元；怀庆凭心煤矿在加入官股后，资本也只略强于广益纱厂。除了没有具体投资数字的罗山造纸公司等五家企业外，资本在十万元以下的有十一家，占全部十八家有资本记录者的百分之六十以上；其二，与传统产业密切相关。河南原本多煤矿、铁矿，纺织业

①　这方面有不少研究，参见上一章结尾注释。

②　《清德宗实录》（七）卷四九〇，光绪二十七年十一月庚辰，第474页。

③　收河南巡抚锡良电：《为派员集股自办公司事》，光绪二十八年三月初八日，电报档，档号2-04-12-028-0220。

④　收河南巡抚锡良电：《为请开禹州煤矿事》，光绪二十八年三月二十二日，电报档，档号2-04-12-028-0252。

⑤　锡良：《设豫南公司派员经理片》，《锡良遗稿奏稿》，第204页。

⑥　陈夔龙：《设立矿务局片》，《庸庵尚书奏议》，第309页。

⑦　《清德宗实录》（九）附《宣统政纪》卷一八，宣统元年七月甲子，第339页。

较为发达，且为粮食大省，而清末所办近代企业，也以开矿、纺织、农副产品加工占绝对多数，只有普临电灯公司等个别企业属于新兴产业，说明清末河南对外开放的程度还很低，对自然资源和传统产业依赖性强。

表 5-8　　　　　　清末河南工矿企业表（资本单位：万元）

时间	企业	厂址	资本	备注	时间	企业	厂址	资本	备注
光绪二十八年	三峰煤矿	禹州	5.4	商办	光绪二十九年	六河沟煤矿	安阳	6.9	商办
光绪三十年	钧窑瓷厂	禹州	6.9	官商合办	光绪三十年	继兴面粉公司	道口	5	商办
光绪三十一年	耀华火柴厂	开封	2	商办	光绪三十二年	广益纱厂	安阳	69.9	商办
光绪三十二年	清华榨油实业公司	清化	2.8	商办	光绪三十二年	凭心煤矿	怀庆	23.884	※
光绪三十三年	信成煤矿	武安	3.2	商办	光绪三十二年	开封自来水厂	开封	20.4	商办
光绪三十三年	启新榨油厂	周口	1.4	商办	光绪三十三年	荥阳煤矿	荥阳	1	商办
光绪三十三年	石桥面粉厂	洛阳		商办	光绪三十三年	罗山造纸公司	罗山		商办
光绪三十四年	商城绢业公司	商城		商办	光绪三十四年	阜豫厚公司	河内	5 万两	商办
宣统二年	普临电灯公司	开封	25	商办	光绪三十四年	内乡织绸公司	内乡	1 千万钱	商办
宣统二年	鸿昌火柴公司	开封		商办	宣统二年	凤凰岭铁矿	修武	20	商办
宣统二年	合丰汽面公司	开封		商办	宣统二年	华盛面粉公司	卫辉	20 万两	商×
宣统二年	广恒汽面公司	彰德	15	商×					

　　注释：※为光绪三十三年，凭心煤矿加入官股，资本增加到八十四万元；商×指商办被官方禁止。

　　资料来源：汪敬虞编《中国近代工业史资料》，中华书局 1962 年版；陈真等合编《中国近代工业史资料》，生活·读书·新知三联书店 1957 年版；王天奖《清末河南的民族资本主义》，《中州学刊》1984 年第 1 期。

　　在铁路建设方面，盛宣怀与比利时公司签订修筑汴洛铁路合同对河南官绅是一个极大的刺激。光绪三十二年（1906）二月，陕西巡抚曹鸿勋咨商即将离任的豫抚陈夔龙："奏筑西潼铁路，期与豫接，若洛不展造至潼，即他日开洛工成而陕线中断，亦殊不利转输。秦豫为一直线，自应衔尾相联，以成辅车之势。"陈氏即"与司道再四熟筹，并电商豫省京外官绅，意见相同。盖事关合省公益，在官斯土者，固应尽提倡维持之责，尤赖本省官绅同心协力，宽筹款项，庶几众擎易举"，奏请筹款自筑洛潼铁路，"以杜觊觎"。① 于是，河南成立了洛潼铁路公司，公举太康士绅刘果②为督办，募股筹集资金。三十四年（1908）正月，继任豫抚林绍年为了筹集修路资金，奏请增盐捐：

> 凡在豫官绅商民皆知维持公益，于集股以外，切愿认捐，庶期众擎易举。查食盐一项为全省人民所共需，而铁路巨任即宜为全省人民所共负。拟请嗣后豫民购盐，无论官运、商运，每斤均抽捐款四文……非特各商纲皆当协力，即芦、潞、淮、东各盐政，念唇齿相依之谊，无不主持提倡，乐观其成。惟既共任捐输之义，即应享路股之权利。凡经手缴捐之官运、商运，亦应分给路股，以昭公允……计四纲所捐之款，每年约可得银四五十万两，于路政大有裨益。③

但是，铁路刚修了三十五公里，朝廷即在宣统三年（1911）宣布铁路收归国有，修筑被迫中断。随后，北洋政府与比利时公司签订陇海铁路修筑合同，河南人自办铁路"尽成虚语矣"④。

5．创办巡警

光绪三十年（1904）二月，河南改保甲局为巡警局（即巡警总局）⑤，创办警察、添募巡军。三十一年（1905）十一月，开始改造省城司、府、县三级监狱，"拟就监内闲房改为沐浴、养病、诊病、煎药等室，并添建亮厕、病厕，加高木笼，开挖天窗，铺垫地板。此外，围墙、甬道以及地沟俱各修理整齐，疏浚通畅，总期坚固洁净，一改旧观"，以改良狱政⑥；十二月，增设省城外之巡警，"酌设巡弁、巡目，

---

① 陈夔龙：《筹修洛潼铁路请旨立案片》，《庸庵尚书奏议》，第657页。
② 刘果，字少岩，江苏布政使刘郁膏之子，光绪十二年进士，曾署典礼院副掌院学士（民国《太康县志》卷一〇《人物志下》，第644—645页）。
③ 林绍年：《豫省自办铁路酌加盐捐折》，《林文直公奏稿》，第720—721页。
④ 《河南新志》中册，第759页。
⑤ 陈夔龙：《设立巡警局折》，《庸庵尚书奏议》，第345页。
⑥ 陈夔龙：《修改省城司府县三监折》，《庸庵尚书奏议》，第633—634页。

共成一哨之数，并派管带随时稽察，以资镇慑而保商民"；又将向设有保甲分局的陈州府属之周家口，委员会同该府及局员筹议改编警察，选募巡兵一百六十名。^① 宣统元年（1909）七月，河南增设巡警道，办理全省警政，巡警局改为警务公所。^②

光绪三十二年（1906）六月，创办铁路巡警，共有巡警五百名，编为五哨，每哨设警官一员、巡长二员。凡河南辖区的道清铁路及汴洛至汜水以东铁路所经之地，按站驻扎。宣统元年（1909）九月，巡警道接管以后，改设巡警官一员、总稽查一员、稽查一员、文案一员、书记生四员、巡长十八员。^③

光绪三十二年（1906）十一月，据巡警部咨文，豫抚张人骏筹集资金四千两、常年经费一万八千两，在原大梁书院地基开办河南巡警学堂，"招考本省官绅贡监人等，由臣（张人骏）亲加甄录，取定合格学生一百名，入堂肄业。学生课程仿照北洋所定初级、进阶、高等三编，酌定简易课本，延聘教习，按时讲授，限定一年毕业。届时详加考核，颁发文凭，派充各属警官、巡长，俾可及时自效"^④。三十四年（1908），林绍年改办高等科，分一年制简易速成和三年制高等科，更名"高等巡警学堂"^⑤。到宣统三年（1911）六月，共招考合格学生一百二十八名，除先后因甄别退学二十九名外，计毕业学生九十九名。其中，列最优等的王德懋等十六名，以巡警道属副科长或各州县警务长记名候补；取列优等的李执中等五十九名，以巡警道属科员或各区区官记名候补。^⑥

光绪三十三年（1907）六月，张人骏设开封巡警局，"拟将省城八隅地所并为东南西北四区；南关自铁路开通，人烟稠密，须藉警察以为保障，另置南关一区，先定为城关五区。各区委员均改称区官……特立五

---

① 陈夔龙：《推广巡警情形片》，《庸庵尚书奏议》，第 639—640 页。

② 《清德宗实录》（九）附《宣统政纪》卷一八，宣统元年七月甲子，第 339 页。

③ 经济学会：《河南全省财政说明书》下编《岁出部·地方行政经费》，第 20 页。

④ 河南巡抚张人骏：《奏为豫省开办巡警学堂事》，光绪三十二年十二月十九日，录副奏折，档号 03－5520－042。

⑤ 经济学会：《河南全省财政说明书》下编《岁出部·地方行政经费》，第 21 页。

⑥ 河南巡抚宝棻：《奏为河南高等巡警学堂毕业生王德懋等遵章请奖事》，宣统三年八月初一日，录副奏折，档号 03－7466－081。

区总汇之所，名曰开封巡警局，将城关巡兵归该局委员管带，名曰总巡官。局中分设白话教习一员，专用简易警章，教授巡兵；拘留、裁判两所，以备逮捕、预审之用；仍与地方衙门划清权限，以期相辅而行。并仿照天津、保定两处章程，募练探访一队，专为侦缉地方要案：计该队官一名、队长二名、探兵十六名、火夫二名，即附属于该局中，以资差遣"①。三十四年（1908），设鸡公山巡警，其经费由湖北与河南分摊②。

宣统元年（1909）九月，开办警务公所，由巡警道都统所属拟定章程、豫抚吴重憙咨民政部立案，但因经费支绌，所设员额不足。③ 三年（1911）闰六月，据陆军部咨，"各省军队驻扎之区，应由本部遴选陆军警察员弁，前往分设警察队，责令查照管区，稽查军纪"，河南"拟先设教练所，按照部章，就陆军中挑选兵丁，实行训练，即派学员徐方震、张鼎为教练员；豫省仅一混成协，编练警察一队"④。此外，一些州县也设立了巡警教练所⑤。至于各厅州县办理巡警的具体情况，可以从光绪三十三年（1907）张人骏对三十二年（1906）州县官的注考清单知其大概（见表5－9）。

表5－9　　　　　　　　光绪三十二年底前各州县巡警表

州县	巡警	州县	巡警
祥符	省城1营，朱仙镇、陈桥巡丁26	陈留	总局1，巡丁60；分局4，巡丁16
杞县	总局1，巡兵28	通许	总、分局7，巡丁46
尉氏	讲习所1，总、分局巡丁78	洧川	总、分局5，巡丁44
鄢陵	总局1，巡丁28；四乡巡丁304	中牟	总局1，巡丁16；分局8、各局巡丁各12—16不等
兰仪	巡警局1，巡兵24	禹州	警局1，巡丁76

① 河南巡抚张人骏：《奏为豫省添设开封巡警局及募练探访队事》，光绪三十三年六月十四日，录副奏折，档号03－5521－044。

② 经济学会：《河南全省财政说明书》下编《岁出部·地方行政经费》，第20—21页。

③ 经济学会：《河南全省财政说明书》下编《岁出部·民政费》，第36页。

④ 河南巡抚宝棻：《奏为豫省编练警察队所需费用咨部追加立案事》，宣统三年闰六月初八日，录副奏折，档号03－7466－061。

⑤ 经济学会：《河南全省财政说明书》下编《岁出部·地方行政经费》，第22—32页。

续表

州县	巡警	州县	巡警
密县	总、分局23，巡丁111	新郑	总局1，巡丁22；分局24，巡丁120
商丘	总、分局10，巡丁128	宁陵	总局1、分局8，巡丁96
鹿邑	总、分局38，巡兵149	永城	总局1、讲习所1、分局8，巡丁330
虞城	总局1、分局4，巡兵50	夏邑	总、分局3，巡丁448
睢州	总、分局18，巡兵167	柘城	总局1，巡丁8；分局8，巡丁58
考城	总、分局2，巡丁32	淮宁	总局、四乡分局巡丁580
西华	总、分局21，巡丁1000余	商水	总、分局31，巡丁264
项城	总、分局11，巡丁160	沈丘	总、分局17，巡丁82
太康	总、分局28，巡丁300	扶沟	总局附设巡警学堂、分局3、巡丁487
许州	局附设巡警学堂，巡丁42	临颖	局1，巡兵30
襄城	总局1、分局4，巡丁60	郾城	总、分局2，巡丁44
长葛	总、分局16，巡丁326	郑州	总局1、分局2，巡丁50
荥泽	总局1，巡丁25；铁路巡警	荥阳	分局8，巡丁83
汜水	警局4，巡丁40	南阳	总、分局巡丁240
南召	总、分局3，巡丁50	唐县	警局1，巡兵40
镇平	总、分局5，巡丁66	泌阳	总局1、巡丁28，分局10、各局巡丁多寡不一
桐柏	警局6，巡兵40	邓州	总、分局5，巡兵400余
新野	警局2，巡丁20	内乡	总局1，巡丁24；分局72，各局巡丁多寡不一
裕州	总、分局6，巡兵78	舞阳	总、分局8、学堂1，巡丁400
汝阳	总、分局2、学堂1，巡丁40	叶县	总局1，巡丁18；分局54，巡丁306
上蔡	总、分局10，巡丁114	确山	总、分局36，改设13，巡丁174
正阳	总、分局5，巡丁108	新蔡	局2，巡丁28
西平	总、分局4，巡丁40	遂平	总、分局11，巡丁252
信阳	局3，巡丁115	罗山	总、分局6，巡兵30
光州	局5，巡丁82、护兵6	光山	局15，各局巡丁4—10名不等
固始	原设局所裁	息县	总、分局2，卡4，巡丁52
商城	局4，巡丁462	淅川	学堂1、总局1，巡丁72

续表

州县	巡警	州县	巡警
安阳	局2，巡丁84；学堂1，学生60	汤阴	总、分局25，巡丁235
临漳	局1，巡丁58	林县	总、分局4，巡丁44
武安	总、分局15，巡丁94	涉县	局1，巡丁16
内黄	总、分局7，巡丁90	汲县	总、分局3，巡丁34
新乡	总、分局43，巡丁779	辉县	总、分局5，巡丁70
获嘉	局1，巡丁16	淇县	总、分局5，学堂1，巡丁36
延津	总、分局11，巡丁50	滑县	总局1，分卡4、分局20，巡丁295
浚县	总、分局6，学堂1，巡丁50	封丘	局27，各局巡丁18、10、8不等
河内	巡丁162	济源	局1，巡丁16
修武	总、分局12，巡丁83	武陟	总、分局3，巡丁45
孟县	总、分局8，巡丁80	温县	总、分局4，巡丁60
原武	局1，巡丁26	阳武	总、分局3，巡丁44
洛阳	局16，巡丁166	偃师	局39，巡兵150
巩县	总、分局17，巡丁207	孟津	总、分局17，巡丁739
伊阳	总、分局9，巡兵95	登封	总、分局38，各局巡丁16、10、8、6名不等
永宁	总、分局10，巡兵106	新安	总、分局31，巡丁190
嵩县	总、分局36，巡丁310	渑池	总、分局3，卡19，城关巡丁48，各乡多寡不等
陕州	总、分局14，各局巡丁2—4名	灵宝	总、分局36，巡丁189
阌乡	局1，巡丁34	卢氏	总、分局3，巡丁31
汝州	总、分局5，总所6，巡丁276	鲁山	总、分局34，巡目、巡丁429
郏县	总、分局38，巡兵240	宝丰	总、分局15，巡丁180
伊阳	总、分局5，巡丁86		

注释：滑县因款尚未筹定，另选精兵三十，切实训练，拟改章另办；固始原设局所裁。

资料来源：河南巡抚张人骏《呈河南省光绪三十二年各厅州县衔名任卸日期及该管事实分别注考列等清单》，光绪三十三年五月十三日，录副奏折，档号03－5482－057。

此外，清末河南新政还涉及教育、自治、新闻报业等方面，由于学术界已有研究①，本书从略。

总体上看，清末河南新政仿照他省者多，自我创新者少；被动执行朝廷旨意者多，主动开拓进取者少。更为关键的是，这场新政由于积压过久而来得太猛，在资金极度短缺的情况下，不得不把大量人力、物力、财力投入到非营利的新军、警察、官制、教育等方面，使得经济建设缺乏必要的资金支持，并且一切由官方主导，民营经济发展受到极大限制，民众未见其益，先受其累。河南巡抚既不能不按朝廷旨意办理新政，又苦于筹款乏术，因而顾虑重重，思想保守者固所不免，即使真心赞成革新者亦不无彷徨。正如豫抚宝棻在宣统二年（1910）七月所批评的那样，"方今内外臣工所日汲汲者，地方自治也，审判厅也，实业也，教育、巡警、新军也；而所恃以筹款者，不外增租税、行印花、盐斤加价、募集公债，臣恐利未见而害丛生。即以汴省观之，除司法、教育、警务各费之必应追加者不计外，尚须增五十余万方足敷用。当今新政，不能不办。臣愚以为，实业一项为人民应有之天职，与其干涉而多牵掣，不如放任而听自谋；巡警一项，经费不亚于练兵，认真则力不举，循例则名空存，计惟省城及商埠宜亟整顿，此外可置缓图；至调查户口一事，与地方自治相辅而行，若必另行设所调查，恐蹈从前保甲门牌之积弊；若简易识字学塾，似宜听下级地方自治之自为；各级审判厅，止先于省城、商埠而试办……抑臣更有请者：豫省陆军，现止混成

---

① 对清末河南教育的研究主要有申志诚等：《河南近现代教育史稿》，河南大学出版社1990年版；徐玉坤：《河南教育大事记》，河南教育出版社1993年版；《河南教育名人传》，河南教育出版社1989年版；王天奖：《清末河南兴学述略》，《河南师范大学学报》1984年第1期；王明钦：《清末河南学校的教员管理》，《史学月刊》1993年第3期；刘卫东：《李时灿——开创河南近代教育的先驱者》，《河南大学学报》2002年第5期；程凯、赵国权：《清末河南教育状况探究》，《史学月刊》1995年第6期；王洪瑞：《清末河南中学教育发展的地域差异》，《殷都学刊》2008年第3期及《清代河南学校教育发展的时空差异与成因分析》，陕西师范大学2007年博士学位论文；杜鹤：《论清末新政间河南的教育改革》，《科技文汇》2007年第1期，等等。对清末河南自治的研究有霍晓玲：《清末民初河南地方自治》，河南大学2005年硕士学位论文。对报刊的研究有董淑明、张民德：《开封近代报业简史》，《河南图书馆学刊》2000年第3期；《河南近代期刊概述》，《河南图书馆学刊》2005年第4期；汪维真：《〈豫报〉创办始末及其与〈河南〉之关系》，《史学月刊》2002年第11期；张瑛：《〈河南官报〉初探》，《史学月刊》1987年第3期；高尚刚：《李时灿与河南近代教育报》，《中州今古》1994年第5期，等等。

一协，明年期当添练成镇，综计饷需一百八十余万，以豫省财力，断难举此"①。河南新政就在这种"半推半就"中蹒跚行进，其效果自然不太理想。尽管如此，豫抚执行朝廷的新政谕令及其在军事、官制、实业、巡警、新式教育和报纸等方面取得的成就，开启了河南近代化建设之门，对后世河南经济、政治、文化的发展具有重要意义。

① 《清德宗实录》（九）附《宣统政纪》卷三九，宣统二年七月乙丑，第700—701页。

结语　忝膺疆寄

　　清朝督抚在谢恩折中，常自谦"忝膺疆寄"。然而，嘉庆（1796—1820）初年洪亮吉曾说："在外督抚诸臣，其贤者斤斤自守，不肖者哑哑营私。国计民生，非所计也，救目前而已；官方吏治，非所急也，保本任而已。虑久远者，以为过忧；事兴革者，以为生事。"① 故"忝膺疆寄"的"自谦"成了许多督抚的真实写照。到了晚清，国家内外交困，社会矛盾丛生，苟且因循几乎成为普遍"官箴"。河南巡抚在省内外各种力量、矛盾的推动乃至逼迫下，虽在某些具体事务上对朝廷和地方不无贡献，然总体上却比较平庸。

　　首先应当肯定，晚清河南巡抚在极其艰难的情况下，为国家和河南的发展做出了一定贡献。归纳起来，主要有四个方面。

　　其一，组建嵩武军、毅军，为朝廷提供了一支堪战之军，也将河南军事装备引进近代之门。河南原有的绿营兵以及驻防满营到晚清时期已经不堪一战，面对北伐的太平军固然不能阻挡其锋，即使是其没能渡过黄河的余部，豫省军队的"追剿"亦几同"礼送"。其后"堵剿"捻军，虽打了一些胜仗，但总体上还是未脱"迎来送往"的窠臼。直到同治六年（1867），豫抚李鹤年奏请朝廷将"豫省京、协各饷及历届漕折"停拨一年，组建嵩武、毅字两军，这种局面才得以扭转，以致清国史馆《李鹤年传》的作者用了一个极为尖刻的词评价此事：自是豫省始有"敢战"之师！嵩、毅两军的组建，对河南乃至全国都有相当大的意义。一方面，河南终于有了近代新式武器装备的军队，因而是河南军事装备近代化的开端，此后刘树堂建立河南机器局，也是为了给本

---

　　① 　赵尔巽：《清史稿》（缩印本）第 3 册《洪亮吉传》，第 2904 页。

省军队维修和提供装备。从这种意义上说，没有新式武器装备的豫军，也就没有后面的机器局。另一方面，对于朝廷或国家而言，豫军是继湘军（包括楚勇）、淮军之后崛起的第三支新兴陆路军事力量，除了在"剿捻"后期发挥了一定作用之外，在西征陕甘、平定新疆、辽东抗日以及庚子之役等战争中，嵩、毅两军内平叛乱，外抗强敌，为稳定清朝统治和捍卫国家主权做出了一定贡献。但豫军与湘军、淮军又有不同，正如边宝泉所说：他省练勇转战各地，"从未闻始终仰食一方者，惟有嵩、毅两军，十余年来，征防万里，仍全资（河南）一省刍粮"①。换言之，湘军、淮军是用国家之饷为国家打仗，而豫军则是靠河南之饷为国家打仗，仅就此而言，晚清河南对国家的贡献不亚于其他任何省份。光绪二十四年（1898）之后，豫抚对河南军队进一步改造，由练新操而改常备军，再改陆军，在军操、营制、饷章等方面完成河南军队的近代化建制，是晚清河南近代化建设最成功的领域之一。

其二，筹集大量军饷，为平定内乱、支援边疆及国家近代化建设做出了贡献。晚清河南，大灾频繁，小灾不断，再加上战争的破坏，河南作为"钱粮大省"的时代已经过去，"地瘠民贫"则是豫抚奏章中的常用词②。即便如此，河南依然为朝廷分担了难以承受的军费及其他负担。按照钱鼎铭的粗略计算，即使是同治七年（1868）捻军被镇压下去以后，"张（曜）、宋（庆）两军赴甘协剿，所需饷项及军装一切，仍由豫省支给，每岁共需银一百三十五万余两；加以京饷、工需、旗绿河各营减成兵饷、各官养廉一应杂支，共一百三十余万两；又加固本军饷、东三省饷银、常年甘饷、西路各应协饷一百五十七万余两，统计每年出项已将及四百三十万两之多"，而吴昌寿说河南每年的收入不过二

---

① 河南巡抚边宝泉：《奏为豫省库储匮绌请旨将甘肃新饷等暂行停解事》，光绪十二年三月初九日，录副奏折，档号03-6101-017。

② 例如，光绪二十年十一月，新任豫抚刘树堂说："窃河南介处冲途，民贫地瘠"（新授河南巡抚刘树堂：《奏为奉旨补授河南巡抚谢恩并请陛见事》，光绪二十年十一月二十日，朱批奏折，档号04-01-12-0565-054）。次年四月，刘氏又说："豫省地瘠民贫，富厚之家素少"（河南巡抚刘树堂：《奏报遵旨举办筹饷各条情形事》，光绪二十二年四月初九日，录副奏折，档号03-6640-105）。宣统三年八月，宝棻称：河南厘金"历年不能旺收，原因大率皆由地瘠民贫，土货输出与客货销入，只有此数"（河南巡抚宝棻：《奏为陈明豫省试办整顿厘金大略情形事》，宣统三年八月初一日，录副奏折，档号03-7511-011），等等。

百余万两，光绪三年（1877）李庆翱也说河南"藩司库款，每年所入正杂各项，仅有二百余万两"①。即使去掉钱鼎铭所计算的第二项，河南每年承担的财政负担也超过二百九十万两。此外，甲午以后，河南还要承担部分建设费用，如铁路建设费每年五万两②、福州船厂制造军舰费每年五万两③等。豫抚弥补财政缺口的办法无非是抽厘金、铸钱币、劝捐输、盐斤加价等，但不论哪一项，其来源都是河南百姓的血汗。所以，晚清河南的发展虽然滞后，但河南的牺牲支持了国防及他省的近代化建设，为国家安全和全国的发展做出了贡献。

其三，办理清末新政，为河南本省的近代化做出了贡献。晚清河南巡抚品行不一，贤愚不齐，但无论是思想保守的张人骏、陈夔龙，还是相对"激进"的淮系豫抚，大多都能因地制宜地执行朝廷新政谕令。甲午一战，"创巨痛深"，光绪帝锐意新政，豫抚刘树堂即表示："伏念倭人犯顺，议款言和，凡属血气之伦，无不义愤填膺，裂眦图报。矧臣受国厚恩，忝荷重寄，数月以来，无日不殚精竭虑，废寝忘餐，亟思整顿之方，早著富强之效"④。在河南财政极度困难的情况下，刘氏筹资创办机器局，使河南终于有了自己的近代军工厂；同时，对豫省军队进行近代化改造，练习新式军操，落实朝廷"以筹饷、练兵为急务"的自强之策。在清末新政中，经济上，一方面因地制宜，推进河南传统桑蚕、种植业的发展，并引进湖桑和养蚕技术人员，对原有桑蚕业进行优化改造；另一方面，发展近代实业，建立了一批官办、商办、官商合办企业和农副产品加工业，促进了经济的发展，开河南经济近代化建设之先河。在官制改革、建立巡警、创办地方自治、开办近代普通教育和专业教育等方面，也都做出了一定成就，开启了河南行政、教育近代化建设之门，因而对后世河南经济、政治、文化的发展具有重要意义。

---

① 河南巡抚李庆翱：《奏为截留京饷漕折银两备赈救民事》，光绪三年七月初五日，录副奏折，档号03-7068-035。
② 河南巡抚刘树堂：《奏为委解铁路修养经费赴北洋大臣衙门交纳事》，光绪二十一年四月二十日，录副奏折，档号03-6636-104。
③ 河南巡抚刘树堂：《奏为河南省筹解福州船厂制造兵轮经费银两事》，光绪二十四年七月二十五日，录副奏折，档号03-7122-099。
④ 河南巡抚刘树堂：《奏为遵议时政筹划河南地方事》，光绪二十一年，录副奏折，档号03-5612-011。

其四，治河、救灾对保护河南民众的生命、财产安全和社会稳定起到了一定的积极作用。晚清河南灾害频发，除了少数公然玩视民瘼者外，多数河南巡抚也还能注重救灾。在历次黄河大决口中，除了咸丰五年（1855）的铜瓦厢决口因朝廷谕令而"缓堵"外，河南巡抚为了本省民生及社会稳定，都坚持快堵，以减少水灾造成的损失。在道光二十一年（1841）的汴梁水灾中，巡抚牛鉴祈祷上苍，愿以自身代省城民众受"上天惩罚"；在光绪十三年（1887）的水灾中，倪文蔚不顾河督成孚猜忌，成立工赈营，以工代赈，为灾民寻求生计。在其他灾害中，河南巡抚在救济灾民方面也起到了很大的作用，其中最典型的是光绪三年（1877）、四年（1878）的大旱灾，豫抚涂宗瀛捐款一万二千两买米赈济河南灾民①，并"招流亡，给籽种；老稚无依者，设厂收养，强有力者任工作，世与曾国荃赈晋并称云"②。包括前抚李庆翱（一千五百两）、匿灾不报的前藩司刘齐衔（五百两）、在任藩司裕宽（二千两）、臬司傅寿彤（一千五百两）、粮储道陈世勋（一千三百两）、开归道德馨（一千三百两）、前署开归道蒋玿（五百两）③等诸多河南官员也都捐廉助赈。李庆翱在任时，也曾奏请截留京饷、漕折备赈④和免收豫省米谷厘金⑤以促进粮食流通，还和河督李鹤年先后奏请借洋款二百万以赈灾，但未获俞允⑥。尽管在历次灾荒中豫抚的作为也存在一些问题，诸如回护匿灾官员、灾前预防不够、灾后赈济不周等，但其赈灾措施对于减轻灾情、救济灾民、稳定河南社会仍起到一定积极作用。

同时，在晚清王朝没落、官场因循腐败的大背景下，河南巡抚在事关全局的大问题上，亦有其严重不足乃至令人憎恶。

晚清河南巡抚最大的弱点莫过于缺乏"敢为天下先"的精神。当

---

① 《谕内阁河南巡抚涂宗瀛捐银买米济民著从优议叙》，光绪四年三月初五日，赈灾档，档号06-07369。

② 赵尔巽：《清史稿》（缩印本）第4册《涂宗瀛传》，第3209页。

③ 河南巡抚涂宗瀛：《奏为本省前抚臣李庆翱等捐廉助赈请奖叙事》，光绪四年六月十三日，赈灾档，档号02-08268。

④ 河南巡抚李庆翱：《奏为截留京饷漕折银两备赈救民事》，光绪三年七月初五日，录副奏折，档号03-7068-035。

⑤ 《清德宗实录》（一）卷五四，光绪三年七月己巳，第747—748页。

⑥ 《清德宗实录》（一）卷六四，光绪三年十二月己酉，第895页。

太平军从广西长驱直入，势如破竹，陷武汉、占南京，北伐、西征之时，河南巡抚根本没有意识到"长毛"与以往"贼匪"的不同，也不知道自己承担的角色将会有何变化。因而，在明确预料到河南必将成为太平军进攻的目标之一时，豫抚陆应谷所做的不是如何利用本省的力量以防止最"坏"的事情发生，而是像往常一样上奏朝廷，请求特派位高权重的王公重臣为专办大员，假以便宜，兵部调兵，户部助饷，以挡敌锋；河南巡抚或受差遣，或置身事外，仍当自己的"太平"封疆。正因为如此，他就不可能把自己对敌情的清醒认识及以往"剿贼"失败的教训转化为切实可行的防御计划，一边上奏朝廷请求援助，同时让咸丰帝知道自己的战略意图，不致过多掣肘；一边积极部署豫省防御，以求尽可能掌握战场主动权，而是恰恰相反，如同那些不明敌方意图的军政大员一样，跟着咸丰帝瞎指挥的谕令走，致使河南丢城失地，陆氏自己也遭处罚。

如果说陆应谷任期短，没有充裕的时间做出相应反应，还有情可原的话，那么，英桂的做法则明显属于怯懦。一则英桂自咸丰三年（1853）九月至八年（1858）八月，任豫抚将近五年，有足够的时间，且其为满人，深受朝廷信任；二则在其任豫抚期间，八旗、绿营兵力的不可恃，湘军的锋芒毕露，已经有目共睹，完全可以仿照湘军的成功经验组建豫军，但他却对此视而不见；三则朝廷于咸丰五年（1855）十二月任命其"督办三省会剿"，大权在握，且河南为钱粮、人口大省，饷源、兵源俱备，与其以豫省之人、财送与他人建功立业，何如自己奋起而得"近水楼台"之利？然而，或许是像曾国藩一样意识到了"筹兵，则恐以败挫而致谤；筹饷，则恐以搜刮而致怨，二者皆易坏名声"[1]，却没有曾氏的勇气和胆识迎着困难上，英桂宁肯不要督办"会剿"大权而仅做一个平庸巡抚，并且他也达到了目的："督办三省会剿"失败之后，英桂被调到号称"富国"且"捻匪"很少骚扰的山西任巡抚，足见其怯懦甚富"远见"！

接下来的几任巡抚，或志大才疏，或智、才皆疏，直到李鹤年任豫抚才扭转局面。然此时湘军、淮军已誉满天下，豫军只能得到本省的给

---

① 李瀚章编，李鸿章校：《曾国藩家书家训》，第413页。

养，难以发展壮大，而其所能做者，亦不过备湘、淮两系将领差遣而已。至甲午一役，淮军名誉扫地，豫军亦不能独当其任。

在此后的改革和新政中，豫抚也是效仿他省者多，自我创新者少；被动执行谕旨多，主动开拓进取少。盖因创新固属艰难，且不易为朝廷所俞允，而一旦有他省成案或谕旨饬令，步其后尘，便易见功。少数敢于大胆设想者，又缺乏周密的计划和可行性论证。事实上，李鹤年奏请停拨一年京、协各饷及漕折扩充豫军成功的例子说明，只要抓住时势之所需而又切实可行，朝廷是愿意花"血本"支持的。但刘树堂在创办机器局时，只看到朝廷有意扩充内地省份的军事工业，在没有经过详细计划和论证的情况下，就鲁莽地提出在河南创建供应全国军火的机器总局，被奕䜣等讥为"徒以纸上空言弋取富贵"；而裕长在庚子之役时，想趁天津陷落之机扩充机器局，又因战事的很快结束而夭折。直到清亡，河南机器局与开办时相比，也没有多少改观。

再者，豫抚整顿吏治不力，官场腐败。晚清历任河南巡抚照例都要奏参不职官员，然而，豫省官场并未因此而挽回颓败之势，几成众矢之的。言官固劾"豫省官场积习之难返"①，一些河南巡抚自己也承认："豫省官场习气，向以敷衍粉饰为能，积习相沿，已非一日"②；"大约仕途冗杂，流品混淆，粉饰因循，日甚一日。"③ 之所以如此，在根本上是因为专制制度和王朝末期整个官僚体系腐朽所致，但也与豫抚的作为有直接关系。抛开诸如巡抚自身腐败、胡举滥保、回护不职属员等众所周知之事不说，即以整顿吏治的措施为例，晚清河南巡抚常用的办法之一就是奏请朝廷暂停分发捐纳、劳绩人员：道光二十年（1840），牛鉴称河南知县候补人员过多，请暂停分发④。三十年（1850）六月，潘

---

① 监察御史李暎：《奏为河臣梅启照抚臣李鹤年定拟人命重案意存回护请饬二臣将全案解交刑部审办事》，光绪八年九月十三日，录副奏折，档号03-5169-024。

② 河南巡抚张人骏：《奏为考察南阳府知府袁镇南等属员并分别举劾事》，光绪三十三年七月十一日，录副奏折，档号04-01-12-0656-032。

③ 陈夔龙：《庸庵尚书奏议·沥陈地方大略情形折》，第237页。

④ 河南巡抚牛鉴：《奏为豫省候补试用知县人数过多请暂停分发以疏壅滞事》，道光二十年三月初三日，朱批奏折，档号04-01-12-0450-007。

铎称豫省佐杂人员过多，请暂停分发①。光绪六年（1880）四月、七年（1881）六月，涂宗瀛两次奏请停发捐纳、劳绩及道、府、同、通、州、县候补人员②；十七年（1891）七月，裕宽奏请③；二十年（1894）十一月、二十一年（1895）十二月，刘树堂两次奏请④；二十八年（1902）四月，锡良奏请⑤；三十一年（1905）十二月，陈夔龙奏请⑥。宣统二年（1910）四月，吴重憙奏请⑦。其请暂停分发之因，即是候补人员过多，于河南吏治有碍。牛鉴说，"该员等在省当差、旅食、车马之费，在所必需，待次过久则逋累日深，补缺后难保无侵削补苴等弊，于吏治殊有关系"；涂宗瀛说，"窃官多民扰，亦于吏治大有关碍"；刘树堂说，"不肖者，且将钻营奔竞，实与吏治官方所关匪细"；吴重憙说，"不肖者迫于艰窘，奔竞钻营，恐所不免，殊于吏治大有关碍"等，众口一词。河南地处中原，官员亲老告近者多，再加上晚清国库空虚，朝廷常靠捐纳救灾，豫省既多灾多难，分发佐杂、劳绩者必多于他省，这是客观情况；候补者多，产生"奔竞钻营"亦属事实，然若在任者廉洁奉公，吏治清明，"奔竞钻营"自会减少。因此，把河南官员腐败、官场积习难返归咎于分发人员过多，而不从现任官员自身找原因，实是隔靴搔痒。

---

① 河南巡抚潘铎：《奏为查明豫省试用佐杂人数过多请暂停分发事》，道光三十年六月二十六日，朱批奏折，档号04-01-12-0475-027。

② 河南巡抚涂宗瀛：《奏为豫省候补人员拥滞请暂停分发事》，光绪六年四月二十八日，录副奏折，档号03-5150-046；《奏为豫省候补人员拥挤不堪请再停分发一年事》，光绪七年六月三十日，录副奏折，档号03-5161-144。

③ 河南巡抚裕宽：《奏为豫省候补人员愈形拥挤捐纳劳绩两班请暂停分发事》，光绪十七年七月十八日，朱批奏折，档号04-01-12-0551-044。

④ 护理河南巡抚刘树堂：《奏为豫省候补人员仍形拥挤请援案将捐纳劳绩两班暂停分发事》，光绪二十年十一月初三日，朱批奏折，档号04-01-12-0565-065；《奏为豫省候补人员仍形拥挤请再展限停发一年事》，光绪二十一年十二月十五日，录副奏折，档号03-5516-031。

⑤ 河南巡抚锡良：《奏为分省候补人员拥挤请准豫省捐纳劳绩以至佐杂人员一律停止分发三年》，光绪二十八年四月十三日，朱批奏折，档号04-01-12-0615-038。

⑥ 河南巡抚陈夔龙：《奏请暂停佐贰杂职人员分发事》，光绪三十一年十二月初九日，录副奏折，档号03-5451-119。

⑦ 河南巡抚吴重憙：《奏为豫省候补人员过多请暂停分发事》，宣统二年四月初一日，录副奏折，档号04-01-12-0685-022。

最后，对于不良民风，要么退让，要么站在对立面抱怨，很少积极引导以求改良。如果说牛鉴在汴梁水灾时是利用不良民风以稳定人心，那么，后来的豫抚及其属员对于河南民众盲目排外的态度则是纵容；另一方面，他们又常对此牢骚抱怨。例如，倪文蔚抱怨"汴人仇视洋人，真不可解！"① 裕长也一再抱怨"本省风气未开"②。宣统二年（1910）八月，宝棻在遵旨讨论行政经费问题时，还把一切都归罪于"民智未开"："确定行政经费，不患款数之繁巨，而患于民智之未开。"③ 无论是利用不良民风以求一时之安，还是站在民众对立面大骂"风气未开""民智未开"，除了进一步增强不良民风或扩大官民之间的隔阂等消极作用外，没有任何积极意义。直到光绪三十年（1904）十一月，河南效仿《北洋官报》开办晚清河南第一份官办报纸《河南官报》，声明其宗旨是"宣上德、通下情，广见闻、开风气"，以"有补政教，启发思蒙"④，此后所办《河南白话演说报》《河南教育官报》等报纸，也都循此宗旨；再加上新政中各类学校、识字班的开办，河南官方才开始了"开风气""启民智"工作。可以说，晚清豫抚只看到了河南地处堂奥、风气未开的"危机"，而没有看到或者看到了也不愿意抓住这种"危机"中存在的机遇：正因为"风气未开"，才更有必要开之；正因为"民智未开"，开之则易见成效而显政绩，无论对于河南社会抑或豫抚的仕途，都有利无弊。然而，大多数豫抚苟且因循，得过且过，很少关注诸如开民智之类的全局问题。

概而言之，晚清河南巡抚虽在组建嵩武军与毅军、筹饷支边、办理清末豫省新政、治河与救灾等具体事务上做出了一定成绩，但其中的大多数与邻省相比尚有较大差距；更为严重的是，在诸如"敢为天下先"的敢作敢为和创新精神、整饬吏治、开民智与改良民风等关系根本与全

---

① 倪文蔚：《郑工启事·致李傅相》。参见石光明等编《中华山水志丛刊·水志》第20册，第501—502页。

② 河南巡抚裕长：《奏为豫省绿营请免裁汰事》，光绪二十四年十二月十一日，录副奏折，档号03-5762-063。

③ 河南巡抚宝棻：《奏为遵旨并案详议行政经费事》，宣统二年八月十八日，录副奏折，档号03-7514-055。

④ 《河南官报》光绪三十年第一期。

局的问题上作为甚少，乃至不作为，说其"长"于琐碎、昧于大局，似不为过。晚清河南则在以官方为主导的发展模式下，由"钱粮大省"变成"贫瘠之区"，与先进省份之间的差距越来越大，固与地域制约有关，然巡抚平庸也是主要原因之一。

后　记

　　2006 年，我有幸考到中国人民大学清史研究所读中国近现代史博士研究生，在导师陈桦先生的精心指导和帮助下，完成了博士论文《近代初期的平庸封疆——晚清河南巡抚研究》。毕业之后，一则忙于日常杂务，二则懒惰之心作祟，一直没能静下心来对论文做进一步的修改。此次，在伏牛山文化圈研究中心的督促下，才不得不花些时间，把文稿重新梳理一遍。在此，对业师陈桦先生和伏牛山文化圈研究中心的同志表示衷心感谢！对曾经帮助我看书稿的同事李智萍同志，也一并表示感谢！